中国基层司法财政变迁实证研究
(1949—2008)

An Empirical and Historical Study of China's Judicial Finance at the Basic Level (1949-2008)

左卫民　张洪松　王禄生　苏镜祥　著

图书在版编目(CIP)数据

中国基层司法财政变迁实证研究：1949～2008/左卫民等著. —北京：北京大学出版社，2015.9
 ISBN 978-7-301-26051-7

Ⅰ.①中… Ⅱ.①左… Ⅲ.①司法制度—体制改革—研究—中国—1949～2008 ②地方财政—财政改革—研究—中国—1949～2008 Ⅳ.①D926 ②F812.7

中国版本图书馆CIP数据核字(2015)第148013号

书　　名	中国基层司法财政变迁实证研究（1949—2008）
著作责任者	左卫民　张洪松　王禄生　苏镜祥　著
责任编辑	李倩
标准书号	ISBN 978-7-301-26051-7
出版发行	北京大学出版社
地　　址	北京市海淀区成府路205号　100871
网　　址	http://www.pup.cn
电子信箱	law@pup.pku.edu.cn
新浪微博	@北京大学出版社　@北大出版社法律图书
电　　话	邮购部 62752015　发行部 62750672　编辑部 62752027
印刷者	北京宏伟双华印刷有限公司
经销者	新华书店
	730毫米×1020毫米　16开本　27.25印张　474千字
	2015年9月第1版　2015年9月第1次印刷
定　　价	60.00元

未经许可，不得以任何方式复制或抄袭本书之部分或全部内容。
版权所有，侵权必究
举报电话：010-62752024　电子信箱：fd@pup.pku.edu.cn
图书如有印装质量问题，请与出版部联系，电话：010-62756370

国家社科基金后期资助项目
出版说明

　　后期资助项目是国家社科基金设立的一类重要项目，旨在鼓励广大社科研究者潜心治学，支持基础研究多出优秀成果。它是经过严格评审，从接近完成的科研成果中遴选立项的。为扩大后期资助项目的影响，更好地推动学术发展，促进成果转化，全国哲学社会科学规划办公室按照"统一设计、统一标识、统一版式、形成系列"的总体要求，组织出版国家社科基金后期资助项目成果。

全国哲学社会科学规划办公室

序

本书是我主持的中国司法实证研究系列中的一部作品。大约从十年前起,我开始了针对刑事诉讼的实证研究。在开展刑事诉讼实证研究取得一些成果之后,我又思考是否可以在司法制度尤其是关于司法改革的研究中引入一种现实的、基于实际材料包括数据资料的研究范式。我认为这种基于数据资料的实证发现与相关研究可能会有助于纠正我们既往关于司法的应然式、理想主义式研究所导致的一些偏差。因为既往的研究,尤其是针对司法改革的研究往往基于研究者对中国未来司法制度应该走向何处的一种理想化的判断,而这种理想化的判断又往往是建立在对某种域外制度的认同与憧憬的基础之上。当然,其间也不乏一些研究是依托对中国现实情况的若干把握。然而,整体上既往研究对中国司法实践的认知和把握还相当不足,尤其欠缺一种全局、深度的研究。因此,其所提出的改革主张尽管在舆论上吸引眼球、在公众中能得到共鸣,但是在政治家和司法实务的操作者看来却是不可行的或者至少是难以充分实现的。有鉴于此,在开展刑事诉讼实证研究后不久,我就开始在有关司法制度的研究中采取实证研究范式。目前,我已围绕此展开了若干研究项目,并正陆续推出若干著作。

在有关司法制度的诸多选题中,司法财政的实证研究因其重要性和缺乏研究性而被纳入我的研究视野。六七年前,我和我的团队开始选择四川省的一个县作为实证样本。我们收集了这个县法院从1949年到2008年的财政资料,包括法院的经费从何处而来(来自中央财政、省级财政还是地方财政)以及经费都被支出到哪个领域中(用于人员经费、公用经费还是业务经费)的实证资料。这些材料由财务数据、财政文件和一系列深度个案访谈构成。由此,我想尝试把握中国法院,尤其是地方基层法院的财政状况和财政制度的特点,包括形成这些特点的宏观、中观与微观的背景和原因,尤其关注这些因素是否会影响到司法的公正与独立。毫无疑问,这一研究是艰苦的。我们研究团队的几位成员需要长期从事大量的基础性工作,比如收集资料和个案访谈,后期还需要对上述基础资料进行学术上整理与归纳。在实证资料的基础之上，我们进行了多次酝酿和讨论。除了构思和修改大纲之外，我们还根据各自擅长的领域完成了本书的初稿。此后，我们又在初稿的基础之上反复地进行了十余次修改，最终得以形成本书。

必须指出，由于本书的撰写者长期主要是从传统的法律角度来研究问题，而对于"司法财政"这一在法学中相对冷门的边缘主题必须运用诸如政治学、社会学、经济学和财政学等其他学科知识来研究，因此我们可以说是处于"边研究边学习"的过程之中。然而，我们并没有气馁，也没有放弃。主持人和团队成员（主要是我的博士研究生）在长期的研究中"既研又学"，不断地讨论与思考，最终形成了这部虽显粗糙但可以说是第一部关于中国司法财政的专著。

特别要指出的是，在打磨本书修改稿的过程之中适逢中国共产党十八届三中全会召开，大会决定了省以下地方法院人、财、物统一管理的改革方案。故而，我们十分期待这一有关司法财政的研究成果能够为省以下人、财、物统一管理改革的制度落实和未来推进提供参考。正因如此，我们没有把这本书"敝帚自珍"，做进一步打磨，而是觉得应该将其推向市场，接受读者包括司法改革的决策者和推行者的关注与检验。最后，我们还希望本研究能够抛砖引玉，激起后来更多的关注和思考。

是为序。

左卫民

2014年6月16日

于四川大学研究生院

目录 | Contents

第一章　导论：中国基层司法财政 / 1

- 1　一、问题的提出
- 3　二、文献综述
- 18　三、方法与材料
- 23　四、研究的基本思路

第二章　短缺时期的司法财政（1949—1978） / 27

- 27　一、收入：低水平的财政全额保障
- 42　二、支出：以人员经费为重心

第三章　创收时期的司法财政（1979—1998） / 84

- 84　一、收入：财政与社会分担保障
- 109　二、支出：基础设施大跃进与人员经费的福利化

第四章　公共财政时期的司法财政（1999—2008） / 180

- 180　一、收入：财政保障体制的回归
- 208　二、支出：装备建设的持续投入

第五章 财政压力对司法行为的影响 / 248

- 250 一、制度环境
- 272 二、财政压力下基层法院的开源策略
- 305 三、财政压力下基层法院的节流策略
- 332 四、基层法院策略的影响

第六章 基层司法财政模式变迁（1949—2008） / 335

- 335 一、基层司法财政收入模式变迁
- 345 二、经费保障体制变迁成因分析
- 360 三、基层司法财政支出模式变迁
- 372 四、基层司法财政支出模式变迁的成因分析
- 393 五、问题的诊断
- 408 六、省级统管法院经费改革的原则与方案

主要参考文献 / 421

第一章 导论:中国基层司法财政

一、问题的提出

当经济交易跨越了传统的熟人范围后,一种对更为正式的纠纷解决方法的需求就出现了,如果司法不能回应和满足这种需求,从而迫使当事人诉诸一些非正式的机制和长期存在的家庭或者个人纽带,则一些与陌生人之间,不但可能更有效率的交易将无法发生,而且进而可能导致整个资源配置的无效率。因此,经济体制的转型要求建立一个运转良好的司法体系,以一种可预见的和有效的方式解释和适用法律与规则。这样一个理想的司法部门必须做到:(1) 在案件的结果上是可预期的;(2) 无论收入水平如何,它对大众而言是可以接近的;(3) 合理的时间处理纠纷;(4) 法院提供足够的救济。① 事实上,在当代中国,人们对司法的期望是全方位的:在民事领域,越来越多的权利主张在法院被提出,这一方面源于立法本身授予权利的增加,同时也源于公众对司法在法律空隙中发展权利的期待;在刑事领域,法院被看作是限制国家权力,保障公民权利的主要手段,刑事司法领域的许多痼疾都把司法审查看作是一剂良药②;在行政法领域,司法审查也被看作是制约国家权力的重要手段,越来越多的行政行为被纳入司法审查范围。在大量纠纷涌向法院的同时,当事人为解决这些纠纷而负担的成本问题引起了广泛的关注,包括诉讼费用、律师和公证费用、诉讼迟延等。③ 问题在于:虽然当越来越多的权利保护要求诉诸法院,并被认为是法院应尽的义务时,成本的增加对法院和当事人而言都是存在的,但社会和学界对这两种成本的关注却是不同的,在当事人的成本负担引发社会广泛关注的同时,法院本身保护这些权利

---

① Dakolias, M. (1996), *The Judicial Sector in Latin America and the Caribbean*, Washington, D. C.: The World Bank, pp.3—4.

② 在许多人看来,中国司法改革所面临的重大课题之一就是确立警察权的行政权性质,实现公安机关的非司法化,并建立程序性的制裁机制。参见陈瑞华:《司法权的性质——以刑事司法为范例的分析》,载《法学研究》2000年第5期。

③ 诉讼迟延不仅是时间上的耗费,也是成本上的耗费,因为律师费用会因此而增加。

必须耗费的成本却没有受到应有的重视。①

对司法体系运转公共成本的忽视,霍尔姆斯和桑斯坦从三个角度给予解释:首先,断定权利有成本,也就是要承认为了获得或保护权利,我们必须放弃一些东西,这是自由派所不愿承认的;其次,如果承认权利的界定、配置、解释和保护是政府提供的一项由纳税人资助的服务,权利的保护往往需要耗费大量的公共成本,那个完全独立于政府及纳税社会的个人权利的神话将被粉碎,而这是保守派所不愿看到的;最后,对法院职业而言,司法必须从其他机构可提取的收益中获得经费与司法机构独立于政治体系的自我定位未能吻合。② 于是,司法体系运转的成本被有意或者无意地遮蔽,但遮蔽本身并不能改变事实本身。在现代社会,法院是由国家设立的,没有一个法院体系能够超越财政资源的拘束,在预算的真空中运转。比如,在最低的限度上,法院必须能够支付法官及其他工作人员的薪酬、购买必要的办公设备等。既然权利的成本是一种现实的存在,共同体的预算分配数量就决定性地影响每个人的权利在法院获得保护和实施的程度,权利的预算成本是权利实效的重要解释变量。在这一变量下,可能衍生出一系列的问题,包括:(1)有关各种权利实际上花费多少;(2)由谁决定如何分配我们稀缺的公共资源,用于保护何种权利、保护谁?(3)指导这种分配的原则通常包括哪些?③ 本书关于中国基层司法财政的研究可以看做是这样一种关注的延伸。我们关注的是,在中国的基层法院,为了保护权利而耗费的经费是如何取得的,又是如何被花费的?具体而言,我们希望通过一个深入细致的案例研究来观察以下问题:(1)在中国,基层法院的钱是从哪里来的,又都用到什么地方去,法院在收入和支出的结构上呈现出什么样态?(2)是什么样的社会经济条件支撑了这样一种样态?(3)通过怎样的政治过程或者行为策略,这些复杂的社会经济条件或者背景如何生成了这些样态?(4)最后,在可能的范围内,我们希望能够将这些财政样态与具体的司法运作联系起来。通过将司法置于财政的脉络中,本研究试图从另外一个视角深化对司法改革的认识,并以此为基础反思已经延续十年之久的司法改革的困境与出路。同时,本研究也将为党的

---

① 这是两种不同性质的成本,当事人的成本是一种私人成本,而法院的成本则是一种公共成本,主要通过预算的方式负担。因此,对于司法绩效的观察,必须注意是法院的效率,还是当事人的效率,是法院的成本还是当事人的成本。参见〔美〕A.爱伦·斯密德:《财产、权力和公共选择——对法和经济学的进一步思考》,黄祖辉、蒋文华、郭红东、宝贡敏译,上海三联书店、上海人民出版社2006年版,第32—33页。

② 参见〔美〕史蒂芬·霍尔姆斯、凯斯·R.桑斯坦:《权利的成本:为什么自由依赖于税》,毕竞悦译,北京大学出版社2004年版,第10—15页。

③ 同上书,第16页。

十八届三中全会之后即将做出重大调解的司法财政政策的制定提供重要的基础材料。

二、文献综述

（一）概念的厘定

"财政乃庶政之母",财政之于行政的关系(不管是对给付行政还是对管制行政)虽然在很长一段时间里一直没有受到应有的重视,但近来已引起华语区法学界的普遍关注。但是,这种来自财税法学界的关注主要集中在财政与行政关系领域,财政与司法的关系则并不是其关注的焦点,其原因除了传统上关于积极权利和消极权利造成的"潜见"——司法被认为无须耗费成本以外,也来自于财政本身的特点:财政行为虽然与各种国家权力(立法、行政、司法)的行为都有密切关系,但非居于同一层次,财政行为主要乃是作为国家行使行政行为的结果,立法行为和司法行为通常并不直接构成财政行为的原因。[①] 因此,财税法学界常以行政行为作为财政行为的原因行为,将与行政部门对应的财政领域作为其主要的研究对象。但是,财政对于司法同样具有极端重要的意义,不仅是因为财政行为与作为其原因的司法行为之间实为一体两面的关系,司法的运转依赖于财政的支持[②],还在于来自财政层面的观察构成了司法独立的实质内容之一,这在法官薪酬领域尤为突出,汉密尔顿有言,"最有助于维护法官独立者,除使法官职务固定外,莫过于使其薪酬固定。……就人类天性之一般情况而言,对某人的生活有控制权,等于对其意志有控制权。在任何置司法人员的财源于立法机关的不时施舍之下的制度中,司法权与立法权的分立将永远无从实现"。[③] 与此同时,由于司法部门的财政资源通常必须从其他部门获得,在美国是立法部门,在我国则集中在行政部门,司法部门在财政体系中的定位问题也构成了司法与政治关系的实质层面之一。这样一种将司法和财政结合起来考察的努力,我们将其界定为"司法财政"(court finance)。在关于司法或财政的卷帙浩繁的著作中,司法财政的提法却不多见,虽然贺卫方在《中国司法管理制度的两个问题》一文

[①] 参见蔡茂寅:《第一讲财政法》,载《月旦法学教室》第70期,第60—72页。
[②] 参见〔美〕史蒂芬·霍尔姆斯、凯斯·R.桑斯坦:《权利的成本:为什么自由依赖于税》,毕竞悦译,北京大学出版社2004年版,第28页。
[③] 参见〔美〕汉密尔顿、杰伊等:《联邦党人文集》,程逢如、在汉、舒逊译,商务印书馆1980年版,第396页。

的注解中使用过这一表述。① 本书主要在"司法部门的财政"的意义上使用这一术语,其概念化的过程必须解决三个问题:什么是财政?什么是司法部门?将司法部门与财政并列是否合适,亦即司法部门的财政是否值得单列作为一个相对独立的研究领域?下面分述如下:

1. 关于财政

虽然财政活动是一个历史悠久的现象,伴随着国家的产生而产生,但"财政"一词的使用却只有百年历史。"财政"一词是间接从日本进口的,来源于英文"public finance"一词。据考证,清光绪二十四年(1898年)"明定国是"诏书中有"改革财政,实行国家预算"的条文,这是政府文献中最初使用"财政"一词。20世纪40年代中华书局出版的《辞海》中是这样解释的:"财政谓理财之政,即国家或公共团体以维持其生存发达之目的,而获得收入、支出经费之经济行为。"②在当代,财政的内涵和外延都有所延伸和发展,比如,在财政基本理论中,福利经济学与公共选择理论成为主要的分析框架,在财政活动领域中,财政学界的研究通常都包括了"收"(财政收入)、"支"(财政支出)、"平"(财政平衡)、"管"(财政管理)四个方面。但是,财政的核心部分却依然是国家或政府获得收入、支出经费的行为③,这也构成了我们在司法"财政"这一范畴下考察的主要对象,虽然作这样一种考察时,我们对其嵌入的政治、经济、社会环境也同样关注。

2. 关于司法

与财政一词在纵向历史中的延续性不同,"司法"自新中国成立以来历经了一个明显的意义变迁。④ 从1949年到20世纪70年代末期,司法权都被认为是资本主义国家的专属物,是"三权分立"语境下的专用词汇,因此,只有"司法工作""司法机关""司法人员"等提法,却不能有"司法权",甚至"司法机关"这个词,在20世纪80年代也还有人建议不再使用。在这一阶段,司法一词的运用显得混乱,根据语境的不同,"司法/司法机关"有不同的含义:(1)指代审判机关,即法院。(2)同时指代法院和检察院,比如在"公安司法机关"这一惯用术语中。(3)指代"公检法三机关"。在这三个用法中,指代

---

① 参见贺卫方:《中国司法管理制度的两个问题》,载《中国社会科学》1997年第6期。
② 参见陈共:《财政学》,中国人民大学出版社2009年版,第23—24页。
③ 对于这种行为的本质则有不同认识,典型的有国家分配论(邓子基、陈共等)、货币关系论(谭本源、曹国卿等)、价值分配论、资金运动论、社会共同需要论(何振一)、剩余产品决定论(王绍飞)。参见刘守刚:《国家成长的财政逻辑:近现代中国财政转型与政治发展》,天津人民出版社2009年版,第411—412、417页。
④ 参见滕彪:《"司法"的变迁》,载《中外法学》2002年第6期。

审判机关仍然是"司法"在这个时期最普遍的用法,司法工作是指审判工作、司法人员也仅指法院的审判人员。但在这一阶段,无论司法机关的指代范围是宽还是窄,司法都是工具,司法之内与之外都被整合在政法机关之中,到底谁属于司法、谁不属于司法已经无关紧要,"司法机关"经常被"政法机关"的提法所取代。20 世纪 80 年代以后,此前"司法"宽泛的用法开始收缩,司法的含义和司法机关的范围越来越确定,越来越窄。首先,公安机关和司法行政机关的性质被定为行政机关,广义的司法机关从"公检法司"缩小到"公检法"或"检法司",又缩小到"检法"两家,狭义的司法机关也从"公检法"缩小到"检法"两家,又缩小到法院一家;接着,对"司法权性质"研讨更加深入,狭义的司法权仅指审判权几成通说,狭义的司法机关进一步回归到法院一家。与 20 世纪 80 年代以前的用法不尽相同的是,此前的法院行使的审判权只是政法工作的一个环节,司法"之内"与"之外"并无实质差异,而现今的法院行使的审判权,至少在学界看来,已经是或者至少应该是司法权,它必须遵守一系列特有的司法程序,亦即被动性、公开和透明性、多方参与性、亲历性、集中性和终结性;并采取特定的与司法性质相符的组织形式,亦即法官的职业化、民众通过陪审或参审等方式对司法的参与、合议制和上下级法院之间的独立关系等。[①]从公检法司等过去所谓的司法机关的现实运作看,只有法院的运作与上述特征最为契合;从应然的角度看,也只有法院采取上述运作程序和组织形式最具合理性和正当性,在本研究中,我们只在"法院"的意义上使用司法或司法权。

3. 关于司法财政

由于财政的原因行为通常是行政行为,财政学或财政法学界在分析财政现象时,其预设的原因行为往往是行政行为,对立法或司法的关注也集中在立法或司法机关在这一场域内的活动上,比如立法机关的财税立法行为,或者司法机关对于可能影响财权配置的行政行为的审查等。在美国,这种司法审查凸显了法院在财政领域的作用,比如,当法院裁定某一税收形式违宪时,国内税务署将被迫减少收入,当法院裁定某一特定的服务水平不合法时,行政部门将不得不对该项服务支付更多的资金,其典型领域包括监狱的过度拥挤(构成"残酷而非同寻常的酷刑")和不将精神病人和精神障碍病人送进专

---

① 参见陈瑞华:《司法权的性质——以刑事司法为范例的分析》,载《法学研究》2000 年第 5 期。

门机构。① 但这种对司法部门在财政领域作用的考察通常不及于法院自身的收支活动,在财政上司法部门是否呈现出与行政部门不同的特征,如果有的话,这种特征在多大程度上存在? 传统上根据行政部门发展起来的财政理论或者财政法理论是否适用于司法领域? 就成为司法制度研究领域必须解决的问题,本研究将"司法"与"财政"结合起来的构词法蕴含了我们为考察司法的特殊性与财政的普遍规律或要求之间张力所做的一种尝试。

在这里,司法的特殊性是一个需要澄清的概念,在划分权力的场域中,司法的特殊性其实是指司法权的特殊性,但各国对司法权本身的界定却存在较大的差异。在构建司法权地位时,倚重的权力分立原则包括两个层面:一个是立法、行政和司法部门之间在功能上的区分;另一个是这些部门之间的制衡体系,这两个方面在不同的国家甚至在一个国家的不同阶段都是不尽相同的。② (1) 在英格兰,议会制的性质在某种程度上使上述区别变得模糊,同时,成文宪法的缺失使得司法审查的权力并不突出。在美国,虽然只有法院才能执行司法职能在今天被认为是理所当然的,但在其早期岁月里却并不必然如此。直至19世纪,州司法部门才结束立法部门履行司法职能的做法,但立法部门有时仍会以上诉法院的形式出现。比如,在纽约州,参议院直到1846年才不再具有上诉管辖权,在罗得岛州则推迟到了1857年。(2) 在最终意义上,权力分立原则下法院的权力依赖于法院裁判其他两个部门的行为是否合法的权力。在英国,"议会主权"剥夺了最高法院审查议会立法的权力③;同时,在议会权与行政权高度重合的政治环境中,司法对行政的审查也受到很大的限制。在美国,以马歇尔为首的最高法院在马伯里诉麦迪逊案(Marbury v. Madison)中虽然确立了司法审查原则,但在整个马歇尔时代没有一项国会行为被最高法院确认违宪,最高法院对司法审查的大量适用事实上已是马歇尔时代结束半个多世纪以后的事情。④

针对当代中国司法应有的特殊性,亦即法院何以成为法院的问题,贺卫方在《中国司法管理制度的两个问题》一文中强调了法院在职能内容、行为

---

① 参见〔美〕爱伦·鲁宾:《公共预算中的政治:收入与支出,借贷与平衡》,叶娟丽、马俊等译,中国人民大学出版社2001年版,第16页。
② Tobin, R. W., *Creating the Judicial Branch: The Unfinished Reform* [M], Authors Choice Press, 2004, pp.5—14.
③ 根据英国《2005年宪制改革法》,英国最高法院于2009年10月1日正式成立,执掌此前由上议院常任上诉法官们行使的终审权,并接管了以前是由枢密院司法委员会执掌的由"分权事务"衍生的诉讼的管辖权。
④ 在美国,同样的权力在州宪法中通常被明确授予司法机关,这一权力的赋予对州法院的组织设计带来某种影响,因为如果法官被认为独立于政府并拥有使政府行为无效的权力,那么它最好能处于大众的民主控制之下,这种控制可以采取两种方式:法官的选举和陪审的使用。

方式上具有不同于行政和立法部门的三个特征:(1)法院行使职能必须有纠纷存在;(2)法院对于纠纷的处理不应采取主动的方式;(3)法院行使职能的司法过程的公开性。① 但这样一些差异将在多大程度上导致司法财政处置上的不同,该文没有讨论。在接下来的部分,该文针对当前中国司法管理制度的批评主要指向了以下两个弊端:(1)法官选任和管理上的非精英化;(2)整个管理体制上的官僚化,包括集体决策制度、法官等级制度、上下级法院关系的行政化等。有学者更进一步主张为司法改革注入人权保障的因素,紧紧围绕是否有个人基本权益需要司法救济和司法保障,以及是否有某种国家权力(尤其是行政权力)需要司法审查和控制这两项标准来确定司法权的范围,通过司法裁判的形态(刑事裁判、民事裁判、行政裁判以及违宪审查裁判)的逐步延伸,将司法权与普遍意义上的公民权利甚至政治权利联系起来。②

但从司法权本身的实践看,现实的运作与这种应然层面的讨论截然不同。在实践中,如果司法的特殊性有价值的话,那它更多的是在权力"分工"而非权力"分立"的意义上使用的。从宪法的角度看,这一特点至少可以追溯到我国1954年宪法制定时期。③ 在1954年5月6日至22日的宪法起草座谈会各组召集人联席会议上,针对宪法草案第66条第1款"中华人民共和国的司法权由最高人民法院、地方各级人民法院和依法设立的专门人民法院行使"中的"司法权"发生了争论,争议的焦点包括:(1)用"司法"还是用"审判";(2)是否保留"权"字。李维汉认为"过去用'司法'是我们没有搞清楚",并建议把"司法权"改成"审判权",这一主张得到了张志让(当时最高人民法院副院长)的支持,并进一步主张把"审判权"改成"审判机关",其理由是:苏联宪法只有"立法权"用了"权"字,别的地方都没有用。当时的苏联是以活动区别机关的性质,而不以权来区分,是为了有这些任务,可以设机关,而不是有这样那样的权,才来设机关,这里面也有原则问题。如果用"权"字,就好像法院也是权力机关。

宪法起草的两位法律顾问都没有反对"权"字的改法,周鲠生原则上肯定了不用"权"字的合理性,而钱端升也认为"'权'的意思,在英文、俄文中都是没有的"。至于审判与司法之间的选择,虽然周鲠生主张继续沿用"司法"一词,但这种反对并不是基于司法权的特征,在他看来,"这不是一个原则性

---

① 参见贺卫方:《中国司法管理制度的两个问题》,载《中国社会科学》1997年版,第6期。
② 参见陈瑞华:《司法权的性质——以刑事司法为范例的分析》,载《法学研究》2000年第5期。
③ 参见韩大元:《1954年宪法与中国宪政》,武汉大学出版社2008年版,第151—153页。

的问题,而是一个名词问题,我们法律小组是不会坚持用'司法'的",使用司法的理由仅仅是"俄文'司法'和'审判'是两个字,苏联宪法在这里用的是'司法';法院要做的事情,也不只是审判,还有别的事情,所以还是用'司法'好";另一位法律顾问钱端升的态度也大体一致,因为在他看来,"用审判方式执行法律是司法,当然,用审判也可以"。① 表面上看,争议激烈;实质上,在这些争论背后,却是关于社会主义条件下"司法"的真实意义的一致理解,其争论的焦点与其说是对司法权的两种不同理解,毋宁说是如何更好地表达一个已经更新的社会主义条件下的司法权理念。虽然从最后通过的宪法文本看,只有"司法"被"审判"替换,"权"字仍然得到保留,但这丝毫不影响对人民法院在国家体系中的地位的全新理解,这种理解一致延续到改革开放的今天,历经十年的司法改革之后依然如故,由于本研究着眼于现当代中国的司法财政,所以本文所着力研讨更多的只能是"分工"之上的特殊性。

但不管是哪一种特殊性,这一某种程度上被财政学界和财政法学界忽视的问题,对于司法制度领域研究而言都具有重大的学术价值和实践价值。正如现代财政与现代国家之间紧密联系的研究可以从"资源汲取"和"财政动因"两种理论路径展开一样②,在"司法财政"的框架下,我们希图展现的司法与财政之张力也可以同时从两个角度来观察:(1)资源汲取理路,是从司法出发探讨司法之于财政的影响,其要点是:在司法的发展中,对资源的需求不断增加,为了动员和汲取资源,财政制度为适应司法的需求而不断调整,这种调整最可能发生在司法部门获得经费的渠道上,但经费的支出方式也可能因为筹集经费的需要而发生调整;在极端的语境中,这种路径的研究可能过分看重财政活动的从属性,只把财政行为看作是一种技术性的、机械性的资金提供或消费行为,从而在研究中舍财政行为于不顾,而只关注作为其原因的司法行为。③ (2)财政动因理路,则是从财政出发研究财政之于司法的影响,其要点是:从特定的财政制度或财政样态出发,研究不同的财政制度或样态对于司法的促进或阻碍作用,这种作用通常被放在财政危机④或者财政压

---

① 韩大元:《1954年宪法与中国宪政》,武汉大学出版社2008年版,第151—153页。
② 参见刘守刚:《国家成长的财政逻辑:近现代中国财政转型与政治发展》,天津人民出版社2009年版,第4—17页。
③ 类似的推理,可参见蔡茂寅:《第一讲财政法》,载《月旦法学教室》第70期。
④ 参见〔美〕Sacks, D. H.《税收困境:英格兰的财政危机、国会和自由(1450—1640)》,载〔美〕霍夫曼、诺伯格编:《财政危机、自由和代议制政府》,格致出版社、上海人民出版社2008年版,第1—69页。

力①的视角下考察。在本研究的设计中,我们试图同时兼顾两种研究路径,在为研究设定的 4 个议题中,司法之于财政的需求包含在第 2 个(是什么样的政治、经济和社会条件支撑了这样一种样态)和第 3 个(通过怎样的政治过程或者行为策略,这些复杂的政治、经济和社会条件生成了这些样态)研究议题中,财政之于司法的影响则构成了第 4 个(这种财政样态与司法运作之间的互动关系)议题。但从整体研究设计看,财政本身,亦即第 1 个议题(法院在收入和支出的结构上呈现出什么样态)构成了所有研究的出发点。因此,在"司法财政"名下,我们将同时从静态和动态的角度考察司法部门的财政收支样态:从静态的角度观察其收入与支出的具体构成,从动态的角度考察其获取收入与支出经费的决策过程。由于这样一种结构和过程不可能在真空中运转,本研究对于其生产的环境变量也十分关注,我们将尽力展现在司法领域,财政与司法及其所嵌入的政治、经济和社会系统之间的深刻互动(图 1-1)。

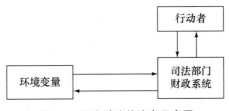

图 1-1　司法财政关注点示意图

在本研究中,我们主要将关注的焦点放在了基层法院,除了时间的有限性和原始资料的可接近性迫使我们暂时放弃对更高级别法院的研究外,另外两个理由对于我们的研究选择也是十分重要的。

第一,是基层法院实践地位的重要性。无论是从法院组织的数量,还是从法官人数上看,基层法院都是我国法院体系最为重要的构成部分。据统计,全国共有 32 个高级人民法院(含 1 个解放军军事法院),409 个中级人民法院,基层人民法院却有 3117 个,在整个法院体系中的比重高达 87.61%。就审判人员来看,全国共有法官 19 万余人(女法官占 24.81%),其中高级人民法院法官合计 0.7 万人,中级人民法院法官合计 3.6 万人,基层人民法院法官合计则有 14.6 万人(占 77.25%)。② 从实际办理的案件数量看,基层法院审结或执结的案件比重也相当高,更为重要的是,由于争议的诉讼标的额

---

①　秦春华:《经济体制变迁中的财政职能研究:一个财政压力视角的分析框架》,北京大学出版社 2009 年版,第 1—2 页。
②　《人民法院简介》,载最高人民法院网,http://www.court.gov.cn/jgsz/rmfyjj/,访问时间:2010 年 11 月 18 日。

成为法院系统划分级别管辖的主要依据,划入中高级人民法院管辖的案件多为企业之间的纠纷,而与人民群众日常生活联系最为紧密的民事一审案件主要发生在基层法院,苏力甚至推断这一比例至少不低于90%。① 在此意义上,基层法院的运行状况一定程度上决定了我国司法的基本面貌和法治的实现程度。另一方面,在我国城乡分割的二元社会结构中,基层法院的司法活动客观上衔接着"农村"与"城市"两个社会,并在事实上同时建构了乡土社会的法律与城市社会的法律两个不尽相同的场域,其运作异常的复杂,对当代中国的法治发展具有理论意义和现实挑战性的一系列问题在基层法院表现得最突出、最显著②,这些因素决定了基层法院一直是司法制度研究的重心所在,这也是本课题将焦点首先集中在基层法院的重要原因。

第二,是财政问题的特殊性。虽然经费通常是影响组织行为唯一的、最为有限的工具,但也是一个相当迟钝的控制工具,原因在于:虽然缺少资金通常会妨碍组织行为,但资金的存在本身也从来不保证特定活动的发生。③ 这意味着,资金作为消极的控制手段要比作为积极的控制手段运行得更好,经费保障问题只有在其不足时才会在否定的意义上反作用于司法,在经费充足的环境中考察经费保障体制问题是没有意义的。在我国,1994年分税制改革之后,在综合国力不断提升、全国财政收入强劲增长、地方财政总收入不断提高的情况下,中央和地方层级高端(省、市)在全部财力中所占比重上升,而县乡财政困难却在"事权重心下移、财权重心上移"过程之中凸显出来。④ 由于各地的财政困难程度不同,这在财力水平相对薄弱的中、西部不发达地区尤为明显,比如2003年财力存在缺口的县乡中,中部地区占45%,西部地区占39%。从自给率上看,通常也是东部地区的财政自给率高,西部地区财政自给率底,比如2002年,江苏省的财政自给率达70%,四川省的财政自给率却只有30%,非均衡性是县市级财政体制的基本特征⑤,财政上陷入困境的县、市主要集中在中西部经济不发达地区,从现实的问题上看,司法财政上的困境也集中在这些县、市。事实上,在人民法院制定的物质装备规划中一般都会依据资源稀缺程度对不同区域的法院作不同的要求:首先是高级法院和东部地区中级法院,其次是中部地区中级法院和东部地区基层法院,西部

---

① 苏力:《送法下乡——中国基层司法制度研究》,中国政法大学出版社2000年版,第9页。
② 同上书,第11页。
③ 参见〔美〕史蒂文·科恩、威廉·埃米克:《新有效公共管理者:在变革的政府中追求成功》,王巧玲、潘娜、王冬芳、张春娜译,中国人民大学出版社2001年版,第137页。
④ 参见刘卓珺、于长革:《中国财政分权演进轨迹及其创新路径》,载《改革》2010年第6期。
⑤ 参见朱秋霞:《中国财政制度——以国际比较为角度》,立信会计出版社2007年版,第144页;李一花:《中国县乡财政运行及解困研究》,社会科学文献出版社2008年版,第135页。

地区中级法院和中部地区基层法院则位列第三,最后才是西部地区的基层法院。① 可以说,西部地区基层法院对于财政问题的反应是最为敏感的,选择这些区域的基层法院作为考察司法财政的对象,无疑是考察稀缺背景下财政作用传导机制的最佳选择。

(二) 有关收入的文献

1999 年王亚新将有关法院收入的讨论概念化为"围绕审判的资源获取与分配",并结合民事经济审判领域的资源获取,将这一命题分解为四个层面:(1) 作为审判成本的资源,关于其获取、分配的决定及管理,应该由国家统一掌管,还是把这项权限分散到地方各级政府? 亦即司法预算应该按"条条"即整个法院系统由国家财政统一决定并执行,还是按"块块"即由地方各级财政分别负责安排。(2) 关于地方政府与本级法院在财政方面的关系,地方政府采取的究竟是从别的地方获得资源来支付审判成本的方针,还是要求或希望法院通过审判当然主要是民事经济审判自行获取资源? 前一种方针可称为"公共负担"原则,后者则不可避免地会走向"当事人负担"原则。(3) 如果地方政府要求或希望法院自行解决审判成本的支付问题,法院在民事审判中采取当事人负担原则几乎是必然的归结,在这种情况下,法院向当事人获取资源的限度在哪里? 有什么样的机制可能限制其无穷尽地获取资源的潜在倾向呢? (4) 关于法院如何获取和分配资源的现实情况及其背后的机制究竟会给民事审判本身带来什么影响?② 这一分析框架在很大程度上奠定了后续研究的基础,比如 2005 年廖永安对湖南省湘中某贫困地区基层法院民事诉讼费用运行现状的实证考察。廖永安认为,2005 年前后我国贫困地区基层法院正处于"一方面,法院经费困难,常常陷入困境,不搞创收难以为继;另一方面,审判围绕着经济利益运转会影响严肃执法和法院的公正形象"的两难困境,并由此形成了对我国诉讼费用制度的四个基本判断。亦即:(1) 基层法院从政府中获取的审判资源十分有限,普遍面临司法资源不足的困境,严重影响和制约了司法功能的充分发挥;(2) 基层法院主要靠从当事人获取的审判资源支撑审判工作的正常运转,法院"乱收费"现象给诉讼当事人造成了不堪承受的重负;(3) 基层法院在获取审判资源过程中,本为利益共同体的法院与法官个体之间也同样存在着围绕自身利益的冲突,

---

① 参见《人民法院"十一五"物质装备规划》。
② 参见王亚新:《围绕审判的资源获取与分配》,载《北大法律评论》(第 2 卷)第 1 辑,法律出版社 1999 年版,第 49—79 页。

严重制约着司法机制的良性运行;(4)我国现行诉讼费用制度存在着严重的制度缺陷,既严重妨碍了公民寻求司法救济,又影响了司法公正和法院的权威,改革和完善我国诉讼费用制度刻不容缓。①

1. 诉讼收费

虽然在诉讼费用运行现状的名下,2005年廖永安对湖南省湘中某贫困地区基层法院民事诉讼费用运行现状的实证考察事实上同时讨论了基层法院经费保障中公共负担和当事人负担机制的运行状况问题。不过,正如其主题所暗示的,诉讼费用制度与当事人的诉权保障这一正统程序法问题的关联更为密切。从整体上看,法学界对诉讼费用制度显然倾注了更多的心力。方流芳在《民事诉讼收费考》中试图揭示1999年前后诉讼费用制度运行对诉权、诉讼成本和司法公正的具体影响,认为让法院收取讼费而补贴预算不足是不恰当地转移了国家本来应当承担的"审理成本",其代价不仅是诉讼当事人承担过高的诉讼成本,而且是损害司法公正;对滥诉的控制也不能证成当事人高额的诉讼费用支出,因为比事前防范更有效的措施也许是事后制约。② 立足于对公民诉讼权的宪法和司法保障,左卫民与朱桐辉认为在我国,公民向法院缴纳的费用昂贵、繁多,构成了当前公民行使诉讼权利的严重阻碍。为落实当事人"接近正义"的权利,长远来看应当考虑废除公民向法院交纳诉讼费用尤其是起诉费用之制度,在现阶段则应注意落实诉讼费用的缓交、减免制度,消除公民因经济问题被排堵于法院大门之外的现象。③ 此后,域外民事诉讼费用制度得到了更多的译介④,对我国诉讼费用的历史⑤、性质与构造⑥也有了更为深入的研究,对诉讼费用制度的批评日益增多,具

---

① 参见廖永安、李胜刚:《我国民事诉讼费用制度运行现状之考察——以一个贫困地区基层法院为分析个案》,载《中外法学》2005年第3期。

② 参见方流芳:《民事诉讼收费考》,载《中国社会科学》1999年第3期。

③ 参见左卫民、朱桐辉:《公民诉讼权:宪法与司法保障研究》,载《法学》2001年第4期。

④ 参见徐昕:《英国民事诉讼费用制度》,载《司法改革论评》2002年第2期;王美琼、王建源:《英国民事诉讼费用制度改革及其绩效》,载《厦门大学法律评论》2004年第2期;周成泓:《美国民事诉讼费用制度及其对我国的启示》,载《法律适用》2006年第3期;张晓薇、牛振宇:《德国诉讼费用制度研究》,载《当代法学》2003年第11期;林剑锋:《日本民事诉讼费用的制度与理论》,载《司法改革论评》2002年第2期;廖永安、赵晓薇:《中日民事诉讼费用制度比较研究》,载《北京科技大学学报(社会科学版)》2004年第2期。

⑤ 参见韩波:《论我国诉讼费用管理制度的变迁与改革》,载《司法改革论评》2002年第2期。

⑥ 对于民事诉讼费用的性质,争论较多的是案件受理费和申请费的性质,主流看法采国家规费说。参见廖永安:《论民事诉讼费用的性质与征收依据》,载《政法论坛》2003年第5期。反对意见认为,遵循"成本或费用填补原则"的规费忽略了诉权的基本权利属性和司法的公共产品特征,参见闫海:《论司法预算制度的学理构造》,载《当代法学》2006年第5期。另外,傅郁林虽然主张一种"折中说",但其立论的目的在于确定国家与当事人之间如何分担"生产正义的成本",而非真正讨论诉讼费用的性质,故其亦未真正否定民事诉讼费用的规费性质。参见傅郁林:《诉讼费用的性质与诉讼成本的承担》,载《北大法律评论》(第4卷)第1辑,北京大学出版社2001年版,第239—274页。

体包括缺乏救济的渠道①、由立法主体导致的部门化倾向②等。在实证研究方面,廖永安通过对湖南东部某发达地区基层法院的实证考察发现,地方经济发展水平的提高并未改变基层法院的经费保障运行机制,法院的主要收入来源仍然高度依赖向当事人收取的诉讼费用,并且诉讼费用的征收和管理都很混乱。③ 这一现状的出现固然与诉讼费用制度设计本身的缺陷有关,但更为重要的影响因素或许是周边的相关制度,因为现行诉讼费用制度本身的缺陷并不必然导致"乱收费"和"诉讼费用管理乱",如果没有基于周边制度的缺陷所产生的利益驱动力,诉讼费用制度本身很难出现"乱象丛生"的局面。在廖文中,诉讼费用的周边制度主要包括法院财政保障体制和当事人的诉权保障制度两个方面。④ 2007 年《诉讼费用交纳办法》实施后,此前学者批评的很大一部分问题在制度层面得到解决,但它却在相反的方向承受了同样激烈的批评或者担忧。总体上看,批评更多地来自于实务界,而担忧则多来自于理论界。⑤ 这些批评或者担忧除了此前已经提出的立法主体问题外⑥,总体指向主要是周边制度的配套问题,亦即"单兵突进"的诉讼费用制度改革能否成功。王亚新则根据《诉讼费用交纳办法》实施一年的情况,根据法院经费状况和案件受理数量两个因素对该《办法》的实施效果作了分类的考察,对该《办法》的效果持谨慎的乐观态度。依其见解,《诉讼费用交纳办法》实施后最重要的一个变化就是在法院的经费问题上某种所谓的"倒逼"或者"制度挤压"的机制开始发挥作用。⑦

2. 财政保障

从法院内部人士发表的一些研究报告看,我国法院经费的财政保障体制也存在较为严重的问题。比如,在江西省,直到 21 世纪初,财政部门拨付法院系统的人头费与实际支出的人头费之间仍有差距,欠发工资、津贴等问题

---

① 参见孙孝福、兰军:《民事诉讼费用的可诉性与诉的设置》,载《时代法学》2004 年第 5 期。
② 参见张榕:《民事诉讼收费制度改革的理念及路径》,载《法律科学》2006 年第 1 期。
③ 参见廖永安等:《诉讼费用研究——以当事人诉权保护为视角》,中国政法大学出版社 2006 年版,第 178—214 页。
④ 参见廖永安、刘方勇:《潜在的冲突与对立:诉讼费用制度与周边制度关系考》,载《中国法学》2006 年第 2 期。
⑤ 前者如李瑞霞:《对〈诉讼费用交纳办法〉实施问题的思考》,载《法治论丛》2008 年第 3 期;浙江省余姚市人民法院课题组:《关于〈诉讼费用交纳办法〉实施运行的调查与问题探索——立足于基层人民法院的思考》,载《法律适用》2008 年第 6 期;其中,更温和的如高绍安:《诉讼费用交纳办法〉实施后的问题与对策》,载《中国审判》2007 年第 5 期。后者如廖永安:《〈诉讼费用交纳办法〉之检讨》,载《法商研究》2008 年第 2 期。
⑥ 参见赵钢:《讼费规则制定权的再次旁落》,载《法学》2007 年第 3 期。
⑦ 参见王亚新:《诉讼费用与司法改革:〈诉讼费用交纳办法〉施行后的一个"中期"考察》,载《法律适用》2008 年第 6 期。

较为突出;经费保障水平偏低,基层法院运转难度较大;财政对法院基础性建设资金(如基建、装备、服装等)安排极少且难以落实到位。此外,金额尚属有限的上级补助的专项资金下拨后,除了容易被财政部门截留外,还存在抵拨同级政府预算款的现象,一些本应由财政拨给的服装款、岗位津贴、生活补贴等,财政不再拨付。① 这样一个财政保障体制为基层法院提供的外部资源既不充分,也不稳定,司法机构难以建立稳定的收入预期。经费保障的实际力度在相当程度上取决于当地的财力状况,以及基层法院与同级政府之间的磋商结果。在局部场域中,磋商对于法院获取财政资源的意义可能大于本地财力的限制;同时,在"一府两院"的体制下,作为与政府地位平等的法院也不愿在物质上受制于地方政府,因而在主观上不愿接受这样一种安排。② 不过,王亚新在世纪之交敏锐地意识到,基层法院在经费保障上对同级政府的高度依赖或许还是由审判在中国社会中发挥的作用和功能所决定。比如,就民事经济审判而言,法院首先发挥着解决具体的纠纷或者保护一个个民事主体之权利的功能;其次发挥着促进统一的市场形成并维持市场秩序及其他生活秩序平稳或有序运转的功能;最后还可以从民事法的角度为整个社会及政治秩序提供正当性象征符号或正统性基础的功能。基层法院的经费保障责任之所以继续停留在同级政府,很大程度上是因为在我国,审判在形成和维持统一的市场秩序,尤其是形塑我国社会和政治秩序方面的作用还不够显著,至少领导层认为这种作用还不显著。③ 对基层法院而言,财政投入的严重不足和法院对财政部门的单向度依赖深刻地影响了基层法院在政治权力架构中的地位,为了获取生存的财政资源,基层法院必须积极向资源的分配者(党政机关)靠拢,从而对人民法院独立审判构成了很大的制约,助长了地方保护主义。④ 此外,它还对司法的公正运行造成了不容忽视的影响。比如,基层法院、法官在选择审判方式时,都尽量采用简易审理方式,尽量简化审判程序,尽量采用不开庭方式审理;同时导致法院、法官集体性滥用权力甚至徇私枉法。⑤ 左卫民在回顾与反思我国十余年的司法改革时,意识到充足

---

① 参见薛江武、张勇玲:《法院经费保障问题的分析与思考——江西法院经费保障情况调查报告》,载《人民司法》2001年第8期。
② 参见顾培东:《中国司法改革的宏观思考》,载《法学研究》2000年第3期。
③ 参见王亚新:《围绕审判的资源获取与分配》,载《北大法律评论》(第2卷)第1辑,法律出版社1999年版,第49—79页。
④ 参见刘会生:《人民法院管理体制改革的几点思考》,载《法学研究》2002年第3期;谭世贵、梁三利:《构建自治型司法管理体制的思考——我国地方化司法管理的问题与出路》,载《北方法学》2009年第3期。
⑤ 参见陈永生:《司法经费与司法公正》,载《中外法学》2009年第3期。

的财政支持对于司法制度良性运转的基础性价值,认为在司法制度本身需要消耗大量经济资源的情况下,除非是国家倾斜性地进行财政支持,我国未来的司法改革与司法制度的完善都将长期面临经济资源紧张的状况。①

党的十八届三中全会对我国司法体制做出了重大调整。大会公报明确指出:"改革司法管理体制,推动省以下地方法院、检察院人财物统一管理,探索建立与行政区划适当分离的司法管辖制度,保证国家法律统一正确实施。"可以预期的是,近期省级统管的司法经费保障机制就将出台。不过,在省级统管的司法财政体制正式出台之前,一个明显的趋势则是近年来中央财政和省级财政转移支付的力度加大,以逐步缓解基层人民法院尤其是广大中西部地区基层人民法院的经费短缺状况。2007年《诉讼费用交纳办法》实施后,法院诉讼费收入大幅下降,特别是老少边穷地区法院和基层法院下降幅度更大。为此,中央和省级财政加大了转移支付力度,下拨办案补助专款,核拨国债投资资金。湖北省高级人民法院的调研报告显示,目前,法院经费保障体制明显呈现以地方财政为中心的多元保障特征。不过,在经费标准的制定、经费预算的核拨、上级补助的分配等等保障体制中的核心概念还缺乏科学、透明的程序支持。此外,除了人员经费以外,其他每一项经费的预算、分配、投入都可能具有随意性,部分项目经费更是处于随时变动之中。②

(三) 有关支出的文献

国家对司法的投入最终是由纳税人负担的,因而在强调国家加大投入的同时,也需要通过制度设计在支出环节最大限度地节约和控制司法成本,因而法院内部的支出管理如何优化也是司法财政中不可回避的重要议题。根据法院内部各庭、科、室、队经费支用与经费筹集之间的关系,廖永安区分了基层法院不同时期实施的两种截然不同的财务管理模式。在20世纪90年代初期,基层法院主要实行"大锅饭"型财务管理模式,亦即财政保证法院人员的基本工资并每年安排少量的公务费和业务费,法院决策层不对业务庭室下达办案任务和收费指标,诉讼费收入收多收少一个样,法官的"创收"情况不与法官的年终福利待遇挂钩,福利待遇年终平均分配。到了1990年代中后期,随着大量民商事案件涌入法院,另一种"责任包干"型财务管理模式应运而生。根据这样一种财务管理模式,在法官工资全部由财政统发的前提

---

① 参见左卫民:《十字路口的中国司法改革:反思与前瞻》,载《现代法学》2008年第11期。
② 参见湖北省高级人民法院课题组:《改革与完善人民法院经费保障体制的调研报告》,载《人民司法·应用》2009年第9期。

下,法院决策层将各内设机构诉讼费收入情况与所在单位法官的福利待遇直接挂钩,并根据各庭室的业务特点、地域条件、人员状况、诉讼资源情况等因素分别确定收入拨返比例和包干金额,各单位的公务费、业务费、政策性开口经费、奖金和补助都由各庭室在拨返经费中列支,节余有奖,超支自负。① 新的财务管理模式通过在"诉讼收费"与"工资福利待遇乃至办公业务经费等各项支出"之间建立更为紧密的关系,充分调动了法官"创收"的积极性,却进一步瓦解了"收支两条线"的实施效果,因而其实质并不是责任上的"包干",而是收支上的"挂钩"。不管我们如何定位、评价这种责任包干制,它都引出在基层法院内部,经费支出应当如何管理方显妥当的问题。

在法院的支出中,人员经费具有特殊的重要性。因为适当的薪金是确保法官独立审判的重要手段,在社会资源能够承担的条件下,有必要给予法官在任职期内适当甚至较高的收入,这种薪金应在公职人员中居于较高或中上水平,并应随物价上涨而调整。同时,退休后亦有权享有相当的退休金。因此,当今各国除极少数国家和地区如日本、新加坡及香港和美国以外,绝大多数国家法官的收入水平相当于公务员工资序列的较高或适中水平。② 许多研究者同时强调,面对我国庞大的法官队伍,对法官职务和薪酬的保障是以法官的职业化和精英化为前提的,因此在提高法官薪俸之前,应当在科学确定法官编制的基础上,对现有审判人员进行分流重组。③ 分流之后,职业法官的数量将大大减少,只占法院全体工作人员的一小部分,而法院其他工作人员的工资并无太大变化(基本上仍执行公务员工资序列),所以财政的负担不会增加太多。④ 另一部分经费是公用经费,包括办案(业务)经费、设备购置经费、维修经费、基础建设经费等。围绕经费在法院内部的配置问题,瓮怡洁将办案(业务)经费从公用经费中析出,合并于人员经费后归入"软件"支出范畴,而将建设办公楼、购置交通工具等支出归入"硬件"支出范畴。由于纠纷能否解决及解决的质量并不取决于硬件设施的质量及其高档程度,瓮文认为当前法院内部的经费分配过分偏重"硬件"方面的投入,"软件"方面

---

① 参见廖永安、李胜刚:《我国民事诉讼费用制度运行现状之考察——以一个贫困地区基层法院为分析个案》,载《中外法学》2005 年第 3 期。
② 参见左卫民、周长军:《司法独立新论》,载《四川大学学报(哲学社会科学版)》2003 年第 5 期。
③ 参见詹建红:《法官编制的确定与司法辅助人员的设置——以基层法院的改革为中心》,载《法商研究》2006 年第 1 期。
④ 参见章武生、吴泽勇:《司法独立与法院组织结构的调整(下)》,载《中国法学》2000 年第 3 期;游劝荣:《司法成本及其节约与控制》,载《福州大学学报(哲学社会科学版)》2006 年第 3 期。

则投入不足,其原因一是为了搞形象工程,二是法院行政化的结果。① 虽然在归类上未必妥当,比如2005年前后,法院的办案(业务)经费中其实也包括了办案用车的购置费用和燃修费用,但该项研究仍不失其重要性,因为它首次提出了此前一直被忽略的基层法院的经费支出结构问题。

(四) 现有研究的不足

从上述文献看,近十年来,在司法改革的话语中,基层法院的经费保障问题受到了持续的关注,并出现了一些有价值的研究成果,尤其是在诉讼费用领域。但从整体上看,目前国内对于基层司法财政的大部分研究,都具有以下特点或者不足:第一,既有的研究主要立足于当前司法财政运行中面临的一些突出问题,着眼于对策性建议的提出,因而对于新中国成立以来基层司法财政变迁的整体趋势缺乏一个基本的把握。比如,今日提倡的政法经费"分类保障"方案其实在新中国成立初期的人民法院系统中早已实施过,但其间的经验教训却从未得到系统的梳理。过分强调对策性的另一个结果是,有深度的理论阐释在既有的研究中一直比较匮乏。第二,在研究对象的选择上"就事论事",很少将基层法院的经费保障问题与同期基层法院面对的时空情境与制度环境联系起来考察,因而往往不能透过现象看本质,揭示司法财政与周边制度、权力格局之间的复杂关系。第三,在具体研究内容的选择上,大量的研究成果集中在收入领域,对基层法院支出的研究非常薄弱;而在收入研究领域,大量的学术资源都投入到了诉讼收费领域,虽然大量成果都将基层法院的财政保障体制作为解决诉讼费用制度运行困境的"良方",对法学界对于公共财政提供的保障渠道本身的研究却相当不足,以至对于这个"药方"可能发挥的药效及其副作用缺乏一个清晰的认识。第四,在解释法院收支结构变迁时不够精确,且司法属性不足。比如,认为法院经费保障体制变迁的主要原因就是国家财政体制的整体变迁。又比如,认为法院支出的增长是由于社会经济的发展而导致的纠纷大量涌入法院。事实上,社会经济发展所导致的纠纷增加并不会必然导致法院支出的增加,一方面,如果增加的纠纷主要由其他机构解决,那么法院的支出并不会大幅度地提升;另一方面,即使纠纷大量涌入法院,但法院处理个案的成本却在不断降低,那么法院支出同样不会大幅度提升。可见,法院支出大幅度递增恰恰是因为大量纠纷产生之后放弃了传统的解纷手段而直接选择司法处断。与此同时,法院处断个案的成本也随着经济的发展而"水涨船高"。总之,既有研究对财政现象

---

① 参见瓮怡洁:《论我国司法预算制度的改革与完善》,载《时代法学》2005年第3期。

解释过程中缺乏对法院定位和法院治理纠纷模式变迁的考察,从而不能以"司法属性"的角度来理解法院财政体制的变迁。第五,在研究方法上,立足于制度建构的规范研究仍然占据了主导地位,且多未能深入细节讨论。虽然诉讼费用领域不乏精致的实证研究成果,但从整体上看,实证研究的应用范围还非常有限,既有的实证研究成果主要是实务部门工作人员的经验总结,主题更多地集中在对"钱少"的抱怨上,理论反思的广度和深度都不够。比如,对于"基层法院如何从财政部门筹集保护权利所必须的资源?其间存在怎样的结构性制约机制?法院诉诸怎样的行动策略来获取财政资源?其后果又是什么?"这样一些非常重要的问题,尚无研究成果可以作出清晰的回答。在对财政保障体制运行现状不甚了解的情况下,贸然提出宏大的体制重构方案,可能是危险的。在可能的范围内尽量弥补现有研究的不足,是本书研究的一个基本立足点,为此我们将采取一种历时性的、整体性的和实证性的研究进路,以期能更为全面地透析基层司法财政的变迁。

三、方法与材料

既然法院保护权利会耗费大量的成本,法院要在现实生活中发挥预期的制度功能,首先必须能够从社会中动员和汲取其行使职权所必需的资源,并有效率地加以管理。针对现有研究的不足,本书拟从实证研究入手,以西部S省一个国家级贫困县——C县为主要的观察样本,重点考察新中国成立以来六十多年来我国基层司法财政的变迁,研究的范围将涵盖基层法院的财政收支样态,生成这些样态的结构性因素和行动性策略,及其与当地政治、经济、社会生态之间复杂的互动关系,以期发现基层法院财政收支变迁的基本趋势与脉络,进而为考察当前正在展开的政法经费保障体制改革提供一个基本的参照系,并就其间存在的问题给出一些具体的建议。

(一) 研究方法的选择

在研究方法上,基于两个理由,我们采纳了案例研究的方法。首先是研究对象——"司法财政"——的特殊性,或者也可以理解为秘密性。虽然《政府信息公开条例》早已公布施行,并且明确将"财政预算、决算报告"作为县级以上政府及其部门主动公开的重点(第10条第四项)。但直到今日,研究者所面临的一个基本困境,仍然是基层人民法院(事实上包括任何一个机关事业单位)的财务管理信息对于一个外部研究者而言基本是封闭的,要进入只能通过特殊的权力管道或者私人关系①,比如我们对于 C 县的选择。这一点决定了基层法院详尽的财务信息的传递往往只能依照一张"熟人网络"展开,并不具备抽取大规模的样本进行研究的现实可行性,所能选择的只能是一个个的案例。当然,对于我们的研究而言,第二个理由或许更加重要。亦即,现代社会学质性研究方法的发展已经为案例研究的展开提供了足够的方法论支持,案例研究不仅可以用于检验既有的理论②,而且可以用于更新和发展现有的理论,只要遵循一套预先设定的合理程序和步骤,其结论的科学性仍然是有保障的。比如,在本书中,我们使用了一系列旨在确保案例研究科学性的研究策略,比较重要的包括:

1. 充分考虑方法与研究主题的契合性。首先,由于本研究很大程度上试图在不脱离现实生活环境的情况下研究当前正在进行的现象,待研究的对象与其所处的环境之间的界限并不十分明显,依照社会研究中方法选择的标准,此时案例研究正是最合适的选择。③ 即使本研究将时间跨度向前推进了六十年,但待研究对象与其时空情境与制度环境之间的关联仍然是本研究的重点,案例研究方法仍不失其妥当性。其次,在案例的选择上充分考虑研究主题的特殊性。正如前文已经指出的,财政或者预算的问题比较特殊,因为通常只有在财政保障力度不足时,财政问题才会在否定的意义上进入人们的关注视野,成为一个需要解决的"问题"。显然,我们选择的案例——作为国家级贫困县的 C 县——非常满足这一标准,同时它也满足在本研究中作为一个优质案例的其他条件,包括资料丰富、与法院经费收支关联的周边变量变化较大等。④

2. 在资料收集阶段,尽可能使用多种证据来源,力图全方位地考察问题,形成证据三角形。案例研究中可以使用的证据来源包括文献、档案记录、访谈、直接观察、参与性观察和实物证据等六种⑤,在本研究中,我们尽最大

---

① 关于权力关系对法社会学调研的影响,可参见苏力:《送法下乡——中国基层司法制度研究》,中国政法大学出版社 2000 年版,第 426—444 页。
② 与通常的认识不同,案例研究方法是与实验法、统计法(使用大样本分析的观察法)并列的三个基本检验方法之一。参见〔美〕斯蒂芬·范埃弗拉:《政治学研究方法指南》,陈琪译,北京大学出版社 2006 年版,第 48—53 页。
③ 〔美〕罗伯特·K.殷:《案例研究:设计与方法》,周海涛等译,重庆大学出版社 2004 年版,第 7—14 页。
④ 关于案例的选择标准,可参见〔美〕罗伯特·K.殷:《案例研究方法的应用》,周海涛等译,重庆大学出版社 2009 年版,第 16—23 页;〔美〕斯蒂芬·范埃弗拉:《政治学研究方法指南》,陈琪译,北京大学出版社 2006 年版,第 73—83 页。
⑤ 参见〔美〕罗伯特·K.殷:《案例研究:设计与方法》,周海涛等译,重庆大学出版社 2004 年版,第 94 页。

可能从多个来源渠道收集资料。在背景资料方面,我们广泛收集了与调研地区政治、经济、社会、文化等情况相关的书籍、报刊和报道等;在司法财政方面,2008—2009年间,我们从C县档案馆和C县人民法院档案馆调取了C县人民法院自1950年代以来历年的文书档案材料、所有可以获得的财务档案(包括历年的财务报表,当然有些年度的材料已经缺失)、2000年以来历年的会计账簿、该院编纂的院志底稿等。更为重要的是,当我们的调研工作获得调研对象的信任后,我们从该县法院一位曾经担任过七年会计的现任中层干部手中获得了一套难得的财政资料汇编。该套资料由该会计按年度装订,收录了其任职会计的七年间(1996—2001年)C县人民法院所有对内、对外经其"过手"的所有财务管理材料,包括各种向上级部门或者同级政府请示专项资金的报告底稿,法院内部自行制定的若干经费管理规程,自行掌握的一些经费收支计划、经费收支的内部数据等,这一套资料使我们得以更具深度地透视基层法院的财政收支状况。同时,我们对C县人民法院各个层次的工作人员都作了访谈,访谈形式包括个别的深度访谈和焦点团体式的集体座谈,访谈对象包括院领导、各个中层部门领导及个别干警,并利用数码相机记录了C县人民法院的历史遗存和环境条件,甚至参与了一次C县人民法院院长与财政局常务副局长之间围绕法院经费保障改革的对话。类似的调研也在C县财政部门展开,搜集了该县历年的财政统计数据、部分政法经费支出项目的统计报告、各种规章制度等。① 多元化的表格说明有利于我们全方位的考察问题,虽然数据之间的矛盾因此而增加,但通过资料之间的相互印证,本研究的结论无疑更有解释力和说服力。

3. 在资料分析阶段使用"竞争性假设"这一为罗伯特·K. 殷所推荐的旨在确保案例研究科学性的核心策略,确立并检验各种竞争性解释②;同时,参照使用扎根理论的编码策略进行资料整理,并在理论抽样的指导下完成补充调查。③ 确立并检验竞争性假设对于案例研究质量的提升大有益处,在本研究中,我们从一开始即对课题组人员开展了竞争性假设和扎根力量编码策略方面的专题指导和训练,在资料分析阶段,我们也尽量使用罗伯特·K. 殷推荐的竞争性假设(见表1-1),并尽量按照扎根理论推荐研究策略来处理数

---

① 实证研究的困难很大程度上来源于被调查对象的不配合。比如,在调研中,由于接受调研的财政部门配合相对有限,与课题组对基层法院的调研相比,从财政部门搜集的资料更为有限。

② 参见[美]罗伯特·K. 殷:《案例研究:设计与方法》,周海涛等译,重庆大学出版社2004年版,第120页以下。

③ 关于扎根理论的开放编码、主轴编码、选择编码、历程编码与理论抽样,可参见Anselm Strauss, Juliet Corbin:《质性研究入门:扎根理论研究方法》,吴芝仪、廖梅花译,台湾涛石文化事业有限公司2001年版,第105页以下。

据,尤其是"编码"和"理论抽样"技术。① 所谓编码就是用一个简短的名称对数据片段进行归类、概括和说明,它是搜集数据和形成解释这些数据的生成理论之间的关键环节,通过编码可以定义数据中的情形并反思其意义。在本研究中,最初编码是逐行进行的,然后我们使用了聚焦编码的技术,亦即在基于大量的数据从初始代码中筛选最重要的代码,并以此为基础整合排列代码,这是一个简化版本的编码策略。所谓理论抽样则是指寻找更多的相关数据来发展生成理论,其目的在于加工并完善已经形成的理论类属,直到没有新的属性出现。在本研究中,我们用了两个月的时间将所有搜集到的资料全数拍摄回校,理论抽样原则迫使我们在资料处理中多次"往返"于备忘录与这些原始资料之间,并根据理论发展的需要返回研究现场补充调研了半个月,以尽量逼近"理论饱和"的要求。

表 1-1　不同类型竞争性假设的简要描述②

竞争性假设的类型	描述
1. 零假设 2. 效度干扰 3. 研究者的偏见	1. 仅在偶然的外界情况下观察到的特定结果 2. 如:历史记录、成熟程度、不稳定性、测试、工具等 3. 如:"实验站影响";实地调查中的互动效应
4. 直接的竞争性解释 5. 混合的竞争性政策 6. 实施中的竞争性解释 7. 竞争性理论 8. 超级竞争性解释 9. 社会竞争性解释	4. 用目标因素之外的其他因素来解释结果 5. 用目标干扰和其他干扰一同解释结果 6. 用实施中的过程性因素而不是实质性因素来解释结果 7. 不采用最初的理论假设,而用其他的理论来解释结果 8. 用更大、上一级的因素来解释结果 9. 用社会趋势而不是其他因素去解释结果

4. "点面结合"。在研究中,我们尽量将案例研究的发现("点")与其他已公开发表的文献资料,尤其是全国性或者地区性的统计数据("面")进行对照研究,以增强本案例研究的理论解释力。另外一个有助于增强案例研究结论说服力的因素是,我国的司法体制和财政体制大体都是按照"上下对口"的原则设置的,并且在运行逻辑上具有高度的同质性。由于这样一个结构性的制约因素,虽然我国基层司法财政所面临的资源约束可能大相径庭,但在权力运转的基本方式上却还是共性多于个性的,只不过在财力更为有限的地区,一些在资源更为充足的地域本不会凸显出来的问题也会显露出来。

---

① 参见〔英〕凯西·卡麦兹:《建构扎根理论:质性研究实践指南》,边国英译,重庆大学出版社2009年版,第61—85页、第126—144页。
② 资料来源参见〔美〕罗伯特·K.殷:《案例研究:设计与方法》,周海涛等译,重庆大学出版社2004年版,第120页。

事实上，对本研究而言，真正的问题可能不是代表性问题，而是数据的真实性问题。因为从我们获得的大量财务报表看，其间存在大量相互矛盾的数据，甚至有明显更改的痕迹。不过，这一点并不能成为我们弃之不用的理由，其一，相对于外部公布的数据，本研究所获得的数据因为其"内部性"和"秘密性"通常可以推定其具有更高的准确性；其二，我们可以通过一些技术上的手段，比如前文已经提出的"证据三角形"策略从多个方面修正之。如果没有可以替代的可靠材料，即使数据与真实情况之间的出入不能完全通过技术手段剔除，对于研究的目的而言，它也是次优的。

（二）个案的基本情况

C县地处西部大省S省北缘，位于大巴山南麓，境内地势东北高，西南低，整个地貌由低山和深丘及河谷平坝构成。其基本情况是：全县面积2330平方公里，现辖39个乡镇，717个行政村、61个社区（居民）委员会，总人口77.8万人，其中农业人口66.8万，居住着汉、回、藏、瑶、布依等民族的居民。全县耕地面积59万亩，是内陆山区农业县，国家扶贫工作重点县，也是曾经建立过苏维埃政权的革命老区县。近年来，C县强力实施"工业强县""项目兴县"战略，经济、社会发展速度开始加快，全县国民生产总值五年增长1.92倍，全社会固定资产投资增长3.59倍，工业增加值增长2.86倍，地方财政收入增长1.18倍，城乡居民存款余额增长2.24倍，同时有一批重大项目和"5.12"汶川大地震灾后重建项目正在县域内开工建设。2008年，C县全县地方财政一般预算收入完成7892万元，其中：税收收入完成5132万元，非税收入完成2760万元。一般预算总收入完成15127万元。重点税源天然气勘探税收2603万元、重点工程税收588万元、房地产税收816万元、工业企业税收1032万元，这些重点税源对一般预算总收入和一般预算收入的贡献率分别为33.31%、23.09%。全县财政总收入完成18883万元，全县财政总支出236851万元（含"5·12"汶川大地震救灾支出，全年到位的上级补助是224998万元）。按照规划，未来几年，C县将继续坚持以"项目兴县"和"工业强县"为主导，推进农业现代化、新型工业化、山区城镇化，强化工农联动、投资拉动、城镇带动、开放推动、人才促动的"一主三化五动"发展思路，做特农产品加工业，做强以水能、天然气为主的能源化工产业，做优生态旅游业。C县人民法院成立于1951年3月1日。成立之初，C县人民法院仅有几间低矮、破旧的瓦房，1988年第一次修建办公楼、干警住宿楼，1998年再次新建9000多平方米审判、办公大楼。C县人民法院现有干警91人，其中研究生9人，本科69人，专科13人，本科以上学历占干警人数的86%。内设14个部门,派驻11个人民法庭,已配备警车20多辆,计算机50余台,并已开通院机关含覆盖各人民法庭的诉讼信息局域网。近年来,C县人民法院每年审结的各类案件都在4000件以上,结案率、调解率、上诉案件发改率、信上访率均名列全市法院前列。

四、研究的基本思路

司法财政的行为可以被划分为财政收入和财政支出两个方面。因此,要对基层司法财政进行研究,就必须对样本基层法院收入和支出的行为进行全面而细致的考察,以此呈现出基层法院财政收支行为的全貌。在本书的第二、三、四章中,我们将会结合在样本法院所收集到的资料,分阶段对C县人民法院财政收支状况进行详细的梳理。在时段的区分上,我们将新中国成立后60余年的岁月划分为三个阶段:第一阶段是1949—1978年,这个阶段的特征是基层法院收支均处于低水平的运作时期,因此我们将这个阶段概括为"短缺时期";第二阶段是1979—1998年,这是改革开放之后的第一个二十年,在这个二十年中,我国经济飞速发展,由于纠纷大量涌入司法系统,导致原有低水平的运作模式已经无法适应新时期的需求,因此中国的法院开始通过征收诉讼费的方式汲取足够的运转成本,因此我们将这个时期定位为"创收时期";第三个阶段是1999—2008年,在这个阶段中,法院征收诉讼费的行为不断受到规范,法院创收的行为日益受到限制。与此同时,公共财政理念的兴起使得财政成为司法的最终"买单人"。因此,这个阶段被归纳为"公共财政时期"。需要特别指出的是,1949年至1950年期间,由于解放战争尚未完全胜利,全国范围内政权建设也未全面铺开。当时,绝大多数县均未设置法院。课题组考察的C县人民法院也是在1951年3月才正式设立。相应的财务报表制度直到1955年才得以建立。因此,课题组获取的C县财务报表开始于1955年。然而,课题组仍然将本书考察第一阶段的时间起点设定为1949年。这主要是基于以下几方面的考量:第一,本书是关于基层司法财政体制变迁的实证研究,C县人民法院的财务报表只是材料,而并非研究的全部内容;第二,C县人民法院财务报表制度虽然建立于1955年,但课题组调研中同样获得了1951—1954年期间有关C县人民法院收支的材料,只是它们并非以财务报表的形式呈现;第三,就全国范围而言,1951年之前虽然绝大多数县未设立法院,但这绝不意味着没有相应部门来行使司法职能。事实上,1949年至1951年期间,司法职能主要由各县级政府下设的司法科行使。相应地,在这三年中,司法经费已然形成。与之相关的文件也大量出台。综上所述,课题组最终将本书的时间跨度确定为1949至2008年。

在第二、三、四章论述的基础之上,我们将会尝试在第五章解决一个问题,即在"财政压力"的影响下,基层法院形成了怎样的"开源"和"节流"的策略?事实上,财政压力一直存在于基层人民法院的运作之中。虽然不愿意承认,但是法官确实是拥有自身利益最大化目标的群体。这些目标是追求预算最大化,或者追求权力最大化(地位),不管追求如何,都是通过法院支出的扩张来实现的。这就是造成了法院收入和法院支出持续的紧张关系。在第二、三、四章实证考察的数据显示,这三个阶段中法院支出的增长速度都高于法院收入的增长速度,也就是说,随着经济发展水平的提高,无论国家对于司法财政的经费保障如何增长,司法治理方式变迁所导致的支出都可能以更快速度增长,这便是司法财政压力产生的重要原因。司法财政的压力所导致的经费不足必然会影响到法院的司法行为。财政压力是基层法院日常运作所必须面对的"常规现象"。因此,在财政压力之下,基层法院会采用怎样的策略予以应对就显得十分重要。我们将会在本书的第五章中证实,通过"政治司法""找米下锅""威逼利诱"和"公私混同"等"开源"策略,以及"包干制""以案定补""院长一支笔""案件数量管理、程序分类与简化"和"当事人主义的转型"等"节流"策略的运作,基层法院在很大程度上缓和了基本运作过程中所存在的经费不足问题。然而,这些策略的运用也使得基层司法日益地方化、政治化与私人化。

在本书的第六章中,我们将尝试对基层司法财政收入与支出的变迁进行一个全面的类型化描述。首先,我们会描述基层司法经费保障体制和支出结构的变迁,在类型分析时我们将会遵循两条主线:其一,我们会从主体、层级和方式三大要素来类型化新中国成立后基层司法经费保障机制的变迁。所谓的主体要素是指经费保障机制的责任主体。主体要素可以进一步被划分为三大维度:国家全额负担、社会全额负担以及国家与社会共同负担。所谓的层级要素是指经费保障机制中国家负担经费的来源层级。层级要素具体包含如下维度:中央财政负担、地方财政负担以及中央与地方财政共同负担。所谓的标准要素是指法院经费保障的水平。所谓的方式要素是考量财政在考量司法经费时是否基于司法工作的特殊性而将司法财政与其他部门财政相区分。它包含两个维度:同质与差异。三大要素的随机结合形成了截然不同的保障机制(参见图1-2)。在短缺时期,基层司法的保障机制可以被概括为"同级财政负担的同质供给模式",也就是这一时期法院经费主要由同级财政负担,社会主体尚未加入到经费的保障之中,同级财政对法院的经费保障方式与同一场域内的其他党政机关高度同质。在创收时期,基层司法的保障机制可以被概括为"国家与社会共同负担的同质供给模式"。也就是说,在这一时期,诉讼费成为基层法院经费保障的重要来源。但是,国家对于法院经费的保障仍然持与其他国家机关同质化的标准。而在公共财政时期,基层司法的保障机制则可以被概括为"多级财政共同负担的差异供给模式",也就是说社会主体在本阶段逐步退出法院经费的保障主体之列。中央财政和省级财政填补了社会主体遗留的空间。更为重要的是,国家对于司法财政的保障标准开始了一定程度上的差异化。

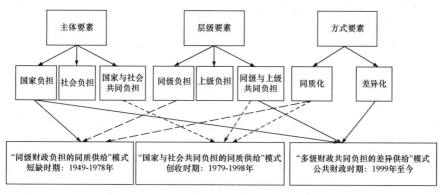

图1-2 不同时期基层司法保障机制模式图

其二,我们会从趋势、结构和驱动力三大要素出发分析基层司法支出模式的变迁。所谓的趋势要素是指某一项支出经费的发展动向。它包含两大维度:增势和降势。所谓的结构要素是指某项支出中构成项目的比例高低。若某一项支出在法院总支出中占有主要比例,我们可以得出法院支出以该项经费为重心的结论。所谓的驱动要素考察的是某项支出增长的重要驱动力。若法院支出的增长主要由某项经费拉动,那么我们可以得出法院支出由该项经费驱动的结论。以此为标准,新中国成立后的基层司法支出模式可以概括为"以人力成本为重心—运转成本驱动型—波动增长"模式。具体到法院的支出结构来看,人员类经费的支出模式可以被概括为"以工资成本重心—工资成本拉动—加速增长"模式,而公用类经费的支出模式则是"以日常成本重心—基建驱动—波动增长"模式。在分析基层司法经费保障机制和支出模式变迁的基础之上,笔者将尝试分析上述变迁的成因。这里实际上遵循着两大框架和两条主线。第一条主线是财政学的。毕竟,作为国家宏观财政的一部分,基层司法财政的变迁与国家宏观财政政策的调整"同呼吸,共脉搏";除了财政学的主线之外,分析上述变迁的另一条主线是法学的。财政政策的变迁虽然在一定程度上形塑了基层司法的保障方式与支出模式,但国家对司法的定位的调整是理解司法经费保障变迁的重要因素,而基层司法治理纠纷模式的变化似乎也参与决定了司法经费的保障方式与支出模式。具体而言,国家对于法院定位由"专政工具"/"刀把子"向"诉讼服务提供主体"以及"公共服务提供主体"转变,此种转变导致了司法财政经费保障体制的变化。同时,法院治理纠纷的模式由"有限主义的深度治理"向"全能主义的浅度治理"和"相对有限主义的中度治理"模式的变化最终导致法院支出结构在三个阶段中差异显著。在第六章的最后一部分,我们将尝试对现阶段法院财政体制中的诸多问题进行一个总结,并对法院财政制度的未来进行一个简单的规划,并以此结束本书。

第二章　短缺时期的司法财政(1949—1978)①

一、收入:低水平的财政全额保障

法院经费是法院得以运行的物质基础,对法院收入的考察是分析法院财政的重要组成部分。本节将对 C 县人民法院 1955—1978 年收入状况进行深入考察,分析和揭示这一时期法院收入实际状况和主要特征,并在资料允许的前提下尽量还原这一时期法院经费保障体制。

(一) 整体变迁

经费总额是衡量这一时期法院财政收入状况的基本指标,统计发现,这一时期法院经费收入整体上处于上行的趋势(图 2-1)。首先,从年收入总额的变化看,我们发现,1955—1978 年间,法院的收入整体上有所增长,1978 年的收入为 3.25 万元,是 1955 年收入的 2.8 倍;1977 年的年收入则达到了这一时期的最高值,为 4.22 万元,是 1955 年的 3.7 倍。平均而言,在这一时期,法院收入的年增长率均值达到了 10%,这种增速在法院近 60 年的财政收入增长中处于较低水平。其次,从增长趋势来看,我们发现,法院收入的增长并不是线性的,而是剧烈波动的。这种波动表现为法院的收入增长有时快、有时慢,有时正增长、有时负增长。尽管增长率的均值达到了 10%,1964 年和 1977 年法院支出的增速甚至高达 78% 和 42%,但法院收入呈现负增长的年份达 6 年之多,1958 年和 1978 年法院的收入分别出现了 -13% 和 -23% 的负增长,而且在 1957 年至 1960 年间,法院收入甚至呈现持续的负增长状态。不过由于负增长的幅度一般小于正增长幅度,因此剧烈波动的增速并未影响总的正增长趋势。

---

①　1966—1972 年间由于"文化大革命"影响,在"砸烂公、检、法"的口号下,C 县人民法院处于瘫痪状态,1968 年以后,由军事管制小组统一行使公、检、法三机关职能,直到 1972 年 10 月 C 县人民法院才恢复。不过基于整个时期法院制度环境的相似性,加上恢复的法院包括人事、财政、业务等各种制度都是沿用"文化大革命"之前的做法,因此本书在分析的时候仍然将其作为一个整体对待。本章所谓的短缺时期,是指在改革开放之前很长一段时间内,国家财政资金十分有限,绝大多数资金均投入到建设领域,因此国家对司法机关的投入是在资金极度短缺的背景下进行的。

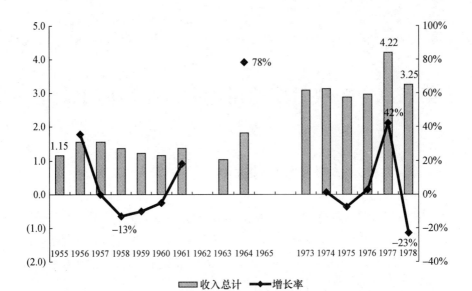

图 2-1 1955—1978 年 C 县人民法院年收入变化图（单位：万元、%）

（双轴图："收入总计"的柱形图对应左 Y 轴，"增长率"的线形图对应右 Y 轴）

由于法院收入总额的变化与其构成密切相关，因此法院收入构成或收入来源也是考察评价法院收入的一个重要维度。这一时期，法院收入构成呈现以下几个特征：第一，如果以 1978 年以后的法院收入构成为参照，可以发现这一时期的收入全部来自预算内的财政拨款，没有诉讼费和其他收入等预算外收入。① 第二，法院收入构成呈现阶段性特征，1955—1957 年间，法院收入由上级拨款和同级财政拨款两部分构成，同级财政拨款占主要部分，并且来自上级财政拨款的比例不断下降，从 1955 年的 30% 到 1957 年的 13%；1958 年以后，法院的收入全部来自同级财政拨款（表 2-1）。

表 2-1 1950—1978 年 C 县人民法院收入构成原始数据表

（单位：万元，%）

年份	收入总计	上级拨款	上级拨款比重	同级财政拨款	同级拨款比重
1955	1.15	0.34	30%	0.81	70%
1956	1.56	0.27	17%	1.29	83%
1957	1.56	0.20	13%	1.36	87%
1958	1.36	0	0%	1.36	100%
1959	1.22	0	0%	1.22	100%
1960	1.16	0	0%	1.16	100%
1961	1.37	0	0%	1.37	100%

---

① 关于法院预算外收入的考察将在本书的第三章、第四章体现。

（续表）

年份	收入总计	上级拨款	上级拨款比重	同级财政拨款	同级拨款比重
1962	N/A	N/A	N/A	N/A	N/A
1963	1.03	0	0%	1.03	100%
1964	1.83	0	0%	1.83	100%
1965	N/A	N/A	N/A	N/A	N/A
"文化大革命"中前期(1966—1972年)无报表					
1973	3.09	0	0%	3.09	100%
1974	3.12	0	0%	3.12	100%
1975	2.88	0	0%	2.88	100%
1976	2.96	0	0%	2.96	100%
1977	4.22	0	0%	4.22	100%
1978	3.25	0	0%	3.25	100%

表格说明：

1. 数据来源于《历年C县人民法院财务报表(1955—1978)》，其中1962年、1965年会计报表缺失，"文化大革命"中前期(1966—1972年)"砸烂公检法"，因此无财务报表。直到1972年10月C县人民法院才得以恢复，制度建设、业务开展等于1973年才进入正轨。

2. N/A为英文词组 not available 的简称，是指该数据无法获得，无法获得的原因有两种，**其一为数据缺失**，如1962年数据；**其二为数据无法计算**，比如在计算增长率时出现分母为0的情况（前一年支出为0元，后一年支出为1万元，则增长率无法计算）。**本书所有表格中 N/A 均为此含义。**

3. C县人民法院原始财务报表精确到小数点后两位（分），为了便于读者阅读，本书进行了技术化处理，表格数据统一以"万元"为单位。**本书中的所有表格的数据均采用此种方式处理。**

4. 法院"收入总计"="上级拨款"+"同级财政拨款"。

（二）基本特征

通过前一部分对法院收入变迁的整体描述，可以发现这一时期法院收入全部来自财政拨款，同时经费保障的主体也经历了一个从分类保障过渡到同级财政保障的过程。据此，可以从经费保障来源、经费保障水平和经费保障体制三个方面阐述这一时期法院经费的基本特征。

1. 低水平的财政全额保障

虽然包括法院在内的政府运转费用最终都是由纳税人买单，但根据日本学者棚濑孝雄的分析，法院的运转成本包括两种承担方式：审判成本，即用于审判工作的法院预算；诉讼成本，即由当事人负担的成本或费用。[1] 借用这

---

[1] 参见〔日〕棚濑孝雄：《纠纷的解决与审判制度》，王亚新译，中国政法大学出版社2004年版，第283—297页。

一分析框架,我们可以发现,经过1950—1957年的不断调整,确立了这一时期法院的运转成本的财政全额保障体制。所谓财政全额保障,是指法院经费全部纳入财政预算,由财政拨款,这种财政全额保障体制包含三重意思:第一,不存在"诉讼费用化"的成本转嫁机制;第二,财政保障的经费水平是低标准的;第三,财政保障的主体经历了多元到单一的变化过程(这点将在特征二中详细论述)。

所谓诉讼费用化是指把审判成本转化为诉讼成本。① 根据这一时期司法收入分类②,当事人可能承担的诉讼成本包括诉讼费、律师费、执行费、书状费、抄译费等,其中诉讼费是最基础的衡量指标。一般认为,这一时期属于诉讼无偿时代,法院是不向当事人征收诉讼费的。③ 不过,诉讼费用的取消经历了一个过程,新中国成立初期(1950年),"关于诉讼费的征收,中央并未统一规定,但根据中央指示:以便利人民诉讼为原则,凡未征收者一律不准征收;已收者,仍准予征收,但应取消显著不合理部分"④。可见,这一时期对于是否取消征收诉讼费用并没有统一规定,而是由各地根据中央指示,采取维持现状的办法。因此,不同地区是否征收诉讼费存在着很大的差异,在有些地区,诉讼费的收入相当可观,有些地区的诉讼费收入则相当少。比如,1956年,在山东省的司法收入中,仅诉讼费收入一项就达一百多万元,而四川省的诉讼费收入则仅为1238元(表2-2)。同时,在诉讼费用的管理和使用方面,尽管规定实行收支两条线,统一缴纳国库或同级财政部门,但由于法院系统刚刚建立加上财政困难,无论是在规范性文件还是在实践中,都存在将诉讼费抵拨司法业务费或挪用的情形。⑤ 规范层面,1950年时有些地方规定可以"在诉讼费内提奖20%作调剂事业费之不足"。⑥ 实践中,有些地区(省级)

---

① 参见〔日〕棚濑孝雄:《纠纷的解决与审判制度》,王亚新译,中国政法大学出版社2004年版,第283—297页。
② 根据《司法收入管理暂行办法(草案)》的规定,司法收入包括:司法罚金、没收、律师费、公证费、诉讼费和其他收入等六种。根据《关于司法收入管理暂行办法草案几个问题的说明》,1957年后,律师费已不填报在司法收入中。另据《关于司法收入管理暂行办法草案几个问题的说明》关于其他收入的说明:其他收入,系指书状费、执行费、抄译费、申请执管遗产费等。
③ 关于我国诉讼费用的考察参见方流芳:《民事诉讼收费考》,载《中国社会科学》1999年第3期;王亚新:《社会变革中的民事诉讼》,中国法制出版社2001年版,第181页。王亚新教授认为,这一时期我国民事诉讼之所以实行一种相当纯粹的公共负担原则,主要是因为当时的民事诉讼基本宗旨在于通过解决纠纷来防止矛盾激化以维护社会治安,民事审判所发挥的外部性效果在本质上与刑事审判并无二致。
④ 川北人民法院通令1950年12月19日。
⑤ 这种情形不仅存在于S省,国内其他地区也存在将赃款赃物留用的现象。参见高其才等:《政治司法》,法律出版社2009年版,第399—400页。
⑥ 参见《川北人民行政公署财政厅通知》财主行字第○四○六(1951年3月5日)。不过这一规定在1951年即被取消。

1950年诉讼费及罚没收入等司法收入都未缴纳国库或同级财政,而是"自收自支"。① 直至1957年,当时的司法部通过答复的形式明确"在中央未颁发征收诉讼费办法之前,我们意见,仍以暂不征收诉讼费为宜,因之亦勿须自定暂行办法"②。

表2-2 1955—1956四川、山东两省司法收入情况 （单位：万元）

年份	司法收入总额		诉讼费		公证费		罚没		其他收入	
	1955	1956	1955	1956	1955	1956	1955	1956	1955	1956
四川	N/A	18.91	N/A	0.12	N/A	2.20	N/A	15.10	N/A	1.49
山东	2908.98	1929.09	63.16	109.96	N/A	585.35	2823.16	1218.75	22.65	15.42

表格说明:《四川省司法厅1956年收入决算表》;《山东司法行政志:1840—1985》

所谓低水平的财政保障,是指这一时期的法院经费财政保障水平是低标准的,它体现在两个方面:一是基础设施的简陋;二是最低标准的公用类经费保障。彼时,由于实行重工业优先发展战略,奉行建设财政,财政支出分配优先安排基本建设支出,基本建设支出占的比例很高,是财政支出最大的支出项目。③ 为了保证这一战略目标的顺利实现,政府的手延伸到社会经济生活的各个方面,客观上要求有一个与之相匹配的规模庞大的行政管理机构,并且随着经济体系的不断完善和经济规模的不断扩大而不断膨胀,这也使得行政管理费的支持标准虽然比较低,但占财政支出的比重却较大。④ 这样情形决定了法院在这一财政体制和行政管理体制中的尴尬地位:行政管理费的很大一部分流向了承担经济行政管理职能的机构,但是人民法院并不具有与经济管理直接相关的职能。这在一定程度上也可以部分解释为什么法院的财政拨款占行政管理费支出的比重一直较低。在这种财政体制下,法院经费的保障标准与其他行政管理费一样,实行统一的低标准,但低标准之中也有高下之分,而法院就恰恰是"低中之低"(这点将在"法院支出"一节中具体分析)。虽然司法被视为人民民主专政的工具,具有很强的政治属性,但是其与这一时期国家的"赶超战略"仍然关系微弱。加之受当时经济发展水平和财政规模的影响,法院的基础设施相当简陋。以这一时期法院干部住宿条件为例,"法院住的条件也很差,是明代的破庙","办案交通工具方面,1956年

---

① 《川北人民行政公署财政厅通知》财主行字第〇四〇六(1951年3月5日)。
② 《中华人民共和国司法部复征诉讼费等三个问题函》(1957年5月20日)。
③ 1950—1978年间,经济建设支出在财政支出中所占比重平均达到54.4%。关于这一时期为什么基本建设在政府财政支出占据如此重要的位置的财政学分析,可参见秦春华:《经济体制变迁中的财政职能研究》,北京大学出版社2009年版,第34—41页。
④ 参见秦春华:《经济体制变迁中的财政职能研究》,北京大学出版社2009年版,第43页。

省司法厅配给了1辆自行车,后来再买了1辆,那时候没有小汽车,一般都是走路下乡,一天走七八十里路是常有的事"①。

2. 基层法院经费分类保障体制(1951—1957)

这一时期,根据1949年12月制定的《中央人民政府司法部试行组织条例》、1951年9月施行的《中华人民共和国人民法院暂行组织条例》以及1954年9月实施的《中华人民共和国人民法院组织法》等规定,实行审判工作与司法行政工作相分离的制度,包括法院人事、经费等司法行政职能统归司法行政部门行使。其间,1951—1954年间,根据《大行政区人民政府委员组织通则》第7条、《省人民政府组织通则》第7条和《中华人民共和国人民法院暂行组织条例》第10条、第22条之规定,只设置了中央级和大行政区级两级司法部,省级及以下的司法行政工作由省级人民法院在大行政区司法部领导下统一掌管。1954年8月以后,各大行政区及大区司法部撤销,中央人民政府司法部发出《关于各省与中央直辖市审判机关与司法行政机关分立问题的意见》,要求河北、山西等18省和京、津、沪三市立即建立司法厅(局),其他各省逐步建立司法厅,主持司法行政工作。② 1954年9月,《中华人民共和国人民法院组织法》颁布后,各级司法行政机关陆续建立,原来属于省级人民法院掌管的司法行政职能移交司法厅(局),1956年12月,司法部和最高人民法院联合下发的《关于目前省、市、自治区高级人民法院和司法厅(局)分工合作的暂行规定(草案)》对省高级人民法院和司法厅(局)的职能划分作了详细规定。1959年,由于"司法改革已基本完成,各级人民法院已经健全,人民法院的干部已经充实和加强,司法部已无单独设立必要",第二届全国人民代表大会第一次会议通过决议撤销司法部以及地方司法厅(局),司法行政工作由法院管理。③ 此后,一直到1979年,司法行政机关方得以恢复。在明确这一时期司法行政的主体之后,我们将转入对这一时期基层法院的经费保障制度的深度考察,结合财政学知识,拟从以下四个维度进行观察:(1)经费保障的责任主体是谁?(2)经费保障的范围如何划分?(3)经费保障的方法是什么?(4)法院经费预算是如何组织的?

(1)经费保障主体

1949年,刚刚成立的新中国开始在已解放地区进行政权体系建设,但是

---

① C县人民法院已退休会计S访谈记录。
② 参见《我国司法行政体制的历史沿革》,载中国司法部研信息网,http://www.lawstudy.gov.cn/asp/news/html/2004-07-07/20040707112946.6835.asp,访问时间:2011年3月22日。
③ 参见熊先觉:《1959年司法部被撤销真相》,载《炎黄春秋》2003年第12期。

完善的组织结构主要集中在中央层面，1950 年，随着解放战争的全面胜利，全国范围内的政权体系建设全面铺开，尤其是包括大行政区级、省级、县（市）级在内的地方政权建设相继完善。法院作为政权体系建设的一部分，其建立也经历了一个由"最高人民法院——省级人民法院——县级人民法院"的自上而下的建立过程，而在 1949—1950 年间，大多数县级法院尚未成立，行使司法职能的机构是县级人民政府下设的司法科。在司法经费保障方面，无论是行政经费还是司法业务费都由同级财政保障。比如，在江西省，"全省各级人民法院从成立之日起。行政经费一直由同级财政拨款，各级人民法院 1950 年底以前的司法业务费由同级财政部门拨款"。① 而在 C 县，1951 年 3 月才成立县法院，在此之前处理司法事务的机构是隶属于县人民政府的司法科，"司法经费完全由县府总务处开支，文具用品等都由总务处领取"。② 1950 年 7 月 26 日至 8 月 11 日，第一届全国司法会议召开。司法部长史良在《关于第一届全国司法会议的综合报告》中明确指出，"司法业务费，应统收统支"。③ 1950 年 11 月 3 日，中央人民政府政务院发布《关于加强人民司法工作的指示》，进一步指出，"今后司法经费，由国库开支；所有司法罚款、罚没财产收入，均统一缴归国库"。④ 与此同时，1950 年实施的高度集中、统收统支的财政管理体制也发生转变，根据政务院 1951 年 3 月发布的《政务院关于 1951 年度财政收支系统划分的决定》，开始实行统一领导、分级负责的财政管理体制。根据该决定，"各级公安团队的经费和特费，司法费（即行政经费——引者注）、司法业务费和囚犯粮……均按管理系统，分别列入中央、大行政区或省（市）预算。"⑤自始，法院经费保障责任开始明确——省级财政预算。1953 年之后，法院机关经费的保障主体逐步变更为同级政府。

司法业务费的保障主体则经历了一个由"省级财政或大行政区级财政——中央财政"的上提过程。1951—1954 年，县级法院的司法业务费由省级财政保障。比如，与 C 县人民法院同处一省的 M 市，"司法业务费用于 1952 年至 1955 年均由四川省财政统一拨款"。⑥ 1955 年以后，司法业务费由

---

① 参见《江西省法院志》，第 295—296 页。
② 参见《C 县人民政府司法科总结材料》(1951)。
③ 参见《第一届全国司法会议综合报告——司法部史良部长在 1950 年 8 月 25 日第四十七次政务会议上的报告》，载《山东政报》1950 年第 11 期。
④ 参见《中央人民政府政务院关于加强人民司法工作的指示》，载《中央政法公报》1950 年第 18 期。
⑤ 参见财政部综合计划司编：《中华人民共和国财政史料第一辑财政管理体制》，中国财政经济出版社 1982 年，第 47 页。
⑥ 《M 市审判志》，第 266—267 页。

中央财政保障,实行垂直管理的优点被日益强调:① 由于司法业务领导部门熟悉本身业务,问题易于得到解决,能够做到财务保证业务需要的作用;② 便于业务领导法院统一调剂,可以避免有的地区积压,有的地区不足;③ 业务领导法院通过预、计、决算的审核,便于及时发现问题,研究处理,指导工作;④ 业务领导法院掌握全面开支情况,编制预算,分配预算指标可以比较恰当。① 因此,《财政部关于编造1955年省、市地方预算草案若干具体问题的规定》要求,"自1955年起,司法、检察、公安业务费统由中央各该主管部门垂直管理,列入中央预算内,地方预算即不再行列入,但司法、检查、公安机关的行政经费仍列地方预算。"其后,法院系统的司法业务费开始由中央财政保障。②

(2) 经费保障范围

结合前面关于收入构成的描述,我们可以发现这一时期,法院经费由同级财政和上级财政共同保障。其中,行政机关经费由同级财政保障,司法业务费由上级财政保障,在此就两类不同经费的范畴进行阐述(经费范畴详见表2-3)。

表 2-3　C 县人民法院经费构成项目表

一级经费项目	二级经费项目	三级经费项目
行政机关经费（同级保障）	人员经费	工资、补助工资（地区津贴和取暖补助）、职工福利费（工会经费、工作人员福利费、退职补助金）
	日常公用经费	公什费（办公费、邮电费、会议费、取暖费和补助公杂费等）、差旅费（交通工具费、住勤费、住宿费和伙食补助费等）
	房屋修缮费	/
	一般设备购置费	/
司法业务费（上级保障）	被服、装具、器具设备购置费	家具购置费,交通工具购置费,被服装具购置费
	教学、科学、医疗设备及图书购置费	/
	业务费	审判费、邮电补助费、陪审费、陪审员、调解委员训练费,调解委员会办公费,勘验、鉴定费,执行费,宣教费,律师费,解差费,交通工具保养及业务器材修理费,冤狱补助费杂项费
	基本建设资金	/

---

① 《中央人民政府司法部通知》(54)司办财字第二二号。
② 亦可参见《江西省法院志》《四川省财政志》《山东省司法行政志(1840—1985)》等地方志相关记载。

由同级财政保障的行政机关经费包括人员经费、日常公用经费、房屋修缮费和一般设备购置费四类。人员经费包括工资、补助工资(地区津贴和取暖补助)、职工福利费(工会经费、工作人员福利费、退职补助金)三种,日常公用经费包括公什费、差旅费两种。其中,公什费包括办公费、邮电费、会议费、取暖费和补助公杂费等,实际支出项目包括办公费、邮电费和取暖费三项。差旅费是指外出开会或办案的工作人员乘坐交通工具费、住勤费、住宿费和伙食补助费等,工作人员调动工作,本人及其随行家属的交通费、旅馆费、途中伙食补助费和行李搬运费等均属差旅费。不过这一时期C县人民法院实际发生的差旅费包括出差办案和开会两种情形,没有工作人员调动产生的差旅费。一般设备购置费是指非主要作为业务用的设备,比如办公桌椅等日常办公设备,由同级财政支出。

上级财政保障的司法业务费主要是指用于办案的直接支出。关于司法业务费的开支项目与范围,司法部分别于1952年和1956年制定了相关规定。① 根据1956年司法部制定的《司法业务费开支标准》(草案)规定,当时由中央财政保障的司法业务费分为四类:被服、装具、器具设备购置费,包括家具购置费,交通工具购置费,被服装具购置费;教学、科学、医疗设备及图书购置费,是指法医仪器或勘验用具及专业图书之购置;业务费,包括审判费,邮电补助费,陪审费,陪审员、调解委员训练费,调解委员会办公费,勘验、鉴定费,执行费,宣教费,律师费,解差,交通工具保养及业务器材修理费,冤狱补助费杂项费13项;基本建设资金,是指价值在200元以上,使用年限在1年以上的设备购置。

通过上述梳理,可以发现,法院经费保障范围上存在以下两个特征:第一,法院的人员经费、公什费、差旅费、房屋修缮费和一般设备购置费全部由同级财政负担,同级财政承当法院经费保障的主要责任,其中也包括法院业务方面的支出;第二,司法业务费由上级财政保障,但是司法业务费没有囊括司法业务方面的全部支出,而是"专供补助各级法院在司法业务方面的费用"②,属于补助性质。未被涵盖的业务支出主要体现在:① 根据当时"马锡五审判方式"要求,差旅费应是当时重要的办案支出,但并没有列入司法业务费中,而且C县人民法院1955—1957三年的会计报表显示,差旅费中属于办案支出的比例达到了90%;② 司法业务费中的邮电补助费,系补助行政经

---

① 参见司法部、财政部《对有关司法业务费开支项目与范围的规定的通知》(司法部(59)司教字第3号、财政部(59)财文行字第1号)(1959年1月7日)。

② 参见《川北人民法院广元分院通知》(分处字第71号)(1951年8月12日)。

费中邮电费的超支部分;③ 由于当时法院建造无法严格区分办公用房和审判用房,行政经费中的房屋修缮费包括了审判功能用房的修缮费用。

(3) 经费保障方法——直接拨款

这一时期,无论是同级财政保障还是上级财政保障,在保障方法上都采取直接拨款的方式。法院的行政机关经费由同级财政部门根据年初确定的预算数直接拨款,其中人员经费和日常公用经费按月拨款,年终结算,"单位预算的年终结余,应缴回同级财政机关,但依规定按包干支付之工会经费、工作人员福利费,可留归各该机关,专款存储,按实际需要继续使用"①。数额比较大的设备购置和房屋修缮等费用则由于另写报告,由同级财政部门核拨,专款专用。

司法业务费则实行垂直管理的方式。根据中央人民政府司法部1951年3月1日发布的司统司函字第207号函规定:1951年度各司法业务费由省人民法院掌握,垂直拨给各分院(类似于中级人民法院),由各分院按该管辖区的业务具体情况,分发所属各单位。② 不过在S省,基层法院的司法业务费并没有经过分院,而是在省财政拨给S省人民法院后,由省级人民法院"据各县人口、案件多寡、司法工作开展及土改进行程度并参酌各地情况"③分配,通过S省人民银行汇款直接拨款给各基层法院。比如C县人民法院1951年的司法业务费就是由S省人民法院分三次划拨的(表2-4)。

表2-4 1951年C县人民法院司法业务费拨款情况

拨款机关	拨款数额	拨款时间	拨款方式
S省人民法院	二百万元	不详	银行汇款
S省人民法院	二百五十万元	6月8日	银行汇款
S省人民法院	二百五十万元	6月17日	银行汇款

表格说明:
1. 根据《S省人民法院通知》(秘总字第〇〇三四号)、《S省人民法院通知》(秘总字第一四一号)整理。
2. 当时人民币币制尚未改革,一万元折合改革后的人民币一元。

1955年,根据《司法业务费管理暂行办法》规定,司法业务费列入中央预算,由司法部统一管理,实行垂直管理方式。根据该《办法》第2条和第3条

---

① 参见《国务院关于编造1955年预算草案的指示》,载财政部综合计划司编:《中华人民共和国财政史料第一辑财政管理体制》,中国财政经济出版社1982年,第83页。
② 参见《江西省法院志》,第296页。遗憾的是由于研究条件限制,笔者未能查找到该函全文。也有文献记载,在1955年司法厅成立之前,各级法院司法业务费也由同级财政部门管理。参见《山东省司法行政志(1840—1985)》,第268页。
③ 引自《S省人民法院通知》(秘总字第〇〇三四号)(1951年6月8日)

相关规定,法院系统司法业务费实行垂直管理方式,司法经费拨款保障流程如下(图2-2)①:

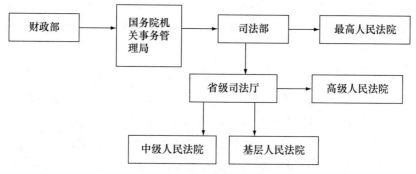

图2-2 司法业务费拨款流程图

根据这一保障方法,基层法院的司法业务费由省司法厅统一掌握,基层法院提出每个季度司法业务费的预算支出计划,由省司法厅于上月末或该月初按月拨款(样本2-1)。

样本2-1 司法业务费拨款通知书

S省司法厅拨款通知书

公元1955年12月6日(公章)司财拨字第638号

领款机关	C县人民法院	科目	司法业务费	款项所属						
				1955年度第4季度						
用途	拨付12月份司法业务费			金额						
				万	千	百	十	元	角	分
金额(大写)	玖佰伍拾园整			¥		9	5	0	0	0
上列款项已托由中国人民银行C市支行玉带桥营业处汇出;收款后,请即将回单签证退回存查。										
首长 科长 会计 经办人										

第二联通知领款单位

(4)司法业务费统一预算体制

法院经费预算体制是观察法院经费保障体制的重要维度。行政机关经费的预算一般由法院编造预算草案,送同级财政部门审核后汇编成县级总预算,报县级人民政府审查后执行。其中,人员经费属于"刚性"拨款项目,除非工资政策和人员情况发生变动,支出金额比较稳定,因此,其预算编制形式

---

① 需要说明的是,S省司法厅成立于1955年4月,在此之前,包括司法业务费管理在内的地方司法行政事务都由省级法院处理。

上的意义大于实际意义。C县人民法院的人员经费由同级财政部门根据其编制人数和行政职级按月拨款。由于日常公用经费采取定员定额的管理方式,因此也是由同级财政部门根据工作人员人数决定拨款数额,按月拨款。房屋维修和设备购置等费用通常数额较大,因此,一般专门编制预算报同级财政部门专门核拨,专款专用。

司法业务费预算则经历了一个由省域法院统一预算到全国法院统一预算的过程。1951—1954年间,由于当时S省区域的S省人民法院和县级法院的司法业务费由省级财政负担,与S省财政厅发生预算管理关系,S省人民法院作为二级会计单位根据全省法院司法业务需要及开支情况集中编制预算草案,报S省财政厅核准后,再确定分配预算指标。1955年以后,根据《司法业务费管理暂行办法》,司法业务费预算编制和执行步骤如下:① 由省级司法厅根据所属单位开支情况及年度业务需要,编制年度预算草案报司法部;② 司法部在审核各省提交的预算草案后汇编成司法业务费年度预算草案,报国务院机关事务管理局审核批准;③ 司法部根据国务院机关事务管理局核准后的预算草案下达各省预算指标;④ 各省司法厅在指标范围内编造年度分季分配预算,报司法部审核;⑤ 各省司法厅根据司法部核准的年度分季分配预算编造季度分月拨款计划,报司法部审核;⑥ 在司法部核准的省司法厅的季度分月拨款计划内,省司法厅根据各报销单位计划按月拨款;⑦ 各报销单位为列入计划的必要开支,可以申请省司法厅核准追加,在省原指标范围内,数额一次在一千元以内的由省司法厅自行核准;一千元以上的由省司法厅报司法部核准;超过省原指标范围的,不论数额多少,均报司法部核准。比如,C县人民法院曾在1955年第2季度的司法业务费预算支出计划中打算购买打字机一部,但S省司法厅审核时认为"购买打字机费用应向县财政申请,不同意购买"①,不过1955年11月份的时候,C县人民法院向S省司法厅申请追加预算用于购买打字机的时候,S省司法厅批准了这一购买计划(样本2-2)。结合上面论述,可以发现,这一时期,司法业务费统一预算体制具有如下两个特征:第一,在省级层面,地方法院的司法业务费预算属于"集中准备型",即由省司法厅集中准备,一个省只有一个预算;第二,在全国层面,整个法院系统的司法业务费预算则呈现为"集中审查并提交型",即由司法部汇集各省的预算请求,审查后汇集提交给行政机关。②

---

① 参见《C县人民法院1955年第2季度预算支出计划表》。
② 关于法院体系内部的预算组织过程类型归纳参见张洪松:《美国州法院统一预算体制及借鉴》,载《环球法律评论》2011年第1期。

样本2-2　C县人民法院购买打字机的追加预算

C县人民法院

单位:元　　　　　　　**追加预算表**(批准回执表)　1955年11月7日编(法院章)

机关	科目			追加前预算数	追加数	追加后预算数	说明
	款	项	目 名称				
39	1	6	固定资产设备购置	300	400	700	购买打字机一部计划700元
		1	司法业务费	2800	600	3400	本年度预算2800元,1至10月开支1744.60元,连同核定第4季950元,共2694.6元,加上追加入季计划700元,共3394.6元,突破年度预算594.6元,同意追加如表列数
			6 固定资产设备购置				

首长　　　　　　财务主管　　　　　审核　　　　　制表

(S省司法厅财务科审核章)

3. 法院经费同级财政保障体制(1958—1978)

1956年12月,财政部、司法部联合通知决定自1957年起司法业务费列入地方预算,交地方管理,对于省级以下各级司法机构的司法业务费是由省级司法厅直接管理还是交由各级财政机关分级管理,通知并未明确规定,而是交由各省级财政厅和司法厅共同商定,报请省级人民委员会批准。[①] 因此,从1957年起,地方司法机关的司法业务费不再由中央财政保障,由于通知并未对地方司法机关的司法业务费保障主体明确约定,不同地区司法业务费最终下放同级财政管理的时间并不一致。比如,四川省自1957年起,司法、检察两项业务费,"下放地方财政管理,由各级司法机关与同级财政部门打交道"。[②] 山东省"自1957年开始,根据司法部、财政部关于将司法业务经费交由地方管理,列地方预算的指示精神,省司法厅会同省财政厅报请省人民政府委员会批准,司法业务费改由各级财政机关分级管理"。[③] 江西省司

---

① 财政部、司法部:《通知1957年司法业务费决定交由地方管理》(1956年12月6日)。

② 参见《四川省志·财政志》,第289页。不过属于四川省管辖的绵阳市则称,"1956年7月以后,法院的行政和业务经费改为全由同级人民政府财政支付",参见《绵阳市审判志》,第267页。而属于四川省管辖的C县人民法院,1957年的司法业务费仍由省级财政保障,由司法厅直接拨款,从1958年开始,包括司法业务费在内的法院经费全部由同级财政保障。

③ 参见《山东省司法行政志(1840—1985)》,第268页。

法业务费的下放时间较晚,"1959年7月至1990年,由于财政分级管理,'分灶吃饭',司法业务费又恢复由同级财政部门拨款"。①

根据上述记载,可以发现,虽然司法业务费下放同级财政管理的时间不尽一致,但是在1957—1959年这三年间,基本完成了司法业务费的下放管理。如果说1955年是法院经费分类保障体制走向成熟的标志的话,到1957年这种保障体制出现松动并迅速瓦解,历时仅3年时间,即便从1950年开始算起,司法业务费由上级财政保障的时间也仅经历了8年。那么,是什么因素促使这一时期分类保障体制走向迅速瓦解的呢?结合当时的情境,笔者试图作进一步的解释。

如前述所言,财政管理体制的变化,是法院业务费保障及管理体制发生变化的根本原因,而司法业务费垂直管理体制本身的弊端进一步促成了这一制度的瓦解。尽管在1955年决定实行司法业务费垂直管理体制时决策者们考虑到了其可能存在的困难,认为"上下级业务部门有些距离较远,请示解决问题以及领款、编送报表均不及与当地财政部门联系近便;行政费与业务费分向不同机关领款报销,财务处理上增加手续等"②,但是实践表明,这种管理体制存在的问题更为严重,对基层法院的司法业务活动带来很大的负面影响。首先,对地方法院司法业务费的管理过于严格,尤其是省级司法行政机关对司法业务费的严格控制,使得部分地方司法机关的正常业务开支无法保障,影响了法院业务开展,其中以陪审费和购置费表现最为突出。当时的司法部的确也承认,1955年上半年各地均认为本年预算指标小,控制较紧,以致必要的开支未得到解决。如有些基层单位对于没有工资收入的陪审员不敢发生活补助费,甚至还要他们自带粮食,自付房租,以致有的地区发生陪审员回家吃饭,女人不去做,"白跑了一天,连一碗饭都吃不上";有些省厅对于基层单位急需的一些办公用品如油印机、打字机、卷柜、陪审员必要的设备等都没能及时解决。③ 其次,垂直管理与地区差异存在的矛盾难以调和。这体现在对业务费开支项目与范围(即预算科目)和开支标准的统一化努力的不成功。虽然司法部与财政部曾于1952年、1953年制定或修正了对司法业务费开支项目与范围,并且根据人民法院业务开展的变化,司法部也会对业务费开支项目与范围进行适时调整。此后,司法部还指出:基于"我国地区辽阔,各地物价与具体情况不尽一致,也只能作出最高限额和最低限额的规

---

① 参见《江西省法院志》,第296页。
② 《中央人民政府司法部通知》(54)司办财自自第二二号。
③ 《中华人民共和国司法部函——关于一九五五年下半年调整司法业务费的意见》(55)司财字第1874号。

定,甚至某些项目尚须留待以后取得经验再作补充"①,"司法业务费开支项目与范围……年内一定可以下发"②,但是经过努力后,各地的差异迫使司法部最后不得不放弃对司法费开支标准作统一规定的努力——"经我们一再研究后,为了使业务费的使用更切合各地区的实际情况,决定不再做统一修改,由各省、自治区、直辖市根据具体情况自行修订"③。

正是基于上述原因,自 1957 年后,法院经费开始全部实行同级财政保障体制。而在法院经费预算方面,则延续了 1958 年之前的做法,即年初编制行政机关经费预算,司法业务费则单独编制计划(样本 2-3),送同级财政部门审核后报县人民政府批准后,由县财政部门按月拨款,年终结算,"单位预算年终结余,一律收缴各该级总预算,各单位不得以任何形式留用"④,即结余返还同级财政。根据 C 县人民法院档案显示,该院于 1959 年初将 1958 年的财政拨款余额 155.34 元通过特种转账的形式返还给了县财政局。⑤ 但是,对于设备购置和修缮、基本建设等支出数额较大的支出,一般由法院专门造报预算计划,报财政局批准后拨款;对于支出数额巨大的,须经县行政领导批准后,方能拨款,专款专用。

样本 2-3　C 县人民法院 1960 年司法业务费计划

C 县人民法院关于司法业务费计划	
司法业务费:	全额:
1. 审判费	700.00 元
2. 陪审费	45.00 元
3. 宣教费	450.00 元
4. 邮电费	380.00 元
5. 解差费	50.00 元
6. 检验费	5.0 元
7. 训练费	150.00 元
8. 其他费	20.00 元
合计:1800 元	
	C 县人民法院办公室(印章)
	一九六〇年二月九日

---

① 《司法业务费开支标准草案说明》(1956 年)。
② 《司法部财务处业务费开支项目与范围及 57 年预算、司法收入编报问题》(1956 年 11 月 23 日)。
③ 《中华人民共和国司法部函》(57)司财字第 152 号。
④ 参见《国务院关于编造 1956 年国家预算草案的指示》,载财政部综合计划司编:《中华人民共和国财政史料第一辑财政管理体制》,中国财政经济出版社 1982 年版,第 87 页。
⑤ 参见《特种转账传票》(C 会计报表 1959-122)。

在基层法院经费下放由同级财政保障后,在经费保障水平和力度方面跟1958年之前相比,虽然也存在必要的业务开支未能得到当地财政适当解决的情形①,但是总体上并没有太大变化,一如既往地表现为低水平的财政全额保障特征。

二、支出:以人员经费为重心

在分析了法院的钱从何来、怎么来之后,本部分我们将揭示法院支出是如何实现的,支出范围包括哪些,法院支出具有什么样的特征?亦即转入C县人民法院支出总额、支出结构及其变迁的分析和解释。

(一)变迁描述

法院支出总额是反映法院财政支出状况的基本指标,统计发现,这一时期,法院支出呈现较为明显的增长趋势,但是这种增长不是线性的,而是呈现剧烈的波动(图2-3)。首先,在年支出总额方面,1978年,法院的支出总额达到3.19万元,是1955年法院的支出总额0.8万元的约4倍,增长率平均值为20%,是同期人民法院收入年均增速(10%)的2倍。而1977年法院的支出

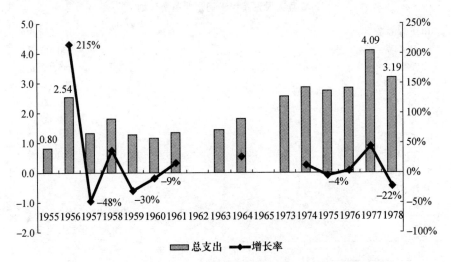

图2-3　1955—1978年C县人民法院年支出变化图(单位:万元、%)
(双轴图:"总支出"的柱形图对应左Y轴,"增长率"的线形图对应右Y轴)

---

① 参见《S省高级人民法院、S省财政厅关于认真解决司法业务费开支问题的联合通知》(64)法办行字第39号。

总额甚至到了4.09万元,是1955年支出总额的5.1倍。其次,尽管法院的支出总额在不断增长,但其并不是逐年攀升的,而是呈现正负增长交错态势,经费支出负增长的年份甚至多达5个。比如,1956年的支出比1955年增长了215%,但是随后的1957年法院支出则为负增长,增长率为-48%。不过由于正增长的幅度一般较大,因此法院支出仍以20%的增速增长。

虽然法院支出总额不断攀升,但要更加深刻认识法院支出在整个财政体系支出中的位置,还需考察法院支出与当地财政支出、行政管理费支出的对比(表2-5)。首先,在支出比例方面,法院支出占财政支出总额的比例相当低,均值为0.4%,并呈下降趋势,从1955年的0.7%下降到1978年的0.3%,下降了超过1/2;但在另一方面,法院支出占行政管理支出比重相对稳定,除个别年份,基本上稳定在2%左右。其次,在增长幅度上,法院支出的增长幅度总体上小于财政支出总额的增长幅度,但与此同时,法院支出的增长幅度却大于行政管理支出的增长幅度。事实上,在当时建设财政的背景下,包括法院支出在内的行政管理支出在当地财政总支出中不占有优先地位是必然的。

表2-5 1958—1978年C县人民法院支出与当地财政总支出、行政管理支出对比

(单位:万元;%)

年份	法院支出	法院支出增长率	县财政支出	县财政支出增长率	法院支出占县财政支出比重	县行政管理费	县行政管理费增长率	法院支出占县行政管理费比重
1958	1.8	N/A	275.7	N/A	0.7%	51	N/A	4%
1959	1.3	-30%	305.4	11%	0.4%	59	16%	2%
1960	1.2	-9%	293.5	-4%	0.4%	64.9	10%	2%
1961	1.3	16%	347.3	18%	0.4%	62.4	-4%	2%
1962	N/A	N/A	179	-48%	N/A	57.5	-8%	N/A
1963	1.4	N/A	240.1	34%	0.6%	58.8	2%	2%
1964	1.8	27%	274.8	14%	0.7%	65.4	11%	3%
1965	N/A	N/A	254.1	-8%	N/A	64	-2%	N/A
"文化大革命"中前期(1966—1972年)无报表								
1973	2.5	N/A	628.2	N/A	0.4%	143.3	N/A	2%
1974	2.9	12%	1459.7	132%	0.2%	132.3	-8%	2%
1975	2.7	-4%	750.8	-49%	0.4%	128.9	-3%	2%
1976	2.8	3%	863.8	15%	0.3%	134.1	4%	2%
1977	4.1	44%	891.4	3%	0.5%	155.1	16%	3%

(续表)

年份	法院支出	法院支出增长率	县财政支出	县财政支出增长率	法院支出占县财政支出比重	县行政管理费	县行政管理费增长率	法院支出占县行政管理费比重
1978	3.2	-22%	1026.8	15%	0.3%	170.5	10%	2%
均值	2.3	4%	556.5	11%	0.4%	96.2	4%	2%

表格说明：

1. 法院数据来源于《历年 C 县人民法院财务报表（1955—1978）》，其中 1962 年、1965 年会计报表缺失，"文化大革命"中前期（1966—1972）"砸烂公检法"，因此无财务报表。直到 1972 年 10 月 C 县人民法院才得以恢复，制度建设、业务开展等直到 1973 年才进入正轨。

2. 县财政支出、县行政管理支出数据来自《C 县财政志》。

3. 由于 1958 年以前，法院经费收入来源多样，包括上级财政拨款，因此，为考察方便，在时间段方面选取 1958—1978 年为考察期间，特此说明。

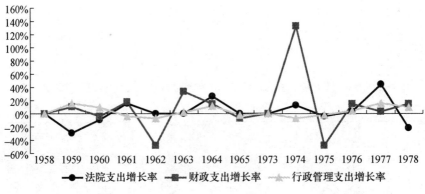

图 2-4　C 县人民法院支出增速与财政支出总额增速、行政管理费增速对比

1. 在支出结构上，人员类经费占据绝对地位

为更直观地考察和评估这一时期特定类型支出对总支出的影响，结合国家预算支出分类，我们将法院支出区分为"人员类经费"和"公用类经费"两大类。经统计发现（表 2-6），人员类经费支出在这一时期的法院支出中占据主要部分，均值达到 58%，1959 年人员经费比重甚至达到了 86%；公用经费所占的比例较低，均值为 42%，1957—1959 年间，公用类经费比重甚至不到 20%。不过，尽管在支出构成上，人员经费占了主要比例，但是人员经费的比重却在不断下降，从 1955 年的 80% 下降到 1978 年的 48%；与此同时，公用经费的支出比重却不断上升，进入 70 年代以后，比重稳定在 40% 以上，1977 年，公用经费支出比重开始超过人员经费。

表 2-6 1955—1978 年 C 县人民法院各类经费支出及其比重

(单位:万元,%)

年份	总支出	人员类经费		公用类经费	
		金额	比重	金额	比重
1955	0.80	0.64	79%	0.17	21%
1956	2.54	1.10	43%	1.43	57%
1957	1.32	1.07	81%	0.24	19%
1958	1.82	1.49	82%	0.32	18%
1959	1.27	1.09	86%	0.18	14%
1960	1.16	0.89	77%	0.26	23%
1961	1.34	0.91	68%	0.43	32%
1962	N/A	N/A	N/A	N/A	N/A
1963	1.44	0.98	68%	0.46	32%
1964	1.82	1.11	61%	0.72	39%
1965	N/A	N/A	N/A	N/A	N/A
"文化大革命"中前期(1966—1972 年)无报表					
1973	2.55	1.47	58%	1.07	42%
1974	2.86	1.50	52%	1.37	48%
1975	2.75	1.55	56%	1.20	44%
1976	2.83	1.54	54%	1.30	46%
1977	4.09	1.50	37%	2.59	63%
1978	3.19	1.52	48%	1.67	52%
均值	2.12	1.22	58%	0.89	42%

表格说明:
1. 数据来源于《历年 C 县人民法院财务报表(1955—1978)》,其中 1962 年、1965 年会计报表缺失,"文化大革命"中前期(1966—1972 年)"打破公检法",因此无财务报表。直到 1972 年 10 月 C 县人民法院才得以恢复,制度建设、业务开展等直到 1973 年才进入正轨。
2. 人员类经费是指为保证法院业务活动正常运行而支付给工作人员的支出。
3. 公用类经费是指法院为完成工作任务而用于公务活动和业务发展的各项支出。
4. 法院年度"总支出"="人员类经费"+"公用类经费"。

2. 人员类经费增长平缓,公用类经费增长波动较大

图 2-5 反映了 C 县人民法院各类经费支出的历年增长率情况。可以发现,相较于公用类经费而言,人员经费的变化较为平缓,而公用类经费的波动较为剧烈,1961 年和 1977 的年公用类经费增长率分别达到了 62%、100%,1956 年更是达到了 758%,而 1957 年和 1959 年则呈现负增长,增长率则分别

-83%、-43%,可见变动之剧烈。相对而言,人员经费增长较为缓慢,其增长趋势波动虽然也不小,但平缓多了,增长最快的也是1956年,达到了73%,1959年的增长率则为-27%。

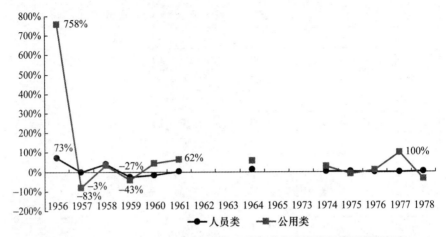

图 2-5 1956—1978 年 C 县人民法院人员类经费与公用类经费历年增长率

3. 法院支出的增长主要来源于公用类经费的贡献

从增速来看(表2-7),1955—1978年间人员类经费增长率平均值为7%;而公用经费的攀升则更快,同期增长率平均值为76%,接近人员类经费增长率平均值的11倍。年增长率反映了人员类经费和公用类经费的变化幅度,这种变化幅度并不等同于该类经费对总支出变化的贡献,因为各类支出在总支出中的比重是不一样的。举例而言,假设1949年法院人员类经费是99元,而公用类经费是1元,则该年度法院总支出为100元;在1950年法院人员类经费提升至118元,而公用类经费提升至2元。则此时,1950年人员类经费的增速为19%,而公用类经费的增速却达到100%(基数为1元)。很明显,虽然公用类经费增速超过人员类经费的5倍,但在法院支出由100元增长至120元的过程中,受制于极低的比例,公用类经费只有1元的贡献值。因此要确定人员经费和公用经费对总支出的贡献,还必须将该类经费在总支出中的比重作为权重考虑进去。为此,表2-7进一步计算了法院支出的"增长贡献"①指标。具体而言,有两个指标需要解释:"增长贡献率"和"增长贡献比"。所谓"增长贡献率"是指在法院总支出的增长中人员经费和公用经费

---

① 这一指标的选取借鉴并参照了冉井富在《当代中国民事诉讼率变迁研究》一书中所使用的指标体系。参见冉井富:《当代中国民事诉讼率变迁研究》,中国人民大学出版社2005年版,第148页以下。

各自的贡献率,它反映了人员经费和公用经费增长各自导致的法院总支出年增长率。其计算公式为:"增长贡献率 = 人员经费/公用类经费年增长率 × 该类经费前一年度在总支出中所占比重"。依此计算,每一年度法院支出的年增长率等于人员类经费和公用类经费的增长贡献率之和。同样以上例进行论证,1950 年法院总支出的增长率为 20%(100 元至 120 元)。其中,人员类经费"增长贡献率" = 19%(人员类经费增长率) × 99%(人员类经费前一年的比重) = 19%。同样,套用这一公式,我们可得知公用类经费"增长贡献率" = 100%(当年增长率) × 1%(前一年比重) = 1%。可见法院年度增速(20%) = 人员类经费"增长贡献率" + 公用类经费"增长贡献率"。指标"增长贡献比"则是将法院的 1950 年度增长率 20% 换算成 100%。那么,人员类经费的"增长贡献率"19% 就占 20% 年度增长率的 98%;公用类经费的"增长贡献率"1% 就占到 20% 年度增长率的 2%。"增长贡献比"可以用以反映某类经费整体的贡献比重。根据上述数值,我们可以说,在法院的所有增长中,有 98% 来自于人员类经费的贡献,有 2% 来源于公用类经费的贡献。

表 2-7　1955—1978 年 C 县人民法院各类经费增长率及增长贡献率

(单位:%)

年份	法院支出增长率	人员经费类		公用经费类	
		增长率	增长贡献率	增长率	增长贡献率
1955	N/A	N/A	N/A	N/A	N/A
1956	215%	73%	57%	758%	158%
1957	−48%	−3%	−1%	−83%	−47%
1958	38%	39%	32%	33%	6%
1959	−30%	−27%	−22%	−43%	−8%
1960	−9%	−18%	−15%	43%	6%
1961	16%	2%	2%	62%	14%
1962	N/A	N/A	N/A	N/A	N/A
1963	N/A	N/A	N/A	N/A	N/A
1964	27%	13%	9%	56%	18%
1965	N/A	N/A	N/A	N/A	N/A
"文化大革命"中前期(1966—1972 年)无报表					
1973	N/A	N/A	N/A	N/A	N/A
1974	12%	2%	1%	27%	11%

(续表)

年份	法院支出增长率	人员经费类		公用经费类	
		增长率	增长贡献率	增长率	增长贡献率
1975	-4%	3%	2%	-12%	-6%
1976	3%	0%	0%	8%	3%
1977	44%	-3%	-1%	100%	46%
1978	-22%	1%	1%	-36%	-23%
均值	20%	7%	5%	76%	15%
增长贡献比	100%		26%		74%

表格说明：

1. 数据来源于《历年C县人民法院财务报表(1955—1978)》，其中1962年、1965年会计报表缺失，"文化大革命"中前期(1966—1972年)"砸烂公检法"，因此无财务报表。直到1972年10月C县人民法院才得以恢复，制度建设、业务开展等直到1973年才进入正轨。

2. 1955年、1963年和1973年虽然有相关的财务数据，但因缺乏前一年(1954年、1962年和1972年)的数据而无法计算增长率与增长贡献。

3. 法院年度"支出增长率"＝人员类经费"增长贡献率"＋公用类经费"增长贡献率"。

4. "增长贡献比"是将该年度法院支出增长率转换为100%，同时，根据人员类经费与公用类经费在法院支出增长率中的贡献率计算比值。比如某年度法院支出增长率为10%，而其中人员类经费的"增长贡献率"为4%，而公用类经费"增长贡献率"为6%。由此可知，若将法院支出增长率10%这算为100%的话，则人员类经费的"增长贡献比"为40%，而公用类经费的"增长贡献比"为60%。故而，人员类经费与公用类经费"增长贡献比"之和为100%。

从增长贡献率来看(表2-7)，这一时期，在法院年均20%的平均增长中，人员类经费的"增长贡献率"为5%，公用类经费的"增长贡献率"为15%。来。如果将这20%折算为100%，那么我们便可以得出，改革开放前法院支出经费的增长有接近3/4来源于公用经费的拉动，而人员经费对于法院支出的增长拉动程度远远低于公用经费。可见，虽然这一时期人员经费总体上占了法院支出的主要比例，但由于公用经费的增长速度大大超过人员经费的增长速度，所以公用经费对支出总额年增长率的贡献大于人员经费。进一步，我们将法院支出年增长率的变化曲线、人员经费增长贡献的变化曲线和公用经费年增长贡献的变化曲线放在一块，我们可以更直观发现两种不同类型支出是如何综合起来影响支出总额增长率的变化轨迹的(图2-6)。

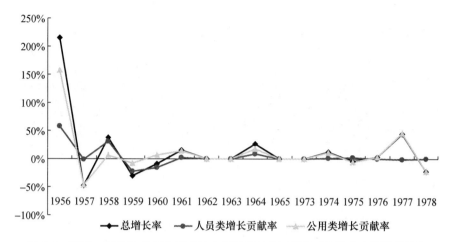

图 2-6　1956—1978 年 C 县人民法院人员经费与公用经费对法院支出的增长贡献

（二）支出构成

上一部分就法院支出的整体变迁做了初步的描绘和展示。从整体而言，人员类经费虽然在支出比重上优于公用类经费，但是受制于较低的增长速度，最终这一时期法院增长主要来源于公用类经费的拉动。本部分将结合上文分析就法院支出构成做进一步的考察和分析，以期更好地认识这一时期法院经费支出的真正面目。

1. 人员类经费："铁"饭碗

第一，人员类经费的支出增长也呈现出波动增长的态势（图 2-7）。1978 年人员类经费支出为 1.52 万元，是 1955 年 0.64 万元的 2.4 倍，增长率平均值为 7%。本期人员类经费支出的峰值发生在 1975 年，支出金额为 1.55 万。关于人员类经费有两个问题需要澄清：其一，人员类经费的比重虽然不断下降，但这绝不意味着人员类经费支出的下降，而是由于人员类经费的增速一直低于公用类经费的增速。这一点从图 2-5 的线形图中可以得知，虽然存在一定的起伏，但人员类经费支出基本是呈现出增长的态势（在 X 轴以下的为负增长）；其二，虽然人员类经费相对于公用类经费而言具有一定的稳定性（图 2-5），但若仅观察人员类经费本身，我们仍然发现其也是在波动中逐步增长。只是这种波动幅度低于公用类经费。其中，上世纪 60 年代之前的波动较大，而进入 60 年代之后，支出波动趋于平缓。图 2-7 的支出的柱形图和增长率的线形图均已显示。

第二，工资类经费占据了人员类经费的主要部分。为了分析的方便和理解的直观性，我们将人员经费分成工资类经费、福利奖励类经费两种类型。

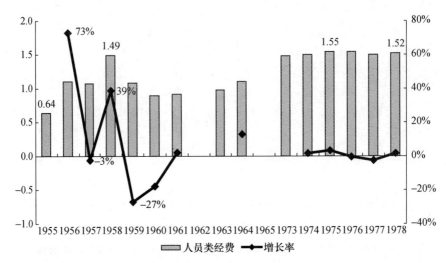

图 2-7 1955—1978 年 C 县人民法院人员类经费支出变迁（单位：万元、%）

（双轴图："总支出"的柱形图对应左 Y 轴，"增长率"的线形图对应右 Y 轴）

"工资类经费"包括基本工资、补助工资；"福利奖励类经费"包括工作人员福利费、工作人员病假期间生活待遇、职工探亲费和遗属生活补助。我们发现，在这一时期，工资类经费占了人员经费的绝大部分比例，比重均值高达98%，在1964年以前的9个年份中，甚至有7个年份的人员经费全部由工资类经费构成（表2-8），同时，这一时期福利奖励类经费呈现从无到有、从不稳定到稳定的变化过程。"文化大革命"之前，其在人员类经费中出现的频率并不稳定，时有时无，且占的比重很低，最高仅为3%，1973年以后福利奖励类经费开始常态化，占的比重也保持在3%以上，甚至达到了5%，这也是这一时期福利奖励类经费平均比重能够达到2%的重要因素。因此，总体上看，这一时期法院的人员类经费支出比较稳定，工资类经费占据了绝对的比重，福利奖励类经费基本可以忽略。

表 2-8 1955—1978 年 C 县人民法院人员类经费支出构成及比例

（单位：万元，%）

年份	人员类经费	人员类经费明细			
		工资类经费	比例	福利奖励类经费	比例
1955	0.64	0.64	100%	0.00	0%
1956	1.10	1.06	97%	0.04	3%
1957	1.07	1.07	100%	0.00	0%
1958	1.49	1.45	97%	0.04	3%

(续表)

年份	人员类经费	人员类经费明细			
		工资类经费	比例	福利奖励类经费	比例
1959	1.09	1.09	100%	0.00	0%
1960	0.89	0.89	100%	0.00	0%
1961	0.91	0.91	100%	0.00	0%
1962	N/A	N/A	N/A	N/A	N/A
1963	0.98	0.98	100%	0.00	0%
1964	1.11	1.08	98%	0.03	2%
1965	N/A	N/A	N/A	N/A	N/A
"文化大革命"中前期(1966—1972年)无报表					
1973	1.47	1.44	97%	0.04	3%
1974	1.50	1.45	97%	0.05	3%
1975	1.55	1.50	97%	0.05	3%
1976	1.54	1.46	95%	0.08	5%
1977	1.50	1.43	95%	0.07	5%
1978	1.52	1.48	97%	0.04	3%
均值	1.22	1.20	98%	0.03	2%

表格说明：

1. 数据来源于《历年C县人民法院财务报表(1955—1978)》，其中1962年、1965年会计报表缺失，"文化大革命"中前期(1966—1972年)"砸烂公检法"，因此无财务报表。直到1972年10月，C县人民法院才得以恢复，制度建设、业务开展等直到1973年才进入正轨。

2. 统计口径依下列标准确定："工资类经费"包括基本工资、补助工资；"福利奖励类经费"包括工作人员福利费、工作人员病假期间生活待遇、职工探亲费和遗属生活补助。

3. 人员类经费是指为保证法院业务活动正常运行而支付给工作人员的支出；"人员类经费"="工资类经费"+"福利奖励类经费"。

第三，福利奖励类经费的增长速度高于工资类经费。表2-8的数据显示，本期工资类经费增长率平均值为6%，增长速度略低于人员类经费的增长速度(7%)。在增长趋势上，1964年以前变化幅度比较大，1973年以后变化幅度较小；与之形成鲜明对比的则是福利奖励类经费极高的增长率平均值，达到了1319%，但这并不意味福利奖励类经费远超人员类经费的增速，而是由1964年巨大增长率10728%带来的。但从绝对值来看1964年的福利奖励类经费为257.7元，仅比1963年增长了255.32元。实际上，福利奖励类经费十分不稳定，有时候存在，有时候不存在，直到1973年才逐渐稳定。如果我们仅仅考察1973年以后的福利奖励类经费的增长率的话，其平均值仅为5%，低于人员类经费的整体增长速度。

表 2-8　1955—1978 年 C 县人民法院人员类经费构成项目的增长率及增长贡献

(单位:%)

年份	人员类经费年增长率	工资类经费		福利奖励类经费	
		增长率	增长贡献率	增长率	增长贡献率
1955	N/A	N/A	N/A	N/A	N/A
1956	73%	67%	67%	N/A	6%
1957	-3%	1%	1%	-100%	-3%
1958	39%	35%	35%	N/A	4%
1959	-27%	-25%	-24%	-100%	-3%
1960	-18%	-18%	-18%	N/A	0%
1961	2%	2%	2%	N/A	0%
1962	N/A	N/A	N/A	N/A	N/A
1963	N/A	N/A	N/A	N/A	N/A
1964	13%	10%	10%	10728%	3%
1965	N/A	N/A	N/A	N/A	N/A
"文化大革命"中前期(1966—1972 年)无报表					
1973	N/A	N/A	N/A	N/A	N/A
1974	2%	1%	1%	21%	1%
1975	3%	3%	3%	8%	0%
1976	0%	-2%	-2%	52%	2%
1977	-3%	-2%	-2%	-9%	0%
1978	1%	4%	3%	-43%	-2%
均值	7%	6%	6.4%	1319%	0.6%
增长贡献比	100%	92%		8%	

表格说明:

1. 数据来源于《历年 C 县人民法院财务报表(1955—1978)》,其中 1962 年、1965 年会计报表缺失,文化大革命中前期(1966—1972 年)"砸烂公检法",因此无财务报表。直到 1972 年 10 月 C 县人民法院才得以恢复,制度建设、业务开展等直到 1973 年才进入正轨。

2. 1955 年、1963 年和 1973 年虽然有相关的财务数据,但因缺乏前一年(1954 年、1962 年和 1972 年)的数据而无法计算增长率与增长贡献。

3. 法院年度人员类经费"增长率"=工资类经费"增长贡献率"+福利奖励类经费"增长贡献率"。

4. "增长贡献比"是将该年度法院人员类经费增长率转换为 100%,同时,根据工资类经费与福利类经费在法院人员类经费支出增长率中的贡献率计算比值。因此,工资类经费与福利奖励类经费"增长贡献比"之和为 100%。

第四,人员类经费增长主要由工资类经费拉动。"增长贡献率"这一指标受制于两大因素:本年度增长率和上年度比重。通过阅读表 2-8 可得知,在本期的绝大多数时间内,工资类经费无论在增长率还是在比重上均优于福利奖励类经费。也正因如此,在人员类经费的7%的平均增速中,工资类经费的增长贡献率为6.4%,而福利奖励类经费的增长贡献率为0.6%。从增长贡献比来看,人员类经费的增长中超过九成来源于工资类经费的拉动。表2-8的数据显示,无论人员类经费增长与否,工资类经费对于人员经费变化的贡献都明显大于福利奖励类经费。从整体来看,这个阶段中工资类经费的增长对于法院人员类经费增长的贡献率为6.38%,福利奖励类经费的增长对于法院人员经费增长的贡献率为0.52%。也就是说,法院人员经费的增长中有超过九成(92.46%)的部分来自工资类经费的拉动。

总的来说,法院的人员经费在这个阶段的发展乏善可陈,基本处于一个低速、缓慢增长的阶段。在法院人员经费增长中,工资类经费的增长贡献远远高于福利奖励类经费的增长贡献。这与下一章将要介绍的人员经费福利化的时代截然不同。考虑到这个阶段中法院人员经费对法院支出增长较弱(相对于公用经费)拉动作用,处于人员类经费中弱势地位的福利奖励类经费对于法院支出增长的拉动基本可以忽略不计。可见,这是一个"吃饭财政"的年代,是一个"福利化"被忽视的年代。下面,笔者将进一步分析工资类经费和福利奖励类经费的基本情况。

(1) 工资类经费

工资作为国家机关工作人员的劳动报酬,是法院人员类经费支出的主要部分。它包括基本工资和补助工资两部分。

首先,从工资类经费构成比例来看(表2-9),这一时期,基本工资占了绝对比重,平均值达到91.70%,除了1955年和1958年的比重较低(66.27%和62.23%)外①,其余所有年份的比重都超过了90%。补助工资尽管比重很小,均值为8.30%,但由于其支出的稳定性,使其成为了工资类经费的重要组成部分。

其次,从增长趋势和速度来看(表2-10),基本工资的增长趋势要比补助工资的增长趋势平稳,但受到工资改革和工资政策调整影响,基本工资的增长不是线性的。1978年C县人民法院的基本工资支出为1.5万元,是1955年法院基本工资支出的3.3倍,增长率平均值为12.38%,高于人员经费的整体增长速度。与基本工资的较平稳增长不同,补助工资的变动幅度较大,1957年和1958年分别高达2471.17%和1852.21%,但1959年的增长率则为

---

① 需要说明的是,1955年之所以基本工资比例较低,与当时正处于工资制度改革有关。1955年的基本工资等同于当时的工资制人员的工资,补助工资等同于包干制人员的工资。所谓包干制,又称包干费,是指从1954年6月开始实行的供给个人部分的大中灶伙食费、津贴费、服装费、原经常包干和临时包干等项目的统称。而1955—1958年的补助工资系当时用来支付给律师的工资。

-90.56%,增长率平均值为347.27%。需要指出的是,如果将补助工资在这个阶段的两个极值剔除考虑的话,补助工资的支出就由"飞速"增长转变为负增长,增长率平均值为-15.62%,这个比例与补助工资在这个阶段中的增长贡献基本对应。

最后,从基本工资和补助工资的增长贡献看(表2-10),这一时期,基本工资支出的增速虽然要明显低于补助工资的增速,但如果将补助工资的极值剔除的话,基本工资相较于补助工资的增长速度优势十分显著。同时,基本工资的比重也明显高于补助工资,因此结果就是基本工资的增长贡献率远远高于补助工资。根据统计,这一时期,基本工资的增长贡献7.71%,而补助工资的增长贡献为-1.38%。也就是说,补助工资整整拉低工资类经费增长的两成有余。

表2-9 1955—1978年C县人民法院工资类经费构成表

(单位:万元,%)

年份	工资类经费总额	基本工资		补助工资	
		金额	比重	金额	比重
1955	0.64	0.42	66%	0.21	34%
1956	1.06	1.06	100%	0.00	0%
1957	1.07	1.05	97%	0.03	3%
1958	1.45	0.90	62%	0.55	38%
1959	1.09	1.04	95%	0.05	5%
1960	0.89	0.84	94%	0.05	6%
1961	0.91	0.86	94%	0.05	6%
1962	N/A	N/A	N/A	N/A	N/A
1963	0.98	0.97	99%	0.01	1%
1964	1.08	1.07	99%	0.01	1%
1965	N/A	N/A	N/A	N/A	N/A
"文化大革命"中前期(1966—1972年)无报表					
1973	1.44	1.36	95%	0.07	5%
1974	1.45	1.37	94%	0.08	6%
1975	1.50	1.42	95%	0.08	5%
1976	1.46	1.39	95%	0.08	5%
1977	1.43	1.35	95%	0.08	5%
1978	1.48	1.41	95%	0.07	5%
均值	1.20	1.10	92%	0.10	8%

表格说明:

1. 数据来源于《历年C县人民法院财务报表(1955—1978)》,其中1962年、1965年会计报表缺失,"文化大革命"中前期(1966—1972年)"砸烂公检法",因此无财务报表。直到1972年10月C县人民法院才得以恢复,制度建设、业务开展等直到1973年才进入正轨。

2. 法院年度"工资类经费"="基本工资"+"补助工资"。

表 2-10　1955—1978 年 C 县人民法院工资类经费构成项目增长率和增长贡献

(单位:%)

年份	工资类经费年增长率	基本工资		补助工资	
		增长率	增长贡献率	增长率	增长贡献率
1955	N/A	N/A	N/A	N/A	N/A
1956	67%	152%	101%	-99%	-34%
1957	1%	-2%	-2%	2471%	2%
1958	35%	-14%	-14%	1852%	48%
1959	-25%	15%	9%	-91%	-34%
1960	-18%	—19%	-18%	4%	0%
1961	2%	3%	2%	-2%	0%
1962	N/A	N/A	N/A	N/A	N/A
1963	N/A	N/A	N/A	N/A	N/A
1964	10%	10%	10%	31%	0%
1965	N/A	N/A	N/A	N/A	N/A
"文化大革命"中前期(1966—1972 年)无报表					
1973	N/A	N/A	N/A	N/A	N/A
1974	1%	0%	0%	12%	1%
1975	3%	3%	3%	-2%	0%
1976	-2%	-2%	-2%	-1%	0%
1977	-2%	-2%	-2%	1%	0%
1978	4%	4%	4%	-10%	-1%
均值	6.3%	12%	7.7%	347%	-1.4%
增长贡献比	100%	122%		-22%	

表格说明:

1. 数据来源于《历年 C 县人民法院财务报表(1955—1978)》,其中 1962 年、1965 年会计报表缺失,"文化大革命"中前期(1966—1972 年)"砸烂公检法",因此无财务报表。直到 1972 年 10 月 C 县人民法院才得以恢复,制度建设、业务开展等直到 1973 年才进入正轨。

2. 1955 年、1963 年和 1973 年虽然有相关的财务数据,但因缺乏前一年(1954 年、1962 年和 1972 年)的数据而无法计算增长率与增长贡献。

3. 法院年度工资类经费"增长率"＝基本工资"增长贡献率"＋补助工资"增长贡献率"。

4. "增长贡献"是将该年度法院支出增长率转换为 100%,同时,根据基本工资与补助工资经费在法院工资类经费支出增长率中的贡献率计算比值。因此,基本工资与补助工资"增长贡献比"之和为 100%。

一般而言,工资类经费的变动主要与三个因素有关:一是法院工作人员数量的变化;二是法院工作人员行政职级的大范围变动;三是工资制度改革。通过前述分析发现1956年基本工资变动最大,其原因就在于我国1955年7月实行货币工资制,统一国家工资制度,实行级别职务货币工资标准后,1956年4月制发了新工资标准,普遍提高工资2—12元。由于这一次涉及面非常广,而且调整幅度较大,加上法院工作人员数量由原来的15人增加到了21人,因此导致C县人民法院的1956年的基本工资增长率达到151.80%(见表2-10)。此后,直至1978年这一期间,工资制度还经历了三次调整,分别是:第一次1963年8月,对工人和18级以下的干部,调升40%,17—14级调升25%。第二次1972年1月,对企业和国家机关1957年底前参加工作的二级工、1960年底前参加工作的一级工、包括低于这两种级别的工人、工作年限相同,工资等级相似的工作人员均调高1—2级;1966年底前参加工作的二级工调高一级,调高一级增加的工资必须达到5元。第三次1977年10月调整低工资,凡1966年底参加工作的二级工,1971年底参加工作的一级工、工作年限相同,工资等级相似的企事业单位、行政工作人员均调高一级,调整面40%,调整增加的工资小于5元的增加到5元,称"靠资",大于7元的,只增加7元,称为"硬杠子"。1966年底参加工作的中专生可增加7元,1966年底参加工作的工资低于43元的,可增加到43元,大学生定级工资统一定为43元。不过由于这三次工资调整的幅度和涉及面都比较小,尤其是在法院工作人员中的覆盖面较低,因此对法院工资变化影响不是特别明显。

表2-11 1955年4月、1956年5月C县人民法院工作人员级别构成与实发工资标准

(元/月)

表2-11-1 1955年4月C县人民法院工作人员级别构成与实际发放工资标准(元/月)

级别	20	22	23	24	26
职务	院长				
			秘书		
			审判员		
				书记员	
					办事员
					法警
人数	1	4	7	1	2
标准	56	45	40	35	26

表2-11-2　1956年5月C县人民法院工作人员级别构成与实际发放工资标准(元/月)

级别	18	20	22	23	24	25	26
职务	院长						
		副院长					
			秘书				
				审判员	审判员		
					书记员	书记员	
							法警
人数	1	1	4	8	1	1	5
标准	76	61	48	43	37.5	32.5	28.5

表格说明：根据1955年4月、1956年5月C县人民法院会计月报表整理。

那么这一时期补助工资为什么变动这么剧烈呢？结合会计报表和档案分析，我们发现，由于补助工资是为了平衡职工工资水平不受到物价等其他因素的影响而发放的各种补贴，这一时期C县人民法院发放过的补助工资包括小单位伙食补贴、差额补助和粮价补贴三种。根据《C县财政志》记载，1953年7月起对人数少又无炊事员的单位，发给单位小伙食补贴；10人以下的单位每人补助5个"工资分"，11—15人，每人每月补助3个"工资分"，1955年9月实行工资分后取消。其直接结果就是1956年开始补助工资的急速下降，由2148.28元下降为10.89元。不过C县人民法院直到1964年才有小单位伙食补贴发放，根据S省财政厅于1964年3月下发的《关于各级机关、事业单位小单位伙食补助的暂行规定》，C县财政局按照每人每月补贴1元的标准给C县人民法院发放小单位伙食补贴，1978年以后停支。[①] 1966年8月，国家开始提高粮食价格，为保证职工生活，开始发放粮价补贴，规定家在城镇的每月补贴3元，家在农村无供养人口的补贴1.5元；1966年8月以后参加工作的，均补助1.5元。由于1966年的时候"文化大革命"已经开始，C县人民法院已经处于停滞状态，因此，直到1972年10月份C县人民法院恢复后，才开始有此项补助工资，一直持续到1978年都有发放。根据C县人民法院《会计报表》记载，1960—1962年有发差额补助，用于支付律师工资。

（2）职工福利经费

关于这一时期职工福利费支出，我们可以发现（见表2-7），支出相当不稳定，既表现为支出年份的不稳定，也表现为支出数额变化幅度很大。但是，职工福利费支出数额和年份的不稳定，并不能说明这一时期职工福利费是可

---

① 《C县财政局关于转发小单位伙食补贴规定的通知》(64)财预字第033号(1964年3月9日)。

有可无的,相反,这一时期对国家机关职工福利费进行了比较细致的规定。国家机关职工福利费包括工会经费、工作人员福利费、独生子女保健费、因公负伤住院期间伙食补助费、病假期间人员工资,以及职工探亲旅费等。

1) 工作人员福利费

1957年5月22日,国务院颁发《关于国家机关工作人员福利费掌管使用的暂行规定的通知》,确定了"困难大的多补助,困难小的少补助"的原则。福利费的使用范围包括解决工作人员的家属生活困难、家属患病医药费困难、家属死亡埋葬困难、工作人员的其他特殊困难和补助集体福利事业费用。1964年1月13日,财政部、内务部《关于1964年国家机关和事业单位工作人员福利费标准等问题的通知》规定,"省、自治区、直辖市以下地方各机关按工资总额(标准工资+生活费补贴)的2.5%提取"。1965年8月25日,内务部对补助集体福利做了如下规定:集体福利补助可以开支工作人员家属的统筹医疗费用的超支;机关单位哺乳室、托儿所、幼儿园、少年之家、理发室、浴室的零星购置费的开支;慰问住医院的患病工作人员少量慰问品的开支。

2) 工作人员病假期间生活待遇

为了适当地解决国家机关工作人员病假期间的生活困难,政务院于1952年7月起建立了工作人员病假期间待遇的规定,工作人员患病在6个月以上,停止工作治疗或休养,发原工资的40%—60%,对供给制人员津贴只发2/3,其他供给照发。1955年12月29日国务院发布了《国家机关工作人员病假期间生活待遇试行版》。自1960年3月起,病假的头一个月工资照发,第二个月起按照如下标准发生活费(表2-12):

表2-12 工作人员病假生活待遇发放标准

工作年限	第2—6个月发给月工资比例	第7个月以后发给月工资比例
参加工作不满2年	70%	50%
2年以上不满5年	80%	60%
5年以上不满10年	90%	70%
10年以上	100%	80%

表格说明:根据《C县财政志》整理。从第七个月起,生活费列报"职工福利费"。

3) 职工探亲费

为了解决职工同亲属长期分居两地的探亲问题,自1953年起,有五年革命斗争史的区、营级,或有10年革命斗争史的原连排级干部,有5年未回家,需回家一次往返旅费准报探亲费;一般职工回家探亲差旅费原则自理,确有困难,可酌情补助车船费。[①] 1958年2月6日,国务院全体会议第70次会议

---

① 《C县财政志》第303页。

修改通过了《关于工人、职员回家探亲的假期和工资待遇的暂行规定》,规定"探亲的往返车船费,如果自理有困难,由所在单位酌情补助"。1962年6月1日,国务院发布《关于精减职工安置办法的若干规定》,规定"职工探亲的往返车船费,由职工所在单位发给"。1962年10月19日,财政部《关于职工探亲车船票开支标准的通知》进一步明确规定,"一律发给本人往返火车硬席和轮船统舱票价"。①

4) 遗属生活补助费

为了解决国家机关工作人员的后顾之忧,1957年4月27日,内务部、财政部、国家人事局发布《关于国家机关工作人员牺牲、病故以后遗属生活照顾问题的复函》规定,国家机关工作人员牺牲、病故以后遗属生活上有困难的,原工作机关可以酌情给予临时的或者定期的补助。但没有明确补助的具体标准等。1980年以后,民政部、财政部《关于执行〈国家机关、事业单位工作人员死亡后遗属生活困难补助暂行规定〉的通知》对遗属生活补助的原则、标准、对象等做了明确规定。② 在C县,1954年7月起,将家属生活补助,家属医药补助等并为一项,统称"职工福利费"。按照县区机关工作人员实有人数,每人每月6个工资分预算提取(每工资分值2200元,相当于1955年币值改革后的0.22元),统由县里掌握使用。补助职工直系亲属,父母子女和养父母及必须抚养未满16周岁的弟妹生活、教育、医药治疗等困难和家属来机关探亲返家路费困难,以及本人特殊苦难,难大的多补助,难小的少补助,长期困难定期补助,临时困难发生后补助。1957年取消了家属长期补助。1965年起福利费分个人困难补助和集体福利个人困难补助是指工作人员个人因家属生活、患病医药、死亡埋葬、其他特殊困难的补助。集体福利补助指机关浴室、理发室的简易设备、机关幼儿园、托儿所经费的必要补助,垫支互助储金会基金的不足部分,每年重要节日购买慰问品,患病人员等开支,统筹医疗经费的补助等,1973年起职工因公负伤,住院治疗期间伙食费报销2/3,也在职工福利费内开支。

(3) 离、退休和退职人员费

这一时期,离退休经费尚未被单列。离退休人员的工资与在职人员的工资本同等对待,在统计时纳入基本工资、补助工资、福利奖励等项目中。不过在规范层面,国家对离退休、退职人员经费进行了较细致的规定,以确保他们

---

① 财政部文教行政财务司编:《中华人民共和国财政史料·第三辑·文教行政事业财务》(1950—1985),中国财政经济出版社1989年版,第632页。

② 同上书,第632—633页。

能够继续维持正常甚至相对较高的生活水准。

1) 离、退休费

根据规定,当时国家机关工作人员退休条件为:(1) 男年满60岁,女年满55岁,工作年满15年就可退休;(2) 因劳致疾,因公残废丧失工作能力,工作已满10年也可退休;(3) 解放初50岁左右参加工作不几年后就到老年(男满60岁,女满55岁)不能工作需退休者,必须工作满5年,并在参加工作前主要靠工资生活的劳动时间男年满20年,女年满15年者。退休费标准,凡到退休年龄和因工残废,工作15年发原工资80%,解放初50岁左右参加工作具备退休工作条件,工作按5年以上退休后发给原工资50%,工作满10年以上发60%。1978年退休条件修订为:(1) 男60岁,女55岁,参加革命工作10年;(2) 男50岁,女45岁,参加革命工作10年以上,经医院证明完全丧失工作能力;(3) 因公致残经医院证明完全丧失工作能力。其退休费标准:符合(1)(2)项条件,抗日战争期间参加工作的发原工资90%,解放战争期间参加工作的,发原工资80%;解放后参加工作的,工作20年发原工资75%,工作15年以上发原工资70%,工作10年以上发60%,退休费低于25元的按25元发给。符合条件(3),饮食起居可自行动,发原工资80%,退休费低于35元的按35元发给。死者丧葬处理与在职干部死后同标准,退休后的医药费与在职干部相同。①

2) 退职生活费

1956年起,国家机关工作人员因年老或病弱不能继续工作,又不符合退休条件,自愿退职;不适宜现职工作,又不愿接受其他工作,可以退职发给退职生活费。其标准是,工作5年或5年以下的,除发给本月工资外,每满1年加发本人1个月工资;工作5年以上不满10年的,除上述规定发给外,从第6年起,每满1年,加发本人1个半月工资;工作10年以上除分别按前两项规定发给外,从第11年起,每满1年加发本人两个半月工资。②

2. 公用类经费:低标准

公用类经费是构成法院经费支出的另一重要指标。前面的分析已经表明公用经费的变动是这一时期法院经费支出特征的主要变量。本部分将在前文分析的基础上沿着类似的进路进一步分析公用类经费的构成及其变化特征。

第一,从整体上看(图2-8),我们可以发现,法院公用类经费呈波动增加态势,从1955年的0.2万元到1978年的1.67万元,公用类经费支出增长了

---

① 参见《C县财政志》第306页。
② 参见《C县财政志》第306—307页。

7.4倍。从支出数额看,1964年以前(除了1956年和1964年)公用类经费开支维持在5000元以下,1973年以后公用类经费支出迅速攀升,支出规模稳定在1万元以上,1977年公用类经费支出甚至突破了2.5万元。由于1955—1978年间公用经费的变化曲线与法院支出总额变化走势基本一致,这进一步验证了前文提及的法院总支出的变化主要是由公用类经费贡献的。

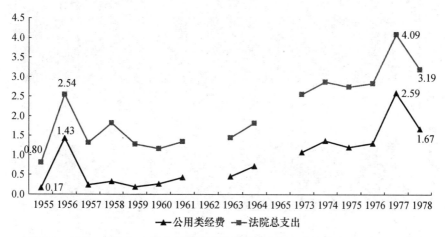

图2-8 1955—1978年C县人民法院总支出与公用类经费支出变化(单位:万元)

第二,公务费、业务费和修缮费占据了公用类经费的绝对比重(98%,见表2-14)。为了进一步揭示法院公用类经费是如何影响总支出变化的,我们有必要进一步从公用经费的构成来分析。根据公用经费支出的用途和属性,我们将公用经费分为公务经费、业务经费、修缮经费、设备购置经费和其他经费五种。从公用经费构成的比例看,这一时期,公务费、业务费和修缮费三项支出占了公用经费的绝大部分,比重为98%。其中,又以公务费和业务费为主要构成,均值分别达到了38%和48%,修缮费的比重大致为12%,当然,必须指出的是,修缮费的比率存在着一定的水分。本期大型建修项目只发生在1956年。这一年随着法院办公用房的修建,修缮经费比重达到公用类经费的72%。因此12%的均值并不能反映修缮费在改革开放前法院公用类经费中所处的位置。如果将1956年的数据剔除,公用类经费的平均比例就会下降至6%,比较符合改革开放前C县人民法院公用经费大体的分布情况。实际上,在改革开放前,修缮类经费支出波动较大,时有时无,进入1973年以后,修缮费才开始成为法院的常规支出,但比重很低。作为公用类经费主力的公务费和业务费的比例也在不断发生变化。总体上,公务费的比重在下降,业务费的比重在逐渐上升。此外,设备购置费在这一时期支出频率也极低,支出数额也很小,所占比重极低,均值仅为0.8%。

表 2-14　1955—1978 年 C 县人民法院公用类经费支出构成

（单位：万元，%）

年份	公用类经费支出总额	公务费	比重	业务费	比重	修缮费	比重	设备购置费	比重	其他	比重
1955	0.17	0.14	82%	0.00	0%	0.03	18%	0.00	0%	0.00	0%
1956	1.43	0.24	17%	0.16	11%	1.03	72%	0.00	0%	0.00	0%
1957	0.24	0.17	69%	0.00	0%	0.06	23%	0.02	8%	0.00	0%
1958	0.32	0.14	44%	0.00	0%	0.00	0%	0.00	0%	0.18	56%
1959	0.18	0.12	64%	0.07	36%	0.00	0%	0.00	0%	0.00	0%
1960	0.26	0.14	53%	0.12	47%	0.00	0%	0.00	0%	0.00	0%
1961	0.43	0.25	59%	0.15	35%	0.02	5%	0.004	1%	0.00	0%
1962	N/A	N/A	N/A	N/A	N/A	N/A	N/A	N/A	N/A	N/A	N/A
1963	0.46	0.20	44%	0.20	44%	0.00	0%	0.06	12%	0.00	0%
1964	0.72	0.41	57%	0.26	36%	0.05	7%	0.00	0%	0.00	0%
1965	N/A	N/A	N/A	N/A	N/A	N/A	N/A	N/A	N/A	N/A	N/A
"文化大革命"中前期（1966—1972 年）无报表											
1973	1.07	0.52	48%	0.48	44%	0.08	8%	0.00	0%	0.00	0%
1974	1.37	0.35	26%	0.89	65%	0.08	6%	0.03	3%	0.00	0%
1975	1.20	0.55	46%	0.62	52%	0.02	2%	0.00	0%	0.00	0%
1976	1.30	0.51	40%	0.54	42%	0.24	19%	0.00	0%	0.00	0%

公用类经费支出明细

(续表)

年份	公用类经费支出总额	公务费	比重	业务费	比重	修缮费	比重	设备购置费	比重	其他	比重
1977	2.59	0.66	26%	1.90	73%	0.02	1%	0.00	0%	0.00	0%
1978	1.67	0.64	39%	1.01	60%	0.01	1%	0.00	0%	0.00	0%
均值	0.89	0.34	38%	0.43	48%	0.11	12%	0.008	0.8%	0.012	1.2%

公用类经费支出明细

表格说明：

1. 数据来源于《历年C县人民法院财务报表（1955—1978）》，其中1962年、1965年会计报表缺失，"文化大革命"中前期（1966—1972年）"砸烂公检法"，因此无财务报表。直到1972年10月C县人民法院才得以恢复，制度建设、业务开展等直到1973年才进入正轨。
2. 公用类经费是指法院为完成工作任务而用于公务活动和业务发展的各项支出。
3. 法院年度公用类经费"支出总额"="公务费"+"业务费"+"修缮费"+"设备购置费"+"其他"。

第三,修缮费是拉动公用类经费增长的绝对主力(增长贡献比57%,表2-15)。增长贡献这一指标可以从增长率和比重进行拆解分析:修缮费的支出规模虽然总体上较小、支出频率也较不稳定,但由于其特定年份的支出变化很大,比如1956年的年增长率达到了3323%,1976年达到了892%,导致这一时期修缮费的增长率平均值达到了382%,当然,如此巨大的数值并不能得出法院修缮费急剧增长的结论。如果扣除这两个极值的话,法院修缮费的年均增长率则会大幅度下降至-49.50%。由于增长率平均值所建立起来的巨大"优势",尽管修缮费在法院公用类经费中的比重仅为12%,但其增长贡献仍然很可观。在法院公用类经费76%的增长率平均值中,修缮费的增长贡献率为43%,增长贡献比高达57%。作为常态支出项目的业务费的增长变化幅度也很大,比如1977年业务费的增长率达到了253%,但1978年得业务费增长率则为-47%。可见,业务费的变化幅度虽然小于修缮类的变化,却也明显大于后文将提及的公务费,其年增长率平均值为29%。结合其48%的支出比重,业务费的增长贡献率为20%。作为另一个常态支出项目的公务费年增长也不稳定,比如1956年公务费的增长率达到了77%,而1957年则为-31%,不过由于总体上正增长的年份多于负增长的年份,且正增长的幅度普遍较大,因此这一时期公务费的增长率平均值达到了22%。结合38%的支出比重,本期公务费的增长贡献率为12%。此外,设备购置费在本时期内无论从支出比例还是增长速度方面均乏善可陈。其增长贡献率更是仅为-1%。也就是说,每年法院公用类经费的增长速度都被设备购置费拉低1个百分点。

(1) 低标准的公务费

本部分我们将进一步细化,即公务费的具体构成是什么？是如何变化的？

首先,从总量上看,这一时期,公务费呈现出极大的波动性,基本遵循着"一涨一跌"的节奏(表2-16)。1955年C县人民法院公务费支出为0.17万元,1978年则攀升至0.64万元,25年间增加了2.8倍;从阶段上,"文化大革命"以前法院的公务费支出多在2500元以下(1964年除外),1972年恢复法院后,公务费支出额迅速攀升,除了1974年,其余年的都超过的5000元。

第二章 短缺时期的司法财政(1949—1978)

表 2-15 1956—1978 年 C 县人民法院各项公用类经费年增长率及其对增长贡献

(单位:%)

年份	公用类经费年增长率	公务费 增长率	公务费 增长贡献率	业务费 增长率	业务费 增长贡献率	修缮费 增长率	修缮费 增长贡献率	设备购置费 增长率	设备购置费 增长贡献率
1955	N/A	N/A	N/A	N/A	N/A	N/A	N/A	N/A	N/A
1956	758%	77%	63%	N/A	98%	3323%	596%	N/A	0%
1957	-83%	-31%	-5%	-100%	-11%	-94%	-68%	N/A	1%
1958	33%	-15%	-10%	0%	0%	-100%	-23%	-100%	-8%
1959	-43%	-17%	-7%	N/A	20%	0%	0%	0%	0%
1960	43%	18%	12%	87%	31%	0%	0%	0%	0%
1961	62%	79%	42%	23%	11%	N/A	8%	N/A	1%
1962	N/A	N/A	N/A	N/A	N/A	N/A	N/A	N/A	N/A
1963	N/A	N/A	N/A	N/A	N/A	N/A	N/A	N/A	N/A
1964	56%	104%	45%	29%	13%	N/A	11%	-100%	-12%
1965	N/A	N/A	N/A	N/A	N/A	N/A	N/A	N/A	N/A
"文化大革命"中前期(1966—1972 年)无报表									
1973	N/A	N/A	N/A	N/A	N/A	N/A	N/A	N/A	N/A
1974	27%	-32%	-15%	88%	39%	2%	0%	N/A	3%
1975	-12%	57%	15%	-31%	-20%	-71%	-4%	-100%	-3%
1976	8%	-7%	-3%	-13%	-7%	892%	18%	0%	0%
1977	100%	29%	12%	253%	105%	-90%	-17%	0%	0%

（续表）

年份	公用类经费年增长率	公务费		业务费		修缮费		设备购置费	
		增长率	增长贡献率	增长率	增长贡献率	增长率	增长贡献率	增长率	增长贡献率
1978	-36%	-3%	-1%	-47%	-35%	-42%	0%	0%	0%
均值	76%	22%	12%	29%	20%	382%	43%	-33%	-1%
增长贡献比	100%		16%		26%		57%		-1%

表格说明：

1. 数据来源于《历年C县人民法院财务报表（1955—1978）》，其中1962年、1965年会计报表缺失，"文化大革命"中前期（1966—1972年）"砸烂公检法"，因此无财务报表。直到1972年10月C县人民法院才得以恢复，制度建设、业务开展等直到1973年才进入正轨。

2. 1955年、1963年和1972年虽然有相关的财务数据，但因缺乏前一年（1954年，1962年和1972年）的数据而无法计算增长率与增长贡献。

3. 法院年度公用类经费"增长率"＝公务费"增长率"＋业务费"增长率"＋修缮费"增长率"＋设备购置费"增长率"；公用类经费"增长贡献"＝公务费"增长贡献"＋业务费"增长贡献"＋修缮费"增长贡献"＋设备购置费"增长贡献"＋其他"增长贡献"。由于篇幅所限，本表格省去了金额十分有限的"其他"公用类经费。若读者感兴趣可联系作者查询原始数据。

4. "增长贡献比"＝该年度法院人员类经费增长率转换为100%。由于剔除了"其他"经费，因此，公务费、业务费、修缮费、设备购置费和其他公用类经费"增长贡献比"之和小于100%。

表 2-16　1955—1978 年 C 县人民法院公务费支出构成

（单位：万元，%）

年份	公务费总额	公务费明细										
		办公水电费		邮电费		差旅费		自行车修理费		取暖费	
		金额	比例	金额	比例	金额	比例	金额	比例	金额	比例
1955	0.14	N/A	N/A	0.01	7%	0.04	33%	0.00	0%	0.007	5%
1956	0.24	0.10	41%	0.03	11%	0.11	44%	0.00	0%	0.010	4%
1957	0.17	0.07	42%	0.03	15%	0.06	34%	0.00	0%	0.011	6%
1958	0.14	0.06	41%	0.02	15%	0.06	40%	0.00	0%	0.005	4%
1959	0.12	0.03	28%	0.00	4%	0.05	43%	0.00	0%	0.010	9%
1960	0.14	0.04	27%	0.01	7%	0.08	54%	0.00	0%	0.013	9%
1961	0.25	0.03	13%	0.02	7%	0.06	24%	0.001	0%	0.013	5%
1962	N/A	N/A	N/A	N/A	N/A	N/A	N/A	N/A	N/A	N/A	N/A
1963	0.20	0.04	20%	0.07	36%	0.06	31%	0.000	0%	0.016	8%
1964	0.41	0.04	11%	0.08	20%	0.19	46%	0.005	1%	0.020	5%
1965	N/A	N/A	N/A	N/A	N/A	N/A	N/A	N/A	N/A	N/A	N/A
"文化大革命"中前期(1966—1972年)无报表											
1973	0.52	0.11	22%	0.10	19%	0.28	54%	0.010	2%	0.016	3%
1974	0.35	0.15	42%	0.09	25%	0.21	60%	0.005	2%	0.018	5%
1975	0.55	0.11	19%	0.11	19%	0.31	56%	0.02	3%	0.015	3%
1976	0.51	0.11	22%	0.07	13%	0.29	57%	0.012	2%	0.018	4%

（续表）

年份	公务费总额	公务费明细									
		办公水电费		邮电费		差旅费		自行车修理费		取暖费	
		金额	比例	金额	比例	金额	比例	金额	比例	金额	比例
1977	0.66	0.13	20%	0.11	16%	0.40	60%	0.011	2%	0.018	3%
1978	0.64	0.09	15%	0.12	19%	0.40	63%	0.006	1%	0.017	3%
均值	0.34	0.08	24%	0.06	18%	0.17	50%	0.005	1%	0.014	4%

说明：

1. 数据来源于《历年C县人民法院财务报表(1955—1978)》，其中1962年、1965年会计报表缺失，"文化大革命"中前期(1966—1972年)"砸烂公检法"，因此无财务报表。直到1972年10月C县人民法院才得以恢复，制度建设、业务开展等直到1973年才进入正轨。

2. 实际上，根据实际支出用途分类的话，差旅费主要是指办案差旅费，在此本着尊重档案的意图，依然将其列在公务费项中考察。邮电费包括长途电话费、电报费、农村电话费、安装移机费、修理费、邮寄费。

3. 法院公务费的构成细目较为复杂，制表过程中笔者仅选择支出比例最大的五种。

4. 法院财务报表中对公务费的记载也是十分粗糙的。有时候只记录了公务费的总数，却没有详细列明构成的细目。有时候细目也记载不全，比如1955年财务报表就设有记载该年度"办公水电费"的具体金额。

其次,从构成上看,差旅费占到了公务费支出的一半(表 2-16)。根据会计科目,这一时期法院公务费支出项目包括:办公费、邮电费、差旅费、小车燃修费、自行车修理费、水电费、取暖费、悼念活动经费、设备购置费、房屋培修费、补助办公费、器具及设备修理费、培训费。① 为便于考察费用构成,我们提取了经费开支比例和支出频率都较高的六种支出进行分析,并且对支出项目进行了调整:即将办公费和水电费合并计算,同时将房屋培修费放到修缮类费用考虑。统计发现,这一时期,在 C 县人民法院的公务费支出构成中,差旅费的比例最高,均值达到了 50%,并且差旅费在公务费中的比重呈持续上升趋势,1978 年达到了 63%,是 1955 年的 1.9 倍;办公水电费作为公务费的常规性支出项目,所占的比例次之,均值为 24%,同时在总体趋势上,办公水电费的金额虽然在上升,但是所占比例却呈下降趋势;邮电费的比重位占第三,均值为 18%,其在公用费中的比重也呈上升趋势,从 1955 年的 7% 上升到 1978 年的 19%;取暖费也占了一定的比重,均值为 4%;而作为该院这一时期拥有的唯一能够替代步行的交通工具——自行车的修理费经历了从无到有,从少到多的过程,平均值仅约为 1%,但是自行车修理费的金额并没有呈现持续增多态势,而是变动较大,时多时少,而且所占比重的变化也较大。

最后,本期公务费增长的动力中有近一半来自差旅费的拉动(增长贡献比 48%,见表 2-17,图 2-9)。首先,从年增长率平均值看,除了办公水电费呈负增长外,其余公务费支出都呈正增长趋势,但这种增长态势本身并不是线性的,波动较大。其中,自行车修理费的年增长率均值最高,达到了 193%,不过这并不意味着其增长幅度最大,而是因为其剧烈变动造成的,尤其是 1964 年的年增长率达到了 1048%,对其均值产生了决定性影响;差旅费的增长幅度也比较快,位居第二,均值达到了 30%,但是差旅费的支出变化也并不是线性增长的,而是波动较大,1964 年的年增长率达到了 199%,1957 年则呈现负增长(-47%);邮电费的增长也较快,均值达到了 33%,同时,邮电费的增长也呈现较大波动,1956、1960 年的增长率分别达到了 193%、103%,但是 1959 年也呈现了负增长(-78%);取暖费支出也变动较大,但总体上呈现增长趋势,增长率均值达到了 13%;但是,与前面几项支出都是正增长不同,办公水电费的支出虽然变化幅度较小,从年均增长率看,其正增长的幅度一般较小,一般为 10% 左右,而且正增长的年份只有 5 年,而负增长的年份多达

---

① 小车燃修费:虽然有此项目,但整个时期,该院都没有小车,故该项经费从未发生过。悼念活动费:是指 1976 年,党和国家领导人毛泽东逝世时的悼念活动费用,当年该项费用支出为 101.89 元。

表 2-17 1955—1978 年 C 县人民法院各类公务费年增长率及对公务费支出年增长的贡献

(单位:%)

年份	公务费年增长率	办公水电费		邮电费		差旅费		自行车修理费		取暖费	
		增长率	增长贡献率	增长率	增长贡献率	增长率	增长贡献率	增长率	增长贡献率	增长率	增长贡献率
1955	N/A	N/A	N/A	N/A	N/A	N/A	N/A	N/A	N/A	N/A	N/A
1956	77%	-30%	-12%	193%	13%	137%	45%	0%	0%	52%	3%
1957	-31%	-16%	-7%	-5%	0%	-47%	-20%	0%	0%	2%	0%
1958	-15%	-44%	-18%	-19%	-3%	1%	0%	0%	0%	-50%	-3%
1959	-17%	12%	3%	-78%	-11%	-10%	-4%	0%	0%	90%	3%
1960	18%	-11%	-3%	102%	4%	48%	21%	0%	0%	26%	2%
1961	79%	N/A	N/A	95%	6%	-22%	-12%	N/A	N/A	2%	0%
1962	N/A	N/A	N/A	N/A	N/A	N/A	N/A	N/A	N/A	N/A	N/A
1963	N/A	11%	2%	16%	6%	199%	62%	1048%	2%	22%	2%
1964	104%	N/A	N/A	N/A	N/A	N/A	N/A	N/A	N/A	N/A	N/A
1965	N/A	"文化大革命"中前期(1966—1972 年)无报表									
1973	N/A	31%	7%	-10%	-2%	-24%	-13%	-46%	-1%	12%	0%
1974	-32%	-28%	-12%	20%	5%	45%	27%	237%	4%	-16%	-1%
1975	57%	8%	2%	-37%	-7%	-6%	-3%	-36%	-1%	20%	1%
1976	-7%										

第二章 短缺时期的司法财政（1949—1978）

（续表）

年份	公务费年增长率	办公水电费 增长率	办公水电费 增长贡献率	邮电费 增长率	邮电费 增长贡献率	差旅费 增长率	差旅费 增长贡献率	自行车修理费 增长率	自行车修理费 增长贡献率	取暖费 增长率	取暖费 增长贡献率
1977	29%	14%	3%	60%	8%	36%	20%	-9%	0%	0%	0%
1978	-3%	-28%	-5%	14%	2%	2%	1%	-43%	-1%	-5%	0%
均值	22%	-7%	-4%	29%	2%	30%	10%	193%	0%	13%	1%
增长贡献比	100%	-17%		8%		48%		1%		3%	

表格说明：

1. 数据来源于《历年C县人民法院财务报表（1955—1978）》，其中1962年、1965年会计报表缺失，"文化大革命"中前期（1966—1972年）"砸烂公检法"，因此无财务报表。直到1972年10月C县人民法院才得以恢复，但因缺乏数据，业务开展等直到1973年才进入正轨。

2. 1955年、1963年和1973年虽然有相关的财务数据，但因（1954年、1962年和1972年）的数据而无法计算增长率与增长贡献。

3. 由于公务费中最为重要的五个构成项目，因此法院年度公务费 "增长率" ≈办公水电费 "增长率" +邮电费 "增长率" +差旅费 "增长率" +自行车修理费 "增长率" +取暖费 "增长率"。上述五项构成的经费 "增长贡献率"。上述五项构成的经费 "增长贡献比"之和也因此小于100%。

6年,并且幅度较大,1957年、1959年达到了-30%、-44%,因此整体上呈负增长态势,均值为-7%。前文已提及,增长贡献取决于增长率和比重。从增长贡献看,虽然自行车修理费部分年份的增长率很高,但是由于其在公务费中所占比例极小,因此对公务费支出年增长的贡献也相当小,低于取暖费的增长贡献;差旅费在公务费中占的比例较大,而且增长率也较快,因此,其对公务费支出总额年增长的贡献也比较大。统计发现,在本阶段中法院公务费的增长中有接近一半(48%)来源于差旅费的拉动。

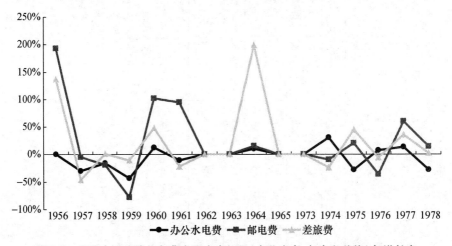

图2-9 C县人民法院公务费主要支出细目(办公水电、邮电和差旅)年增长率

结合前面有关公务费支出变化及其构成分析,可以发现,这一时期公务费的支出主要有两个特征:第一,1956年至1965年这一时间段公务费支出的变动幅度较大。这与当时的经济背景和政策导向密切相关。为了贯彻毛泽东《在中国共产党第八届中央委员会第二次全体会议上的讲话》中关于"要勤俭建国,反对铺张浪费,提倡艰苦朴素、同甘共苦"的精神,1957年,C县人民委员会出台《提倡艰苦朴素厉行节约的几项规定》,要求"精简机构、紧缩开支、严控新增设备","办公费标准节约10—15%"。① 1958年,"为了增加生产建设资金,推动社会节约风气的形成",根据《国务院转发财政部关于节减1958年行政管理费报告的通知》的规定,要求各地采取包括消减公用经费在内的紧缩行政管理费的具体措施,将节省下来的资金用来增加生产建设性投资。② 1960年至1962年间,由于"大跃进"的消极影响以及发生自然灾害等原因,财政困难非常突出,为了克服困难,C县人民委员会制定了一系列节

---

① 《C县财政志》第383—384页。
② 《中华人民共和国国务院公报》1958年第9期。

减财政支出的规定。根据1960年5月《县委批转财经党组关于大力压缩集团购买力的报告》,要求"各机关企事业单位办公费按预算指数压缩指标50%",1960年8月《C县人民委员会关于财务拨款对节约指标先拨后扣的通知》,再次强调要求"节约办公费50%";1961年,NC专区分配给C县全年压缩购买力指标,C县人民法院被要求节减经费1000元(表2-18);1962年2月,C县人民委员会制定《关于贯彻中央厉行节约紧急规定》,要求"压缩差旅费开支,差旅费按各单位业务繁简核定限额包干,压缩邮电费和办公费,电话费实行低标准定额管理",与此同时,C县人民委员会制定《关于财务管理七个控制的规定》,要求C县人民法院的办公费节约50%,邮电费在1961年实支的基础上压缩50%。① 正是这种持续性的经费压缩硬性要求,使得这一时期内法院公务费尤其是办公水电费支出数额下降。

表2-18 1961年C县机关压缩集团购买力任务分配表　(单位:万元)

项目	合计	办公费	邮电费	其他	事业费		修增购置费
					小计	其中:办公费	
合计	8.07	0.48	0.29	0.18	5.71	1.13	1.41
文教局	4.07				4.07	0.07	
农业局	0.91				0.91	0.16	
商业局	0.28	0.03	0.02		0.23		
粮食局	0.06	0.03	0.03				
公安局	0.15	0.05	0.04	0.02			0.04
县委会	0.99						0.99
县人委	0.37	0.15	0.01	0.03			0.18
法院	**0.10**	**0.03**	**0.03**	**0.04**			
检察院	0.05	0.02	0.02	0.01			
工商联	0.06	0.02	0.02				0.01
银行	0.26	0.11	0.09				0.06
税政股	0.27	0.04	0.03	0.07			0.13
卫生科	0.50				0.50		

表格说明:《C县财政志》第340页。

---

① 《C县财政志》。

第二,在法院公务费支出中,差旅费的支出比重最大,并且增幅也较大。这并不是差旅费标准很高造成的,而与当时法院的运作模式密切相关。实际上,这一时期包括法院在内各级行政、事业、企业单位的差旅费受到严格控制并且标准很低,一般有国家财政部或省级财政厅统一规定,对于未明确事宜一般由专区(相当于地市级)或县级财政局做补充规定。以途中伙食补助费为例,不但明确了伙食补助费或误餐费的具体数额,并且对相应的出差里程进行了精确限定(样本2-4)。这说明了法院差旅费支出不是由差旅费支出高标准造成的,而是由差旅费支出频率造成的。也就是说,法院工作人员出差非常频繁。尽管产生差旅费支出的事项包括会议出差和办案出差两种类型,但统计发现,因会议出差的情形极不普遍,绝大部分的差旅费支出都是因办案出差产生。这是由当时司法工作必须贯彻群众路线及其所决定的"马锡五审判方式"决定的。① 所谓司法工作贯彻群众路线,就是司法工作干部要树立坚强的群众观点和全心全意为人民服务的思想;要同群众保持血肉般的密切联系;在工作中要尽量便利人民,审判案件程序简便,不拘形式;在工作中,要依靠群众,深入调查研究,搞清案情真相,倾听群众的意见,依靠群众的力量,正确处理案件;同时在审判案件的过程中,运用各种形式向群众进行法制宣传教育,提高群众的政治思想觉悟和守法观念,以达到预防犯罪,减少纠纷的目的。司法工作的群众路线不但决定了这一时期不收诉讼费用,也决定了基层法院办案机制的基本模式:就地审判、巡回审判、公审制、人民陪审制以及注重调解工作。② 其中,就地审判要求初审机关走出法庭,携卷下乡,联系群众,处理案件,并通过具体案件的处理,进行政策法令宣传。正是这种审判方式成为了法院差旅费支出的主要原因。

---

① 关于司法工作贯彻群众路线的论述来自《马锡五副院长在全国公安、检查、司法先进工作者大会上的书面讲话》(1959年5月20日)。

② 需要说明的是,这一时期,巡回审判不是基层法院的办案模式。它是陕甘宁边区政府时期高等法院及分庭为了便利人民诉讼或因案情复杂,将案件带到当地进行处理的一种审判方式。这种审判方式不仅使案件可以得到迅速正确的处理,而且通过处理案件,可以检查下级司法机关的工作,帮助建立制度,总结经验,提高思想。详见《马锡五副院长在全国公安、检查、司法先进工作者大会上的书面讲话》(1959年5月20日)。

样本 2-4　NC 专员公署批转专区财政局关于差旅费、会议费开支标准的补充规定的通知

《关于差旅费、会议费开支标准的补充规定》节选

一、差旅费

4. 途中伙食补助费按以下规定办理：

（1）因公出差乘坐汽车或机关的小汽车一天达 50 公里以上者，发给半天途中伙食补助费，在 100 公里以上者，发给一天途中伙食补助费。

专、县领导乘坐小汽车检查工作，虽行程不到上述规定的里程，但在外买吃二餐，耽误时间达一天者，发给一天途中伙食补助费，在外买吃一餐，耽误提案者，发给半天途中伙食补助费。开车司机和同行人员亦按此标准发给途中伙食补助费。

（2）因公出差骑自行车，单程或连续行程 50 华里以上者，发给半天途中伙食补助费，在 100 华里以上者，发给一天途中伙食补助费。

（3）因公出差步行或乘坐马车，单程或连续行程 30 华里以上者，发给半天途中伙食补助费，在 60 华里以上者，发给一天途中伙食补助费。

（4）在县境内，县、区、乡干部因公出差，在县到区（乡）或区到区之间的往返，无论乘坐车船或步行按上述规定里程达一天者，每人每天发给途中伙食补助费八角，达半天的发给途中伙食补助费四角。

（5）在县（市）境内短途出勤，因工作需要不能赶回原机关吃饭，又不能在出差单位搭伙，必须在外买饭吃的，可发给误餐补助费（每日不超过两餐），每人每餐一角五分。

（2）"政治司法"语境下的业务费

作为体现法院办案直接消耗的业务费，前文分析已经表明，业务费支出是法院公用类经费的重要组成。其所占权重位列公用类经费各类支出项目的第一位。其增长率和增长贡献位列各类支出项目第二。要进一步认识业务费在公用类经费支出体系中的位置及所用，需要对其构成和变化进行考察。虽然不同项目业务费开支会发生变化，但是业务费的项目构成比较稳定①，但 1972 年 C 县人民法院恢复后，业务费开支范围仍然适用 1964 年制定的《S 省司法业务费开支范围和标准》，为便于认识和展开讨论，在此借用该份文件熟悉这一时期司法业务费的开支范围及标准（样本 2-5）。同时，尽管这一时期司法业务费的开支项目很多，但根据会计报表显示，基层法院经常性的业务开支项目却不多，主要有审判费、宣教费、解差费、邮电补助费、陪审费、法医室经费（即勘验、鉴定费）等。其中，法医室经费虽然属于常规性支出项目，但支出数额和比例都非常低，对业务费的构成和变

---

① 当然，也有变动，比如 20 世纪 50 年代律师制度刚建立初期，律师的工资是放在业务费中开支的，设有"律师费"，但是 1960 年后，律师工资则填列为"差额补助"。

化影响不大。① 因此,本书选取审判费、宣教费、解差费、邮电补助费、陪审费五项常规性且支出数额相对较大或具有较强的时代特征的业务费支出项目进行分析。

样本 2-5　S 省司法业务费开支范围

《S 省司法业务费开支范围和标准》

一、审判费:指审判案件所需的纸张、印刷等费。如传票、提(审)证、送达证、执行书、笔录纸、判决书、案卷壳、目录纸、证物袋、案件登记卡、报表、簿册及处理案件中应由法院开支的公告费等。

二、陪审费:指人民陪审员在执行职务期间所需的下列费用:

1. 生活和误工补助费:人民陪审员执行职务期间,领取国家工资者,由原单位照付工资。不领取国家工资者,由法院给予适当补助,每人每日可按六角至一元二角发给。具体标准,各地可结合实际情况决定。

2. 医药费:不享受公费医疗的人民陪审员,在执行职务期间发生急病或临时性疾病,需要立即治疗的,所支医药费,酌情给予补助,至于一般慢性病和原有疾病的治疗费,仍应由本人负担。

3. 差旅费:人民陪审员到法院、法庭执行职务的来往差旅费,在执行职务期间因公外出所需的差旅费,按同级行政机关差旅费标准执行。

人民陪审员执行职务期间在招待所、旅馆的住宿费和租用被褥等租赁费,凭单据在本项内报销。

三、勘验、鉴定费:指法院在审判案件中,进行勘验、鉴定时所需之药品、材料及委托专家或有关机关鉴定时所需之费用。

四、执行费:指执行死刑所需之绳子、草席、掩埋及押送犯人赴刑场时所需之车船租赁费和汽油费等,以及执行刑、民案件查封、没收、拍卖所需之拆装、搬运等费用。

五、公正及翻译费:指法院审判案件时聘请翻译及法院办理公证事件开支的费用。

六、解差费:指法院使用民兵解送犯人时所需的生活费和旅费(接送一个犯人,一般不得超过民兵两人)以及法院直接提解的犯人所需的生活和旅费。民兵解差途中生活补助费和误工补贴,每人每日六角至一元二角,由各地根据实际情况确定具体标准。犯人伙食按最低生活水平开支,据实报销。

七、训练费:指训练人民陪审员、调解员时所需的各种费用。包括炊事员工资、公杂费、租赁费、医药费、交通费等开支。应比照同级行政其他短期训练费标准执行。参加训练的人民陪审员、调解员领取国家工资的应一律自带伙食费。不领取国家工资的,在训练期间,除按规定标准补助伙食费外,其因误工而影响收入的,每人每日在三角范围内给予补助。参加训练人员的医药费、旅费的报销标准,可按陪审费项下有关规定办理(训练方式最好采分批、分片,就近选择适当地址进行,以免长途往返耽误生产,并可节省旅差费开支)。

---

① 根据会计报记载,1959 年、1960 年、1961 年、1963 年、1964 年、1975 年有发生该项支出,分别为 1.14、0.28、2.76、6.88、1.81、1.16 元。当然这也间接说明这时期法庭科学技术及其运用的落后或者说不重视。

八、宣传费：指法纪宣教所需费用。包括印制宣传小册、布告、典型判决、张贴画、照片；举办司法展览；召开宣判大会；设置黑板报、意见箱、布告栏、宣传橱窗及编印司法刊物、资料和上级法院制定司法干部必须学习的业务书刊等开支。
　　九、业务器具购置费：指法院、法庭业务上必须用的卷柜、档案架、打字机、油印机、钢板、文件包、防雨工具等，以及业务上必须的其他购置。必需购置时，当前应按控制社会集团购买力的有关规定执行。但对卷柜、档案架、打字机、油印机、钢板，必须在办公费不能解决的情况下，才能在业务费内开支。
　　十、器具车辆修理费：指过去由业务购置费购置业务上使用的自行车修理及其他业务器材之修理。
　　十一、邮电补助费：指业务上寄递卷宗、传票、判决书等所需之费，以及处理案件中，所需之长途电话、电报费等，在行政费规定范围内超出部分的补助。
　　十二、冤狱补助费：指因错捕、错押、错判而致当事人或其家属遭受重大损失，造成生活困难而采取其他办法又不能弥补，必须由国家酌情予以必要补助的。补助的对象及款数，必须经过当地党政领导研究决定，报上一级法院审查同意后才可开支。
　　十三、杂项费用：指上列各项未包括而业务上必须开支的其他费用。

　　首先，从总量看，这一时期法院的业务费支出快速增加（表2-19）。从1959年的0.16万攀升到了1978年的1.01万元，增加了近5倍；从总量变化趋势上看，以"文化大革命"为分水岭，在此之前法院的业务费支出大多数年份都稳定在2000元以下；1972年，法院恢复以后，业务费的支出迅速攀升到0.94万元，尽管随后有所回落，但都稳定在5000元以上，1977年甚至达到了1.9万元。

　　其次，从支出构成上看，审判费和宣教费占据了业务费的绝对比重（53%，表2-19）。虽然法院的业务费支出项目繁多，但主要集中在审判费和宣教费上，两者加起来所占的比例均值达到了53%。其中，宣教费的比重最高，均值也达到了29%，并且除了1960年和1961年外，宣教费在业务费中的比重都超过了20%，1973年甚至达到了61%；审判费的比例次之，均值达到了24%，1961年和1975年的比例都超过了50%；邮电费占业务费的比重也较大，均值达到了9%，不过，从比重变化趋势上看，邮电补助费的比重呈下降趋势，1975年仅占到6%。而且人民陪审制度作为一项基本制度，至少从支出比重上看，在业务费中占比例较低，均值仅为2%，最高年份1963年也只是占了3%。

表 2-19 1955—1978 年 C 县人民法院业务费支出构成

(单位：万元，%)

年份	业务费总额	审判费 金额	审判费 比例	宣教费 金额	宣教费 比例	邮电费 金额	邮电费 比例	陪审费 金额	陪审费 比例	解差费 金额	解差费 比例
1955	N/A	N/A	N/A	N/A	N/A	N/A	N/A	N/A	N/A	N/A	N/A
1956	0.16	N/A	N/A	N/A	N/A	N/A	N/A	N/A	N/A	N/A	N/A
1957	N/A	N/A	N/A	N/A	N/A	N/A	N/A	N/A	N/A	N/A	N/A
1958	N/A	N/A	N/A	N/A	N/A	N/A	N/A	N/A	N/A	N/A	N/A
1959	0.16	0.07	40%	0.038	23%	0.053	32%	0.001	1%	0.000	0%
1960	0.12	0.04	29%	0.010	8%	0.053	43%	0.003	2%	0.004	3%
1961	0.15	0.08	55%	0.011	7%	0.055	36%	0.002	1%	0.000	0%
1962	N/A	N/A	N/A	N/A	N/A	N/A	N/A	N/A	N/A	N/A	N/A
1963	0.20	0.09	43%	0.078	38%	0.029	15%	0.005	3%	0.003	1%
1964	0.26	0.07	28%	0.076	29%	0.035	13%	0.007	3%	0.009	3%
1965	N/A	N/A	N/A	N/A	N/A	N/A	N/A	N/A	N/A	N/A	N/A
"文化大革命"中前期(1966—1972 年)无报表											
1973	0.94	0.24	26%	0.577	61%	0.059	6%	0.000	0%	0.002	0%
1974	0.89	0.14	16%	0.380	42%	0.034	4%	0.000	0%	0.005	1%
1975	0.62	0.42	68%	0.150	24%	0.037	6%	0.000	0%	0.012	2%
1976	0.54	N/A	N/A	N/A	N/A	N/A	N/A	N/A	N/A	N/A	N/A

(续表)

年份	业务费总额	审判费		宣教费		邮电费		陪审费		解差费	
		金额	比例	金额	比例	金额	比例	金额	比例	金额	比例
						业务费明细					
1977	1.90	N/A	N/A	N/A	N/A	N/A	N/A	N/A	N/A	N/A	N/A
1978	1.01	N/A	N/A	N/A	N/A	N/A	N/A	N/A	N/A	N/A	N/A
均值	0.58	0.14	24%	0.17	29%	0.05	9%	0.002	0.3%	0.004	0.6%

说明：
1. 数据来源于《历年C县人民法院财务报表(1955—1978)》，其中1962年、1965年会计报表缺失，"文化大革命"中前期(1966—1972年)"砸烂公检法"，因此无财务报表。直到1972年10月C县人民法院才得以恢复、制度建设、业务开展等直到1973年才进入正轨。
2. 实际上，根据实际支出用途分类报表，差旅费主要是指办案差旅费，在此本着尊重档案的意图，依然将其列在公务费项中考察。邮电费包括长途电话费、电报费、农村电话费、安装移机费、修理费、邮寄费。
3. 法院业务费的构成细目较为复杂，制表过程中笔者仅选择支出比例最大的五种。
4. 法院财务报表中对业务费的记录也是十分粗糙的。有时候只记录了业务费的总数，却没有详细列明构成的细目，比如1956年、1976年、1977年和1978年。有时候虽然有其他支出的数据，却没有业务费的数据。正因如此，业务费的数据较之其他数据而言缺失比例更高。

表 2-20　1955—1978 年 C 县人民法院各类业务费年增长率及对业务费支出年增长的贡献

(单位:%)

年份	业务费年增长率	业务费明细					
		审判费		宣教费		邮电费	
		增长率	增长贡献率	增长率	增长贡献率	增长率	增长贡献率
1955	N/A	N/A	N/A	N/A	N/A	N/A	N/A
1956	N/A	N/A	N/A	N/A	N/A	N/A	N/A
1957	N/A	N/A	N/A	N/A	N/A	N/A	N/A
1958	N/A	N/A	N/A	N/A	N/A	N/A	N/A
1959	N/A	N/A	N/A	N/A	N/A	N/A	N/A
1960	-25%	-45%	-18%	-74%	-17%	0%	0%
1961	23%	130%	38%	9%	1%	3%	1%
1962	N/A	N/A	N/A	N/A	N/A	N/A	N/A
1963	N/A	N/A	N/A	N/A	N/A	N/A	N/A
1964	29%	-16%	-7%	-1%	-1%	18%	3%
1965	N/A	N/A	N/A	N/A	N/A	N/A	N/A
"文化大革命"中前期(1966—1972 年)无报表							
1973	N/A	N/A	N/A	N/A	N/A	N/A	N/A
1974	-5%	-42%	-11%	-34%	-21%	-42%	-3%
1975	-31%	201%	32%	-61%	-26%	8%	0%
1976	-13%	N/A	N/A	N/A	N/A	N/A	N/A
1977	253%	N/A	N/A	N/A	N/A	N/A	N/A
1978	-47%	N/A	N/A	N/A	N/A	N/A	N/A

表格说明:

1. 数据来源于《历年 C 县人民法院财务报表(1955—1978)》,其中 1962 年、1965 年会计报表缺失,"文化大革命"中前期(1966—1972 年)"砸烂公检法",因此无财务报表。直到 1972 年 10 月 C 县人民法院才得以恢复,制度建设、业务开展等直到 1973 年才进入正轨。

2. 1955 年、1963 年和 1973 年虽然有相关的财务数据,但因缺乏前一年(1954 年、1962 年和 1972 年)的数据而无法计算增长率与增长贡献。

3. 其余年份虽然有相应的财务报表,但财务报表中未列明业务费的细目和总数。

4. 由于只选择了业务费中最为重要的三个构成项目,因此法院年度业务费"增长率"≠审判费"增长贡献率"+宣教费"增长贡献率"+邮电费"增长贡献率"。

5. 由于缺失值过多,本表未统计均值。

最后,本期业务费支出的细目缺失比例过多,这为我们观察增长贡献带来困难。从有限的数据来看,不同项目业务费在不同年份所占比例和增长率都波动剧烈,因此不同的年份对业务费增长的贡献差异也非常大。比如,

1961年和1975年,由于审判费所占的比重和年增长率都较大,因此在这两年,审判费对业务费的增长贡献最大;而1974年,由于宣教费所占的比重和(负)增长率都较大,因此这一年其对业务费的增长贡献最大。

结合前述有关司法业务费变迁描述和司法档案,这一时期司法业务费支出有以下几个特征:

第一,"作为保证法院依靠群众正确处理案件和解决好纠纷最好的组织形式"之一的人民陪审制(另外一种是人民调解)的费用支出很低。这一方面跟陪审费的支出具体构成和低标准有关,但另一方面,档案显示,这也可能跟人民陪审员补助费并没有按规定发放甚至没有发放有关。①

第二,法纪宣教所需要支出的宣教费比重较大。这同样与要求司法工作贯彻群众路线有关。由于当时非常注重通过审判和法纪宣传来提高群众的思想觉悟和守法观念,达致教化的目的,因此,在实行就地审判制度的同时,实行公审制,包括群众公审会、宣判大会、代表公审会三种方式。此外,法纪宣教不一定需要借助案件审理来实现,包括黑板报、宣传橱窗、举办司法展览等普法活动也被纳入法院的业务工作范畴(样本2-6)。

第三,在审判费方面,尽管审判费支出不断增加,尤其是1973年后的支出远远超过1964年及以前,但实际上,法院审理的案件数并没有增加(表2-21),也就是说审判费的增加跟案件数量的关系并不明显。这跟法院办案的规范化程度提升及案件类型的特殊性有关。② 若以法院总支出来计算案均成本的话,我们便会发现个案处断成本飞速提升。从1955年9元/件飞升至1978年的214元/件,增长了约23倍。

样本2-6　C县人民法院1959年工作总结(节选)

四、狠抓法制宣传工作

我院59年的法制宣传工作,除了配合公安在开展安全防范的问题上进行法制宣传外,还运用了各种机会,采取各种方法,向群众进行法制宣传教育,其具体方法是:

1. 就地召开公判会或宣判会进行法律讲演。这是教育群众最有效的方法之一。59年我们深入案件所发生的社、队,召开公判会79次,受教育群众40462人。

2. 干部走到哪里就在哪里进行宣传。据我院一年来不完全统计,全院干部深入田间、工地、食堂,结合各大小会议,共进行法律讲演达500余次,受教育群众十四万多人。

3. 通过图片展览和罪证展览教育群众。一年来共搞了图片展览12次,并结合公判会进行罪证展览2次,受教育群众2000多人。

---

① 《S省高级人民法院、S省财政厅关于认真解决司法业务费开支问题的联合通知》(64)法办行字第39号(1964年3月18日)。

② 比如,1978年的案件数量虽然很少,但是查处申诉和冤假错案却达到57件。不过,由于资料的缺乏,在此无法展开进一步论证和分析。

4. 印发宣传资料开展宣传。一年来共印发宣传材料 11 次共计 4941 份,典型判决书共计 200 分,大小布告四次共计 16900 张,发至区、公社、队、食堂及有关单位向群众进行宣传。并有广播站 14 处,放幻灯 35 次,标语 205 张,大字报 198 张,烫画 12 幅,广泛进行宣传。

5. 利用黑板报印登典型判决和宣传材料,向群众进行宣传,一年共计刊登黑板报 129 张。

表 2-21　C 县人民法院部分年度办案统计及案均成本

(单位:件、元、元/件)

年份	刑事		民事		审结案件总数	法院支出(基建除外)	案均成本
	受案	审结	收案	审结			
1955	798	765	134	124	889	7742	9
1956	462	459	148	146	605	15088	25
1959	190	188	41	40	228	12723	56
1960	N/A	147	N/A	27	174	11568	66
1962	162	159	N/A	95	254	N/A	N/A
1963	447	444	170	169	613	14382	23
1977	316	273	45	37	310	40620	131
1978	N/A	110	N/A	38	148	31728	214

表格说明:

1. 根据 C 县人民法院历年工作报告整理。很遗憾,由于档案缺失,我们未能获取每一年度的法院工作报告。

2. "法院支出"用以计算"案均成本"的变迁。考虑到"基建经费"的项目性,大型基础设施建设通常会造成该年度法院支出的飙升。同时,基建项目一旦建成,可以使用多年。因此,将基建经费纳入一年支出中统计"案均成本"便十分不精确。因此,本表的案均成本是扣除基建成本之外的"人员成本"与"日常运转成本"(主要是公用类经费)之和。

(3) 修缮费和设备购置费

修缮费和设备购置费作为衡量这一时期法院"硬件"设施的基本指标,透过这两项支出的具体数额及其变化,可以观察这一时期法院基础设施情况。这一时期房屋培修费的支出主要用于法院建筑设施的维护和保养方面,开展大规模的基建活动不多,仅在 1956 年进行了办公用房和审判法庭建设,建成后法院的房屋及建筑物包括:办公室 5 间、刑庭 1 间、民庭 1 间;接待室 1 间;储藏室 1 间以及原有的客房 1 间、宿舍 7 间①,1964 年因为随着司法档案的增加,新建了 3 间司法档案室。

---

① C 县人民法院 1956 年会计报表。

这一时期的支出项目包括交通工具购置费、办公家具购置费、被服装具购置费等,但是真正发生支出数额的年份不多,主要发生在 1957 年用于购买自行车 1 辆、1963 年、1974 年分别购置了一批存放业务档案的档案柜,都属于硬性支出。① 这种落后的基础设施反映了这一时期法院办公环境和办案条件非常艰苦,也为改革开放后法院基础设施建设大跃进埋下了"伏笔"。法院落后的硬件设施固然受当时经济发展水平及其所导致的财政能力的根本影响,同时,这也与当时的建设财政有关,在建设财政理念指导下,楼堂馆所建设及非生产性设备的购买受到严格控制。同样,这也与当时司法工作贯彻群众路线及其"马锡五审判方式"有关。由于"马锡五审判方式"采取携卷下乡、就地审判形式,而不是"坐堂办案",对审判空间和环境的要求具有开放性,因此,不要求在封闭、固定的审判空间中开庭,"司法广场化"②色彩强烈。

---

① C 县人民法院 1957、1963、1974 年会计报表。
② 参见舒国滢:《从司法的广场化到司法的剧场化——一个符号学的视角》,载《政法论坛》1999 年第 3 期。

第三章 创收时期的司法财政(1979—1998)

一、收入:财政与社会分担保障

法院活动需要物质支持,在货币经济中,这种支持就表现为占有和支配一定的经济资源,特别是以货币财富形式存在的资金资源。审判权的全面与正确的实施必须建立在充分的物质保障基础之上,这种经费保障制度可以通过法院收入的情况得以体现。在改革开放的最初 20 年里,司法经费保障体制与前阶段最大的不同就在于法院自筹经费开始出现并不断增加,司法财政保障由前一阶段的财政全额拨款逐步向财政与社会分担保障的体制演变。下文我们仍将以 C 县人民法院为样本,分析在创收时期基层法院的财政收入情况。

(一) 整体变迁

1. 总量描述

在改革开放之后的最初 20 年里,C 县人民法院的收入基本处于持续增长之中,除了部分年份外,C 县人民法院收入保持良好的上升势头(图 3-1)。一方面,从年收入总额变化看,我们发现,1979—1998 年间,法院收入增长趋势显著,1998 年 C 县人民法院的收入总额达到了 280.2 万元,是 1980 年的 30 倍。在本阶段中,C 县人民法院收入的增长率平均值为 23.09%,远远高于前一阶段(1949—1978 年)的增长速率(9.95%)。另一方面,从增长趋势来看,法院收入的变化体现出明显的波动趋势。但是由于总体上法院正态增长的年份明显多于负态增长的年份,并且正态增长的程度也高于负态增长的程度,因此法院的收入总体上还是处在上行通道之中。

法院收入总额的变化与法院收入的构成项目的变化紧密相连。按照我国相关的财务体制,我们将改革开放 20 年间 C 县人民法院收入构成项目的演变作如下归纳:在 1979 年至 1985 年期间,C 县人民法院的收入完全由财政保障,因此收入划分为同级财政的拨款和上级财政拨款。同级财政拨款又可以划分为预算拨款和追加拨款。预算拨款是根据法院年初编制的经费预算进行的拨款,追加拨款则是在法院运行过程中在法院年初预算之外的追加拨款,通常为年终一次性金额不等的拨款,而上级财政拨款从性质上而言均为追加拨款。从 1985 年起,C 县人民法院开始征收诉讼费,因此法院收入中增加了预算外收入的项目,预算外收入主要为诉讼费收入,当然还可能有罚没收入以及少量的经营性收入(如打印室对外承接业务)。与此同时,财政拨款则被会计报表定义为预算内收入。要考察法院收入总额的变化情况,我们就必须对预算内和预算外的构成情况进行考察。

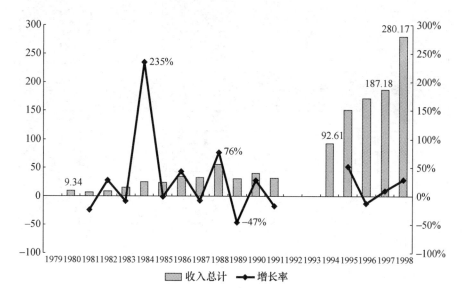

图 3-1　1979—1998 年 C 县人民法院年收入变化图(单位:万元,%)①

双轴图:"收入总计"的柱形图对应左 Y 轴,"增长率"的线形图对应右 Y 轴

表 3-1　1979—1998 年 C 县人民法院收入构成　　(单位:万元,%)

年份	总收入	预算内收入		预算外收入	
		金额	比重	金额	比重
1979	N/A	N/A	N/A	N/A	N/A
1980	9.34	9.34	100%	0.00	0%
1981	6.70	6.70	100%	0.00	0%
1982	8.50	8.50	100%	0.00	0%
1983	15.47	15.47	100%	0.00	0%

---

① C 县人民法院 1979 年、1992 年和 1993 年的财务报表遗失,课题组无法获得这些年份法院财政的准确数据,因此根据法院财务报表制作的图表中均缺少这些年份的数据。

(续表)

年份	总收入	预算内收入		预算外收入	
		金额	比重	金额	比重
1984	24.40	24.40	100%	0.00	0%
1985	23.49	20.34	87%	3.15	13%
1986	34.38	31.70	92%	2.68	8%
1987	32.81	30.51	93%	2.30	7%
1988	55.11	50.68	92%	4.43	8%
1989	30.14	25.27	84%	4.87	16%
1990	39.74	26.78	67%	12.96	33%
1991	31.73	20.09	63%	11.64	37%
1992	N/A	N/A	N/A	N/A	N/A
1993	N/A	N/A	N/A	N/A	N/A
1994	92.61	67.48	73%	25.14	27%
1995	151.59	103.42	68%	48.17	32%
1996	171.31	132.89	78%	38.42	22%
1997	187.18	115.49	62%	71.69	38%
1998	280.17	145.47	52%	134.70	48%
均值	70.27	49.09	70%	21.18	30%

表格说明：

1. 数据来源于《历年C县人民法院财务报表(1979—2008)》，其中1979年、1992年和1993年会计报表缺失。
2. 预算内收入是指法院从国家财政取得的收入，包括本级财政拨款和上级财政拨款。
3. 预算外收入是指法院从国家财政之外取得的收入，主要包括诉讼费收入和罚没收入，以及极少的经营收入。
4. C县人民法院直到1985年才开始征收诉讼费。因此，1985年之前的报表中"预算外收入"均为0。
5. 法院年度"总收入"="预算内收入"+"预算外收入"。

表3-1的数据显示，在法院的整体收入中，预算内经费占据了绝对的比重(70%)，而预算外收入占据30%的比重。同时在1985年之后，预算外收入也表现得极为不稳定，和笔者在访谈过程中法院工作人员口中所谓的诉讼费"逐年增长"有一定的差距。造成此种现象的原因就在于会计科目"抵支收入"的存在使得法院财务报表中预算内收入和预算外收入的数值并不能准确反映财政负担与社会负担的真实比例。该会计科目在1988年9月17日财政部发布的《事业行政单位预算会计制度》中有所规定："经财政机关同意，全额单位在核拨的经费预算以外，以收抵支纳入预算管理的收入或自收自支的资金，按规定定期转入预算内列收列支时，用本科目核算。"换言之，抵

支收入是将法院的"创收"诉讼费收益中的固定比例由预算外收入转换为预算内收入进行管理,其操作方法通常是同级财政直接在年初预算中给法院下达抵支收入的任务,若任务完成,则全额拨款,若未完成任务,扣除相应部分的财政拨款。① 可以说,"抵支收入"这一项目的存在会使得"预算内"和"预算外"收入的数据在一定程度上被误解——预算内的部分被放大,而预算外法院自主获取的收入的作用被低估。举例而言,C 县人民法院 1994 年财务报表反映的预算外收入为 25.1 万,而实际诉讼费收入为 41.6 万元,差距不可谓不显著。正如笔者在本章起始处所归纳的那样,在改革开放,尤其是从 1985 年起,法院通过征收诉讼费的方式改变了法院经费的保障体制,即由财政完全负担转变为财政与社会共同负担的体制,因此对于法院自主创造的收入部分的精确考察就显得尤为重要。为了准确评估财政负担和社会负担的作用,笔者对法院的财政收入进行了重新的划分,将"抵支收入"部分从预算内收入中剔除,并加入"法院自筹收入"的科目中,重新将法院收入划分为"财政拨款"和"法院自筹"两个项目。

表 3-2　1979—1998 年 C 县人民法院财政拨款和法院自筹收入及其比重

（单位：万元，%）

年份	总收入	财政拨款		法院自筹	
		金额	比重	金额	比重
1979	N/A	N/A	N/A	N/A	N/A
1980	9.34	9.34	100%	0.00	0%
1981	6.70	6.70	100%	0.00	0%
1982	8.50	8.50	100%	0.00	0%
1983	15.47	15.47	100%	0.00	0%
1984	24.40	24.40	100%	0.00	0%
1985	23.49	20.34	87%	3.15	13%
1986	34.38	31.70	92%	2.68	8%
1987	32.81	30.51	93%	2.30	7%
1988	55.11	50.12	91%	4.98	9%
1989	30.14	25.27	84%	4.87	16%
1990	39.74	26.78	67%	12.96	33%

---

①　比如法院年初的财政预算拨款是 100 万,抵支收入是 20 万。那么这个 20 万实际上就是地方财政给法院所设置的最低创收任务。若法院完成这个任务,则能够获得 100 万的拨款,若法院该年度仅完成 15 万的创收,那么地方财政会扣除相应的财政拨款,也就是说法院仅能获得 95 万的拨款。

(续表)

年份	总收入	财政拨款		法院自筹	
		金额	比重	金额	比重
1991	31.73	20.09	63%	11.64	37%
1992	N/A	N/A	N/A	N/A	N/A
1993	N/A	N/A	N/A	N/A	N/A
1994	92.61	51.02	55%	41.60	45%
1995	151.59	83.78	55%	67.81	45%
1996	171.31	109.89	64%	61.42	36%
1997	187.18	115.49	62%	71.69	38%
1998	280.17	145.47	52%	134.70	48%
均值	70.27	45.58	65%	24.69	35%

表格说明：
1. 数据来源于《历年C县人民法院财务报表(1979—2008)》,其中1978年、1992年和1993年会计报表缺失。
2. 每年地方财政会向C县人民法院下达"抵支收入"的指标。这部分钱由法院创收,但换算成财政收入。比如某年度法院预算内收入是100万元,但同时县人民政府规定法院"抵支收入"收入是20万。也就是说,法院需要将自己创收中的20万交给县财政,县财政再拨款100万。换言之,实际财政拨款是80万。故而,"财政拨款"="预算内收入"－"抵支收入","法院自筹"="预算外收入"＋"抵支收入"。与表3-1的差异主要集中在1994年至1996年三年间。
3. C县人民法院直到1985年才开始征收诉讼费。因此,1985年之前的报表中"法院自筹"均为0。
4. 法院年度"总收入"="财政拨款"＋"法院自筹"。

重新归并会计科目之后,法院的自筹收入的比例占到法院收入的35%。当然,法院自筹经费的收入增速在进入20世纪90年代之后有了明显提升。这与法院创收能力在这个阶段中增强密切相关(这部分将在下文详述)。从数据来看,1990年至1998年期间,法院自筹收入占到法院总收入的40%(图3-2),其对法院收入格局的影响日益凸显。尤其在1998年,法院自筹经费的比重甚至一度达到峰值的48%,几乎可与财政拨款的比重并驾齐驱。除了阶段性特征之外,我们还发现纳入"抵支收入"之后的法院自筹收入的增长显得更加平滑。

在关注静态比例的同时,我们还必须考察财政拨款和法院自筹收入的动态变化情况。其中,增长率是解读法院财政收入构成项目变化情况的重要指标。表3-3的数据显示,从增长速度的平均值而言,C县人民法院获取财政拨款收入的增长率平均值要低于法院自筹收入的增长率平均值。这个数值说明了在这个20年里,C县人民法院自筹经费的发展势头要优于从各级财政所获取的财政收入。当然,如果将1985年法院征收诉讼费之前的数据剔

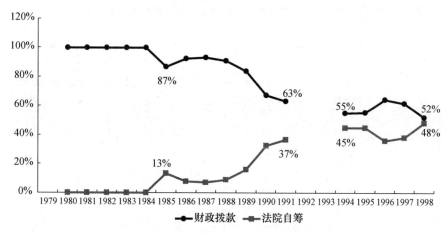

图 3-2　1979—1998 年 C 县人民法院财政收入构成项目比例变迁图（单位：%）

除，法院在 1985 年之后自筹经费的增长率平均值更是达到了 40%，其相对于财政拨款增长率的优势不言而喻（17%）。当然，仅靠增长率的指标并不能断定法院自筹经费对于法院收入的增长作用一定优于财政拨款，其原因就在于两者的比重不尽相同。即使法院自筹经费处于高速增长的模式，但若囿于其比例过小，其对于法院收入整体的影响仍然有限。因此，另一个指标——增长贡献就显得格外重要。增长贡献综合考虑了增长速度和所占比例，因此显得更加精确。① 表 3-3 的数据显示，1979—1998 年 20 年间，C 县人民法院的收入增长率平均值为 23%，这其中有 16% 来自于财政拨款增长的拉动，而另外 7% 的增长来源于法院自筹经费的增长。换言之，就增长贡献比的指标而言（将法院收入增长率 23% 折算为 100%）法院财政收入的增长有近七成来源于财政拨款的贡献，而仅有大致三成的部分来源于法院自筹经费的拉动。可见，财政拨款对于法院收入增长的拉动作用仍然优于法院自筹收入。然而，若是我们将时间轴固定为 90 年代之后，我们就会发现在这 9 年间（1990 年至 1998 年），法院收入增长率平均值为 25%，其中 15% 来源于法院自筹收入的拉动，而法院财政拨款收入的增长贡献率为 10%，低于自筹收入的贡献度。也就是说，在 20 世纪 90 年代之后，自筹经费的增长贡献开始超过财政拨款收入的增长，成为拉动法院整体收入增长的主要经费来源。

---

① 计算方式为：增长率×该类经费在前一年收入总量中的比重。关于增长贡献指标的详细内容可参见本书第一章。

表 3-3　1979—1998 年 C 县人民法院财政拨款和法院自筹收入增长率和增长贡献

（单位:%）

年份	法院收入增长率	财政拨款		法院自筹	
		增长率	增长贡献率	增长率	增长贡献率
1979	N/A	N/A	N/A	N/A	N/A
1980	N/A	N/A	N/A	N/A	N/A
1981	-28%	-28%	-28%	0%	0%
1982	27%	27%	27%	0%	0%
1983	82%	82%	82%	0%	0%
1984	58%	58%	58%	0%	0%
1985	-4%	-17%	-17%	0%	13%
1986	46%	56%	48%	-15%	-2%
1987	-5%	-4%	-3%	-14%	-1%
1988	68%	64%	60%	116%	8%
1989	-45%	-50%	-45%	-2%	0%
1990	32%	6%	5%	166%	27%
1991	-20%	-25%	-17%	-10%	-3%
1992	N/A	N/A	N/A	N/A	N/A
1993	N/A	N/A	N/A	N/A	N/A
1994	N/A	N/A	N/A	N/A	N/A
1995	64%	64%	35%	63%	28%
1996	13%	31%	17%	-9%	-4%
1997	9%	5%	3%	17%	6%
1998	50%	26%	16%	88%	34%
均值	23%	20%	16%	27%	7%
百分比	100%	70%		30%	

表格说明：

1. 数据来源于《历年 C 县人民法院财务报表（1979—2008）》,其中 1979 年、1992 年和 1993 年会计报表缺失。

2. 1980 年和 1994 年虽然有相关的财务数据，但因缺乏前一年（1979 年和 1993 年）的数据而无法计算增长率与增长贡献。

3. C 县人民法院直到 1985 年才开始征收诉讼费。因此，1985 年之前的报表中"自筹经费"均为 0。

4. 法院年度"收入增长率"= 财政拨款"增长贡献率"+ 法院自筹"增长贡献率"。

5. "增长贡献比"将该年度法院支出增长率转换为 100%，同时，根据"财政拨款"与"法院自筹"在法院支出增长率中的贡献率计算比值。故而，财政拨款与法院自筹"增长贡献比"之和为 100%。

总的来说,虽然在 20 年的跨度中,财政拨款无论在比例还是在增长贡献上均超过法院自筹经费的收入,法院仍然主要依靠财政进行负担。然而,财政拨款的优势并不如想象中那样明显,尤其是在 1990 年之后的 9 年里,法院自筹经费的增长令人瞩目,无论在比重、增长贡献和增长率方面与财政拨款的差距都在迅速减少,甚至在许多方面都超过了财政拨款的数值。法院自筹经费已经在法院收入的变化中举足轻重,撑起了法院收入增长的"半边天",法院的经费负担模式也由财政全额负担到财政主力负担最终过渡到财政与社会共同负担的体制。

2. 收入构成

(1) 财政拨款经费的描述与分析

在创收时期,财政拨款是法院收入的主要来源。就收入的来源的层级而言,C 县人民法院的财政拨款收入可以分为上级财政拨款和同级财政拨款。同级财政的拨款又可以划分为预算拨款和追加拨款两个部分,前者是指地方财政根据法院预算给予法院的经费保障;后者则是指根据具体情况给予地方法院在预算额度之外的经费补充,主要用以解决法院在司法运行过程中面对特殊情况所产生的成本。图 3-3 的数据显示,财政对于 C 县人民法院的经费保障水平虽然处于逐年的波动之中,但是整体上呈现上升的态势,1998 年财政拨款收入是 1979 年的 30 倍,增长率平均值为 20%。

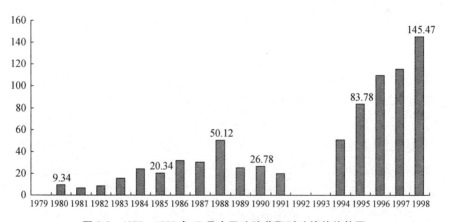

图 3-3　1979—1998 年 C 县人民法院获取财政拨款趋势图

就期间而言,财政对于地方法院的经费保障可以大致划分为三个期间:地方财政全额保障期间(1979—1985 年)、上级财政加强法院基础设施建设保障期间(1986—1993 年)和上级财政对基层法院业务经费补助制度逐步建立期间(1994—1998 年)。

从改革开放到 1985 年,C 县人民法院的经费完全由同级地方财政保障。

其原因有二:其一为在 1985 年之前,C 县人民法院并未开始收取诉讼费,因此法院自筹经费尚未进入法院的收入体系之中;其二在这个时期,上级财政对地方法院的财政保障制度也尚未建立,上级财政的直接拨款缺乏制度支持。同时,客观上上级财政也缺乏足够能力来支持基层法院的建设(中央财政强大是在 1994 年分税制之后)。相对于县级法院而言,上级财政包括中央、省、市三级。此时,省、市财政更大程度上需要负担本级政府各部门的运转,而中央财政在这一时期汲取资源的能力不足(1978—1985 年中央财政收入占整体财政收入的 28.75%[①]),客观上也无法调剂足够资金来支持基层法院。因此,此时在财政支出的体制上实行的是"分灶吃饭"的体制,即"划分收支、分级包干、五年不变"。[②] 根据这一体制,C 县人民法院的经费保障就当然由 C 县财政全额承担。当然,这一体制实际上承继了 1958 年之后的法院经费保障体制。

此期间,地方财政对于 C 县人民法院的经费保障采取"经费包干"和"经费追加"的形式予以保障。由于缺乏大型的基建项目,法院经费保障的内容主要为人员经费和公务经费。对于人员经费,财政拨款的标准主要是国家统一的公务员工资标准。地方财政只需要核定法院工作人员的工资标准及编制人数,便可轻易确定法院人员类经费的拨款总额。对于公务经费的保障,主要采用的是包干制。当然包干标准各不相同。从 1994 年《C 县人民法院财务预算说明书》中我们可以得知,对于办公经费采用的是"编制数×10 元/月"的标准进行确定,差旅费采用的是"编制数×270 元/年"的标准进行确定等等。可见,通过包干制的方法,地方财政也将法院每年的公务经费基本确定了。由于与编制数挂钩,地方财政对于法院人员类经费和公务类经费的保障就构成了法院财政拨款收入中最为稳定和最为核心的部分。

与人员类经费和公务类经费保障机制形成鲜明差异的是,法院的业务经费在年初并未受到相应的保障。然而,由于法院在年度工作中面临各种实际情况,年初地方财政的经费保障预算有可能无法适应法院业务工作开展的需要,法院 1995 年财务报表说明中就可以明确反映这种情况(样本 3-1)。因此,年终业务经费追加就成为必然和必须。根据课题组的调研,1994 年业务费"一分未给",从 1995 年到 1997 年间,地方财政一次性拨给的差额经费分别为 5 万元、10 万元和 5 万元。

综上所述,该阶段经费有三种保障方式:(1)人员经费按照编制数和职

[①] 数据来源:《中国统计年鉴 2001》,中国统计出版社 2012 年版。
[②] 秦春华:《经济体制变迁中的财政职能研究》,北京大学出版社 2009 年版,第 99 页。

级工资标准进行确定,在年初就予以保障;(2)公务经费采取包干制,以编制数和包干标准予以确定,在年初也基本确定,但在法院运行工作中可以适当增加,节余留用;(3)业务经费采取类似项目制的保障方式,在年初没有被考虑,是在法院运行过程中根据具体情况拨付。通常在年终还会视当年县财政的情况和法院工作的需求给予不同金额的一次性补助。

样本3-1　C县人民法院1994年和1995年年财务报表说明示例(节选)

示例一:

C县人民法院1994年财务报表说明

　　财政包干经费,个人部分362400元,公务费65200元,药费6540元,总计434140元,下达单位抵支收入150000元。办公费人平月10元,出差费用人平年270元,小车燃修费每辆5000元,取暖人平年270元,邮电全年11400元,临工费月平90元,业务费、审判制服费一分未给。

示例二:

C县人民法院1995年财务报表说明

　　在预算资金使用上,我院坚持严格按预算计划及进度拨款,不超期安排使用资金。对预算内的包干结余做到充分保障干警的工资、福利费用,绝不挪作他用而延误发放。截至12月份,全年发放在职干警及退休人员工资福利437227.50元。对于公务费,我院年初预算100000元在实际工作中明显严重不足。到年底超支额达143372.50元,除一部分由预算外资金弥补外,43372.50元只能在年底解决的缺口经费50000元中开支。故预算内共发生业务费143372.50元。对于省市县财政拨款下达的370000元建修资金,我院完全做到专款专用,严格使用到位,保证法院"两庭建设"的任务顺利开展。今年,财政只在年底追加了70000元的缺口经费,我们用其中20000元,再加上省上的扶贫补助30000元,共计50000元,以此来解决我院业务费用。由于法院打字室费用及法律文书印制费需要大量的资金保证,从而造成我院业务经费紧张,不得不用大量的预算外资金解决,方能保障工作的需要。据账面反映,全年共花费法律文书印制费及打字室经费共计32399.21元,仅此两项业务费用就将解决的缺口经费花得所剩无几。对于抵支收入196409.23元,我们全部用在了公务费上,主要用于解决差旅费和小车燃修费不足,光出差费就占66%,金额达130126.16元,小车燃修费占23%,金额达47247元。

如果仅仅由上述三种经费构成法院的财政拨款收入的话,那么法院财政拨款收入的变化曲线应该远比图3-3中显示得稳定。其实造成该曲线波动的原因就在于上级财政对于基层法院经费保障的增加。上级财政对于基层法院经费的保障首先开始于"两庭"建设。虽然,从历史文件中看,C县人民法院基础设施建设开始于1979年的审判庭建设,但是这个时期由于缺乏相应的分级负担的政策支持,C县人民法院的审判庭建设的经费完全由同级财政负担。这种状况在1985年之后才逐步改观。1983年10月31日,最高人民法院向国务院提交了《关于全国法院系统急需解决的两个问题的报告》,该报告中指出"全国现有 3695 个法院,只有审判法庭 700 多个,仅占法院数 25% 左右。就是现有法庭,除极少数外,也是房屋狭小"。国务院随后批转了最高法院的报告,并指出:"各省、市、自治区人民政府,国务院各部委、各直属机构:国务院同意最高人民法院《关于全国法院系统急需解决的两个问题的报告》,现转发给你们,请你们根据实际需要和财力的可能制订计划,逐步把各级人民法院的法庭建设起来,对各级人民法院必需的业务经费,要切实予以解决。"自此,"两庭建设"的工作在全国范围内得以推广。随后,S 省高级人民法院也出台了《贯彻执行最高人民法院、国家计划委员会"关于加强建设各级人民法院审判法庭的通知"的意见》①,计划"从 1986 年起,在三年内把全省各级人民法院应建的审判法庭全部建设起来。"尽管,从政策来看,法院基础设施经费的保障仍然主要由同级财政负担。然而,上级对于基层法院基础设施建设经费的保障制度也逐步建立起来。根据 C 县人民法院已经退休的沈会计回忆:"当时跟上级机关也要了不少钱,20 世纪 80 年代,修建 LJ 法庭花了 150 万,财政只给 80 万,剩余的直接到省财政要,向上要了 70 万,其中省财政要了 30 万,省法院给了 20 多万。"②可见,本阶段法院财政保障体制的重要特征就在于上级财政(省市,不包含中央财政)开始加入到对基层法院的保障之中,尽管这种保障仅针对特定范围,并且金额也不够稳定。

1993 年财政部印发了《中央财政补助地方公检法司部门专项经费管理办法》。③ 以此为标志,中央财政对于地方政法部门的经费补助制度逐渐建立起来。根据该《办法》的规定,中央财政补助主要补助范围是"地方公安、法院、检察院和司法行政部门在各部门'业务费开支范围'中的办案、技术装备、'两庭'(人民法庭、审判法庭)配套设施以及'三所'(看守所、收审所、拘留所)业务用房修缮等方面经费"。于是,法院开始逐步获取中央的财政补助专款。其直接结果便是中央财政拨款在法院财政收入中的比重逐渐提升。需要指出的是,本阶段的中央政法补助与随后建立(2000 年后,下章详述)的补助制度的不同之处在于本阶段政法补助并非经常性补助,而更多带有"一次性补助"的意味。根据 C 县人民法院财务报表,笔者得知 1997 年 C 县人民法院获取的省市县的建修经费共计 37 万元,1998 年获得建修经费为 40 万,1999 年建修经费为 40 万。上级财政除了参与支持基层法院的"两庭建

---

① S 法[1985]42 号。
② C 县人民法院已退休沈会计访谈记录。
③ [93]财文字第 740 号。

设",还对基层法院的业务经费进行一定的支持。从样本 3-1《C 县人民法院 1995 年的财务报表说明》中我们能够发现上级财政以扶贫补助金的方式参与对 C 县人民法院业务经费的支持。由于建修项目和扶贫支持(业务经费)在经费保障上的项目属性,因此其金额很不稳定,同时加上建修资金相对数量较大,因此法院财政拨款收入才呈现出显著的波动性。上级财政拨款的加入不仅增加了法院财政拨款收入的波动性,同时也改变了法院财政拨款的层级结构。从 C 县人民法院的财务报表中我们可以得知,1995 年上级财政补助(省、市)的比重占到法院获取财政拨款的 18%(图 3-4)。

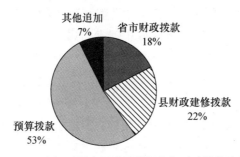

图 3-4 1995 年 C 县人民法院获取各级财政拨款比例图

(2) 法院自筹收入的描述与分析

所谓的"法院自筹收入"是指法院通过征收诉讼费、经营行为和获取赞助等多种途径在财政拨款之外向社会汲取的资金。图 3-5 的数据显示,法院自筹收入的金额逐年提升,在 1979 年至 1998 年的 20 年间其增长率平均值为 27%,超过了财政拨款收入的增长速度。

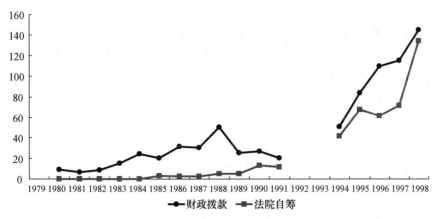

图 3-5 1979—1998 年 C 县人民法院财政拨款和法院自筹收入趋势图(单位:万元)

在这 20 年中,法院自筹经费收入的发展大致可以分为四个阶段:

1) 自筹经费的酝酿与试点阶段(1979—1984年)

本阶段,C县人民法院的经费完全由地方财政负担,法院尚未开始尝试向社会汲取收入。可以说,不向当事人收费最初被看作是社会主义司法制度优越性的重要表现。然而在20世纪80年代初,通过征收诉讼费的形式来缓解经费压力的改革已经在司法系统内部获得共识。为了捅破这层收费的"窗户纸",法院系统为诉讼费的收取进行了一系列的准备和造势,虽然表面波澜不惊,但实际上可谓是暗潮涌动。这种暗潮突出表现在最高人民法院颁布的《民事诉讼收费办法(试行)》(1984年)之前,法院系统就开始对征收诉讼费进行筹备。1979年12月24日发布的在政法系统内部讨论的《中华人民共和国民事诉讼法草案(初稿)》中就专门用第五章规定诉讼费:"第40条:当事人进行民事诉讼,应当交纳诉讼费用。诉讼费用包括收案费和诉讼活动中应由当事人支付的费用。第41条:财产纠纷的收案费,按争议财产的价额,依率计征。追索赡养费、扶养费、抚养费和劳动报酬的案件,不收收案费。应当由个人交纳的诉讼费用,交纳确有困难的,经人民法院裁定,可以减免。"在《民事诉讼法》正式出台之前,S省高院和S省司法厅开始允许各级人民法院对经济案件的当事人征收诉讼费。这一点反映在1981年S省高级人民法院和S省司法厅联合发布的《S省各级人民法院审理经济纠纷案件征收诉讼费的暂行规定》①之中。该规定的出台吹响了在全省范围内对经济案件征收诉讼费的号角。该规定第2条对经济案件的诉讼费征收标准以及诉讼费的构成作出了相应的规定:"诉讼费用包括:案件受理费和诉讼活动费。案件受理费,按诉讼争议金额计征,诉讼争议金额在3000元以下的,每件收费20元;3000元以上的,按1%计征,但最高额不超过3万元。无诉讼争议金额的经济纠纷案件,每件按20至200元,由法院酌情征收。诉讼活动费(包括:调查费、证人和陪审员误工补贴费、鉴定费、勘验费、翻译费)按实际支出收取。"当然,作为一种"新鲜事物",诉讼费的收取仍然面临很多障碍,其中最大的障碍就在于证明收取诉讼费的合理性。毕竟,在新中国成立后的相当长一段时间内,诉讼费被认为是司法腐败的重要渊薮,是与社会主义制度优越性背道而驰的。为此,时任S省司法厅副厅长的Z在该省人大常委会上对诉讼费的收取必要性做了专门的说明(样本3-2)。

---

① S法(81)18号、S司法发(81)036号。

样本 3-2　1981 年 6 月 27 日在 S 省第五届人民代表大会常务委员会第十次会议上的发言

各位委员：

　　关于审理经济纠纷案件收取诉讼费的问题，最高人民法院和司法部曾通知各地，在统一的收费办法制定以前，可根据本地区具体情况拟定收费标准试行。现就《暂行规定》中的几个问题说明如下：随着社会主义建设事业和对外贸易的发展，各种经济关系日趋复杂，经济纠纷案件相应增多，这些纠纷案件不仅涉及面广，法院要付出极大的人力和财力，而且既有国内的，也有涉外的，我国与外国经济纠纷，一旦成诉，外国法院都要收取诉讼费用，在国内试行合理负担，在国际交往中贯彻对等原则，维护我国主权和合法利益，同时为了有利于促使法人和法人之间在订立合同进行经济协作，认真履行合同，加强法制观念，人民法院在审理经济案件时试行收费是十分必要的。

　　虽然，对经济案件征收诉讼费从 1981 年之后就逐步开始了，然而，民事案件诉讼费的征收工作则显得更为审慎。1982 年出台的《民事诉讼法》在第 80 条规定："当事人进行民事诉讼，应当依照规定交纳案件受理费。财产案件，除交纳案件受理费外，并依照规定交纳其他诉讼费用。收取诉讼费用的办法另行规定。"在此之前，全国有部分法院已经"迫不及待"地尝试收取诉讼费，S 省的部分法院也在其中。然而，这种行为却被 S 省高院视为"不妥"而被叫停(样本 3-3)。

样本 3-3　S 省高院关于审理民事案件不得向当事人收诉讼费的通知

S 省高院关于审理民事案件不得向当事人收诉讼费的通知
（S 法民(82)字第 13 号）

各市、地、州中级人民法院：

　　最近，我们发现个别基层人民法院在审理离婚、房屋、继承等民事案件时，向当事人收取诉讼费，这样做是不妥的。现决定：在上级没有规定前，各级人民法院审理民事案件，除经济纠纷案件应按规定征收诉讼费外，其他民事案件不得向当事人收取诉讼费。特此通知。

S 省最高人民法院
一九八二年三月六日
（院章）

　　即使在 1984 年最高人民法院正式确定征收民事案件诉讼费后，法院系统内部仍然强调对征收诉讼费的合理性进行宣传造势。1984 年，N 市中级[①]人民法院专门发文，要求各地法院在收取民事诉讼费时要做好向群众的宣传工作，

---

　　① 由于行政区划变化的原因，C 县人民法院的上级法院发生过变化。最初为 N 市中院，现为 G 市中院。

可见对于民事诉讼的合理性问题始终是收费酝酿期间的工作重点(样本 3-4)。

样本 3-4　N 市中院关于民事诉讼收费几个问题的通知(节选)

N 市中院关于民事诉讼收费几个问题的通知
(N 法发(1984)28 号)

县、市(区)人民法院:

　　当事人进行民事诉讼应当交纳诉讼费用,这是我国司法制度的一项重要改革,可以减少国家的开支,增强群众的法制理念,减少滥行诉讼,同时也有利于审判人员增强工作责任心。各地在试行前,对"打官司为什么要收费""怎样收费"等问题要向群众广泛进行宣传,使之明了人民法院征收诉讼费和旧社会的"衙门八字开,有理无钱莫进来"是有本质区别的。

N 市中级人民法院
一九八四年二月二十二日
(院章)

2)法院自筹经费的萌芽阶段(1985—1988 年)

1984 年最高人民法院正式颁布的《民事诉讼收费办法(试行)》,赋予全国法院系统通过收取诉讼费的方式自筹经费的权力。实际上在该办法出台之前,S 省的许多法院已经开始在经济案件中收取诉讼费。因此,当 C 县人民法院在 1985 年正式开始征收诉讼费时,它已经"输在起跑线上了。"根据会计 S 的回忆,"这个大概是 1985 年以后的事情,收费开始就存在这种情况。这里收费比较晚,因为属于相对比较落后的地区。"①另外,C 县人民法院的财务报表中也是直到 1985 年才出现了"诉讼费"的会计科目。

由于征收诉讼费的工作处于起步阶段,因此对诉讼费的管理也处于摸索阶段,各地的管理方式也不尽相同。根据相关文件,我们得知当时在 N 市内实行的是财政与法院分成的体制:法院将收取的诉讼费的一部分上交同级财政,剩余部分由法院自主使用,用以弥补办案经费的不足。这个时期,财政并不享有对诉讼费进行分配的权力,只是以"分红"的方式参与到诉讼费收益的分享之中。换言之,法院本身享有对诉讼费使用绝大部分的管理权——"分蛋糕"的权力,但是同级财政也能够分到一块"蛋糕"。根据 N 市中院出台的《关于民事诉讼收费几个问题的通知》②中的规定,在中级人民法院层面,法院与同级财政实行"二八分成",即法院掌握 80% 的诉讼费使用权,而在基层法院则实行"一九分成",法院掌握 90% 的诉讼费使用权。1987 年开

---

① C 县人民法院已退休会计 S 访谈记录。
② N 法发(1984)28 号。

始,对于诉讼费的管理发生了一定的变化,政府希望能够通过一定的途径掌握预算外收入的规模(含法院诉讼费)和征收情况。因此通过设立预算外资金账户的形式来掌握法院诉讼费的规模的改革就正式推行。这一点在 C 县人民法院 1987 年的通知中有所体现:

样本 3-5 C 县人民法院关于收缴诉讼费的通知

C 县人民法院关于收缴诉讼费的通知
(C 法发(1987)字第 3 号)

各庭、室:

根据国务院《关于加强预算外资金管理的通知》和《C 府发(1986)232 号文件》的规定,要求企业、事业单位和国家机关各部门的预算外资金,实行"专户存储、计划管理、财政审批、银行监督"的管理办法。规定"从 1987 年 1 月 1 日起一切新发生的预算外资金收入,按月在次月 10 日前存入财政预算外资金专户。如本单位需要开支时,须在季度开始 10 日前编制季度用款计划,送财政部门审核后拨款"。今后,各庭、室应将本季度收取的、已经审结并发生法律效力的案件诉讼费,于每季度末上缴县院,以汇总后上缴财政,凡尚未履行批准手续,任何人无权擅自开支挪作他用。

C 县人民法院

一九八七年三月二十五日

(院章)

虽然同级财政设立财政账户的形式能够实现对于法院诉讼费的征收动态的掌控,然而,这种管理仍然是"形式上"的,因为除去享受一部分事先划定好的份额,同级财政并不具备相关的权力来对法院的诉讼费使用进行管理和调剂。

总的来说,在法院尝试征收诉讼费的最初几年中,诉讼费的增长速度和所占比重均十分有限。由于"诉讼费"是个新鲜事物,加之社会纠纷此时并没有大量地涌入法院,因此,本期间法院自筹经费的增长速度相对缓慢并且也仅占据法院收入总额的 9%(表 3-2,3-3)。此外,本时期中一些经营性质的收入也被纳入到法院自筹经费的范围之中,比如"房租收入"。当然,这项营业收入对于法院自筹经费的收入格局的影响几乎可以忽略不计(1985 年、1986 年和 1988 年的房租收入分别为 229.32 元、222.22 元和 161.88 元)。

3) 法院自筹经费的初步发展阶段(1989—1995 年)

在经过近 5 年的"相对无序"的发展之后,最高人民法院在总结前段时间收取诉讼费的工作经验之后发布了《关于加强诉讼费用管理的暂行规定》(下称《暂行规定》),该规定奠定了这一阶段诉讼费征收制度的基础。就外部管理而言,《暂行规定》设置了两个重要的制度:

第一，坐收坐支。本制度的核心内容在于将诉讼费全额由法院系统掌握，同级财政不享有分取一定比例的权力。虽然，实行坐收坐支的主要理由是国家拨给法院经费不足以满足法院办案的需求，但是不容否认的是这项制度强化了法院的自筹经费的能力，同时也剥夺了同级财政对于诉讼费的"分红"特权，同级财政仅获得了监督法院诉讼费使用的形式上的权力。①

第二，经费统筹，即在法院系统内部自上而下地统筹诉讼费。根据最高人民法院司法行政厅、财政部行财司与预算司于1989年11月27日召开的"如何进一步加强诉讼费管理的座谈会"的精神，统筹的比例不能超过40%，即基层法院至少可以留用收取诉讼费的60%，中级人民法院和省高院统筹40%。当然，当时对于这个统筹的具体比例并没有严格规定。1991年1月7日最高人民法院法院工作简报中刊登了题为《黑龙江高院实行诉讼费统管积极为审判工作服务》的文章，文章对黑龙江高院的诉讼费管理工作进行了大篇幅的报道。据此，我们可以得知，当时黑龙江高院实行的是"二二六"的统筹模式，即省高院和市中院各统筹20%，基层留用60%。S省当时实行的体制大致与黑龙江省的相同，只是根据S法司[1989]字第24号文件规定，S省高院的统筹比例为10%，而在访谈中，部分法官回忆当时诉讼费C县人民法院能够留存的比例大致为60%②，由此可以推断，中院统筹比例大致为30%。当然，这个比例仅仅是在收取诉讼费最初阶段所遵循的标准，根据笔者掌握的材料来看，这个比例在逐渐缩小，并且中级人民法院逐渐退出对基层人民法院诉讼费的统筹之中，基层人民法院对于诉讼费的"收益权"在不断扩大。1995年G市中级人民法院出台的《关于加强机关诉讼费管理的试行办法》③的通知中规定，基层法院仅需将10%的诉讼费提交省高级人民法院，剩余部分完全由基层人民法院掌握用于补充办案经费的不足。

对于统筹经费的使用，《暂行规定》规定："用以统一购置必需的业务设备和适当补助其他困难地区法院的业务经费。"1989年时任财政部文教行政司副司长的陈首益就曾要求："省里集中部分可以与财政部门给的专款结合起来安排，有重点解决一些问题……省院和最高人民法院一分也不要占，确实将钱用于基层"。被最高人民法院作为正面典型的黑龙江高院的做法

---

① 1989年最高人民法院发布的《关于加强诉讼费用管理的暂行规定》第1条：各级人民法院依法收取的诉讼费用属于国家规费。考虑到目前财政困难，拨给法院的业务经费还不能完全满足审判工作的需要，法院依法收取的诉讼费用暂不上交财政，以弥补法院业务经费的不足。第4条：各级人民法院对于诉讼费用的收支，应接受财政、审计部门的监督。并定期向上级人民法院和同级财政部门报送诉讼费用收支等情况。

② C县人民法院党委邵书记访谈记录。

③ G中法(1995)8号。

则是:

样本 3-6　1991 年 1 月 7 日最高人民法院工作简报文章(节选)

《黑龙江高级人民法院实行诉讼费统管积极为审判工作服务》

黑龙江省高级人民法院于 1984 年诉讼费实行统管后,把诉讼费重点用在改善法院必要的执法条件上,投到法庭基础建设上,几年来,全省法院在购置审判装备共计 2372 万元的开支中,有 1949 万元出自诉讼费,一是用 1442 万元为各级法院购置摩托车 374 辆,自行车 3866 辆,枪支 2300 支,照相机放大机 150 套,以及打字机、切纸机、装订机等其他设备,更新囚车 239 辆。二是用 410 万元为各级法院改善办公条件,其中电子打印机 135 台,复印机 135 台,速印机 80 套,录放像机 118 部,收录机 524 台,提高了办公现代化程度。三是用 500 万装备人民法庭,为法庭购置摩托车 693 辆,自行车 2232 辆,法院台椅 430 套,旁听座椅 19100 把,档案柜 925 套,办公桌 785 套,电话 550 部,电视机以及公用雨具、卧具、餐具等。此外,还补助法律业大办学经费 53 万元。

相似的情况也发生在 C 县人民法院,法院通过诉讼收费不仅提高了干警的福利待遇,改善了法院的物质装备,甚至支撑了更加困难的"两庭"建设等基础设施项目。比如,1993—1997 年,C 县人民法院通过个人集资和院出资等办法先后购置了电脑 2 台、摩托车 47 辆,同时还购买了桑塔纳警车一辆,通工、野马、长安囚车各一辆,大大改善了办案交通工具,并给部分干警配备了移动电话 BP 机,改善了通讯工具。同时从 1995 开始,在 G 市中级法院的统一部署下,C 县人民法院开始了为期三年的人民法庭建设,到 1997 年底先后修缮了 2 个人民法庭、新建了 8 个人民法庭,合计耗资 473 万元。在人民法庭的建设过程中,县财政只同意为每个新建法庭补助资金 10 万元,同时提供 50 万元的资金补助用于解决基层法庭建设的遗留问题,不足部分都由县法院自行解决,而诉讼费则在很大程度上填补了部分缺额。

根据自身征收诉讼费的实际情况,C 县人民法院还设置了内部的诉讼费管理办法,该办法对受理费和案件活动费分别规定了不同的管理办法。根据《C 县人民法院诉讼费管理办法》①规定:"案件受理费各庭应指定专人管理,每半年向院财会室交纳一次已结案的受理费。案件受理费必须全部交纳院财会室,院财会室按比例交纳财政后,所余部分年终按 15% 至 20% 比例返回各法庭,补充办案经费不足或改善办案条件。诉讼活动费,由各法庭自行建账管理,主要解决法庭摩托车燃修费。"该办法首先确立了案件受理费实行全额上缴,按比例返还的原则,即庭室在一定的周期将案件受理费全额上缴

---

① 1984 年最高人民法院正式颁布《民事诉讼收费办法(试行)》第 2 条将诉讼费分为案件受理费和其他费用,这些其他费用就是后面所谓的"案件活动费"。该管理办法文件编号为 C 法发(1989)字第 3 号。

法院,法院根据统筹的规定向上级法院交纳之后,在年终按照一定比例返还庭室,用以弥补办案经费的不足和改善办公条件。另外,对于诉讼活动费则实行的是坐收坐支的原则,即庭室可以"边收边用",自主管理。这种庭室"坐收坐支"的"松散"管理在1995年有了"收紧"的迹象。1995年财政部、最高人民法院和S省高级人民法院分别发布文件①,要求全国各级法院实行立审分离和加强诉讼费的管理。C县人民法院根据这些文件对诉讼费的内部管理进行了一定的调整。首先,由告申庭统一负责案件的受理工作,各庭室不再单独立案,告申庭一般组成合议庭确定是否立案,重大案件经院长审批方可立案。其次,人民法庭由内勤统一负责立案,法官不再单独立案,并进一步规定人民法庭未及时上缴诉讼费,按照银行贷款利率收取利息;人民法庭设立账号,自觉接受监督;最后,业务庭和各人民法庭开出的收据必须有当事人签字,并且必需使用财政部门印制的收费票据。虽然,各庭室仍然有权收取诉讼费,但这种改革却为法院系统接下来诉讼费的"收支分离"改革做了铺垫。在1995年以前,法院各庭室中的法官个人可以立案和收取诉讼费,而实行立审分离和由专门人员负责收取诉讼费的改革无疑是不小的进步,它进一步规范了法院自筹经费的行为。

总体而言,这一期间法院的诉讼费收入在法院收入中的比重有所提高,占到法院总收入的35%。此外,法院自筹经费的渠道也逐渐多元化,除了传统的诉讼费之外,还产生了一些新的营业性收入和获取的各项赞助收入。虽然这些收入在法院自筹经费的比重中均不占据主要地位,但是,从这些多元的渠道中我们却可以依稀看见这个阶段法院系统全面"创收"的身影。以下是1995年C县人民法院除诉讼费之外的自筹经费构成表,从表中我们可以得知,法院还利用其掌握的公共资源从事带有营利性质的"创收"活动,如小车出租、法医室对外承担鉴定业务、复印室对外服务等。

表3-4 1995年C县人民法院自筹经费的构成表

项目	金额(元)
建行赞助款	20000
复印室收入	6561
法医鉴定费	13761
小车出租收入	2150
客室收入	2835

表格说明:根据《C县人民法院1995年经费使用报告》整理。

---

① 财预(1995)27号、法发(1995)19号,S法(1995)20号。

4）法院自筹经费的调整阶段(1996—1998 年)

虽然,在前一期间中(1989—1995 年),法院的自筹经费有了较大程度的发展,无论是自筹经费的数量还是自筹经费的渠道都有所增长,然而,这一变化却伴随着大量问题,比如在收取诉讼费时超过标准乱收费,在办理缓刑、减刑、假释案件中收取保证金、考察费、教育费、手续费等;开庭审理案件收取旁听费;对诉讼当事人的代理人、被告人的辩护人阅卷时收取阅卷费、摘抄费、服务费;利用职权搞创收、经商,到企业报销费用等等。为了从根本上改变这种状况,最高人民法院开始着手新一轮的诉讼费改革。1996 年最高人民法院发布了《人民法院诉讼费暂行管理办法》,拉开了本轮诉讼费改革的序幕。在短短的三年中,最高人民法院尝试对诉讼费的管理作出如下调整:

第一,实行"收审分离",将诉讼费的收取与具体的办案部门相分离,"收审分离"的改革是以前一阶段"立审分离"为基础的。

第二,"收支两条线"。与前一阶段的"自收自支"不同的是,本阶段对于诉讼费的使用和管理采取"收支两条线"的办法,即将法院的收入和支出完全脱钩。法院的诉讼费收入在扣除必要的办案经费之后,定期上缴财政专户,而法院的支出则由财政予以保障,不再实行原有的"以收定支"的办法。

第三,建立了最高人民法院统筹制度。在前一阶段省高院统筹制度的基础之上,最高人民法院进一步建立了最高人民法院统筹制度。1996 年 6 月 19 日和 9 月 6 日,最高人民法院分别发布了《最高人民法院、财政部关于最高人民法院集中部分诉讼费用的实施办法》[①]和《最高人民法院关于集中部分诉讼费用具体解缴事项的通知》[②],规定最高人民法院可以统筹下级人民法院 5% 的诉讼费,用于解决全国法院的业务问题,其中有一部分直接返还给省高院和计划单列市中级人民法院,有一部分通过年初的计划由省高院和计划单列市中级人民法院具体执行。

就改革的具体推进进度而言,"收审分离"和"最高人民法院统筹制度"很快就在 C 县人民法院得到了落实。C 县人民法院 1997 年发布的经费管理办法中对诉讼费的收缴就做出了如下规定:"关于诉讼费收缴问题。各人民法庭除留足本季度干警工资、月 84 元[③]以及其他由法庭垫支的经费外,剩余部分必须于每季度末的 25 至 30 日向院财会如数交纳……院各业务庭一律不得自行收取诉讼费,由告申庭先预收"。可见,C 县人民法院已经将诉讼费

---

① 法[1996]81 号。
② 法[1996]87 号。
③ 一种补贴的简称,意指每月发放 84 元。

的收取权力由庭室收归到告申庭,实现了"收审分离"。配合前一阶段开展的"立审分离"的改革,法院将立案和收取诉讼费的权力完全从庭室中分离出来。

相较于上述的两项改革,法院的"收支两条线"改革的推进则显得缓慢许多。虽然1996年最高人民法院就开始在全国范围内推动这项改革,然而,直到1998年,这项工作进展依然缓慢且障碍重重。为此,最高人民法院在1998年发布了《最高人民法院关于贯彻执行中办发[1998]14号文件的实施意见》。其后,"收支两条线"才开始在全国范围内缓慢落实。遗憾的是,这种改革在实践中仅仅是形式层面的,在诉讼费管理的具体实践中实行的仍然是"以收定支"的办法,法院的诉讼费上缴财政专户之后通常会以"业务补助经费"的形式全额或者按比例返还给法院,法院的收入多少仍然与诉讼费的征收情况直接挂钩。对此,C县人民法院办公室主任是这样描述的:"前几年诉讼费我们是全额返还,诉讼费都是年底返,平时我们收的钱都是全额交国库。今天交几天后就可能收到了。100%返还,专户只是过路。"①在此意义上,诉讼收费虽然形式上不再归属于法院,实质上却仍然构成法院可以自由支配的财政资源,对法院来说,那仍旧是"自家的钱",而不是"财政的钱"。

与"收支两条线"改革相匹配的改革是禁止政法机关从事经营活动盈利。1998年中共中央办公厅发布了《中共中央办公厅、国务院办公厅、中央军委办公厅关于印发军队、武警部门和政法机关不再从事经商活动实施方案四个配套文件的通知》。② 上述四个配套文件的出台标志着中央层面对预算外自筹经费方式的控制力度加强。此后,前一阶段中多元化的自筹经费"管道"被逐一"堵死",而只保留了诉讼费和罚没收入两项。但是由于被限制的收入在C县人民法院的自筹经费中所占比例十分有限,因此并未对C县人民法院的创收造成实质的影响。在本阶段中,诉讼费在法院收入中比重进一步提高,占到法院收入总额的41%。③

(二) 基本特征

通过前一部分对法院收入变迁的整体描述,我们可以发现这一时期法院经费保障逐渐由财政全额负担转变为财政和社会共同负担的体制。在这样一个过程中,基层法院经费保障呈现出如下特征。

---

① C县人民法院办公室寇主任访谈记录。
② 中办发[1998]29号。
③ 收支两条线真正得以落实是在2007年之后,具体内容见本书第四章。

1. 强调扩权的"创收"阶段

本阶段中,法院汲取资金的财政行为的重要特征就在于极力扩大自身的财政自主权。这种自主权可以体现在两个方面:资金筹集和资金使用的权力。法院扩权的努力也是在这两个方面积极争取更多的自主性。

从资金筹集的自主性来看,法院主要通过拓宽资金筹集的渠道得以实现。在1981年以前,法院系统并不存在自主筹集资金的渠道,法院经费保障完全依赖同级财政拨款。从1981年开始,法院系统开始对经济案件征收诉讼费,法人首先成为法院资金汲取的对象。1985年之后,法院又将征收诉讼费的范围扩大到民事案件,从而将一般当事人纳入汲取的范围之内。自此,社会生活中平等主体之间的纠纷被全部纳入到法院资金筹措的渠道之内。这便是棚濑孝雄提出的"审判成本"向"诉讼成本"转换的"诉讼费用化"。[①] 除了征收诉讼费之外,C县人民法院从20世纪80年代中期开始就利用自身的资源(房屋、小车、打印室)等开始尝试一些营业性质的活动,比如小车的租金、房屋的租金和打印室收入等等[②]。此外,法院还通过向企事业单位募集赞助款的形式来增加自身的收入。可见,在这个阶段中,法院筹集资金的自主性从无到有,并且范围不断扩大,方式也日趋多元。法院通过这些方式将"自筹资金"的"蛋糕"不断做大。

如果说筹集资金是"做蛋糕"的话,对于资金的分配则可以被认为是对既得利益的划分——"分蛋糕",甚至在某种程度上,分配自主性的意义可能尤甚筹集。资金分配体制变迁的过程中交织着法院系统与政府之间就利益分割的权力博弈。但总的来说,本阶段中法院系统通过特殊的制度设置和一系列策略的实施,成功地在这场"生死攸关"的"角力"中占得先机。法院的首要策略就是将诉讼费的征收和管理完全置于法院系统的"封闭"环境之中,使其免于受到财政的监控。在征收诉讼费的最初几年中,虽然法院需要将一定比例的诉讼费结算交付给同级财政,然而,同级财政无法对法院的诉讼费征收进行准确和有效的监控,因此就更没有权力对诉讼收入这块"蛋糕"进行分割。这种按比例划分诉讼收入的情况一直持续到1989年。1989年之后,法院系统正式确定了诉讼费收入"自收自支"的体制,从而在制度上将法院系统自主管理和使用诉讼费的体制固定下来。当然,本阶段中地方政

---

① 棚濑孝雄:《纠纷的解决与审判制度》,王亚新译,中国政法大学出版社2004年版,第283—297页。

② 法院营业行为可谓五花八门,有的将把审判庭改成餐厅、歌厅、舞厅、电影院、录像放映厅等营业场所。参见《最高人民法院谢安山副院长在河北省法院系统"两庭"建设工作会议上的讲话》(1993年10月21日)。

府与法院的诉讼费分成现象仍然存在,并且财政与法院的权力博弈逐渐变得激烈起来:面对日益增长的诉讼费收入,财政部门急切地想通过一定的手段参与诉讼费使用的管理之中,而法院则试图在"增收"的过程中最大限度地保留自身特权。因此,在20世纪80年代末,关于诉讼费的管理方式改革的讨论日趋白热化,其中法院自主管理诉讼费的体制受到了最多的质疑。有人提出:"规费为什么还要留给法院使用,是否可以采取像教育费附加那样,专户储存,专户使用"。毫无疑问,这种管理办法正是财政部门所希冀的。其实质首先是要掌握诉讼费的收入情况,并进一步对诉讼费的使用进行统筹规划。然而,法院系统却以"教育经费附加主要用于修缮,与办案不一样,办案得天天办,现在搞收支两条线,经费返还还不能及时保证,还不成熟,通过一段实践再总结改进"的理由来维护自身的权力。最终,这场争论通过1990年11月27日召开的"如何进一步加强诉讼费管理的座谈会"得以解决。其结果是在这次交锋中法院取得了优势,不仅确立了诉讼费自主管理的权力,同时还将同级财政从诉讼费"分红"主体中剔除出去,将诉讼费完整地保留在法院系统内部。当然,政府部门并没有真正地放弃法院的诉讼费收益。在1989年之后建立的"抵支收入"的制度事实上代替了原有的"诉讼费提成"制度。所不同的是,在诉讼费的分成中,政府部门的财政收入取得了"积极地增加",并且政府部门对于这笔提成具有使用的自主权,尽管在很多时候这笔提成也是会最终回流到法院,但是政府部门却有着支配这笔提成的权力,而"抵支收入"只是使得政府的财政收入"消极增加"——减少了政府原本应该支出的经费,并且这笔"抵支收入"事实上也并不受政府部门的支配,只是在会计账簿上进行转换。但是,法院的"好日子"仅仅持续了不到5年时间。随着法院诉讼费收入的急速增加,财政部门想要介入诉讼费管理的愿望越发强烈。在此压力下,最高人民法院对诉讼费的征收进行了改革。这项改革的核心就在于建立预算外资金专户,从而加强对诉讼费的管理。资金专户的建立无疑为财政部门掌握法院诉讼费信息提供了最佳的途径。虽然,这一阶段中财政部门尚未开始对诉讼费进行统筹使用,但是财政部门对于法院诉讼费信息的掌握本身大大增强了财政部门与法院进行谈判的能力,在财政部门与法院围绕资金使用展开的协商中,它无疑为财政部门赢得了有利的位置。以C县为例,C县人民政府在掌握C县人民法院诉讼费的收取情况之后通过地方文件的形式,要求C县人民法院将诉讼费收入的10%交由地方财政统筹使用。虽然C县人民法院在这场权力博弈中处于下风,但也没有"缴械投降""坐以待毙"。由于诉讼费仍然在法院的资金账户上,法院可以通过截留诉讼费的形式作出抗争。这种情况就真实地发生在C县人民法院与C县人民政府的"较量"之中(样本 3-7)。

样本 3-7　C 县人民法院关于免交诉讼费提成的申请

> C 县人民法院关于免交诉讼费提成的申请
> (C 法(1996)9 号)
>
> 县财政局:
> 　　根据县人民政府有关文件精神,今年财政需从我院收取的 40 万民事诉讼费中提取 10%,4 万元归县人民政府统一调剂使用。但是,自 1996 年以来,我院随着办案数量的大量增加,造成办案经费大幅度上升,致使财政包干经费不能满足审判业务的需要,需以收取的诉讼费弥补办案经费之不足。另外,我院今年修建 6 个人民法庭,工程造价达 300 多万,在财政资金紧张的情况下,投入到建修中的诉讼费就有 30 万元。因此我院确实无力再缴纳 4 万元整的民事诉讼费。为缓解经费收支紧张局面,保证我院业务工作及"两庭"建设的顺利开展,请求财政局同意我院免交诉讼费 4 万元为盼。特此申请。
>
>
> C 县人民法院
> 一九九六年十二月二十日
> (院章)
>

　　虽然从 1996 年起,国家开始了对法院经费保障"收支两条线"的改革,但该项改革直到 1998 年才得以正式推行。在此之前,法院通过不断的扩权,实现了财政能力的最大化。当然,1998 年之后,由于实行"收支两条线"的制度,法院的诉讼费在形式上属于地方非税收收入,法院在使用诉讼费前需要经过"财政部门的核拨"这一程序,自此,地方政府获得了对法院诉讼费收入处分的权力。法院的扩权行为也逐渐被限制,财政自主性开始不断萎缩。①

　　2. 强调向下汲取的社会负担阶段

　　通过司法生产正义的成本既可以由社会承担,也可以由公共财政承担。司法制度的设计将在很大程度上决定诉讼成本在当事人与财政之间的分担。在经历了 30 年的财政全额负担之后,面对日益增长的诉讼成本,政府已经无法再依靠一己之力对法院系统的经费进行全额保障。因此,向当事人征收诉讼费等向下汲取的制度就被逐渐提上日程。1982 年出台的《民事诉讼法》为征收诉讼费提供了制度基础。由于在大多数情况下,同级财政对于法院的经费保障处于一个较低的水平。在人员经费方面仅保障基本工资和部分补助工资,而公务费和业务费的包干金额也远远不足以满足法院的基本需求,加之法院在 20 世纪 80 年代迎来了基础设施建设的"大跃进"时期,因此,整个

---

① 关于法院财政权力在 1999 年之后的萎缩可以参见本书第四章。

法院系统对于经费的需求十分强烈,并且这种强烈的需求不能得到财政的有效回应。在此背景之下,法院系统一旦获得了合法的自筹经费的权力,势必会尽最大可能地利用该渠道以解决自身的资金困难。于是,当事人成为法院汲取资金的首要对象。当然,国家财政对于法院系统向当事人汲取资金的做法也是支持的。法院汲取资金一方面可以壮大财政的能力,一方面也能够在很大程度上缓解财政自身的压力,正是这种"双赢"的局面客观上为法院汲取资金的行为创造了宽松的外部环境。在成功向当事人汲取资金之后,法院系统还利用自身设施,从事经营活动,并利用经营活动的收益改善干警的工资、福利和法院的办公条件。这种经营行为实际上是将法院的运转成本向社会转移的一种方式。除了征收诉讼费和从事经营活动之外,法院还通过拉取赞助的形式向社会转移成本,拉取赞助的行为在法院基础设施建设"大跃进"的年代显得尤为明显。总的来说,在这个阶段,同级政府对于法院经费保障的增长相对缓慢,公共财政通过各种方式鼓励、放任法院通过向社会/向下汲取资金的方法解决法院自身的发展。

当然,向下汲取资金的行为还同样发生在法院系统内部的上下级法院之间。法院系统自身也通过建立一定的制度来赋予上级法院以统筹下级法院诉讼费的权力——系统内部的向下汲取。在法院征收诉讼费的最初几年内,上级法院并未参与到下级法院诉讼收入的统筹之中,这种状况一直持续到了1989年。1989年最高人民法院发布的《加强诉讼费用管理的暂行规定》第3条规定:"地方各级人民法院所收的诉讼费用,可按一定比例上交给高级人民法院,用以统一购置必需的业务设备和适当补助其他困难地区法院的业务经费。"可见,从该规定原文的意思来看,最高人民法院仅准备建立高院统筹制度,即将下级法院的诉讼费收入的一部分交予各省高院统筹调度。然而,正如前文分析过的那样,实践中中级人民法院也"不甘寂寞"地参与到对基层人民法院诉讼费的统筹之中,并且还可能占据不小的份额,基层法院在层层汲取之后一般只能保留诉讼费收入的60%。种种迹象表明在全国范围内这种向下级法院统筹的现象可能发生于法院征收诉讼费之初。1991年1月7日最高人民院法院工作简报刊发了题为《黑龙江高院实行诉讼费统管积极为审判工作服务》的文章,对黑龙江高级人民法院的诉讼费统筹制度进行了大量的正面报道,其中就有如下的描述:"1985年实行"五、三、二"分级管理办法,即基层院收取的诉讼费全部上交中院,中院用其中的50%购置装备发给基层院,30%拨回基层法院,20%作为中院调剂款,用于补助困难较大的法院。"可见,这种向下汲取可能发生于法院刚刚获取向社会转移成本能力之初,并且这种汲取的程度甚至高于1989年的规定。1996年,上级法院向下汲取的制度得到了进一步的强化。这一年最高人民法院发布了《人民法院诉讼费暂行管理办法》,该《办法》又规定建立最高人民法院统筹制度,进一步将下级法院的诉讼费收入向最高人民法院集中。虽然,从文本的规定来看,这种统筹制度是为了解决贫困地区法院经费不足的问题,多少有点"劫富济贫"的味道。但是,这种制度的实质是赋予上级法院参与下级法院自筹经费收入划分的权力,实际上可能在很大程度上减少了下级法院的原有收入,而这些减少可能在最终被下级法院通过各种方式向社会转移。

二、支出:基础设施大跃进与人员经费的福利化

法院的支出是指法院为行使其各项职能而对收入实行的分配,支出规模是衡量法院财政活动规模的重要指标,也是判断法院职能范围的重要工具。法院活动或行使自身职能的过程往往是花费其收入的过程。本阶段,法院经费支出的重要特点就是基础设施建设成为法院支出的重要方面,是基础设施建设大跃进背景之下的法院财政。具体而言,表现在法院经费支出的增长情况与基础设施建设经费支出的增长情况高度重合,并且基础设施建设的投入在一定程度上挤占了法院其他经费支出的空间,从而造成法院在支出结构上的"畸形"状态。造成这种状态的原因虽然与国家对法院基础设施建设保障有限密切相关,但同时也是法院自身超前建设的"大跃进"理念的必然结果。本阶段法院经费的另一个特点就是人员经费的福利化。伴随着法院创收"成就"的日益凸显,越来越多预算外收入被转化为法院干警福利,法院人员经费由改革开放前的"吃饭财政"逐步向"福利财政"转化。

在本节中,我们仍将以 C 县人民法院为重点,对这个时代基层法院的支出展开全面的描述。在展开全面论述之前,笔者需要对法院支出的构成项目进行简单的概述。1979 年之后,法院财务报表将法院支出划分为若干"项",在"项"下设"目",因此财务报表的"项"就构成了法院支出的一级分类。根据课题组掌握的报表,这些一级分类主要有:人员经费、公务经费、设备购置费、房屋修缮费、其他经费和司法业务费。当然,这种分类本身是十分不科学的,突出表现在分项并不处于同一逻辑层面上。比如设备购置费用和房屋修缮费既可能被用于从事公务,也可能被用于从事业务。此外,在 1979 年之后,法院逐渐获取了征收诉讼费的权力,诉讼费的出现使得法院的经费管理被划分为"预算内"(财政拨款)和"预算外"(法院自筹)两个维度。

为了行文的方便,笔者按照法院支出的属性,对法院财务报表中的"项"进行重新区分。我们首先将公务费和业务费统一归入公用类经费。原因在

于公务费和业务费的划分在很大程度上只是名称的差异,其经费使用的内容在法院的实际操作中无法严格区分,比如公务费和业务费中都含有差旅费、小车燃修费等内容。这两项经费的区分只是经费保障方面的区分,它实质上均是法院的经常性支出,体现的是法院在维持运转过程中除人员成本之外的经常性成本,与设备购置和房屋修缮等项目性支出相区别。① 笔者合并的第二个项目是设备购置和房屋修缮,合并的原因主要有以下几个方面:第一,二者均属法院的项目性支出,这与经常性支出的公用类经费相区别;第二,本阶段设备购置费的一大特点是从属于"两庭建设",换言之,设备购置绝大多数产生在法院的审判庭和人民法院的修建过程之中,它是基础设施建设的有机组成部分。最终,笔者将法院支出划分为三个项目,为了将合并后的分类与法院原始财务报表的项目区分,笔者在项目名称上增加了"类"这个字眼:人员类经费、公用类经费和基建类经费。

(一) 变迁描述

图 3-6 的数据向我们揭示了 1979 年到 1998 年的 20 年里 C 县人民法院经费支出大致情况:首先,法院经费支出基本上呈现出一种增长的态势。1980 年 C 县人民法院的经费支出总额为 8.21 万元,在 1998 年,C 县人民法院的支出总额达到 265.22 万元,增长 31.3 倍,增长率平均值为 27%,高于前一阶段法院支出的年均增速(10%),同时,略高于同期法院收入的年均增速(23%)。其次,C 县人民法院经费支出增长的过程表现出极强的波动性,在部分年份甚至达到 235%(1984 年),而在部分年份则出现了明显的负增长,如 1987 年和 1989 年(图 3-7)。然而,就整体而言,C 县人民法院在本阶段中

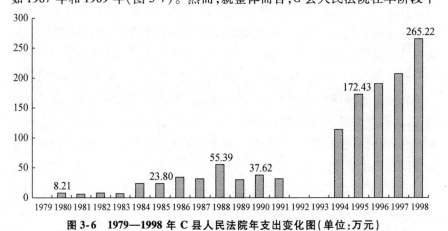

图 3-6 1979—1998 年 C 县人民法院年支出变化图(单位:万元)

---

① 从 2000 年开始法院的财务报表就已经将公务费和业务费合并为公用经费,详见本书第四章。

正增长的年份超过负增长的年份,并且正增长的绝对值也大大超过负增长的绝对值,因此本阶段C法院经费支出在剧烈波动中不断增长。当然,值得注意的是,进入20世纪90年代中期,法院支出的波动性降低,开始迈入稳步增长的阶段。

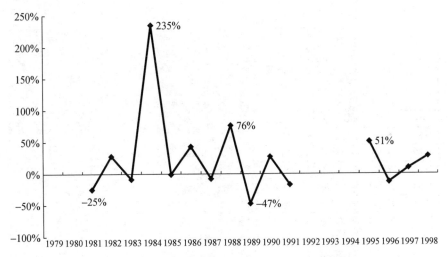

图3-7　1979—1998年C县人民法院年支出增长速度(单位:%)

当然,只关注法院经费的支出变化情况尚不能获知基层法院在地方党政体系尤其是"政法口"中的生存样态,故而,我们还有必要对法院支出在公检法支出中所处的地位进行考察。我们首先需要关注的是法院支出与地方行政管理支出的关系。在1995年之前,法院的支出一直是被纳入"地方行政管理费"的科目中进行管理的。总的来说,法院经费支出并没有占据地方行政管理支出的主要位置,在这个阶段仅占地方行政管理支出的5%。尽管如此,这个比例却明显高于改革开放前的2%。如果分阶段来看,我们可以发现法院支出在地方行政管理经费中的比重在逐步提升,1995年之前,法院支出仅占行政管理支出的4%,而1995年至1998年间,这个比例上升为8%。1998年法院支出更是占到地方行政管理支出的10%。

表3-6的数据还进一步验证了法院在行政管理支出中所处的位置——法院支出的变化情况与地方行政管理费的变迁情况呈现出高度的不一致,在16组有效的数据对比中,有7个年份法院支出与县行政管理费支出的变化不同步,并且在不同步的7个年份中有5个年份表现为法院支出出现负增长而地方行政管理支出出现正增长。这说明地方行政管理支出的增长并没有及时地传导给法院。在绝大多数时候法院和地方其他行政机关的经费保障的对比中处于劣势,这种情况直到20世纪90年代之后才有所好转。1995年之后,地方财政的统计口径中增加"公检法司支出"这一科目。通过该科目

我们可以得知C县人民法院支出占公检法司支出总额的30%,这至少可以反映在1995年之后,法院的经费支出虽然可能仍然无法与公安机关相比,但在与检察院和司法局的对比中却并未呈现劣势。①

表3-6 1979—1998年C县人民法院支出与当地财政行政管理费支出、公检法支出的对比

(单位:万元,%)

年份	法院支出	法院支出增长率	县行政管理费	县行政管理费增长率	法院支出占县行政管理费比重	公检法司支出	公检法司支出增长率	法院支出占公检法司支出比重
1979	N/A	N/A	N/A	N/A	N/A	N/A	N/A	N/A
1980	8.21	N/A	272.3	35%	3%	N/A	N/A	N/A
1981	6.18	-25%	367.7	35%	2%	N/A	N/A	N/A
1982	7.90	28%	231.6	-37%	3%	N/A	N/A	N/A
1983	7.20	-9%	257.7	11%	3%	N/A	N/A	N/A
1984	24.12	235%	467	81%	5%	N/A	N/A	N/A
1985	23.80	-1%	369.6	-21%	6%	N/A	N/A	N/A
1986	34.02	43%	505.56	37%	7%	N/A	N/A	N/A
1987	31.44	-8%	590.6	17%	5%	N/A	N/A	N/A
1988	55.39	76%	804.7	36%	7%	N/A	N/A	N/A
1989	29.86	-47%	824.9	3%	4%	N/A	N/A	N/A
1990	37.62	27%	995.7	21%	4%	N/A	N/A	N/A
1991	31.20	-17%	942.5	-5%	3%	N/A	N/A	N/A
1992	N/A	N/A	1085.3	15%	N/A	N/A	N/A	N/A
1993	N/A	N/A	1636	51%	N/A	N/A	N/A	N/A
1994	113.88	N/A	1860	14%	6%	N/A	N/A	N/A
1995	172.43	51%	2039.2	10%	8%	489.2	N/A	35%
1996	189.93	-13%	2419.8	19%	8%	819.8	68%	23%
1997	207.04	9%	2652	10%	8%	853	4%	24%
1998	265.21	28%	2568	-3%	10%	728	-15%	36%
均值	73.24	25%	1099.48	17%	5%	722.50	19%	30%

表格说明:

1. 法院数据来源于《历年C县人民法院财务报表(1979—1998)》,其中1979年、1992年和1993年会计报表缺失。

2. 县行政管理、公检法司支出数据来自《C县财政志》;

3. 1995年以前C县财政将法院经费统一纳入"行政管理费"的口径中管理,因此"公检法支出"的支出总额和具体比例无法获取。

4. 由于1995年才有"公检法司支出"这一统计口径,因此涉及该项支出的均值("公检法司支出""公检法司支出增长率"和"法院支出占公检法司支出比重")与本表中其他均值无横向比较价值(非同期平均值无比较意义)。

---

① 公安机关的经费在"公检法司经费"中处于优势地位,虽然课题组并未获取C县公安机关的经费支出情况,但是可以从财务管理体制中窥见一斑。C县的财务管理体制在"公检法司经费"项下设置了"公安机关经费"和"检法司经费"两项,可见公安机关经费的重要程度。

总的来说,1979年至1998年20年间法院经费支出的总体样貌呈现出如下特征:

(1) 在支出结构上,人员类经费仍然占有主要地位。

表3-7 1979—1998年C县人民法院各类经费支出及其比重

(单位:万元,%)

年份	总支出	人员类经费		公用类经费		基建类经费	
		总数	比重	总数	比重	总数	比重
1979	N/A	N/A	N/A	N/A	N/A	N/A	N/A
1980	8.21	3.68	45%	2.04	25%	2.48	30%
1981	6.18	3.61	58%	1.85	30%	0.73	12%
1982	7.90	4.23	53%	3.48	44%	0.20	3%
1983	7.20	4.74	66%	2.31	32%	0.15	2%
1984	24.12	5.57	23%	5.98	25%	12.58	52%
1985	23.80	7.04	30%	4.46	19%	12.31	52%
1986	34.02	9.85	29%	6.34	19%	17.83	52%
1987	31.44	6.43	20%	4.68	15%	20.33	65%
1988	55.39	8.53	15%	6.94	13%	39.93	72%
1989	29.56	10.77	36%	11.30	38%	7.49	25%
1990	37.62	11.96	32%	15.16	40%	10.49	28%
1991	31.20	15.46	50%	13.06	42%	2.68	9%
1992	N/A	N/A	N/A	N/A	N/A	N/A	N/A
1993	N/A	N/A	N/A	N/A	N/A	N/A	N/A
1994	113.88	72.56	64%	34.12	30%	7.20	6%
1995	172.43	81.65	47%	52.49	30%	38.30	22%
1996	189.93	75.63	40%	69.97	37%	44.33	23%
1997	207.04	88.76	43%	65.54	32%	52.74	25%
1998	265.22	111.36	42%	76.67	29%	77.19	29%
均值	73.24	30.70	42%	22.14	30%	20.41	28%

表格说明:

1. 数据来源于《历年C县人民法院财务报表(1979—1998)》,其中1979年、1992年和1993年会计报表缺失。
2. 人员类经费是指为保证法院业务活动正常运行而支付给工作人员的支出。
3. 公用类经费是指法院为完成工作任务而用于公务活动和业务发展的各项支出。
4. 基建类经费是指法院投入到基础设施建设(主要为两庭建设)的各项支出。
5. 法院年度"总支出"="人员类经费"+"公用类经费"+"基建类经费"。

法院支出总额的变迁与其支出构成项目的变迁息息相关,因此要进一步把握C县人民法院在改革开放之后的第一个20年中的经费使用状况,就必须对经费支出的构成项目进行分析。根据这一阶段C县人民法院的经费支出特点并且参照国家财务会计的管理规定,笔者将C县人民法院的经费支出分为三个类别:人员类经费、公用类经费和基建类经费。在改革开放之前,C县人民法院人员类经费在法院总支出中占有绝对的比重,其平均比重为58%(表2-5)。表3-7的数据说明在改革开放之后,人员类经费基本保持增长的态势,1980年人员类支出为3.68万元,1998年人员类经费达到111.36万元,是1980年人员类经费支出的30.2倍。尽管如此,受制于公用类经费,以及20世纪80年代中期开始的基础设施建设所导致的基建类经费的迅速膨胀,法院人员类经费所占比重反而出现了明显的下降,仅占据法院支出的42%,已经失去了绝对统治地位(未过半数),这种统治地位事实上从1977年开始就已丧失(详见本书第二章)。本阶段中法院基础设施建设的经费增长尤其引人注目,在20年里的总体平均比例为28%,1998年基建类经费支出是1980年的31.1倍。更为重要的是,只要某一年度有基建项目开展,则该年度的基础设施建设经费的比重无一不占据法院经费支出的绝对比例,比如1984年至1988年间,基建类经费占法院总支出的比重均在50%以上。此外,公用类经费比例略高于基建类经费,占法院总支出的30%。1998年公用类经费支出是1980年的37.5倍。

(2)人员类经费的增长变化相对平缓,其余经费增长波动极大

图3-8反映了C县人民法院各类经费支出的历年增长率情况,可以看到其中波动最大的无疑是基础设施建设的经费,局部年份的波动甚至达到了8489%(1984年),这种波动与基础设施建设的项目性密切相关:在有基建项目的年份中会出现大量的基建类经费,反之则出现基建类经费大幅度下跌。

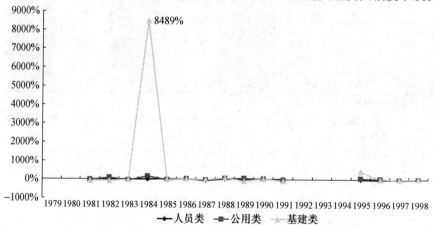

图3-8　1980—1998年C县人民法院各类经费历年增长率

由于基建类经费的巨大波动,图 3-8 中人员类和公用类经费的波动相对较小,但事实上这两类经费的波动性也是十分显著的。为此,笔者将基建类经费剔除,重新制作了图 3-9。该图的数据显示,除了人员经费基本保持正态的增长之外(在加粗的 X 轴之上为正增长,之下为负增长),公用类的波动十分显著。总的来说,改革开放后的第一个 20 年间,公用类经费和基建类经费的波动性为本书划分的建国后三个阶段之最。

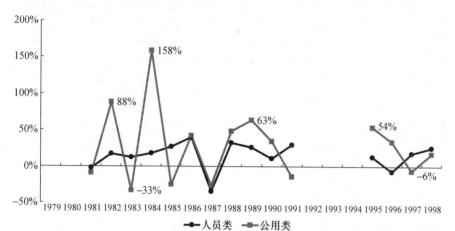

图 3-9　1980—1998 年 C 县人民法院人员经费类与公用类经费历年增长率

(3) 法院支出增长主要来源于基建类经费的贡献

表 3-8　1979—1998 年 C 县人民法院各类经费增长率及增长贡献(单位:%)

年份	法院支出增长率	人员类		公用类		基建类	
		增长率	增长贡献率	增长率	增长贡献率	增长率	增长贡献率
1979	N/A	N/A	N/A	N/A	N/A	N/A	N/A
1980	N/A	N/A	N/A	N/A	N/A	N/A	N/A
1981	-25%	-2%	-1%	-10%	-2%	-71%	-21%
1982	28%	17%	10%	88%	26%	-72%	-9%
1983	-9%	12%	6%	-33%	-15%	-27%	-1%
1984	235%	17%	11%	158%	51%	8489%	173%
1985	-1%	26%	6%	-25%	-6%	-2%	-1%
1986	43%	40%	12%	42%	8%	45%	23%
1987	-8%	-35%	-10%	-26%	-5%	14%	7%
1988	76%	33%	7%	48%	7%	96%	62%
1989	-47%	26%	4%	63%	8%	-81%	-59%
1990	27%	11%	4%	34%	13%	40%	10%
1991	-17%	29%	9%	-14%	-6%	-75%	-21%

(续表)

年份	法院支出增长率	人员类		公用类		基建类	
		增长率	增长贡献率	增长率	增长贡献率	增长率	增长贡献率
1992	N/A	N/A	N/A	N/A	N/A	N/A	N/A
1993	N/A	N/A	N/A	N/A	N/A	N/A	N/A
1994	N/A	N/A	N/A	N/A	N/A	N/A	N/A
1995	51%	13%	8%	54%	16%	432%	27%
1996	10%	-7%	-3%	33%	10%	16%	4%
1997	9%	17%	7%	-6%	-2%	19%	4%
1998	28%	25%	11%	17%	5%	46%	12%
均值	27%	15%	5%	28%	7%	591%	14%
增长贡献比	100%	20%		27%		53%	

表格说明：

1. 数据来源于《历年C县人民法院财务报表(1979—1998)》，其中1979年、1992年和1993年会计报表缺失。

2. 1980年和1994年虽然有相关的财务数据，但因缺乏前一年(1979年和1993年)的数据而无法计算增长率与增长贡献。

3. 法院年度"支出增长率"=人员类经费"增长率"+公用类经费"增长率"+基建类经费"增长率"。

4. "增长贡献率"将该年度法院支出增长率转换为100%。故而，人员类经费、公用类经费与基建类经费"增长贡献率"之和为100%。

表3-8增加了各项构成的增长率和增长贡献率两个指标。增长贡献取决于增长率和支出比例两大指标。从增速来看，人员类经费增长率平均值为15%；公用类经费增长率平均值为28%；而基建类经费增长率平均值则高达591%。必须指出的是，1984年基建类经费发生了8489%的"飞速"增长，该极值极大拉升了基建类经费在这个阶段的增长率平均值的水平。如果不考虑这一"例外"现象，法院基建类经费的增长率平均值则为27%。因此，从增速方面来看，本阶段，C县人民法院基建类经费增速最快，公用类经费增速次之；人员类经费的增长速度虽相对缓慢，但仍超过改革开放前人员类经费的增长速度。由于各项支出项目占总支出的比例并不相同，"年增长率"的指标尚不足以完全展示各项构成对于总支出变化的贡献，因此还必须增加"增长贡献"这一指标。统计发现，这一时期，在C县人民法院27%的年均增速中，人员类经费的增长贡献率为5%，公用类经费的增长贡献率为7%，基建类经费的增长贡献率为14%。也就是说，在创收时代的法院财政中，法院支出的总增长中有超过五成(53%)来源于基建类经费的拉动，有近三成

(27%)来源于公用类经费的拉动,只有两成(20%)左右来源于人员类经费的拉动。与前一阶段相比,人员类经费的增长贡献进一步下降,公用类经费的增长贡献进一步提升(在前一阶段中基建类经费被纳入公用类经费统计)。总的来说,法院基础设施大跃进的直接结果就是基建类经费在剧烈波动中,极大地拉动了法院支出的整体增长。

(4)经费来源

我们在分析支出构成的时候还需考察每项支出资金来源的情况,从中能够获知各类经费的不同保障制度。同时,由于对于预算内和预算外经费支出的管理体制不同,预算内经费管理相对于预算外经费而言更具规范性。因此,某类经费中预算外经费的比重也就决定了其在管理方面的灵活程度。

在本章收入部分中笔者已经论及,本阶段中法院收入的重要特点就是预算外经费的出现并不断增加。预算外经费与财政拨款相区别,形成了会计制度之上的"预算内"和"预算外"两部分经费。虽然,人员类经费、公用类经费和业务类经费支出均包含了预算内和预算外两个维度。但是三者对于预算外经费的依赖程度却不尽相同。表3-9 的数据显示,人员类经费中有31%的支出来源于预算外收入,公用类经费中的比例为47%,基建类经费中法院自筹收入的比重仅为16%。当然,C 县人民法院的自筹经费是从1985 年开始进入法院收入之中的,1985 年之前法院支出的经费完全来源于财政拨款。若将这些数据剔除(仅计算1985—1998 年的均值),我们会发现法院支出对于预算外资金的依赖程度要略高几个百分点。图3-10 的数据显示,1985 年之后,公用类经费对于预算外经费的依赖程度接近半数,人员类经费对于预算外经费依赖程度约为三成,而基建类经费的依赖程度最低,不足二成。

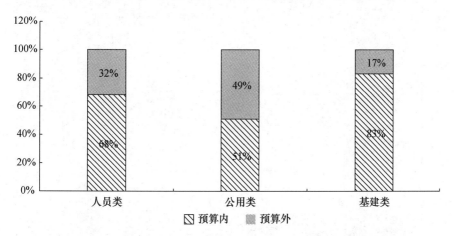

图3-10　1985—1998 年 C 县人民法院人员类、公用类和基建类经费来源情况

表 3-9　1979—1998 年 C 县人民法院人员类、公用类和基建类经费来源表

年份	人员类				公用类				基建类			
	预算内支出	预算内比重	预算外支出	预算外比重	预算内支出	预算内比重	预算外支出	预算外比重	预算内支出	预算内比重	预算外支出	预算外比重
1979	N/A	N/A	N/A	N/A	N/A	N/A	N/A	N/A	N/A	N/A	N/A	N/A
1980	3.68	100%	0.00	0%	2.04	100%	0.00	0%	2.48	100%	0.00	0%
1981	3.61	100%	0.00	0%	1.85	100%	0.00	0%	0.73	100%	0.00	0%
1982	4.23	100%	0.00	0%	3.48	100%	0.00	0%	0.20	100%	0.00	0%
1983	4.74	100%	0.00	0%	2.31	100%	0.00	0%	0.15	100%	0.00	0%
1984	5.57	100%	0.00	0%	5.98	100%	0.00	0%	12.58	100%	0.00	0%
1985	6.28	89%	0.76	11%	3.63	81%	0.84	19%	11.50	93%	0.81	7%
1986	9.01	92%	0.84	9%	5.32	84%	1.02	16%	17.50	98%	0.33	2%
1987	5.60	87%	0.84	13%	3.66	78%	1.02	22%	20.00	98%	0.33	2%
1988	7.66	90%	0.87	10%	4.25	61%	2.69	39%	38.50	96%	1.43	4%
1989	9.90	92%	0.87	8%	8.70	77%	2.60	23%	7.00	93%	0.49	7%
1990	11.10	93%	0.87	7%	12.56	83%	2.60	17%	1.00	10%	9.49	90%
1991	10.81	70%	4.65	30%	7.61	58%	5.45	42%	1.50	56%	1.18	44%
1992	N/A	N/A	N/A	N/A	N/A	N/A	N/A	N/A	N/A	N/A	N/A	N/A
1993	N/A	N/A	N/A	N/A	N/A	N/A	N/A	N/A	N/A	N/A	N/A	N/A
1994	50.93	70%	21.62	30%	10.95	32%	23.17	68%	7.00	97%	0.20	3%
1995	48.29	59%	33.36	41%	25.20	48%	27.29	52%	37.00	97%	1.30	3%

（续表）

年份	人员类				公用类				基建类			
	预算内支出	预算内比重	预算外支出	预算外比重	预算内支出	预算内比重	预算外支出	预算外比重	预算内支出	预算内比重	预算外支出	预算外比重
1996	53.91	71%	21.72	29%	34.41	49%	35.56	51%	43.00	97%	1.33	3%
1997	57.57	65%	31.19	35%	30.61	47%	34.93	53%	39.66	75%	13.08	25%
1998	65.00	58%	46.36	42%	35.96	47%	40.71	53%	51.19	66%	26.01	34%
均值	21.05	69%	9.64	31%	11.68	53%	10.46	47%	17.12	84%	3.29	16%
85—98年均值	28.00	67%	13.66	33%	15.24	51%	14.82	49%	22.90	83%	4.66	17%

表格说明：
1. 数据来源于《历年C县人民法院财务报表(1955—1978)》，其中1979年、1992年和1993年会计报表缺失。
2. C县人民法院直到1985年才开始征收诉讼费。因此，1985年之前所有的财政支出均来自预算内拨款。
3. 由于法院财务报表中仅区分预算内和预算外两大细目，并且预算内经费事实上包含了"抵支收入"。因此实际上法院"自筹经费"在各类经费支出的比重应该还要略高于"预算外"的支出比重。关于两者的区别可参见本章表3-1和表3-2。

通过前文的分析,我们能够大致勾勒出改革开放后第一个 20 年 C 县人民法院支出的基本特点。在这个阶段中人员类经费仍然占据着法院支出的主要份额,但是随着公用类经费,尤其是基建类经费的攀升,人员类经费的比重被挤压,已经不具备改革开放前在法院支出中的那种绝对优势地位。人员类经费地位下降的又一注脚则是其在增长速度和增长贡献方面的劣势。当然,这种劣势只是相对于同期的公用类经费和基建类经费而言的,相对于短缺时代而言,这个阶段的人员类经费在增速上仍有着明显的优势,它是人员类经费福利化的直接结果。就整体而言,本阶段中基建类经费的增长趋势最为突出,不仅在总体比例上占据了接近 30% 的份额,并且在增长率和增长贡献方面都是一枝独秀。上述特征也验证了本部分的标题:人员经费的福利化与基础设施建设大跃进。

(二) 支出构成

要考察法院财政支出的特征,首要一步是探究法院财政的支出结构,探究支出结构演变主要是考察财政支出科目所占比重的变迁。本章接下来的部分将探讨和分析 C 县人民法院支出结构在这 20 年间的变迁状况。

1. 从"蜗居"到"房奴"——基础设施大跃进时代的法院基建经费

在这个 20 年中,C 县人民法院经费支出中基础设施建设类经费的比重的提升着实令人印象深刻。这是一个基础设施建设"大跃进"的 20 年,在这 20 年中不断有各种基建项目上马,基础设施建设经费支出的比重也不断提高,占据了法院接近三成的经费支出。法院的"大跃进"实际上从属于全国范围内基础设施的"大跃进"。有数据显示,从 1985 年至 1994 年的十年间,我国的基本建设投资规模增长了近 10 倍。① 法院基础设施建设从审判庭到办公综合楼,从人民法庭到人民法院。不可否认,20 年的"相对集中"的建设使得基层法院的办公条件有了质的飞跃,从根本上改变了基层法院"蜗居"的状态。但是,由于在建设过程中的"超前建设""借债基建"的问题的存在,法院也不可避免地成为这些建设项目的"房奴",直到现今仍然在不断稀释和消化改革开放 20 年建设过程中的基建债务。② 这种现象引发了一定的问题并在某种程度上危害到法院的公信力,比如被《南方周末》专题报道的海

---

① 余小平、贾康、王玲:《预算外资金的历史、现状分析及改革建议》,载《财经问题研究》1996 年第 8 期。

② 陆文岗法官指出他所在的法院于 2001 年兴建的审判综合楼和对 3 个人民法庭进行扩建改建,共投资 900 多万元,其中国债资金 250 万元,自筹资金 700 万元,至 2008 年下半年仍欠 300 万元。参见陆文岗:《也谈法院经费保障制度的改革》,载《江苏经济报》2008 年 8 月 13 日第 B03 版。

南中院为其代表。① 有数据显示,截止到 2009 年,全国法院基建工程(修高楼)欠债高达 96.88 亿元。欠债法院有 1839 个,占法院总数的 55%。平均每个法院欠债 526.8 万。② 这些债务绝大多数是在基础设施大跃进时期残留的。

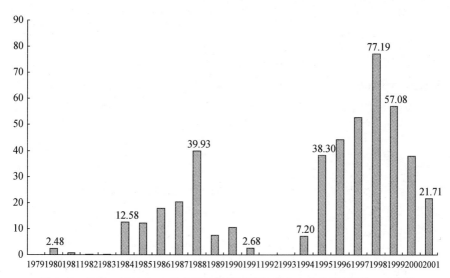

图 3-11　1979—1999 年 C 县人民法院基建类经费支出变化图(单位:万元)③

从图 3-11 可以发现,基础设施建设的费用呈现出显著的阶段性特征,数据曲线的波动很大。这主要由于基础设施建设支出具有极强的项目性,在项目执行时会产生大量的经费支出,而在没有项目时,则几乎没有相应的支出。图 3-11 的趋势图还显示 C 县人民法院基础设施建设大致可以划分为两个期间,其一是 20 世纪 80 年代中期至末期,其二为 20 世纪 90 年代中期至末期。我们可以发现,法院的基建类经费从 84 年开始出现显著增长,然后一路走高,到 1988 年达到高点,随后在 20 世纪 80 年代末 90 年代初降至低点。其后,从 1994 年开始,C 县人民法院基建类经费又经历了类似的过程,在 20 世纪 90 年代末逐步走低并进入低点。相应地,C 县人民法院基建类经费的描述就可以划分为相应的期间:

---

① 2001 年 6 月 18 日,海南省二建向海口市中级人民法院提起诉讼,请求海口市中院判令海南中院支付工程余款 850 多万元,并支付工程款利息损失约 230 万元。参见成功:《把法院告上法院》,载《南方周末》2005 年 4 月 21 日。

② 唐虎梅、郭丰、李军:《全国法院经费保障体制改革情况调研报告》,载《人民司法》2011 年第 17 期。

③ 从写作章节而言,本章涉及的时间跨度为 1979 年至 1998 年。然而,C 县人民法院基础设施建设基本到 1999 年终结,为了全面地描述基础设施建设的过程,此处,在描述基建类经费时纳入了部分 1999 年至 2001 年的基建经费。

(1) 1979—1984 年:"蜗居"和"蚁族"的人民法院

从 1979 年到 20 世纪 80 年代中期,法院系统的工作重心为"恢复重建",基础设施的支出主要为维修的经费。由于经历"文化大革命"的破坏,法院系统的办公条件普遍较差,这一点在时任 C 县人民法院院长的 L 的讲话中可以得知:"直到 1989 年县人民法院一直蜗居在清末光绪年间修建的几间破旧木房内办公,固定资产价值不到 10 万元,审判无场地,办公条件极为简陋,甚至连厕所也没有,干警全部在外租房居住,过着寄人篱下的生活。"由于法院设施年久失修,对于这些设施的修缮就显得尤为重要。以下两个文件就体现了该阶段修缮法庭原有设施的紧迫性。

样本 3-8　C 县人民法院关于修缮经费的请示报告示例(节选)

示例一:

C 县人民法院关于 DC 法庭出檐垮塌急需培修的请示报告

(C 法发(1981)21 号)

财政局:

DC 人民法庭住房,由于年久失修,加之暴雨袭击,在 7 月 13 日出现出檐垮塌……急待维修……共需款 250 元,望给批拨。

C 县人民法院

(院章)

示例二:

C 县人民法院关于维修 WL 法庭房屋所需经费的请示

(C 法发(1982)13 号)

县财政局:

我院 WL 法庭办公室及宿舍房屋扇墙,原建修时因经费有限,未做外粉水处理,常遭风雨侵袭,因而雨水侵入室内……为了保护国家财产,经领导研究,须将扇墙用水泥白灰重新粉水,特请示财政局拨款 760 元,以便及时维修。当否,请审批。

C 县人民法院

(院章)

此外,人民法庭建设也是当时法院基础设施修建的内容之一。1979 年 9 月 18 日,C 县人民法院向县委和地区中级人民法院提出《关于设立 C 县 CJ 人民法庭的请示》(样本 3-9),由此揭开了 C 县人民法院长达 20 年的"两庭建设"的序幕。1979 年 C 县人民院基建类经费总计约为 2.2 万元,占该年度法院总支出的 27%,其中用于两庭建设的费用大致为 2 万元。总的来说,在 20 世纪 80 年代中期以前,法院的工作重心仍然处于恢复之中,在基建方面体现为"以修为主,以建为辅",因此基建类经费的支出增长并不显著。

样本 3-9　关于设立 C 县 CJ 人民法庭的请示

> 关于设立 C 县 CJ 人民法庭的请示
> （C 法发(1979)13 号）
>
> 县委、N 地区中级人民法院：
> 　　我县 CJ 所辖人民公社 7 个,人口近 10 万。为了适应党的工作中心的转移,切实加强社会主义民主和社会主义法制,保障四化建设的顺利进行,按照中华人民共和国人民法院组织法第二章第二十条"基层人民法院根据地区、人口和案件情况可以设立若干人民法庭"的规定,以及有关"一区一庭"的要求,我院经过讨论,决定设立 C 县 CJ 人民法庭。特此请示,请批复。
>
> C 县人民法院
（院章）

从经费来源来看,本期间 C 县人民法院基础设施建设的费用主要来源于同级财政的拨款,这点在 1979 年 9 月 29 日提出的《C 法发(1979)14 号关于增拨建修款的请示》中有所记录："县委:我院修建审判庭,原经县委批示拨款 2 万元。目前,工程正在修建中"。虽然本阶段基建费用的总体金额不大,但基建过程中的经费缺口却十分巨大,仅就修建 CJ 人民法庭而言,C 县人民法院先后请示增加拨款 3 次。① 由于该阶段法院系统缺乏自主向社会汲取资金的能力,因此可以推断这些经费仍然主要由财政负担,这与前一阶段(1949—1978 年)的特征相似——低水平的全额负担。

总的来说,此时人民法院的基础设施存在着以下几个突出的问题:第一,缺乏独立的审判场所,许多法院和人民法庭"蜗居"于其他机关的办公场所。具体表现为法院没有审判庭,人民法庭没有办公用房,只是在大树下、场院里、办公室内、甚至在街头巷尾"公开"审理案件,法院领导继续困扰在四处租借开庭场所,四处筹借租赁经费。② 这一点可以从 C 县人民法院 1983 年 9 月 2 日提交的《要求拨款培修 LJ 法庭办公用房的报告》体现出来,"我镇人民法庭于 7 月中旬宣告成立。现已配备干警二人,由于无办公用房,迟迟不能开始办公,经镇党委研究决定,将我镇 CC 街原会议室拿出两间做法庭办公住房用"。这种现象被人形象地戏称为"办公无桌、吃饭无锅、睡觉无窝"

---

①　1979 年 9 月 29 日 C 法发(1979)14 号《关于增拨建修款的请示》,1980 年 1 月 1 日 C 法发(1980)02 号《关于增拨建修款的请示》和 1980 年 05 月 30 日 C 法发(1980)12 号《关于新建办公楼增拨外粉刷资金的请示》。

②　郭纪胜:《由湖北省的"两庭"建设所想到的》,载《人民司法》1987 年第 2 期。

的"三无"法院。① 第二,原有的审判设施陈旧并且严重不足。具体表现为办公用房严重不足,法院工作人员需要在拥挤和破旧的环境中开展工作,过着"蚁族"般的生活。

(2) 1985—1990年:两庭建设的初步发展期间

为了从根本上改变法院系统的"蜗居"和"蚁族"的状况,1986年,最高人民法院出台了《关于各级人民法院审判法庭建设问题的意见》②。该意见规定:"基层人民法院审判法庭的总建筑面积一般不少于1000平方米,其中包括:① 1个大法庭,设旁听座位300个左右;② 6至10个小法庭,各设旁听座位不少于20个;③ 配套用房:合议庭合议室、公诉人室、辩护人室、证人室、物证保管室、法警室、当事人候审室(2间)、羁押室(不少于4间)等;④ 附属设施:灯光和扩音控制室、门厅、厕所等。"可见,在审判庭和人民法庭的建设运动中,审判庭的建设处于优先地位。C县人民法院于1984年5月开始着手申请修建审判法庭所需的地基和经费。然而,由于地基的审批和经费筹措等一系列原因,直到1986年10月23日才得以正式立项,并于1988年7月基本竣工。

样本3-10　C县人民法院关于法庭住房、办公用房、审判法庭建设安排的情况报告(节选)

> C县人民法院关于法庭住房、办公用房、审判法庭建设安排的情况报告
>
> 县人民政府:
> 　　我县总人口80万,辖区设有10个法庭。建修规模和经费及时间的情况是:
> 　　一、关于六个大法庭的建设安排:辖区人口都在8万以上,预计每庭住8人,建住房240平方米,建办公房100平方米,建审判庭100平方米,其他120平方米,合计560平方米,计款123200元,六个法庭合计需款73.9万元。
> 　　二、关于4个中等法庭的建设安排:辖区人口都在7万以上,预计每庭住5人,建住房180平方米,建办公房70平方米,建审判庭80平方米,其他100平方米,合计430平方米,计款9.4万元,四个法庭合计需款37.8万元。
> 　　三、建修时间安排:1988年建QP(大)、WL(大)、DQ、SC、LS五个法庭,1989年建WC(大)、DX(大)、CJ三个法庭,1990年建LJ(大)、YB(大)两个法庭。
> 　　四、建修款安排:1988年需款530200元,1989年需款341000元,1990年需款246400元。
>
> 　　　　　　　　　　　　　　　　　　　　　　　　　　　　C县人民法院
> 　　　　　　　　　　　　　　　　　　　　　　　　　　　一九八八年十月一日
> 　　　　　　　　　　　　　　　　　　　　　　　　　　　　　　(院章)

在完成了审判法庭的修建工作之后,C县人民法院又将建设工作的重心转移到人民法庭的修建之上。1988年10月,C县人民法院向县人民政府提

---

① 高思正:《实干创出两庭建设的春天》,载《人民司法》1991年第8期。
② 法(司)发[1986]18号。

交了《关于法庭住房、办公用房、审判法庭建设安排的情况报告》(样本 3-10),对未来一段时间人民法庭的修建情况进行了规划。两庭建设工作也逐步开始。

当"两庭"建设刚有个良好开端时,又逢国民经济调整,国务院明令全国的"楼堂馆所"一律停建,并开征"建筑税",税率高达投资额的 20%。许多地方将"两庭"也划入了"楼堂馆所"之中。同时,由于法院审判大楼的修建已经给 C 县财政带来了一定的负担,直到 1990 年,修建审判大楼的债务才被消化。因此,从图 3-11 也可以看出,法院基建经费在 1990 年附近跌至最低点。从全国范围而言,"两庭"建设也基本从 20 世纪 80 年代中期开始。虽然全国范围内法院的审判庭和人民法庭的基础设施有了很大提高,并涌现出部分典型①,但就整体而言,全国范围内的"两庭"建设仍然存在诸多的困难。根据最高法院的一项统计,截至 1988 年 5 月底,全国 3000 多个法院中,已建有审判法庭的仅占 52%,15000 多个人民法庭中,有 70% 即 11000 多个法庭没有办公用房。② 到 1990 年底,全国 2/3 的法院已经建设了审判法庭,1/2 的人民法庭的工作用房已经建成。法院两庭的面貌有了改观,基本执法条件有了改善。③

(3) 1991—1999 年:"两庭建设"的黄金时期

1991 年 10 月,全国"两庭建设"工作会议在山西太原召开,会议总结了前一阶段"两庭建设"的成绩与不足,并对此后全国范围内的"两庭建设"开展做出了规划。在"两庭建设"中,许多法院和人民法庭都是易地重建,这涉及选址和周边环境等问题。最高人民法院同建设部协调,于 1991 年 11 月联合下发了《关于将人民法院和人民法庭建设纳入城乡建设规划的通知》,对"两庭"规划、选址和布局作了明确规定。为了进一步推进"两庭"建设,1991 年年底,最高法院又同国家计委联合下发了《关于加强审判法庭和人民法庭建设的通知》,要求"法院和计委应当密切配合,在财政、规划、城建等部门支持下,合力把两庭建设工作继续推向前进"。这就以文件形式明确"两庭建设"是多部门的共同任务。此后,最高人民法院向国务院做了有关"两庭建设"的报告,该报告得到了国务院总理李鹏的批示,并要求国家计委和财政部联合发文,以引起地方的重视。1992 年 12 月,国家计委和财政部发布了

---

① 截至 1987 年,湖北省 80% 的法院已建立了审判法庭,建筑面积都在 800 平方米左右。人民法庭的建设,也走在了全国法院的前面。全省的 751 个人民法庭中,已有近 50% 的人民法庭建起了办公、审判、接待、生活等配套用房。参见郭纪胜:《由湖北省的"两庭"建设所想到的》,载《人民司法》1987 年第 2 期。
② 特约评论员:《两庭建设刻不容缓》,载《人民司法》1988 年第 8 期。
③ 刘嵘:《全国两庭建设工作会议在太原召开》,载《人民司法》1991 年第 12 期。

《关于重申加强各级人民法院审判法庭和人民法庭建设的通知》①。这一通知对处于相对低谷的"两庭建设"而言无疑是一剂"强心针"。在此背景下,C县人民法院久拖未决的人民法庭建设的工作又被重新提上了日程。1993年7月,C县人民法院向县人民政府提出了新的建修人民法庭的计划(样本3-11)。

样本3-11　C县人民法院关于人民法庭建设的规划和所需资金的函

C县人民法院关于人民法庭建设的规划和所需资金的函
(C法(1993)7号)

C县人民政府:

　　在县委领导和县人民政府的直接支持下,我县人民法庭建设已经取得了一些进展,但是,由于民主与法制建设发展很快,法庭建设进度与新形势下的要求不相适应,为了进一步加快人民法庭建设,根据国家计委、财政部计投资(1992)2007号文件《关于重申加强各级人民法院审判庭和人民法庭建设的通知》精神和G市两庭建设工作会议精神,对我县九个人民法庭的建设和所需资金,作如下规划,恳请考虑列入财政预算。

　　一、1995年新建WL、JN、YB人民法庭

　　WL人民法庭,1993年已列入财政预算开始建设,但是资金仍有缺口,按有关建庭精神,省、市各补助1万元,现未到位。县财政预核拨款15万元,至今未到位分文。即使上述两项资金全部到位,还尚差资金6万元。WL法庭去年立项后,因212线占了地基,建房地基只好移至石山,开山凿石用去资金3万多元,全系垫支贷款(诉讼费垫支1.3万元,贷款1万元。法庭副庭长自己垫支1万元)现已无钱再继续施工,要如期完工,所需资金应尽快到位。

　　JN人民法庭地处县城郊区,镇机关规划迁址,法庭也随之迁址新建,建筑面积650平方米,需资金25万元。

　　YB人民法庭,地处我县一桥两线建设的交通沿线要地,现有设施相当简陋,不能正常开展审判工作,拟新建。需资金25万元。今年3月征用看了土地。已破土开山、平基。贷款3万余元。

　　二、1994年新建LJ、DX、扩建LS人民法庭

　　LJ法庭位于县城开发中心,现只有住房二套,办公室、审判庭一无所有,住房还差四套。拟新建,需资金28万元。

　　DX法庭,拟新建,需资金25万元。省、市各补助1万元已到位,尚差资金23万元。

　　LS法庭,位于两市三县的交接地,经济发展快,各类案件逐年上升,审判任务日趋繁重。现除有财政规划了四套住房外,审判庭、办公室全部没有,拟扩建审判庭,办公室需资金12万元。

　　三、1995年改建WC、DQ法庭

　　WC人民法庭,是老革命根据地,法庭建设相当简陋,拟在原址改建,需资金25万元。

---

① 虽然"两庭建设"在前一阶段取得了一定成就,但就整体而言仍有很大不足。1993年7月12日,时任最高人民法院副院长的谢安山大法官做了一份题为《坚持原则、严格把关、认真做好法院系统增编进人工作》,讲话中提及:"按两个乡镇设一个人民法庭,全国应设2.7万个。目前全国已设人民法庭1.8万个,还有9000个人民法庭应建而未建立。"

DQ 人民法庭现虽有 100 平方米房子,但住房分散,办公地点矮小窄闭,扩建审判庭、办公室、住宅用房需投资 25 万元。

四、根据最高人民法院、国家计委、国家财政部的规划,要在 3 年内完成两庭建设任务,拟在今年内将 JN、YB、DX、LS、DQ 五个人民法庭的建房地基征用到手,急需资金 10 万元。

根据文件精神,其资金来源是以本级筹措为主,上级给予必要的支持,每个法庭省市各支持 1 万元,共 2 万元,其余资金须由财政解决。

以上规划如无不当,请县人民政府列入财政预算,以便组织实施。

C 县人民法院
(院章)

1993 年 5 月 21 日,G 市人民政府以《G 府发(1993)58 号》文件,批转了 G 市中级人民法院、G 市计划委员会、G 市财政局《关于全市法庭审判庭、人民法庭建设意见的通知》。1994 年 11 月 12 日,G 市中级人民法院和 G 市财政局又在 C 县联合召开了全市法院司法行政工作会议,决定"各县(区)法院从 1995 年起,每年安排 1—2 个人民法庭建设,分 3 年完成到 1997 年结束"。G 市中院与各县(区)人民法院院长签订了《目标管理责任书》。1995 年 1 月,C 县人民政府成立了常务副县长为组长,由法院、城建、国土、计委等单位的主要领导为成员的"C 县两庭建设领导小组",同年 3 月,C 县人大常委会作出了《关于加强县人民法庭两庭建设的决定》,把 C 院的两庭建设纳入了人大考核、监督的范围。此后,C 院通过努力,争取到了全省第一批完成两庭建设项目。于是,C 县人民法院加快了两庭建设的步伐。院领导多次到省、市争取的建设资金,1995 年、1996 年先后修建了 WL、DQ、YB、LS 4 个人民法庭的办公、住宿综合楼。1997 年竣工了 WC、DX、LJ、CJ 4 个人民法庭的审判、办公、住宿楼。8 个人民法庭总建设面积 7500 余平方米,耗资 400 余万元,使人民法庭告别了新中国成立 48 年来没有自己的审判、办公场所的历史,执法环境有了明显的改善。

最初,C 县人民法院是按照每年修建一个人民法庭的计划推进工作开展的,这既是 G 中院所安排的工作任务,同时也是法院党组自身的工作安排。C 县人民法院院长在上任之后的第一次党委会上就将基础设施建设视为其任期的工作重点,并提出"这一届再修十来层宿舍,五年每一年建一个法庭"的展望。虽然面临诸多的困难,但是 C 县人民法院仍然按照这样的规划有条不紊地推进人民法庭的建设工作。1993 年 WL 人民法庭破土动工,并于 1994 年修建完成。根据 1995 年 C 县人民法院向最高人民法院申请经费支持的报告(《S 省 C 县人民法院关于要求解决"两庭"建设缺口资金的报告》)所描述,该年度动工的人民法庭有 YB、LS 和 DX 三处。此三处人民法庭于 1996

年竣工。1996 年初修建 DQ 人民法庭,并于该年的 6 月竣工。1997 年 C 县人民法院建设的人民法庭有 LJ 和 JN 两个人民法庭。到 1998 年年底,经过 6 年的努力,C 县人民法院基本完成了人民法庭的建设,彻底结束了"蜗居"的生活。

(4) 从"蜗居"到"房奴"——C 人民法院 10 年的"按揭"生活

样本 3-12　C 县财政局关于解决县人民法院审判综合楼所需经费的请示(节选)

C 县财政局关于解决县人民法院审判综合楼所需经费的请示
(C 财行[1998]45 号)

G 市财政局:

　　我县人民法院现有干警 102 人,县人民法院机关办公楼建于 70 年代,当时由于机关人员不多,没有修到设计楼层,办公面积也只有 300 平方米……目前办公用房显得非常紧张。经济庭、执行庭现各配备了 10 多名干警,4 人一间办公室,非常拥挤,特别是执行庭拥挤在大审判庭的原合议室,配电房等附属设施房内,如遇高温天气根本无法工作,经县人民政府研究决定,办公楼加二层,建筑面积 500 平方米,经预算,约需资金 38 万元,除县财政补助和法院自筹共 20 万元以外,尚有 18 万元的资金缺口,望上级财政部门解决。妥否,请批示。

C 县财政局
一九九八年三月十八日
(局章)

　　在修建人民法庭的债务尚未被完全消化之时,C 县人民法院又着手对审判大楼进行改造。1998 年 3 月 18 日,C 县财政局向 G 市财政局提交了《C 县财政局关于解决县人民法院审判综合楼所需经费的请示》(样本 3-12),由此拉开了修建审判综合楼的大幕。C 县人民法院审判综合楼的规划几易其稿,最终确定为重新修建一座建修面积达 9000 平方米的审判综合大楼。该审判大楼于 2000 年前后竣工,共计耗资 850 万元,自此 C 县人民法院背上了沉重的债务负担,过上了按年还贷的"房奴"生活(访谈 3-1)。课题组访谈时正值 2009 年岁末,可见审判综合楼的债务即使经过了 10 年的不懈努力,仍然未得到完全解决。

访谈 3-1　C 县人民法院办公室寇主任的访谈(摘录)

问:请您给我们谈谈法院的债务问题。

答:主要是审判大楼,人民法庭的债务很少,20 世纪 90 年代就基本解决了。建筑承包商 300 万、信用社 300 万,银行 50 万贷款,装修时的款项,水电、家具总共是 850 万。去年我们预算 30 万偿债,年终争取 50 万,一共 80 万用以偿债。每年都有几十万的利息,大概 50 万。承包商以自己名义贷款 80 万,这笔利息是法院支付。当时在建筑的时候面积还是搞多了,将近 9000 平方米。我们当时没有充分考虑资金的来源。年底债权人经常人来催债,情绪激动,主要是承包商和信用社,每年不解决几十万,过不了年。其他对我们的影响不大。

表 3-10 C 县人民法院建修大事表

年份	项目
1983 年	正式提出修建审判庭的计划。
1984 年	着手申请审判庭的地基,并获得部分经费。
1985 年	将修建审判庭和修建干部宿舍的项目合并。
1986 年	正式选址,获得共计 37.5 万的修建经费。
1987 年	正式开始修建审判庭、办公楼和宿舍。
1988 年	审判庭修建完毕,开始着手规划人民法庭建设。
1989—1994 年	完成了 SC、WL、QP 三个人民法庭的修建。
1995 年	开始修建 YB、LS 人民法庭,LS 人民法庭于该年竣工。
1996 年	开始修建 DQ、DX 人民法庭,YB、DX 人民法庭于该年竣工。
1997 年	开始修建 WC、LJ 和 JN 人民法庭,DX 人民法庭竣工。
1998 年	WC、LJ 和 JN 人民法庭竣工。
1999 年	开始修建新的审判综合大楼。

表格说明:根据 C 县人民法院 1997、1999 年《法院基建工作报告》整理。

上表大致验证了笔者在前文对人民法院基础设施建设历史的阶段划分。1979 年至 1984 年,法院系统处于"恢复"阶段,因此这一阶段的建筑项目较少,维修项目占据了修建经费的主要部分。1984 年至 1992 年,"两庭建设"的工作开始在全国范围内逐步推广,但此阶段重点工作在于审判庭的修建,而人民法庭的修建处于次要地位。因此,我们可以看到 C 县人民法院审判庭的修建历时 6 年才得以完成。同期,C 县人民法院仅完成了 3 个人民法庭的修建。图 3-11 的数据显示,除了 1987 年以外,C 县人民法院的基建经费稳步增长,到了 1990 年,基建经费下降至低点,这说明法院基建债务在此时已经基本释放完毕。随后,法院系统迎来了"两庭建设"的黄金岁月,大量建筑项目得以上马,最多的时候一年内有 4 个项目同时修建(1997 年),这种现象对于前一阶段而言是不可想象的,表现在图 3-11 上就是基建经费急剧地增长并处于高位运行,基建经费基本都在 40 万上下,1998 年更是突破了 50 万大关。可以说,这 20 年是人民法院基础建设大跃进的时期。时任最高人民法院副院长的郑天翔法官的话最能概括这 20 年法院工作的重点——"一手抓审判,一手抓建设"。

在考察基层法院基建支出之时,以下几个问题是不容忽视的:

(1) 由"父母买房"到"按揭买房"——人民法院建修资金来源的变迁

前文已论及,C 县人民法院的"两庭建设"开始于 20 世纪 70 年代末,发展于 80 年代中期,到 90 年代迎来了"黄金岁月"。纵观这 20 年间法院基建经费的保障体制变迁可以用三个词来概括,即由"父母买房"到"借款买房"

再到"按揭买房"。在 20 世纪 90 年代大修人民法庭运动开展之前,C 县人民法院的基础设施建设经费完全来源于财政拨款,其中尤其以地方财政最为重要。C 县人民法院修建审判庭一共花费 116.02 万元,其中同级财政拨款的比例达到 93.5%(图 3-12),而省级和市级财政补助分别仅为 2.5 万和 5 万元。可见,这一阶段 C 县人民法院仍然过着由"父母买房"的"幸福"生活。

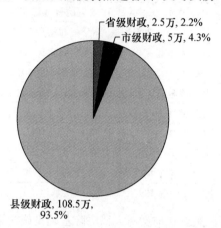

图 3-12　1980—1988 年 C 县人民法院修建审判庭经费来源构成图

进入 20 世纪 90 年代的"黄金岁月"之后,C 县人民法院修建人民法庭的经费来源则显得十分多元。不仅财政拨款,还有诉讼费收入、集资款和贷款等。从图 3-13 中我们可以得出这样几个结论:

首先,法院在基建经费方面对于财政拨款的依赖程度在下降,显著的标志是法院筹措的经费(诉讼费+乡镇集资+贷款)在人民法庭修建经费中所占的比重超过省、市、县三级财政的总和。1992 年以后,人民法院修建 8 个人民法庭累计投资近 453 万元,其中省市财政按照每个法庭补助 5 万元的标准支持法院的建设(LS 人民法庭获得省市拨款为 3 万,LJ 和 JN 人民法庭未获该款项),共投资 27.5 万元;县财政按照每个人民法庭平均 10 万元的标准资助,其后县财政又额外对人民法庭建设提供了 50 万的资金①,总计投资约 125 万元。随着诉讼费的增收,人民法院自身财力也得以增长,在人民法庭建设中一共累计投入诉讼费将近 135 万元,占到总投入的 29.78%(图 3-13)。就整体而言,省、市的财政支持力度基本与前一阶段持平。

其次,借债建设成为本阶段 C 县人民法院法庭建设的一个重要特征。

---

① 1996 年 12 月 24 日,县长 M、副县长 T、财政局局长 G、司法局长 L 一起研究决定 C 县两庭建设的方案,并出台 C 府纪(1996)69 号文件,其中就有如下记录:"鉴于我院法庭旧房划归司法局所有的情况,决定在原建修法庭补助 10 万元的基础之上,再增长建修资金 50 万元,于 1997、1998 年两年付完。"

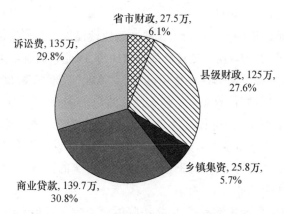

图 3-13 1989—1999 年 C 县人民法院人民法庭建修经费来源结构图

前一期间法院的基建经费全部来自财政的拨款。而本期间 C 县人民法院建设的一个突出特点就是负债修建。法院借款通常以该年的诉讼费作为担保。随着我国经费的增长,纠纷的增加,法院诉讼费收入在可预期的时间段内将会持续增加,这也是法院敢于"借款买房"的重要原因。从总体上看,贷款的金额占到人民法庭修建总金额的 30.84%,超过了诉讼费的比例(表 3-11)。

表 3-11 C 县人民法院修建贷款表

贷款银行	贷款金额(元)
SC 信用社	77700
WL 信用社	39000
DQ 农行营业厅	240000
LS 农行营业厅	30000
DX 农行营业厅	210000
县城农行营业部	800000
合计	1396700

表格说明:根据 C 县人民法院向 N 市中院请款报告整理。

样本 3-13 C 县人民法院关于 WL 人民法庭建修结算情况的说明(节选)

1. WL 建修总支出 551571.55 元,法院欠 WL 人民法庭建修款 72533.56 元;
2. WL 建修从各银行贷款本金共计 228400 元;
3. 由 WL 人民法庭偿还本息计 195941.84 元,其中本金 117000 元;
4. 现我院还欠银行贷款本金计 116700 元;
5. 截至 1996 年 8 月 20 日我院在 WL 人民法庭建修上共计负债 189233.58 元。

样本 3-13 能够很好地说明法院"负债买房"的现象,WL 人民法庭总投资约为 55.2 万元,其中贷款 22.8 万元,占到总投资的 40%,扣除已经偿还的金额,法院负债比例仍高达21%。

最后,乡镇集资的资金也对人民法庭的建设提供了必要的支持。由于人民法庭的主要任务为解决乡镇地区的民事纠纷,因此它们对乡镇地区社会的稳定和社会的发展也起到促进作用,因此乡镇就"顺理成章"地成为法院集资过程中必须"团结"的对象。C县人民法院1995年5月9日发布的《法院信息》就刊登了题为《党委书记、乡镇长汇聚一堂,为YB法庭建设献计出力》的文章。然而,由于乡镇财力的有限,其对于法庭建设的资金投入也相对有限,上述材料中提及的12万元资助,最终真正落实的仅有5.54万元,可见,在集资方面,法院也被打了"白条"。

由于整体上负债比例不高,加之法院诉讼费收入逐年递增,这一期间修建人民法庭的欠债基本在20世纪90年代就得到解决,这一点在前文引用的寇主任的访谈笔录中有所说明(访谈3-1)。如果说30%的负债建设还算是"量体裁衣"的话,那么随后C县人民法院修建审判综合楼的举动无疑就是将自己牢牢钉在"房奴"的列车之上的"按揭买房"了。1999年C县人民法院开始修建审判综合大楼,总投资达850万,其中到位资金仅为250万,负债率达71%,这部分债务直到笔者访谈的2009年年底仍未得到完全解决。可以说,法院修建审判综合楼的行为就好比在支付了30%的首付之后成为按年还债的"房奴",开始了10年还债的"辛酸"岁月。①

(2) 为什么要起高楼——法院负债建设的原因分析

一般而言,社会的进步和经济的发展客观上使得各界对司法的诉求增加,从而也势必会对法院的硬件设施提出更高的要求。这自然会催生法院对基础设施的需求。然而,这并不是法院负债建设的全部动因。笔者认为,还可以从两个方面对法院负债基建的现象进行分析。

首先,自上而下的指令是"两庭建设"大跃进的重要诱因之一。从前文的分析中我们可以得知,法院系统,尤其是最高人民法院对于"两庭建设"的推动可谓不遗余力。对外,最高人民法院积极同国务院协同,获得最高行政机关的支持。对内最高人民法院出台了相关的建设标准,并通过定期召开"两庭建设"工作会议的方式督促该工作的开展。由于受到了最高层的重视,S省政府和S省高院也相应出台的匹配的政策,如S省高级人民法院和S省计划经济委员会联合发布的《贯彻执行最高人民法院、国家计划委员会"关于加强建设各级人民法院审判法庭的通知"的意见》②中写道:"各市、

---

① C县人民法院在1999年之后的财务报表中均有"还贷资金"这一项,具体内容参看本书第四章。

② S法[1985]42号。

地、州中级人民法院、计划委员会：今年 4 月 9 日，最高人民法院和国家计划委员会以法(司)发[1985]8 号文件联合发出了《关于加强建设各级人民法院审判法庭的通知》，要求各地按照过于院国发[1983]180 号文件的精神采取行动，尽快把地方各级人民法院的审判法庭建设起来。为了贯彻这一通知精神……决定从 1986 年起，在三年内把全省各级人民法院应建的审判法庭全部建设起来。"该《意见》进一步规定："基层人民法院的审判法庭，建筑面积 600—800 平方米，设旁听席 200—300 个。"1993 年 5 月 20 日，G 市人民政府以《G 府发(1993)58 号》文件批转了 G 市中级人民法院、G 市计划委员会、G 市财政局《关于全市法院审判庭、人民法庭建设意见的通知》；1994 年 11 月 12 日，G 市中级人民法院和 G 市财政局有在 C 县联合召开了全市法院司法行政工作会议，并同 C 县院长签订了"两庭建设"的保证书。可见，来自中央、省、市的压力将会在很大程度上督促 C 县人民法院"两庭建设"的开展。一言以蔽之，顶着"三座大山"的压力，C 县人民法院必须尽力完成此前与 G 市中级人民法院签订的"军令状"。

和上级高涨的建设热情相比，上级财政对于基层法院"两庭建设"的补助就显得十分有限。从图 3-12 和图 3-13 中可以得知，省市财政补助仅占"两庭建设"总支出的 6% 左右。这种"层层给任务不给经费"的做法无疑在很大程度上加重了基层的负担，与此同时，1994 年之后，中央通过分税制改革向下汲取了大量的资金，这种"下移事权，上移财权"的做法使得县级政权对于"两庭建设"多少显得"心有余而力不足"。因此，在这两个趋势的张力之下，基层人民法院只能走上"贷款买房"之路。①

另外，法院系统负债建设的另一个动因还来自于强大的"内需"，可以说这样一个趋向可能加剧了法院负债程度。最高人民法院最初提出的"两庭建设"的计划是与法院系统工作人员的心声契合的。1979 年法院系统得以恢复重建，在此后的数年间，中国的绝大多数法院，尤其是基层人民法院过着"蜗居"的生活——没有自己专门的办公地点，在租借的场所，或者是与其他行政机关共同办公，从这一点上说法院系统内部也是"怨声载道"。② 为了改变彻底改变群众对于人民法院的"皮包法庭""游击法庭"和"家庭法庭"的印

---

① 邹阳：《法院基建外债沉重应引起高度重视》，载《审计现场》2005 年第 11 期。
② 由于没有专门的办公场所，法院干部会在很大程度上觉得"颜面无光"。《人民审判》曾经记载了这样一则小故事：村民张某接到法院的传票，要求他参加某天的庭审。参加庭审的前一天晚上，他躺在床上翻来覆去，被不安和紧张缠绕着，久久不能入睡。第二天，他怀着忐忑的心情走进法庭。从法庭出来，先前的紧张、不安一扫而空。乡亲们问他："上法庭当被告，感觉怎样？"他轻松地笑了笑，回答大伙："喔！法庭开庭就像生产队开会！"参见李敏、杨魏：《"两庭"建设行陇原——甘肃省人民法庭和审判庭建设见闻》，载《人民审判》2007 年第 8 期。

象,各级人民法院自身也有很强的动力去执行自上而下的"两庭建设"的计划。于是,在这段时期,希望"一劳永逸"和"毕其功于一役"的想法在法院十分盛行。用发展的眼光建设高水平的法庭在系统内部获得了空前的合法性。"力争用一年的时间,建成一个符合各项审判要求的、十年之内不落后的审判法庭"①成为法院干警的共同心声。于是,超规模、超计划的建设项目便纷纷上马。笔者总结了C县人民法院修建审判庭的大事记,从中我们能够深刻体会这种"双超"趋势(表3-12)。该表显示,C县人民法院修建审判庭的计划由最初的400平方米,7.5万的经费预算,最终演变为修建面积达5000余平方米,共耗资120万的建设工程。C县人民法院内部的审判人员也不得不承认审判大楼修建得有些"太超前"(访谈3-1)。②

表3-12　C县人民法院修建审判法庭大事记表

时间	项目	面积	累积预算
1983年8月	正式提出修建审判庭的计划	400平方米	7.5万
1984年5月	重新制定修建计划	600平方米	11.8万
1985年9月	将宿舍修建纳入到审判庭修建计划中	1000平方米	30万
1986年10月	将审判、办公和宿舍三个项目合一	5000平方米	80万
1988年7月	由于原料价格上涨以及部分项目扩建,要求追加经费		116万
1988年10月	扫尾工程余款,要求追加4万		120万

表格说明:根据C县人民法院历年基础设施建设报告整理。

2."从吃饱"到"吃好"——福利时代的法院人员类经费

前一部分已经分析了基建类经费的支出情况。在本部分中,笔者将展开对人员类经费的分析和描述。所谓的人员类经费支出是指支付给法院工作人员的工资、福利和奖励的总和。改革开放20年的人员类经费表现出以下几个特征:

第一,从增长趋势来看,人员类经费表现出"稳定性"与"波动性"并存。虽然本阶段中法院人员经费类仍然占据着法院支出的主要部分,但是与改革开放之前相比,却呈现出明显的下降趋势,已经失去了原有绝对的优势。当然,比例的下降并非意味着绝对数值的下降。实际上,C县人民法院人员类

---

① 刘久江、阎杰:《贫穷地区也能搞好"两庭"建设》,载《人民司法》1992年第10期。
② 根据笔者的实地考察,C县人民法院的审判综合楼确实有些"太大"了,基本能够做到了每个法官一个办公室,并且C县人民法院一楼的办公室借用给该县政法委办公,二楼的办公室则借用给县统计局办公,不可谓不富余。

经费的支出金额仍然不断增长(图3-14)。1980年人员类经费为3.68万元,而1998年该项支出则达到111.36万,增长了29倍,增长率平均值为15%(表3-8)。同时,此种增长速度远远超过了短缺时代7%的增长率平均值(表2-6)。仅就改革开放后20年的经费使用状况而言,人员类经费的增长无疑具有相对于"公务类经费"和"基建类经费"的稳定性(图3-8,3-9)。这种稳定性与法院人员经费的确定方式密切相关。长期以来人民法院的薪酬标准与行政职级密切相关,而某一具体法院的行政职级在一定阶段是相对稳定的,并且国家的公务员工资标准也在一定时期内趋于平稳,上述两大因素共同塑造了人员类经费的相对于其他支出的稳定性。然而,本期法院工作人员的急速增加和全国范围内工资制度的相对频繁的调整又在一定程度上催生了人员类经费支出的波动。

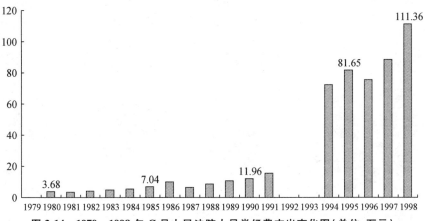

图3-14　1979—1998年C县人民法院人员类经费支出变化图(单位:万元)

第二,本期工资类经费仍然占据人员类支出的主要部分,但福利奖励类经费比重的提升同样令人印象深刻。在20年的发展过程中,C县人民法院人员类经费的统计口径几经变化。根据调研的情况,课题组将人员类经费划分为三个大类:工资类经费,主要包括基本工资和补助工资,这部分经费完全由地方财政负担;社会保障类经费,主要包括离退休职工经费和公费医疗开支,这部分经费主要由地方财政负担;福利奖励类经费,包括福利支出和奖励支出两个项目,这部分经费由地方财政和法院创收共同承担。其中工资类经费和社会保障类经费具有刚性,它们代表了法院人员经费中的规范性。而福利奖励类支出,尤其是奖励支出具有很强的灵活性,它代表了法院人员经费中的非规范性。通过表3-13中的数据我们可以得知,在人员类经费支出中,工资类经费占据了主要比重(53%),社会保障类经费占据的比重最低,只有10%。福利奖励类经费的比重则从改革开放前的2%上升至本期的36%。

在部分年份,福利奖励类经费甚至超过人员类经费的40%。实际上,福利奖励类经费的支出是伴随着法院创收能力的提升而不断增长的。表3-13还统计了各项支出在20世纪90年代的均值。数据显示,1990—1998年间,法院平均每年人员类经费支出为65.34万,其中福利奖励类支出为25.03万,占人员类支出的38%。

表3-13　1979—1998年C县人民法院人员类经费支出构成情况表

(单位:万元,%)

年份	人员类经费	工资类		社会保障类		福利奖励类	
		总数	比重	总数	比重	总数	比重
1979	N/A	N/A	N/A	N/A	N/A	N/A	N/A
1980	3.68	3.00	81%	0.21	6%	0.47	13%
1981	3.61	3.02	84%	0.16	4%	0.43	12%
1982	4.23	3.70	87%	0.31	7%	0.22	5%
1983	4.74	3.96	84%	0.43	9%	0.35	7%
1984	5.57	4.31	77%	0.34	6%	0.92	17%
1985	7.04	5.15	73%	0.74	11%	1.14	16%
1986	9.85	7.11	72%	0.65	7%	2.09	21%
1987	6.43	4.18	65%	0.63	10%	1.62	25%
1988	8.53	4.77	56%	0.99	12%	2.76	32%
1989	10.77	7.39	69%	0.99	9%	2.39	22%
1990	11.96	8.36	70%	1.35	11%	2.26	19%
1991	15.46	8.12	53%	1.36	9%	5.99	39%
1992	N/A	N/A	N/A	N/A	N/A	N/A	N/A
1993	N/A	N/A	N/A	N/A	N/A	N/A	N/A
1994	72.56	35.50	49%	8.16	11%	28.89	40%
1995	81.65	38.76	47%	8.15	10%	34.73	43%
1996	75.63	44.09	58%	8.10	11%	23.45	31%
1997	88.76	42.64	48%	14.42	16%	31.70	36%
1998	111.36	52.38	47%	10.84	10%	48.14	43%
均值	30.70	16.26	53%	3.40	11%	11.03	36%
90年代均值	65.34	32.84	50%	7.48	12%	25.02	38%

表格说明:

1. 数据来源于《历年C县人民法院财务报表(1979—1998)》,其中1979年、1992年和1993年会计报表缺失。

2. 统计口径依下列标准确定:"工资类经费"包括基本工资、补助工资;"社会保障类经费"主要包括离退休职工经费和公费医疗开支;"福利奖励类经费"包括工作人员福利费、工作人员病假期间生活待遇、职工探亲费和遗属生活补助。

3. 人员类经费是指为保证法院业务活动正常运行而支付给工作人员的支出;"人员类经费"="工资类经费"+"福利奖励类经费"+"社会保障类经费"。

图 3-15 让我们能以发展的视角来审视人员类经费的构成情况。虽然工资类支出仍然占据法院人员类支出的主要比例,但是从我国"改革开放"开始,工资类经费在人员支出中所占的比重就逐步下降(1989 年、1990 年和1997 年除外)。与之相对应的则是福利奖励类经费支出比重的不断攀升,在1998 年福利奖励类支出甚至占据了法院人员支出总量的 43%,这与改革开放之前的情况迥异。当时,工资类经费在人员经费中占据绝对的优势,而福利奖励类经费仅占人员类经费支出的 2%。人员类经费构成情况的此种变迁代表着 C 县人民法院人员经费由"吃饱"到"吃好"向由"吃饭财政"到"福利财政"过渡。福利奖励类经费比重在 20 世纪 90 年代之后的飞速提升也是本阶段法院人员经费的重要特征,它标志着 C 县人民法院法官待遇福利化财政时代的来临。相较于工资类和福利奖励类经费比重的变迁,由离退休人员经费和公费医疗经费组成的社会保障类支出则显得较为稳定,其比重在多数年份中均维持在人员类支出的 10% 上下波动。

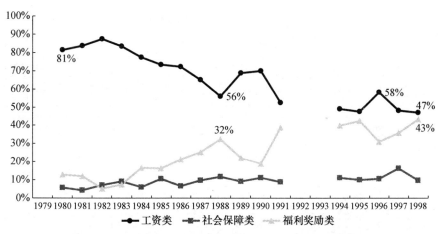

图 3-15 1979—1998 年 C 县人民法院人员经费构成比例图

第三,本期福利奖励类经费的增长速度优于工资类和社会保障类经费,但人员类经费增长仍然主要由工资类经费拉动(表 3-14)。首先,从增长速度来看,在这个阶段中福利奖励类经费的增长速度最快,增长率平均值为36%;社会保障类经费的增长速度处于第二位,达到 23%;其次,工资类经费的增长速度最慢,增长率平均值仅为 12%。可见,福利奖励类经费和社会保障类经费,尤其是福利奖励类经费在这个阶段中获得了前所未有的重视。法院人员类经费的增长额较多地被投放在了福利奖励类和社会保障类经费领域。尽管如此,由于工资类经费占据了法院人员类经费支出的主要部分,虽然其增长速度远不及福利奖励类经费和社会保障类经费,但基于基数效应,其对于法院人员类经费增长的拉动作用仍然十分显著,增长贡献率为8%。最后,虽然福利奖励类经费仅占法院人员类经费的36%,但是考虑到其远超工资类经费的增长速度,因此其对于法院人员类经费增长的拉动作用也不容忽视,增长贡献率为6%。社会保障类经费在本阶段中虽也取得了较快的发展,但是囿于其极低的基数(11%),其对于法院人员经费增长的拉动作用并不显著,增长贡献率仅为2%。经过换算,本阶段人员类经费的总增长中有超过五成(51%)的部分来自于工资类经费的贡献,有近四成(39%)的部分来自于福利奖励类经费的贡献,有一成左右(10%)的部分来自于社会保障类经费的贡献。

可见,法院人员类经费是在工资类经费和福利奖励类经费的共同拉动下以远超前一阶段(14.90%:6.90%)的速度增长。

表 3-14 1979—1998 年 C 县人民法院各类人员经费支出历年增长率和增长贡献度

(单位:%)

年份	人员类支出增长率	工资类		社会保障类		福利奖励类	
		增长率	增长贡献率	增长率	增长贡献率	增长率	增长贡献率
1979	N/A	N/A	N/A	N/A	N/A	N/A	N/A
1980	N/A	N/A	N/A	N/A	N/A	N/A	N/A
1981	-2%	1%	1%	-26%	-2%	-9%	-1%
1982	17%	23%	19%	94%	4%	-48%	-6%
1983	12%	7%	6%	42%	3%	55%	3%
1984	17%	9%	7%	-22%	-2%	165%	12%
1985	26%	20%	15%	120%	7%	24%	4%
1986	40%	38%	28%	-13%	-1%	83%	14%
1987	-35%	-41%	-30%	-2%	0%	-22%	-5%
1988	33%	14%	9%	57%	6%	70%	18%
1989	26%	55%	31%	-1%	0%	-13%	-4%
1990	11%	13%	9%	37%	3%	-5%	-1%
1991	29%	-3%	-2%	1%	0%	165%	31%
1992	N/A	N/A	N/A	N/A	N/A	N/A	N/A
1993	N/A	N/A	N/A	N/A	N/A	N/A	N/A
1994	N/A	N/A	N/A	N/A	N/A	N/A	N/A
1995	13%	9%	4%	0%	0%	20%	8%
1996	-7%	14%	7%	-1%	0%	-32%	-14%
1997	17%	-3%	-2%	78%	8%	35%	11%

(续表)

年份	人员类支出增长率	工资类		社会保障类		福利奖励类	
		增长率	增长贡献率	增长率	增长贡献率	增长率	增长贡献率
1998	25%	23%	11%	-25%	-4%	52%	19%
均值	15%	12%	8%	23%	2%	36%	6%
增长贡献比	100%	51%		10%		39%	

表格说明:
1. 数据来源于《历年C县人民法院财务报表(1955—1978)》,其中1979年、1992年和1993年会计报表缺失。
2. 1980年和1994年虽然有相关的财务数据,但因缺乏前一年(1979年和1993年)的数据而无法计算增长率与增长贡献。
3. 法院年度人员类经费"支出增长率"=工资类经费"增长贡献率"+社会保障类经费"增长贡献率"+福利奖励类经费"增长贡献率"。
4. "增长贡献比"将该年度法院年度人员类经费增长率转换为100%。故而,工资类经费、社会保障类经费与福利奖励类经费"增长贡献比"之和为100%。

若将表3-14和表2-9的数据进行横向比较,我们还会发现,改革开放前与改革开放之后的20年间法院工资类经费对于人员类经费支出的增长贡献率是基本相同的:分别为6.4%和8%。也就是说,两个阶段中工资类经费每年平均拉动法院人员类经费增长约6%—8%。与之形成鲜明差异的是福利奖励类经费增长贡献率的飙升,由0.6%上升至6%。也就是说,改革开放之后的20年间的福利奖励类经费每年拉动法院人员类经费增长6%,是改革开放前福利奖励类经费贡献率的10倍。数据对比可揭示,本阶段法院人员类经费增速相较于改革开放前的优势(本阶段15%:改革开放前7%)并非主要来源于工资类经费,而恰恰是来源于福利奖励类经费增速的拉动。这也是人员类经费福利化的又一明证。

总的来说,法院的人员类经费在这个阶段中取得了长足的发展,其发展速度远远高于改革开放前的短缺时代。在人员类经费构成项目中,福利奖励类经费和社会保障类经费的增长速度十分显著。这说明,在这个阶段中,两者获得了前所未有的重视。虽然工资类经费仍然是法院人员类经费的"大头",但囿于较低的增速,其对法院人员类经费支出增长的拉动与福利奖励类经费不相上下。毫无疑问,在这个时代,福利奖励类经费成为最为耀眼的"明星",它不仅获得了最快的增长速度,同时其增长贡献比也较之改革开放前有了质的飞跃,从8%提升为39%。可见,这是一个法官待遇"福利化"的美好时代。下面,笔者将进一步分析工资类经费、福利奖励类经费和社会保障类经费的基本情况。

(1) 工资类经费

首先,本期工资类经费支出总额稳步提升(图3-16)。虽然工资类经费在法院人员类经费中的比重在逐步下降,但其支出金额却在不断提升。1980年C县人民法院工资类支出3万元,1998年上升至52.38万元,增长了16.5倍。可见,工资类经费比重的下降主要是因为福利奖励类经费以更快的速度增长。

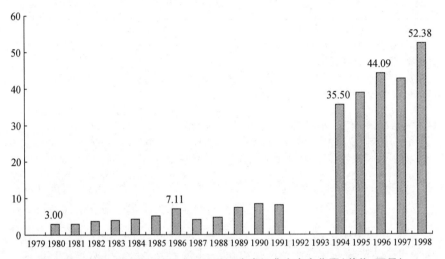

图3-16 1979—1998年C县人民法院工资类经费支出变化图(单位:万元)

其次,工资类经费中基本工资仍然占据绝对比重,基本工资与补助工资的比例也基本与改革开放前相同。工资类经费是法院人员类经费支出的主要部分,它包括基本工资和补助工资两个部分。表3-15的数据显示,在1979年至1998年的20年间,C县人民法院工资类经费中基本工资占据了主要的部分,平均比例为91%。除了部分年份外(1989年、1990年和1991年),补助工资在法院工资类经费支出中的比重很小,平均比例为9%,略高于短缺时期的补助工资比例(8%,表2-10)。

表3-15 1979—1998年C县人民法院工资类经费支出构成表

(单位:万元,%)

年份	工资类经费总额	基本工资		补助工资	
		金额	比重	金额	比重
1979	N/A	N/A	N/A	N/A	N/A
1980	3.00	2.60	87%	0.39	13%
1981	3.02	2.58	85%	0.44	15%
1982	3.70	3.18	86%	0.52	14%

(续表)

年份	工资类经费总额	基本工资		补助工资	
		金额	比重	金额	比重
1983	3.96	3.53	89%	0.43	11%
1984	4.31	3.81	88%	0.50	12%
1985	5.15	4.88	95%	0.27	5%
1986	7.11	6.90	97%	0.21	3%
1987	4.18	4.03	96%	0.15	4%
1988	4.77	4.69	98%	0.08	2%
1989	7.39	5.34	72%	2.05	28%
1990	8.36	6.36	76%	1.99	24%
1991	8.12	6.51	80%	1.60	20%
1992	N/A	N/A	N/A	N/A	N/A
1993	N/A	N/A	N/A	N/A	N/A
1994	35.50	33.61	95%	1.89	5%
1995	38.76	36.73	95%	2.03	5%
1996	44.09	39.85	90%	4.23	10%
1997	42.64	39.76	93%	2.89	7%
1998	52.38	46.12	88%	6.26	12%
均值	16.26	14.73	91%	1.53	9%

表格说明：

1. 数据来源于《历年 C 县人民法院财务报表(1979—1998)》，其中 1979 年、1992 年和 1993 年会计报表缺失。
2. 法院年度"工资类经费"="基本工资"+"补助工资"。

最后，虽然补助工资的增长速度要明显高于基本工资，但法院工资类经费增长仍然主要由基本工资拉动。从增长速度来看(3-16)，补助工资的增长速度要高于基本工资。1979—1998 年间，C 县人民法院补助工资的增长率平均值为 164%。当然，此种极高的增长率平均值仍然受到了极值的影响。1989 年法院补助工资相较于 1988 年而言，增长了 2389%（从 825.16 元增加到 20537.91 元）。如果将该极值剔除的话，补助工资的增长率平均值仅为 5%。结合各类经费所占比重，我们能够计算出它们的增长贡献率。数据显示，创收时期 C 县人民法院的基本工资的增长贡献率(9%)要明显高于补助工资的增长贡献率(3%)。这与 2000 年开始法院的工资类经费截然不同。[①]

[①] 2000 年之后，C 县人民法院工资类经费增长主要来自于补助工资的拉动，具体内容参见本书第四章。

表 3-16　1979—1998 年 C 县人民法院工资类经费构成项目的增长率和增长贡献

（单位:%）

年份	工资类经费年增长率	基本工资		补助工资	
		增长率	增长贡献率	增长率	增长贡献率
1979	N/A	N/A	N/A	N/A	N/A
1980	N/A	N/A	N/A	N/A	N/A
1981	1%	-1%	-1%	12%	2%
1982	23%	23%	20%	17%	3%
1983	7%	11%	9%	-16%	-2%
1984	9%	8%	7%	16%	2%
1985	20%	28%	25%	-46%	-5%
1986	38%	41%	39%	-23%	-1%
1987	-41%	-42%	-40%	-29%	-1%
1988	14%	16%	16%	-45%	-2%
1989	55%	14%	14%	2389%	41%
1990	13%	19%	14%	-3%	-1%
1991	-3%	2%	2%	-19%	-5%
1992	N/A	N/A	N/A	N/A	N/A
1993	N/A	N/A	N/A	N/A	N/A
1994	N/A	N/A	N/A	N/A	N/A
1995	9%	9%	9%	7%	0%
1996	14%	8%	8%	109%	6%
1997	-3%	0%	0%	-32%	-3%
1998	23%	16%	15%	117%	8%
均值	12%	10%	9%	164%	3%
增长贡献比	100%	75%		25%	

表格说明：

1. 数据来源于《历年 C 县人民法院财务报表(1979—1998)》，其中 1979 年、1992 年和 1993 年会计报表缺失。

2. 1980 年和 1994 年虽然有相关的财务数据，但因缺乏前一年(1979 年和 1993 年)的数据而无法计算增长率与增长贡献。

3. 法院年度工资类经费"支出增长率"＝基本工资"增长贡献率"＋补助工资"增长贡献率"。

4. "增长贡献比"将该年度法院年度工资类经费增长率转换为 100%。故而，基本工资与补助工资"增长贡献比"之和为 100%。

（2）社会保障类经费

如果从比重角度而言，社会保障类经费在人员类经费中的地位并不显著，平均比例尚不足一成（表 3-13）。然而，本阶段社会保障体制有重大调整,因此就该项经费而言,是一个承前启后的过渡阶段。

首先,本期社会保障类经费在波动中逐步增长(图3-17)。1998年C县人民法院社会保障类经费支出是仅为0.21万,而1998年这个数字攀升至10.84万,20年间增长了近50倍。图3-17还显示,社会保障类经费的增长存在着剧烈的波动。这在很大程度上与本阶段社会保障体制改革有关。

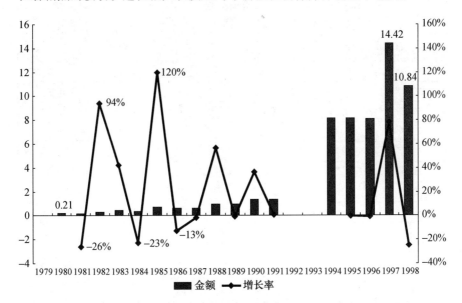

图3-17 1979—1998年C县人民法院社会保障经费支出变化图(单位:万元)
双轴图:支出"金额"的柱形图对应左Y轴,"增长率"的线形图对应右Y轴

其次,公费医疗经费的支出比重略高于离退休经费的支出比重,两者基本呈现出并驾齐驱的态势。从构成上看,社会保障类经费大致包含三个项目:离退休经费、公费医疗经费和社会保障缴费。离退休经费实际上是"养老"的范畴,而公费医疗经费则是"就医"的范畴。在20世纪90年代末期,法院的社会保障类经费出现了新的支出项目——社会保障缴费。其原因主要在于国家改革行政机关的社会保障体制,公费医疗开始向医疗保险转变,从而产生了公费医疗缴费的支出。另外,随着房改的深入,法院的社会保障缴费中出现了房屋公积金的支出项目。从C县人民法院的财务报表来看,社会保障缴费出现于20世纪90年代末期,在本章内容涉及的年代中仅仅出现了两年,并且金额均为15元,由于数量极少,本章分析中选择忽略本部分内容,关于社会保障缴费的相关分析将在本书的下一章中展开。从项目的比例来看,社会保障类经费的支出主要用于公费医疗,反映在表3-17中就是该经费占据了社会保障类经费的54%。当然,公费医疗并非自始就占据优势地

位。在 20 世纪 90 年代中期之前，其支出比例均低于离退休经费，只是在 1994 年之后才稳定地超过离退休人员经费的比重。

表 3-17　1979—1998 年 C 县人民法院社会保障类经费支出构成及比例

（单位：万元，%）

年份	社会保障类经费	离退休经费		公费医疗经费	
		金额	比重	金额	比重
1979	N/A	N/A	N/A	N/A	N/A
1980	0.21	0.21	100%	0.00	0%
1981	0.16	0.16	100%	0.00	0%
1982	0.31	0.31	100%	0.00	0%
1983	0.43	0.43	100%	0.00	0%
1984	0.34	0.34	100%	0.00	0%
1985	0.74	0.45	61%	0.29	39%
1986	0.65	0.48	75%	0.16	25%
1987	0.63	0.45	71%	0.18	29%
1988	0.99	0.60	60%	0.40	40%
1989	0.99	0.61	61%	0.38	39%
1990	1.35	0.75	56%	0.60	44%
1991	1.36	0.74	55%	0.61	45%
1992	N/A	N/A	N/A	N/A	N/A
1993	N/A	N/A	N/A	N/A	N/A
1994	8.16	3.20	39%	4.96	61%
1995	8.15	3.78	46%	4.37	54%
1996	8.10	2.94	36%	5.16	64%
1997	14.42	6.82	47%	7.60	53%
1998	10.84	4.45	41%	6.39	59%
均值	3.40	1.57	46%	1.83	54%

表格说明：

1. 数据来源于《历年 C 县人民法院财务报表（1955—1978）》，其中 1979 年、1992 年和 1993 年会计报表缺失。

2. "社会保障类经费" = "离退休经费" + "公费医疗经费"。

再次，本期社会保障类经费的增长主要来源于离退休经费的拉动。从增长速度来看，离退休经费与公费医疗经费的增长速度均低于 20%，虽然公费医疗经费的整体支出比重低于离退休经费，但是由于公费医疗在 20 世纪 90 年代之后的异军突起，在最终增长贡献方面，离退休经费与公费医疗经费不相伯仲。在改革开放之后的 20 年间，社会保障类支出的增长率平均值为

23%,其中 13% 来自离退休经费的贡献,剩下 10% 的来自于公费医疗经费的拉动。离退休经费的增长贡献比为 55%,比公费医疗经费高出 10%。

表 3-18 1979—1998 年 C 县人民法院社会保障类经费构成项目的增长率及增长贡献

(单位:%)

年份	社会保障类经费年增长率	离退休经费		公费医疗经费	
		增长率	增长贡献率	增长率	增长贡献率
1979	N/A	N/A	N/A	N/A	N/A
1980	N/A	N/A	N/A	N/A	N/A
1981	-26%	-26%	-26%	0%	0%
1982	94%	94%	94%	0%	0%
1983	42%	42%	42%	0%	0%
1984	-22%	-22%	-22%	0%	0%
1985	120%	33%	33%	0%	86%
1986	-13%	7%	4%	-44%	-17%
1987	-2%	-6%	-5%	10%	3%
1988	57%	31%	22%	120%	34%
1989	-1%	2%	1%	-4%	-2%
1990	37%	24%	15%	57%	22%
1991	1%	-1%	0%	3%	1%
1992	N/A	N/A	N/A	N/A	N/A
1993	N/A	N/A	N/A	N/A	N/A
1994	N/A	N/A	N/A	N/A	N/A
1995	0%	18%	7%	-12%	-7%
1996	-1%	-22%	-10%	18%	10%
1997	78%	132%	48%	47%	30%
1998	-25%	-35%	-16%	-16%	-8%
均值	23%	18%	13%	12%	10%
增长贡献比	100%	55%		45%	

表格说明:

1. 数据来源于《历年 C 县人民法院财务报表(1979—1998)》,其中 1979 年、1992 年和 1993 年会计报表缺失。

2. 1980 年和 1994 年虽然有相关的财务数据,但因缺乏之前一年(1979 年和 1993 年)的数据而无法计算增长率与增长贡献。

3. 法院年度社会保障类经费"支出增长率"=离退休经费"增长贡献率"+公费医疗经费"增长贡献率"。

4. "增长贡献比"将该年度法院年度人员类经费增长率转换为 100%。故而,离退休经费与公费医疗经费"增长贡献比"之和为 100%。

由于社会保障类经费与工资类经费具有同质性,社会保障类经费中的离退休经费实际上是工资类经费的延伸,所不同的是工资类经费支出的是在职工作人员的薪酬,而离退休人员经费是对退休人员生活的保障。因此,从经费来源上看,这部分支出也完全由财政拨款承担。公费医疗经费最初也是由同级财政根据法院工人人员的数量包干保障,然而,由于公费医疗经费的急速膨胀,包干金额已经远远不能满足实际的需要,因此从20世纪80年代末期开始,C县人民法院已经将部分预算外收入用以弥补公费医疗的缺口。尽管如此,社会保障类经费仍主要由财政保障。预算外经费的比重十分有限。

(3) 福利奖励类经费

福利奖励类经费可以说是这个时代法院人员类经费的重要注脚。1998年C县人民法院福利奖励类经费支出是1980年福利奖励类经费支出的102倍,20年间增长了101倍。法院工作人员的福利时代是从1990年开始的,直到"阳光工资"改革之后才渐趋于理性。就支出的整体比重和增长贡献而言,福利奖励类支出的作用均不如工资类经费。但是,我们不能忽视其在20世纪90年代之后的高速增长以及其对法院支出结构所带来的直接变化。按照C县人民法院会计报表的分类,福利奖励类支出事实上由两个项目组成:福利和奖励。福利支出是指基层法院支付给法院干警的困难补助等福利费用,其项下包括但不限于遗属补助、困难补助、独生子女费、军人优待金等。奖励经费是指用以支付法院干警的各类奖金和补助。根据笔者的调查,C县人民法院福利费的波动很大,其主要原因来源于福利费项下的科目不断的变迁,比如在1979年至1984年期间,福利费项下包含离退休经费,而随后又将本部分经费独立成项。奖励类经费的波动也十分显著,并且值得注意的是在基层人民法院福利经费和奖励经费似乎并没有完全区分,各种奖金实际上也是属于广义福利①的范围,是法院干警工资之外的收入部分,因此在笔者看来并无必要将福利与奖励截然分开。表3-19显示的是C县人民法院福利奖励支出的经费来源状况,从中我们得知就整体而言,法院福利奖励类支出主要来源于预算外的自筹经费(87%)。同时,自20世纪90年代以后,随着法院创收高峰的到来,福利奖励类的支出更多地依赖法院的自筹经费。数据显示,从1994年至1998年间,预算内的福利奖励类支出总金额为12.65万元,而预算外福利奖励支出总金额高达154.26万元,占福利奖励类支出的92%。

---

① 本文所谓的广义福利是指法院干警在工资之外的现金和非现金的收入,它既可以是各种形式的奖金,也可以是具体的奖品,当然广义的福利还包含社会保障的内容。一般而言,我们所谓的一个单位"福利好"不是或者主要不是针对其基本工资而言的,而是指基本工资之外的各种形式的收入。

表 3-19 1979—1998 年 C 县人民法院福利奖励类支出资金来源情况

年份	福利奖励类			
	预算内金额	预算内比重	预算外金额	预算外比重
1979	N/A	N/A	N/A	N/A
1980	0.47	100%	0.00	0%
1981	0.43	100%	0.00	0%
1982	0.22	100%	0.00	0%
1983	0.35	100%	0.00	0%
1984	0.92	100%	0.00	0%
1985	0.38	33%	0.76	67%
1986	1.25	60%	0.84	40%
1987	0.78	48%	0.84	52%
1988	1.89	69%	0.87	31%
1989	1.52	64%	0.87	36%
1990	1.39	62%	0.87	38%
1991	1.34	22%	4.65	78%
1992	N/A	N/A	N/A	N/A
1993	N/A	N/A	N/A	N/A
1994	7.27	25%	21.62	75%
1995	1.37	4%	33.36	96%
1996	1.73	7%	21.72	93%
1997	0.51	2%	31.19	98%
1998	1.78	4%	46.36	96%
均值	1.39	13%	9.64	87%

表格说明：

数据来源于《历年 C 县人民法院财务报表（1979—1998）》，其中 1979 年、1992 年和 1993 年会计报表缺失。

(4) 成因分析

综上所述，虽然同为经常性支出，但是法院的人员类经费的波动性却远远低于公用类经费。这首先与法院的人员类经费的构成息息相关。法院的人员类经费由工资类、社会保障类和福利奖励类经费三部分组成。其中，工资类经费不仅比重最大，并且对这一阶段法院人员类经费的增长贡献也最大。因此工资类经费的变化状况就会直接决定人员类经费的整体走向。由于工资标准和法院人员数量在一定时期内事相对稳定的，因此工资类经费势必相对平稳，工资类经费的这种属性传导给法院的人员类经费从而使其具备了稳定性的特点。然而,正如前文分析的那样,本部分中福利奖励类经费的支出占了人员类经费支出的近三成,并且其对人员类经费的增长贡献与工资类经费相差不大,因此福利奖励类经费的属性也势必会传导给人员类经费。与工资类经费不同的是,福利奖励类经费较多地由预算外的法院自筹收入支出,其规范性远远不如通过财政拨款支付的工资类经费。福利奖励支出的多、寡与法院收入的情况密切相关,因此势必有很大的波动性,这种波动性传导给人员类经费,就自然造成了1979年至1998年20年间的人员类经费与本书另外两章所描述的人员类经费显著的不同。下面,笔者将展开对C县人民法院人员类经费变迁原因的梳理。

1) 工资制度变迁

C县人民法院人员经费的支出的变化首先与全国范围内的公务员工资制度变化紧密相连。新中国成立后,我国的机关干部工资制度的实行"供给制",即"只发粮食,油盐柴米和少数的零用钱"①。1952年,国家对机关干部的工资制度进行调整,用货币工资取代原有的实物供给。随后,为了克服平均主义严重的弊病,政务院又将机关干部分为30个等级,并按照经济发展情况将全国划分为13类地区,以此确定机关干部的工资水平。② 这样的工资制度一直沿用至1984年。法院系统在1984年前也是施行该工资制度。1985年,国家对机关干部薪酬实行结构工资的改革,改革的结果是机关干部工资水平不升反降,科员最高工资(六类地区,下同)降低了2%,正科级最高工资降低了5%,正处级最低工资降低了11.6%等,造成干部工资标准低于全国职工的平均工资标准。③ 由于C县人民法院处于基层,因此国家工资制度的调整并没有马上传导至基层,C县人民法院直到1986年才受到了影响。从表3-13中我们可以发现,较之1986年,1987年和1988年法院的工资类支出有了明显的下降,跌幅分别达到41%和33%。

从财务报表上看,工资类经费主要由基本工资和补助工资两个项目构成。1985年的工资的调整,受到最大影响的是补助工资。图3-18的数据显示,1985年之后,C县人民法院补助工资的比重明显下降,直到1989年才有所回升。1993年9月10日至14日,全国推行国家公务员制度和工资制度改革工作会议在北京召开。会议确定从1993年10月1日起正式推行国家公务员制度和工资制度改革。本次改革的核心被概括为:机关与事业单位工资

---

① 李丽霞、辛华:《试论公务员工资制度的功能结构》,载《学习与探索》1990年第6期。
② 陈庆基:《国家公务员工资制度探讨》,载《财经研究》1990年第8期。
③ 同上。

制度相分离,建立正常的增资制度和建立地方津贴制度。① 1993 年工资制度改革的直接后果就是工资类支出的急速攀升。很遗憾,由于 C 县人民法院 1992 年和 1993 年两年的财务报表遗失,我们无法得知 C 县人民法院在这两个年度的工资支出的准确数据。但是从 1994 年 35.5 万元的工资支出与 1991 年 8.1 万元的工资支出的鲜明对比中,我们依稀可以体会 1993 年工资制度改革给 C 县人民法院广大干警带来的收入的增加。

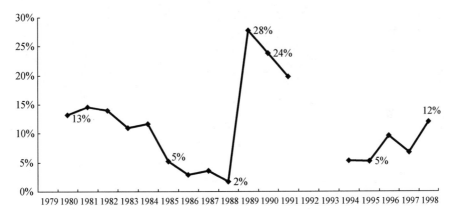

图 3-18　1978—1998 年 C 县人民法院补助工资占工资类支出比例趋势图(单位:%)

福利奖励制度实际上是工资制度改革的重要方面。然而,财政拨款往往只全额负担基本工资和补助工资,对于福利奖励类经费常常是"只给政策,不给经费"。因此,虽然在工资制度改革中规定了一系列的津贴、补贴,但是这些福利往往不能很快得到兑现。通行的做法是由单位自筹经费进行负担。下表是笔者根据 1994 年 C 县人民法院的财务决算报告制作,在人员经费的构成中,C 县人民法院分为三个部分,其中第一部分为"国家支付",第二部分部分为"国家给政策不出钱由单位收支部分",第三部分为"单位政策"。我们可以看到,除了国家支付的津贴和补贴之外,由国家规定,法院利用自身创收来支付的津贴和补贴达 12 种,总额为 21.7 万元。此外,还有法院自身规定的奖励政策金额也达到 21 万元。

---

① 《李鹏总理、罗干秘书长、宋德福部长在全国推行国家公务员制度和工资制度改革会议上的讲话摘要》,载《中国人才》1993 年第 11 期。

表 3-20　1994 年 C 县人民法院人员类支出细目表

项目		人数（个）	金额（元）
国家负担		100	362400
国家政策由单位负担	奖励工资	100	36000
	洗理费	100	9600
	书报费	100	19200
	岗位津贴	80	10320
	菜篮子费	100	36000
	支农奖	95	12350
	价格补贴	100	24000
	降温费	100	3000
	精神文明奖	95	19000
	卫生单位奖	95	9500
	档案奖	95	9500
	保密奖	95	19000
单位政策	岗位责任制奖	90	47500
	法庭返成奖励		162200

表格说明：根据 C 县人民法院 1994 年财务报表整理。

幸运的是，法院是具备强大创收能力的机构，因此也就决定了法院福利奖励类经费势必伴随着基本工资的提升而不断提升。通过图 3-19 我们可以得知，在 1984 年工资制度改革之前，福利奖励类支出大致占据法院人员类经费支出的 11%，在 1985 年工资制度改革之后，这个比例上升到 25%，而在 1993 年工资制度改革之后比例则接近四成。

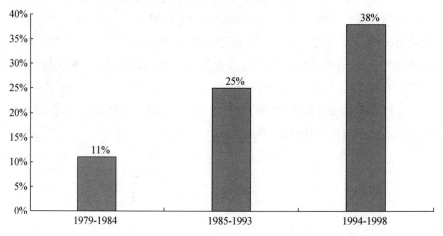

图 3-19　福利奖励类经费占 C 县人民法院人员类经费比重变迁图（单位：%）

可以说，本阶段的数次工资改革就是围绕着"从优待干"的目标而施行的。这种待遇的提高主要围绕两个方面进行,首先是提高干部的工资待遇,其次则为提高干部的福利待遇。前文已经提及1993年之后的工资制度改革的重要内容就是建立地方津贴制度,改革虽然在一定程度上取得了成效,但却不可避免地导致了一系列问题的产生,其中最为突出的就表现在,由于福利奖励支出的名目繁多,管理松散,"从优待干"事实上可能导致"福利异化"。"津贴多,比例大"成为这一时代的注脚。根据有的学者的统计,截至2000年,国家层面的津贴达40多项,地方津贴达300多项。公务员平均工资构成中基本工资占54%,津贴补贴占46%,北京、上海、广东的津贴补贴比例占到工资总额的61.4%、60.6%和56.9%。① 为此,S省于1982年颁布了《关于我省国家行政机关工作人员奖励经费的开支和使用办法的通知》,该通知规定奖励一般一年一次,受奖人数不得超过15%。然而,随着时间的推移,这种规定被大大地突破了:主要体现在奖励次数的增加与受奖比例的扩大。以1996年为例,除去年终奖金之外,其他各种政策性奖金也至少有3次(样本3-14)。

样本3-14　1996年C县人民法院达标奖励通知示例(节选)

示例一:
　　中共C县直属机关工作委员会关于1996年度党建工作达标检查考评结果的函
(C工委(1996)87号)

中共C县人民法院总支部:
　　根据C工委(1996)2号文件精神,你单位在1996年党建达标工作检查考评中,获党建达标,按C委办(1993)37号文件规定,请按单位职工月平均工资额的50%发给奖金。
　　资金来源:党政事业单位从单位创收中解决,企业从自有资金中解决。

中共C县直属机关工作委员会
一九九六年十二月二十五日
(公章)

示例二:
　　C县爱卫会创卫总指挥部办公室关于单位创卫达标奖励的通知
(C创卫函(1996)053号)

C县人民法院:
　　今年,……你单位认真按照县爱卫会总指挥部的安排部署和要求,积极开展创卫工作……为我县顺利实现省级卫生县城达标做出了贡献。根据县人民政府C府函

---

① 龚平:《深化公务员工资制度改革的政策建议》,载《中国财政》2001年第11期。

> (1996)45号规定,你单位可在自有资金中按职工人均一个月工资标准一次性发给职工奖金。
>
> C县爱卫会创卫总指挥部办公室
一九九六年十二月二十日
(公章)
>
> 示例三:
>
> C县档案局关于档案工作升级奖励的通知
(C档发(1996)4号)
>
> C县人民法院:
>
> 　　你单位档案工作经我局于1996年9月28日复查验收,保持了省一级标准。根据广府发(1990)115号和C府办发(1990)80号文的规定,应奖励给有关人员本单位人均工资一个半月的奖金。特此通知。
>
> C县档案局
一九九六年九月二十八日
(公章)

　　可见,仅就笔者掌握的资料而言,1996年以上三项奖金的发放将会让法院工资支出增加25%(多发3个月工资)。诚然,法官的工资福利应当根据法官工作负担和工作效果综合给予一定的奖金,这对提高法院整体的运作效率至关重要。然而,问题却是,这种提高已然超出了正常范围。所谓"福利"成为不受约束的变相提高法官待遇的工具,"福利化"向"福利异化"的转变无疑在很大程度上加大了法院人员经费的负担。同时,由于福利支出大多数表现为极强的弹性,福利支出比重的增长也在一定程度上降低了法院人员经费应有的规范性。

　　"从优待干"的另一个问题就是福利奖励类经费(包括津贴、补助等)挤占了法院自筹经费的空间。本该用以改善法院基础设施和维持法院基本运转的经费被较多地投入到法院干警福利奖励的发放之中,"干警的腰包鼓了"的同时却加剧了法院其他经费的拮据。表3-21的数据显示,从1985年法院开始"创收"之后,人员类经费就始终是法院创收的重要支出方面,有40%的预算外收入流向该类经费。虽然最高法院三令五申,诉讼费收入只能用以弥补办案经费的不足,但是提高干警福利也被很自然地解释为与办案经费相关。① 然而,作为改革开放20年之后重中之重的基础设施建设却较少地获取来自预算外经费的"青睐",仅有16%的预算外资金流入到该类经费

---

① 如奖励中有各种办案补贴,办案奖励等。

的资金池中,这也从另一个方面解释了前文论述基建类经费过程中法院成为"房奴"的原因之一。

表 3-21　1985—1998 年 C 县人民法院预算外资金流向表　（单位:%）

年份	预算外资金流入人员类经费比例	预算外资金流入公用类经费比例	预算外资金流入基建类经费比例
1985	32%	35%	34%
1986	38%	47%	15%
1987	38%	47%	15%
1988	17%	54%	29%
1989	22%	66%	12%
1990	7%	20%	73%
1991	41%	48%	10%
1992	N/A	N/A	N/A
1993	N/A	N/A	N/A
1994	48%	52%	0%
1995	49%	49%	2%
1996	37%	61%	2%
1997	39%	44%	17%
1998	41%	36%	23%
均值	**40%**	**44%**	**16%**

表格说明:数据来源于《历年 C 县人民法院财务报表(1985—1998)》,其中 1992 年和 1993 年会计报表缺失。

　　工资制度的改革还必然导致社会保障类经费支出的增加。社会保障类经费由退休人员经费和公费医疗经费两部分组成,这两部分经费标准的确定都是与同期公务员工资标准相对应的。就整体而言,社会保障类经费在人员类支出中不甚重要,然而,社会保障类经费制度的变迁却能够让我们从中体味法院人员保障体制由全能单位主义逐步向社会保障过渡的这一过程。在很长一段时间内,我国各行业实行的是单位主义的管理模式,单位负担职工的一切开销,职工的生老病死都由单位负责。法院自然也不例外,因此养老和医疗两个方面自然就成为法院人员经费的必然组成部分。

　　公费医疗经费的不良膨胀是促使全国范围内公费医疗保障制度改革的重要原因。在这一点上,法院所面临的问题与全国范围内的公费医疗问题是同步的。公费医疗是法官福利的重要方面。1978 年发布的《公费医疗管理工作的通知》正式规定,在 1979 年的会计报表中将"公费医疗"的会计科目单列,从而为我们观察法院公费医疗支出的变迁提供了基础。整体而言,公费医疗经费的支出占据了 C 县人民法院社会保障类支出的 54%（表 3-17），然而，我们也不能忽视在 20 世纪 90 年代之后公费医疗经费的快速膨胀。根据表 3-17 的数据反映，在 20 世纪 90 年代公费医疗支出占到 C 县人民法院社会保障类支出的 58%。虽然就总体金额而言并不突出，但公费医疗经费却表现出极度的短缺，这种短缺与国家核定的公费医疗经费的标准过低密切相关。据统计，1982 年我国人均公费医疗经费近 50 元，全国超支 3.7 亿元。1990 年中央国家机关公费医疗的定额标准为人均 55 元，1991 年调整为 80 元，而实际上 1990 年全国公费医疗人均支出达 164 元以上。1986 年至 1990 年，公费医疗费用年均增长 23.3%，而同期国家财政收入增长率是 10%。另据财政部统计，1990 年全国行政事业单位医药费挤占行政事业费 6 亿元。[①] 根据笔者掌握的资料，C 县人民法院大致于 20 世纪 80 年代中期开始实行医疗经费的包干制度，1981 年 10 月 12 日的 C 县人民法院《关于行政经费预算包干指标管理的暂行办法》中并未涉及医疗费的包干问题。1987 年 3 月 25 日发布的《人民法院经费管理办法》[②] 中对公费医疗做出了如下描述："医疗经费：实行'基数包干，结余自得，超基数按比例报销'的办法，年平均包干数为 24 元"。1995 年 4 月 1 日发布的 C 县《人民法院关于经费、物资管理的规定》也做出了类似的描述："医药费报销：门诊费人均基数 200 元，超出应报部分，由自己垫支，待年终视争取财政补助情况再按比例解决"。虽然规定标准各不相同，但事实却是这些标准远远无法满足公务医疗支出的需要。在 20 世纪 90 年代之前，C 县人民法院的公费医疗经费仍然由法院全额承担。而在之后，公费医疗的超支情况显得尤为突出。法院干警的公费医疗经费基本无法全额报销，干警自身需要承担一定比例的医疗花销。下表的数据显示，从 1989 年起，财政的公费医疗包干经费大概只能够满足实际支出的六成需求。图 3-20 是根据 C 县人民法院公费医疗经费来源情况制作，我们可以看到公费医疗经费中预算内拨款比重不断下降。由于公费医疗采用包干制，因此预算内拨款比重的下降充分说明了原有标准的不足。同样我们还能发现公费医疗中有大量经费最终需要有法院干警自己承担，这个比例在 20 世纪 90 年代大概维持在 20% 至 30% 之间。

[①] 丁燕娣：《关于公费医疗制度改革的思考——对中国社会科学院公费医疗现况的调查分析》，载《社会学研究》1994 年第 3 期。
[②] C 法发 (1987) 字第 4 号。

表 3-22　1989—1998 年 C 县人民法院公费医疗经费支出来源表（单位:%）

年份	公费医疗经费来源					
	预算内金额	预算内比重	预算外金额	预算外比重	个人负担金额	个人负担比重
1989	0.29	64%	0.09	20%	0.07	16%
1990	0.60	88%	0.00	0%	0.08	12%
1991	0.61	85%	0.00	0%	0.11	15%
1992	N/A	N/A	N/A	N/A	N/A	N/A
1993	N/A	N/A	N/A	N/A	N/A	N/A
1994	3.15	58%	1.80	33%	0.45	8%
1995	3.16	60%	1.21	23%	0.86	16%
1996	3.66	56%	1.50	23%	1.36	21%
1997	4.18	45%	3.42	37%	1.68	18%
1998	3.19	39%	2.49	31%	2.44	30%
均值	2.36	52%	1.31	29%	0.88	19%

表格说明：

1. 数据来源于《历年 C 县人民法院财务报表(1979—1998)》,其中 1992 年和 1993 年会计报表缺失。

2. 本表格中公费医疗经费支出金额与表 3-17 略有不同,原因在于表 3-17 的财务报表仅计算了预算内和预算外的支出,本表格将个人负担部分也纳入了总额。

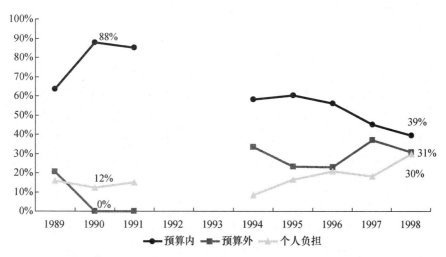

图 3-20　1989—1998 年 C 县人民法院公费医疗经费来源情况(单位:%)

公费医疗经费的超支还与干部的老龄化和医疗价格的上涨密切相关。因此向同级财政请求公费医疗追加拨款就成为法院每年经费追加报告的"常客"。样本 3-15 就是其中之一。这种申请能否成功很大程度上取决于地方财政的宽裕程度,而根据图 3-18 我们得知,这种申请至少没有得到全部落实。于是,法院自筹经费加入到对公费医疗的保障之中。然而即使自筹经费的加入仍然不能满足公费医疗的需要,法院干警就只能选择"自己掏腰包了"。

样本 3-15　C 县人民法院关于请求解决超支医疗费的报告(节选)

C 县人民法院关于请求解决超支医疗费的报告
(C 法(1995)22 号)

县财政局:

我院现有干警 11 人(包括退休人员),其中老同志就占了大多数,而这些人身体健康状况普遍不佳,很多都是老病号……仅账面反映,我院现超支医疗费 30797.13 元,而这些超支的药费全部由财务室给干警打欠条,至今一分钱未付,加之我院正在修建人民法庭,致使经费紧张无力自行解决药费超支问题。特请求县财政局领导同意解决我院超支药费 30797.13 元为谢。特此报告。

C 县人民法院
一九九五年十二月十九日
(院章)

由于公费医疗超支问题日益严重,国内对于公费医疗体制改革的呼声也日渐高涨。1993 年 10 月 8 日,国务院出台了《关于职工医疗保险制度改革试点的意见》,计划以医疗保险制度取代公费医疗制度。C 县人民法院直到 1996 年才开始建立医疗保险制度。1996 年 7 月 28 日《C 县公费医疗管理委员会关于缴纳职工医疗保险基金的通知》中载明"C 县人民法院享受医疗保险待遇 111 人(在职 102 人,退休 9 人)。按定编财政供给人数,你单位享受职工应纳入计算公费医疗保险金的实发工资总额为 433620 元,单位和个人分别按 1.5% 计算,共 13008 元。"然而,这个阶段的改革只是初步的,反映在财务报表上就是在 1996 年之后仍然存在着大量的公费医疗经费。真正意义上的公费医疗改革开始于 2000 年之后,这部分内容将在本书的第四章中有所涉及。①

2) 人员数量的增加

除了工资制度的改革所引发的人员经费的上涨外,人员数量的增加也是 C 县人民法院人员经费提升的原因。1979 年之后,法院系统开始恢复重建,"增编"是当时系统内部的流行词汇。1979 年 9 月 6 日 N 市中级人民院《关于今年下半年工作安排的意见》中提及:"法院编制中央正在研究。全国法

---

① 参见本书第四章"4.2.2 支出构成"中"(3)社保类经费"的内容。

院系统将由现在 5800 人,分期分批增加到 20 万人。中央分配我省法院系统在今年年底前先增加 3874 人,省上分配我区法院在今年内先增加 289 人"。由 5800 人到 20 万人,这样的增幅不可谓不显著。在此大背景下,C 县人民法院的工作人员数量在 1979 年之后迎来了一个飞速发展的时期。1979 年年初,C 县人民法院工作人员总数为 21 人,其后 S 省 N 地区中级人民法院 N 法函(1979)15 号《各县、市(区)人民法院今年内增加人员的通知》规定:"在今年内先分给我省法院系统增加 4314 人,省委组织部已正式下达文件,分配给我市法院系统今年内增加 322 人。我院经研究决定,分给你县、市(区)今年增加 23 人"。截至该年年末,C 县人民法院的工作人员总数为 41 人,增幅达 95%。随后,C 县人民法院工作人员的数量进入了一个稳步发展的时期。图 3-21 反映的是 C 县人民法院财政负担人员数量的变化情况。在 1985 年之前,法院人员稳步增长,从 1979 年的 43 人(含退休人员)一路上升到 1985 年的 78 人。可见,即使在工资标准不变的情况下,在这 6 年间,C 县人民法院的人员经费支出也势必会实现翻番。这一点在表 3-13 中得到了很好的体现。1980 年法院人员类经费支出为 3.68 万,到了 1985 年,这个数字上升到了 7.04 万。

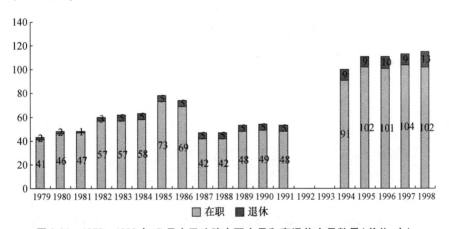

图 3-21 1979—1998 年 C 县人民法院在职人员和离退休人员数量(单位:人)

在人员增长的过程中,由于管理等诸多方面的原因,法院人员的增长超出了地方财政所能够承受的程度,这也是法院人员经费过度膨胀的重要原因。1979 年初,法院实有工作人员 21 人,1979 年底增加到 41 人,1983 年底为 57 人,《南政委(1985)7 号关于全区检察、法院、司法行政系统 1985 年编制控制数和经费等问题的联合通知》中又给 C 县公、检、法三家分配了 312 个人员编制,随后法院继续增编,1985 年底人员总数达到 78 人,直到 1998 年 C 县人民法院中具有编制的员工达到了 115 人,这样的增长速度无疑增长了法院人员经费膨胀的趋势。另一方面,除了正式在编的工作人员之外,C县人民法院还招募了一些非正式员工,如园丁、司机、厨师等。在《C县人民法院关于要求配备炊事员的请示》①中提及:"县革委:自去年以来,党和国家为了加强司法工作,为政法战线配备了大量干部。目前,公、检、法三机关只有一个食堂,就餐人数已达100余人,干部吃饭无处坐立。为了调动广大干警的社会主义积极性,保证四化建设的顺利进行,经院党组决定,成立法院食堂,急需炊事员二人。特此请示,望速批复。"虽然在正式文件的记录中C县人民法院的临时工作人员仅为一名,然而有理由相信实际数字将大大超过这个数字。从与C县人民法院院长的谈话中我们发现,C县人民法院临时工至少有养花、看门、清洁和司机等若干人,这些临时人员的存在无疑加大了人员经费的支出。

为了控制人员经费支出的膨胀,C县人民政府诉诸严格控制人员编制的方式。这个控制首先开始于1987年,该年度C县人民政府要求C县人民法院清理编制,将不适宜从事法官工作的人员裁去,因此我们可以看到在1987年的时候法院人员有了明显的下降,从74人下降到47人(图3-21)。显然,这种裁员对于降低人员经费支出的效果可谓立竿见影。1987年C县人民法院人员类经费比1986年下降了35%(表3-14)。此后,在1991年10月17日《C县人事局关于下达1991年机关、事业单位清退计划外用工计划的通知》②中就明确要求C县人民法院清退临时工2人。然而这种要求并未达到预期的效果,从调研的情况上看,这种清退只是"表面上的",人员未被真正清退,只是身份由"地上"转为"地下",支出经费也由"人员经费"转向"公用经费"。

在论述了法院人员经费变迁的原因之后,结合图3-14,我们可以大致分析C县人民法院人员经费的变迁趋势。笔者将这20年划分为三个期间:

第一个期间是1979年至1986年的恢复重建初期。这一时期的重要特点是法院人员类经费总额的稳步增长。由于在本阶段中工资类经费在比例和增长贡献上均占有绝对的优势,因此人员类经费的增长主要来自工资类经费的提升。当然,本阶段工资类经费的上涨并非来源于工资制度的调整,而主要是由于法院编制人员的增加。

第二个期间是1987年至1993年。在这个阶段初期,人员类支出出现了显著的下降,这个下降来源于两个方面的原因:首先是1985年工资制度调整

---

① C法发(1980)07号。
② C人发(1991)71号。

导致的法院干警平均工资水平降低;其次便是人员清理过程中法院编制人员的显著下降。在两个因素综合作用之下,C县人民法院人员类经费在1987年有了明显的下降,直到1989年才恢复到1986年的水平。总的来说,本阶段实际上是"前福利化"的阶段,虽然平均工资水平有所下降,但随着1985年开始征收诉讼费,法院也逐步将自筹经费转化为个人福利,因此福利奖励类经费对于人员经费的拉动作用开始凸现。数据显示1979年至1986年间,C县人民法院福利奖励类支出占法院人员类经费总支出的9%,增长贡献比为23%。1987年至1993年间,C县人民法院福利奖励类经费的比例提升到28%,增长贡献比为60%。可见,在法院创收的大好背景之下,财政负担工资水平的略微下降无法抵消福利奖励类支出的拉动。福利时代已初现端倪。

C县人民法院人员类经费发展的第三个期间为1994年至1998年期间。1993年国家对公务员工资水准进行了调整,从而提高了公务员的工资水平。表3-14和3-15的数据显示,这一阶段的工资类支出基本呈现稳步增长的态势(除了1997年外)。[①] 与此同时,随着法院创收工作进入"黄金时代",大量的预算外收入被转化为法院干警的福利奖励,在这个"福利岁月"中,预算外收入中有43%(表3-21)的部分被转换为法院干警的个人收入。其结果是福利奖励类经费在法院人员类经费中的比例提升到38%,增长贡献比接近五成(49%)。这些数据充分说明了"福利时代"的到来。

3. 外向的法院——法院公用类经费的描述与分析

公用类经费是指法院为维持机构的正常运转和业务开展所需的消耗性费用。前面的分析已经表明,公用经费的变动是这一时期法院经费支出增长的主要动力之一,年均拉动法院总支出增长7%,其对于法院经费增长的拉动作用仅次于基建类经费。

第一,与人员类经费相比,本期公用类经费表现出强烈的波动性。图3-22和3-23表明,在绝大多数年份中C县人民法院的公用类经费均是沿着波锋波谷的趋势在不断变化的。这一点在1987年以前较为明显。在1987年之后C县人民法院的公用类经费则稳定增长,除部分年份外(1991年和1997年),基本呈现正态增长。1980年C县人民法院公用类经费为2.04万元,1998年C县人民法院公用类经费达到76.67万元,增长了36.5倍。

第二,差旅费和车辆燃修费占据了本期公用类支出的主要部分。公用类经费是法院会计账目中项目构成最为复杂的一个部分。我们可以首先将公

[①] 查询会计原始报表得知,1997年人员类经费下降的原因在于法警津贴的取消。

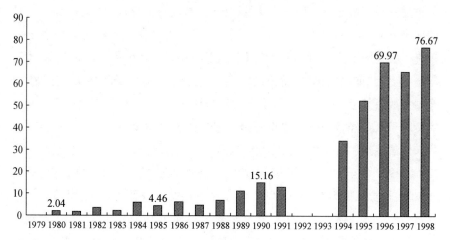

图 3-22 1979—1998 年 C 县人民法院公用类经费支出变化图(单位:万元)

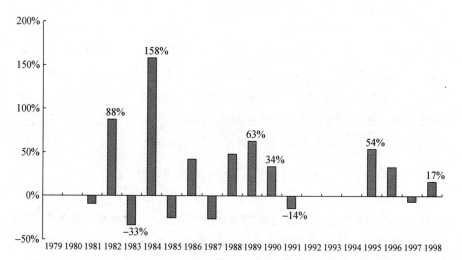

图 3-23 1979—1998 年 C 县人民法院公用类经费支出增长率变化图(单位:%)

用类经费拆解为公务类经费和业务类经费两个子项。然而,这两个子项的分类并不周延,二者在逻辑上有大量的交集。在法院内部公务和业务在很多时候无法截然分开,甚至可以说完全没有去做上述区分的愿望。举例而言,根据 C 县人民法院的财务管理体制,差旅费完全由法院办公室负责。法院干警的出差申请被相关负责人审批之后(通常为庭室负责人初审,法院院长终审),将票据留存,最后由办公室负责报销。因此这笔费用就被记录到公务费的项下核算。换言之,在公务费项下可能包含大量法院在业务过程中发生的经费,财务报表中公务费和业务费的数值并不能真实反映法院在公务方面和业务方面的开支。公务费和业务费相互比例的变化也很有可能并非是"风动"——公务业务需要,而是"帆动"——会计统计口径自身的变化。结合笔者对 C 县人民法院财务报表的研读，我们大致可以得出这样的结论，法院财务制度中所谓的"业务费"实际上并非业务费的全部，而是在扣除业务过程中产生的差旅费、车辆燃修费和招待费之后所剩余的在业务过程中产生的经费，比如陪审费、法律文书印制费、业务资料费等。因此，法院财务制度之上的"公务费"实际上的范围要大于我们通常理解的公务的内容，它是将差旅、车辆燃修和招待费全部视为公务的组成部分。这部分在业务开展中产生的差旅、车辆燃修和招待费便是在财务操作中"被公务"了。

　　造成这样一种财务制度的原因首先起源于笔者在本章收入部分分析的公务费和业务费的不同保障体系。长期以来公务费是采用包干制的方式进行保障，而业务费没有稳定的预算保障，因此在公务费项下开支部分业务的经费也就顺理成章——没有业务费可开支。业务费的数量只能在年终视地方财政的追加经费情况进行开支。也就是说，如果年终同级财政追加了 5 万元的业务经费，那么法院就会将原先的财务上的欠款纳入到这部分开支中。这种开支即可能是与业务相关，当然也很有可能与业务无关。于是，有些业务之外的开支也有可能"被业务"了。在 1990 年之前，业务类经费在财务报表上仅仅是一个项目，没有任何关于业务经费子项的信息。1990 年之后虽然业务经费子项有所公布，但这些子项也是五花八门，几经变化。因此，相对于公务经费的波动性而言，业务类经费波动性更甚。其次，这种财务制度也与法院高度集权的财务管理体制相关。差旅费、招待费和车辆燃修费的使用完全由院级机关掌控，庭室在这方面的权限较为有限。财政方面的集权是控制经费扩张的一个重要手段。因此，如果在分析公用类经费变迁时拘泥于法院财务账簿上的公务与业务的貌似泾渭分明的分类的话，其结果可能是与事实渐行渐远。这也是笔者选择将公务经费和业务经费合并分析的原因所在，它们共同反映了法院在人员成本之外的机构运行成本。正如前文论述的那样，公用类经费项下包含了大量的子项，比如办公费、水电费、邮电费、差旅费、车辆燃料费、车辆维修费、招待费等仅二十项内容。虽然种类繁多，但笔者仅选择在这个阶段中较为突出的三项经费进行详细论述，它们分别是差旅费、车辆燃修费和招待费。

　　表 3-23 的数据显示，从 1979 年至 1998 年 20 年间，差旅费和车辆燃修费是 C 县人民法院公用类经费支出的主要内容，占据了 C 县人民法院公用类经费支出的 47%。在部分年份，如 1989 年、1990 年和 1995 年，二者的比例之和接近甚至超过 60%（表 3-23、图 3-25）。

表 3-23 1979—1998 年 C 县人民法院差旅费和车辆燃修费
及其占公务类经费支出的比重　　　　　（单位:万元,%）

年份	公用类经费总计	差旅费		车辆燃修费	
		总数	比重	总数	比重
1979	N/A	N/A	N/A	N/A	N/A
1980	2.04	0.61	30%	0.19	9%
1981	1.85	0.63	34%	0.02	1%
1982	3.48	0.99	28%	0.02	0%
1983	2.31	0.69	30%	0.01	1%
1984	5.98	1.80	30%	0.02	0%
1985	4.46	1.37	31%	0.01	0%
1986	6.34	2.20	35%	0.67	11%
1987	4.68	0.98	21%	0.98	21%
1988	6.94	0.94	13%	1.23	18%
1989	11.30	1.62	14%	4.74	42%
1990	15.16	2.46	16%	6.96	46%
1991	13.06	2.90	22%	1.44	11%
1992	N/A	N/A	N/A	N/A	N/A
1993	N/A	N/A	N/A	N/A	N/A
1994	34.12	10.04	29%	5.88	17%
1995	52.49	26.34	50%	7.23	14%
1996	69.97	26.64	38%	14.83	21%
1997	65.54	13.65	21%	10.25	16%
1998	76.67	20.63	27%	8.67	11%
均值	22.14	6.73	30%	3.72	17%

表格说明:

1. 数据来源于《历年 C 县人民法院财务报表(1979—1998)》,其中 1979 年、1992 年和 1993 年会计报表缺失。

2. **本期法院公用类经费的构成细目较为复杂,且存在一定口径的调整,因此许多构成细目的数据是残缺的。制表过程中笔者仅仅选择支出比例最大的两种:差旅费和车辆燃修费。两者的比重之和小于 100%。**

第三,本期车辆燃修费的年增长率虽远超差旅费,但法院公用类经费仍主要由差旅费拉动。表 3-24 的数据显示,差旅费的增长率平均值为 32%,车辆燃修费的增长率平均值甚至达到了 700%,均超过了公用类经费的增长速度。同样必须指出的是,车辆燃修费的增长速度存在着一定的水分,比如 1986 年的车辆燃修费较之 1985 年增长了 10225%,其实从经费支出来看,该项支出只是由 64.95 元增加到 6705.79 元。这种迅速增长主要是由于法院

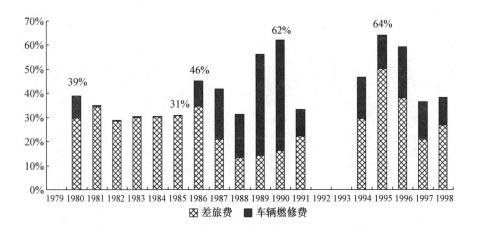

图 3-22　1979—1998 年 C 县人民法院差旅费和车辆燃修费占公用类经费比重(单位:%)

经费统计口径的变迁。在 1986 年之前,法院的交通工具主要是自行车,因此"车辆燃修费"实际上就是自行车维修经费。该经费虽然每年都存在,但是总体金额是十分有限的。此后,随着法院办公设备的改善,摩托车和小汽车逐渐取代了自行车,公车燃修费也就出现了飞速的增长。如果扣除 1986 年出现的极值,车辆燃修费的增长率平均值则下降为 19%。

在明确两类经费年均增长率后,结合其各自比重,我们可以计算出增长贡献。由于车辆燃修费出现的时间较晚(真正意义上的燃修费出现在 1986 年),其在法院公用类经费中的比重整体上不及差旅费,同时其增长速度也低于差旅费(扣除极值),因此其对于法院公用类经费的增长贡献就自然会低于差旅费。从整体来看,在改革开放的第一个 20 年中,C 县人民法院的公用类经费增长率平均值为 25%,其中差旅费的增长贡献为 13%,公车燃修费的增长贡献为 8%。也就是说,法院公用经费总增长中的有超过八成(83%)来源于差旅费和公车燃修费经费支出的拉动。考虑到公用类经费对于法院支出年均 28% 的拉动能力(表 3-8),仅差旅费和燃修费两项经费就直接拉动了法院支出增长中的 23%。它们在公用类经费及法院总支出中的地位不言而喻。

表 3-24　1979—1998 年 C 县人民法院差旅费和车辆燃修费增长率及增长贡献

(单位:%)

年份	公用类经费增长率	差旅费		车辆燃修费	
		增长率	增长贡献率	增长率	增长贡献率
1979	N/A	N/A	N/A	N/A	N/A
1980	N/A	N/A	N/A	N/A	N/A

(续表)

年份	公用类经费增长率	差旅费		车辆燃修费	
		增长率	增长贡献率	增长率	增长贡献率
1981	-10%	4%	1%	-92%	-8%
1982	88%	56%	19%	3%	0%
1983	-33%	-30%	-9%	-23%	0%
1984	158%	160%	48%	40%	0%
1985	-25%	-24%	-7%	-63%	0%
1986	42%	61%	19%	10225%	15%
1987	-26%	-55%	-19%	46%	5%
1988	48%	-4%	-1%	26%	5%
1989	63%	73%	10%	284%	51%
1990	34%	52%	7%	47%	20%
1991	-14%	18%	3%	-79%	-36%
1992	N/A	N/A	N/A	N/A	N/A
1993	N/A	N/A	N/A	N/A	N/A
1994	N/A	N/A	N/A	N/A	N/A
1995	54%	162%	48%	23%	4%
1996	33%	1%	1%	105%	14%
1997	-6%	-49%	-19%	-31%	-7%
1998	17%	51%	11%	-15%	-2%
均值	25%	32%	13%	700%	8%
增长贡献比	100%	50%		33%	

表格说明：

1. 数据来源于《历年C县人民法院财务报表(1979—1998)》，其中1979年、1992年和1993年会计报表缺失。

2. 1980年和1994年虽然有相关的财务数据，但因缺乏前一年（1979年和1993年）的数据而无法计算增长率与增长贡献。

3. 由于只选择了公用类经费中最为重要的两个构成项目，因此法院年度公务费"增长率"≠差旅费"增长贡献率"+车辆燃修费"增长贡献率"。上述两项构成的经费"增长贡献比"之和也因此小于100%。

如果我们将法院机构的运行成本分为"对内"和"对外"两个部分的话，那么差旅费和车辆燃修费无疑属于"对外的成本"，即法官在外出办案过程中所产生的成本。与之对应的是"对内成本"，是指法官在"坐堂办案"过程中发生的成本，比如水电费、邮电费等。虽然，与1979年之前相比，本阶段对外成本比重有所下降，但增长的绝对值却令人印象深刻。造成这种结果自然与本阶段中法院奉行的全能主义相关，这一点将会在本书第六章中详细论述。1998年之后，为了降低这种外向型所导致的成本攀升，中国的法院在日益转为"坐堂办案"，对外成本的比重有所下降。这一点将在本书第四章中详细论述。

(1) 差旅费和车辆燃修费

差旅费是指出差期间,因办理公务而产生的交通费、住宿费、伙食补助费和公杂费(市内交通和通讯)等费用。在20世纪80年代中期之前,C县人民法院的公务费主要就是差旅费。除了差旅费之外,另外一个值得关注的部分是车辆燃修费,准确而言在20世纪80年代中期之前,法院会计科目上并没有车辆燃修费这一统计项目,其对应科目为"自行车修理费",其原因很可能是因为公车使用在法院还未形成规模,而外出调查取证费用主要通过"差旅费"的方式予以支付。大致在1985年前后,"车辆燃修费"才正式独立成为一项统计科目。就C县人民法院而言,其第一辆公车为1980年由省法院配备的一辆司法囚车,在此之前,并未有关于车辆的记载。

样本3-16　C县人民法院关于公务车辆购买及维修的若干申请(节选)

《C县人民法院关于改变囚车所需经费的请示》①

县人民政府:

　　我院于1980年6月,省司法厅拨给我院司法囚车一部,近两年来的使用,一、由于设计不良,乘坐的人绝大多数晕车、呕吐;二、该车由于制造粗糙,质量很差,现油漆脱落和铁板生锈,也应维修,鉴于上述情况,经院党组研究,决定将此车改为北京牌。

C县人民法院

《C县人民法院关于购买囚车需款的请示》②

C县人民政府:

　　我院共有囚车二辆,其中一辆是1988年购买的,现已行驶5年,临近大修,另一辆属司法部在1980年初配给我院,目前已行驶近40万公里,期间经过三次大修,一次改型。自1990年以来,维修费用每年均在万元以上,小车修理厂已作出鉴定并通知我院该车报废。为了保障审判工作的顺利开展,保障乘车人员的生命安全,降低损失,院党组研究拟定,购买新囚车一台,需款6万元。以上请示如无不妥,请县人民政府批转县财政核拨。

C县人民法院
一九九三年四月二十四日

《C县人民法院关于购买审判、业务用车需款的请示》③

C县人民政府:

　　我院机关现有两台审判、业务用车,一台是1993年1月购买的"通工"囚车,现已

---

① C法(1982)9号。
② C法(1993)1号。
③ C法(1998)1号。

> 行驶16万公里,零部件、发动机已严重磨损……另一台也是1993年8月购买的"桑塔纳"警车,由于桑塔纳底盘低,受路线限制,农村机耕道不能去。因此,我院现已基本无车可供使用。我院每年审结案件均在4000件以上,审判、业务用车十分频繁,为了保证我院各项审判工作的顺利进行,为我县经济建设、社会稳定更好地服务,我院拟购六缸"三菱"车一台,需款46万元,恳请县人民政府批转县财政核拨。
>
> C县人民法院
一九九八年二月十五日

从样本3-16可以得知,1982年4月21日C县人民法院向县人民政府申请重新购置车辆,从其后县人民政府的答复来看,这一申请并未得到批准。可见,由于缺乏自主购车的能力,20世纪80年代中期前后,法院公车主要依靠上级的配备,而且从整体而言,当时对于公务用车的控制相对较为严格。从其后的报告中我们可以得知,1980年至1998年间,县财政仅在1993年给法院解决了两台公务用车。20世纪80年代中期以后"公车松绑"的趋势主要体现为对自筹款项车辆的放行,从而为法院公车数量的增加提供了政策支持。从笔者访谈的实际情况来看,法院几个主要的庭室,如刑庭、民庭、执行庭,均有自己的公务用车,有的庭室甚至拥有两台以上的公务用车。车辆数量的增加无疑会拉动车辆燃修费的提升。当然,法院努力自筹经费购买车辆也并非仅仅为了"一己之私",各种政策为这种尝试提供了或明或暗的"政策支持"。G市财政局和G市中级人民院发布的《关于全市法院系统"两庭"建设,物资装备建设"九五至九七规划"》就规定"县(区)法院到1997年应达到行政用车1—2辆,审判用车2辆。1997年以前人民法庭有条件的要配备审判用车1辆或至少应配备摩托车1—3辆。"[1]从这点出发,法院的自筹购车就显得"理直气壮"起来。

（2）招待费

提及法院的公用类经费,其中招待费是不能回避的问题。招待费是指行政事业单位为执行公务或开展业务活动需要合理开支的接待费用,它包括:在接待地发生的交通费、用餐费和住宿费。[2] 根据笔者的访谈,C县人民法院的招待费主要应用于以下两个方面:首先是招待上级法院法官。根据我国刑事诉讼法的规定,二审案件可以在原人民法院审理,因此若上级人民法院决定在原审人民法院开庭审理案件时,就会产生一定的招待费。这点在刑事案件中尤为明显,由于犯罪嫌疑人大部分羁押在一审法院所在地,因此若

---

[1] G中发(1995)10号。
[2] 参见财预字1998[159]号文件《行政事业单位业务招待费列支管理规定》。

二审决定开庭,则大多数情况下均会在原审法院进行。其次是法院招待费还要运用于招待各级领导的视察。① 最后是招待各种检查组。法院之所以十分"积极主动"地招待上述主体的原因主要就是他们把持着法院的"命脉"。上级人民法院掌握着二审的判决权,而若二审改判不仅会对审案法官的个人造成影响,而且还会对一审法院审判业绩的总体成绩造成影响;前来视察工作的领导有可能给法院带来资金支持。② 而检查组通常掌握着所检查事项是否达标的决定权。因此,"好好招待"也就成为必然。

纵观 C 县人民法院 20 年的财务报表,鲜有记录招待费的准确数字,在大部分年份中,财务报表中"招待费"一栏通常是空白,仅在 1991 年至 1997 年的报表中有所记载。其中 1991 年的招待费金额为 0.48 万元,1994 年到 1997 年的招待费金额分别为 2.3 万元、3.5 万元、2.7 万元和 6.7 万元,分别占该年度法院公务费支出的 4%、7%、7% 和 10%。由于缺乏准确数字的印证,笔者主要通过访谈来挖掘"云雾缭绕"之下的招待费支出。在访谈中我们专门拜访了已经退休的法院会计 S,他就对法院招待费的变化进行了回忆:

访谈 3-2　2009 年 5 月 11 日对 C 县人民法院会计 S 的访谈摘录

> (1985 年前)招待费纯粹没有,只有县委有 3 万块钱的费用,其他部门基本上没有,法院住的条件也很差,是明代的破庙。那时候的经费管理,人的思想观念对钱不是看得很重,都是为人民服务。招待费,1992 年开始有几千块钱招待费,1994 年上升到 4 万多,财政还表扬我经费控制很好,1995 年我没干了,一年涨到 20 万。列支的招待费不是单纯的招待费,亲戚朋友都来吃,现在好些了。小车费和招待费把国家风气、国家威信搞坏了,现在好了,国家加强控制。

可以说会计 S 的回忆部分印证了财务报表的数据,虽然 1992 年的财务数据由于报表遗失而无从获知,但是 1991 年 0.5 万元左右和 1994 年接近 4 万的招待费大致和会计 S 回忆相吻合。那么,1995 年的数据要么是会计 S 数据不实,要么就是法院在某种层面上隐瞒了真实的招待费标准。众所周知,招待费是法院运转的重要部分,因此 1979 年到 1994 年零招待费的报表是十分值得怀疑的。那么近 20 年的招待费记录的缺失究竟是由什么原因造成的?

首先,招待费可以说是行政机关经费支出中最为敏感的部分,虽然招待

---

① 总的来说,法院招待费的应用范围很广,笔者参与调研时就享受了"被招待"的待遇。
② 这一点将在文章的"策略"部分中详细讨论。

费的运用已经成为一个公开的秘密①,但是招待费的具体数额却历来被视为"高度机密",因此将招待费与其他经费共同统计就成为包括法院在内的国家机关进行"脱敏"的重要手段。在被要求单列统计之后,这个数值也十分不精确,只能反映招待费总额的一个部分。其真实金额可能远远超过会计报表的统计。

其次,招待费可以说是十分容易突破限制的费用。各地政府为了严格控制本地行政机关的招待费支出,都出台了相关招待费执行的标准。然而,这样的标准几乎从出台之日起就与现实标准有一定的差距,因此很少得到遵循。② 如1998出台《C县人民法院经费管理制度》中规定:"县财政接待外单位来客和上级单位来人的就餐标准为:科级以下每人每天25元(早餐5元,午餐12元,晚餐8元);科级每人每天30元(早餐5元,午餐15元,晚餐10元);县处级及以上每人每天35元(早餐8元,午餐20元,晚餐7元)。"试想,若是一个县处级的干部,如县长、县委书记等视察法院,法院会以每天35元的标准招待其父母官吗?因此,这样的标准从出台之日起也就注定了其将在很大程度上被束之高阁。

(3) 成因分析

前文已经论述了公用类经费在这20年中不断在波动中提升。下文中笔者将对此种趋势的成因进行分析。

1) 案件数量的提升

公用类经费的波动性首先与法院案件数量的提升密切相关。在20世纪80年代初期,C县人民法院年终审结案件数量大致在200件左右,到了20世纪80年代中期,这个数字上升到500左右,而在80年代末期则突破了1000大关。此后,C县人民法院审结案件数量持续上升,20世纪90年代中期突破3000大关,在20世纪90年代末期则超过4500件。在此背景下,法院业务经费的膨胀也就不足为奇了(表3-25)。不可否认,案件数量的提升势必会提高法院运转的公务和业务的成本。样本3-17中的四份请款报告就很能说明案件压力剧增的法院无法承受其伴随的公务经费的提升。

---

① 近日,甘肃省天水市接待办的一句"接待就是生产力"走红网络,有人指出,这一标语"看似笑话,其实是真话"。接待已经是中国社会运作的一个基本模式,有评论员尖锐地指出,对于中国社会而言,"接待就是生产力"其实是一块"臭豆腐"——闻之很臭,食之有味。参见曹林:《"接待就是生产力"是块臭豆腐》,载《广州日报》2012年6月22日。

② 陈选祯:《应着力整治行政事业单位业务招待费的"六多"现象》,载《湖北财税》2001年第6期。

第三章 创收时期的司法财政(1979—1998)

表 3-25　C 县人民法院部分年度办案统计及案均成本

(单位：件、元、元/件)

年度	审结刑案	审结民案	审结经案	审结行案	总数	法院支出(基建除外)	案均成本
1980	88	98	0	0	186	57277	308
1981	79	147	7	0	233	54563	234
1984	213	263	42	0	518	77039	149
1985	70	321	100	0	491	70546	144
1989	115	456	500	4	1075	220743	205
1994	N/A	N/A	N/A	N/A	2967	1066758	360
1995	N/A	N/A	N/A	N/A	3500	1341364	383
1996	N/A	N/A	N/A	N/A	3827	1456038	380
1997	163	1583	1238	15	2999	1543000	515
1998	N/A	N/A	N/A	N/A	4418	1880293	426

表格说明：

1. 根据 C 县人民法院历年工作报告整理。很遗憾，由于档案缺失，我们未能获取每一年度的法院工作报告。同时，工作报告中也未必对案件构成做详细说明。比如 1998 年法院工作报告中仅提及案件总数，却未涉及民、行、刑的构成。

2. "法院支出"用以计算"案均成本"的变迁。考虑到"基建经费"的项目性，大型基础设施建设通常会造成该年度法院支出的飙升。同时，基建项目一旦建成，可以使用多年。因此，将基建经费纳入一年支出中，统计"案均成本"便十分不精确。因此，本表的"案均成本"是扣除基建成本之外的"人员成本"与"日常运转成本"(主要是公用类经费)之和。

样本 3-17　C 县人民法院若干经费申请书示例

示例一：

C 县人民法院关于请求增拨差旅费的函

1994 年县财政给我院包干的差旅费为每年每人 324 元，由于我院审理的涉及外省、外县的案件增多，案件任务大幅度上升，且审理难度加大，加之旅费大幅度提价等因素，财政包干的差旅费远不能满足办案的需要，缺口很大，由于无钱报销，不少干警用自己的工资垫支或揣一叠财会室的欠条。

1994 年，我院共审结各类案件 2967 件，比上年上升 11%，审结各类经济纠纷案件 628 件，比上年上升 14%，为全县各企业、事业单位，各专业银行收回欠款 927.3 万元，1994 年，我院相继在全县范围内开展了"依法收取农户拖欠历年提留农税及收回财政周转资金"的专项审判，通过审判，为全县直接收回农税、提留款 57.3 万，间接收回农税、提留款 267.4 万，为财政收回周转基金 14.6 万。

为了保证我院审判工作的正常开展，确保我县的社会经济秩序，恳请县财政给我院增拨 1994 年差旅费 3 万元。

C 县人民法院
一九九四年十二月十四日
(院章)

示例二：

C县人民法院关于要求解决办案经费缺口的函
（C法（1995）33号）

县财政局：

　　我院今年各项审判工作又有长足发展，全院收案4100件，共审结各类案件3500件，收、结案均比往年上升11%和14%。由于审结案件多，办案难度大，干警出差费和小车燃修费已出现缺口资金87000元，目前干警出差费计62000元无钱报销，小车燃修费计25000元欠付修理厂，印制法律文书240多种，经结算尚欠印刷厂资金28500元，以上三项缺口共计115500元，现不仅不能结算，而且影响正常审判工作的开展，望财政局领导给予解决。此函。

C县人民法院

一九九五年十二月十六日

（院章）

示例三：

C县人民法院关于请求解决1996年经费缺口的报告
（C法（1996）9号）

县财政局：

　　1996年我院收案达到4414件，审结各类案件3827件，比历史上收、结案最高的1995年分别上升11%和12.5%，由于外出办案数量大量增加，外出办案的差旅费和小车燃修费也相应增加，加之修建6个人民法庭预算工程造价200多万元，现工程负债高达100多万元，从而致使我院办案经费非常紧张，仅以上四项公务费共计超支231000元（差旅费、小车燃修费、水电费、邮电费）。在加之今年"严打"超支办案经费24000元，我院全年共计超支经费255000元，请求县财政局领导予以解决我院经费缺口255000元。特此报告。

C县人民法院

一九九六年十二月十五日

（院章）

示例四：

C县人民法院关于请求解决98年度经费缺口的报告
（C法发（1998）第74号）

县人民政府：

　　我院1998年全年收案达到5289件，审结各类案件达4418件，在去年的基础上分别上升了20%和19%，办案的差旅费和小车燃修费也相应增加，修建8个人民法庭工程造价达400多万元，现工程负债还有100多万元，加之今年办理供销社股金纠纷案件、办理企业破产案件以及一些停产企业收到的诉讼费达50多万元，使得我院收取的诉讼费比去年大幅度下降，因此年初财政下达给我院的包干经费显得非常紧张。

　　今年财政预算包干的公务费和业务费共计275863元，其中差旅费51000元，小车燃修费28000元，办公、水电费36700元，邮电费47680元。而我院实际开支的差旅费

206300元,小车燃修费86700元,办公、水电费73400元,邮电费72340元,除用诉讼费弥补部分不足外,仅以上四项公务费共计超支245680元。请求县财政局领导解决我院经费缺口245680元为盼。特此报告。

C县人民法院
一九九八年十二月十二日
(院章)

2) 制度的变迁导致个案成本提升

除了纠纷增长的原因之外,制度的变迁也是法院公用类经费增长的重要原因之一。制度变迁对法院司法活动规范化的要求会导致个案处断成本的提升。表3-25显示,1980年法院"案均成本"为308元/件,比改革开放前有了显著的提升。在1978年法院个案处断成本仅为214元/件(表2-21)。此后,C县人民法院在20世纪80年代个案处断成本一路走低,到了80年代末期,降为205元/件。进入20世纪90年代之后,个案成本有了明显的提升。1997年一度达到515元/件。纵观法院在这20年内支出的变化情况,每次诉讼制度调整所导致的司法规范化改革都可能给法院带来新的业务支出,从而拉动个案成本的提升。

首先,新的制度会直接导致公用类经费的提升。比如,1997年《刑事诉讼法》修订之后对证人出庭作证提出了较高要求,并且规定证人出庭的费用由人民法院承担,这个新的规定增加了法院业务经费的支出,样本3-18显示,证人制度的改革对法院支出产生了拉动作用。在当时,8万元的预算并非小数目,因为1997年法院业务经费支出的总额也才31.7万元,而1998年业务费则增长到41.2万元。新增证人出庭费就占到法院新增业务费的近八成。

样本3-18　C县人民法院关于1998年证人出庭费用预算的报告

C县人民法院关于1998年证人出庭费用预算的报告
(C法(1998)4号)

县财政局:

为了保证新《刑事诉讼法》的贯彻执行,恳请县财政局将证人出庭费8万元纳入98年财政预算为盼。特此报告。

C县人民法院
一九九八年二月十八日
(院章)

其次,新的制度会产生新的机构,而机构的设置也就意味着装备、人员等的增加,其结果自然也会拉动法院业务经费的提升。在这 20 年间,法院先后设立了民事审判庭、审判监督庭、立案庭、行政庭和政治处等内设机构,这些机构的设立无一不带来业务经费的上升,样本 3-19 是 C 县人民法院设立法律顾问处的请款报告,由新机构导致的经费增长可见一斑。

样本 3-19 C 县人民法院关于关于为法律顾问处维修房屋和购置办公、生活用具要求拨款的请示

C 县人民法院关于关于为法律顾问处维修房屋和购置办公、生活用具要求拨款的请示
(C 法发(1980)10 号)

县委:

　　最近,县委根据上级有关规定,批准成立 C 县法律顾问处。编制三人,现已配一人,由于顾问处是新成立的单位,一无办公地点,二无办公设备,三无干部生活用具,经院党组研究决定:共需款 1199 元。特此请示,望速批复。

最后,新的制度还可能导致原有设备无法满足需要,从而对装备升级提出新的要求,而装备的更新换代也是伴随着大量的资金投入的。样本 3-20 显示了《刑法》和《刑事诉讼法》修订后对法院支出产生的影响。具体而言,相关法律的修订对法院工作提出了新的要求,从而促使法院对原有设备的升级。升级的结果便是支出的增长。

样本 3-20 C 县人民法院关于要求批拨审判用具费的若干请示

示例一:

C 县人民法院关于要求批拨审判用具费的请示
(C 法发(1980)09 号)

县委:

　　五届人大二次会议通过的《刑法》、《刑事诉讼法》等几个重要法律,从今年 1 月 1 日起已经两个多月了。然而,我县除县法院外,其余几个法庭都没有审判用具,给审判活动造成了很大困难。直接影响审判活动按照法律规定的程序正常进行。公开审判前,要到处去借桌椅(而且借用的不合规格),借扩大器、传声器、借广播喇叭,联系发电;审判中要请人执机;审判后要和有关单位结算付款。今年以来,SC、DQ、LS、WC 四个人民法庭先后公开审判四次,每次花费都在 30 元左右,每个法庭,一年至少要审判五、六起案件,就要花费 180 元以上,三、五年或者七、八年就是 1000 元至 2000 元以上。经院党组研究决定,为全县 9 个法庭各配置一套审判用具,总共需款 5670 元,木材 13.5 立方米。特此请示,望速批复。

C 县人民法院
一九八〇年三月十四日
(院章)

示例二:

C县人民法院关于购置审判设备请求增拨资金的申请
(C法(1996)4号)

县人民政府:

1997年1月1日,《中华人民共和国刑事诉讼法》将正式开始实施,这是我国民主法制建设的一件大事,新的《刑事诉讼法》对人民法院的审判设施,审判证据提出了更高,更严的要求,现我院使用的庭审设施已不能适应新的刑事审判的需求,为了确保公正、严肃执法,树立国家审判机关的执法权威,我院急需购置以下庭审设施:

一、摄像机一部(约28000元)
二、录音设备(约15000元)
三、因原建修审判庭时,未设计安装隔音设备,现审判庭内回音太大,严重影响审判和群众旁听,且无法录音,需增设隔音设备(约10000元)
四、扩大器一台、麦克风10只(约8000元)

以上约需资金66000元,恳请县财政核实后及时拨付我院。

C县人民法院
一九九六年十月二日
(院章)

示例三:

C县人民法院关于购置庭审设备需款的请示
(C法(1996)2号)

G市财政局:

1997年1月1日,修改后的《中华人民共和国刑事诉讼法》将全面实施,这是我国民主法制建设的一个新的里程碑。修改后的《刑事诉讼法》对人民法院的庭审要求更为严格,我院现有的庭审设施已不能满足刑事审判工作的需求。由于我县财政十分困难,我院又因建设人民法庭,欠账太多,无力购置庭审设备,恳求G市财政局给我院解决购置庭审设施的资金10万元为盼。其具体需求款项为:(1)摄像机一部2万元;录音设备一套2万元;(2)审判庭内部改造5万元;话筒10只3000元,照相机1000元。

C县人民法院
一九九六年十一月二十五日
(院章)

示例四:

G市中级人民法院关于转发S省高级人民法院《关于加快统计工作微机配备进度的紧急通知》的通知
(G中法发[1997]37号)

各县、区人民法院:

新的司法统计程序将于1998年1月起在全国各级法院正式启用。其具体要求如下:一、各县区法院必须配置586档次的微机(内存必须在16兆以上,硬盘在1000兆以上)。为保证上述工作顺利进行,市法院将采取以下措施:一是不定期通报各县区法院微机配置情况;二是年终考核评比时,对配备微机的法院给予较大幅度的增计分;对未配置微机的法院取消今明两年评选统计工作先进单位的资格。

G市中级人民法院
(院章)

此外,我们还必须注意,审判制度的变迁将会激发对于审判保障制度的诉求,比如法院打字室、法医室和档案室的建立。一方面,现代审判制度对于诉讼文书要求日趋严格,因此为了符合诉讼文书的制作要求,C县人民法院建立了自己的打字室,从而解决了大部分法官无法操作电脑的问题。打字室一经设立,其经费始终占据C县人民法院业务经费支出的重要方面。由于C县人民法院财务报表中关于业务经费的记载最为粗糙,因此笔者无法获知20年间所有的打字室和文书类经费在法院公用类经费中的比重。但是从已有的记录来看,这部分经费在C县人民法院公用类经费中大致占据10%的比例,1997年这个比例更是达到14.03%(共计支出91993.96元)。考虑到差旅费和车辆燃修费在公用类经费中的绝对比例,打字室和文书类经费已经俨然成为C县人民法院公用类经费的第三号支出项目。另一方面,法律文书的增多还对法院档案管理提出了新的要求。1983年12月最高人民法院、国家档案局召开了全国法院系统档案工作会议,会议对法院系统档案工作作出了部署,以应对法院系统档案管理的无序状态。毫无疑问,案件档案的增加对档案的保管提出了新的要求,从而提升了原有的业务经费支出。最高人民法院行政厅蒋福康在1990年11月29日的一次讲话中就提及:"由于案件的增加,诉讼用纸增多,有的案件需要诉讼纸张一尺多高,还有档案都属永久性的,保存、保管都需要相当数字的经费。"这种情况在C县人民法院表现得尤为突出,其在《C县人民法院关于增加办公楼层需款的报告》[①]中就指出:"诉讼档案需自行保管,现我院保管的50年至今的诉讼档案已达52300多卷,当时因未设计也无资金修建档案室,现诉讼档案无处安放,只得堆放在各自办公室的地板上,有碍档案管理制度的贯彻执行。"其后,C县人民法院斥资建立了自己的档案室,然而档案室建立之后并非一劳永逸,还需要维持档案管理水平,迎接各种检查,根据笔者掌握的资料,C县人民法院在1996年和1997年的档案工作检查中就获得了嘉奖,维持了省级一级档案室的

---

① C法(1993)11号。

水平。①

3）司法政策的变迁

除了纠纷的增加和制度的变迁之外,业务经费的增长还会受到变动政策的影响。如果说案件的增长和制度的变迁给公用类经费的增长提供了持续不断的动力的话,政策的变动则在输送动力的同时加大了公用类经费的波动。每个时期,法院的工作重心可能都会随着政策的变动而发生变化。正是由于司法政策的多变性,其变动所导致的法院经费的增加也具有一定的波动性。从1979年到1999年的20年间,法院经费始终是在"常规业务"与"特殊业务"的共同助力下持续增长的。对于常规业务前部分已有论述,本部分简单讨论法院对于"特殊业务"的处理所产生的额外业务成本。

自1979年起,法院系统开始恢复重建,而重建过程中一个重要问题就是重建法院的威信,因此这个时期,法院的"宣教"工作就显得具有政策上的优先性。所谓的宣教包含宣传和教育之意,法院的宣教工作主要通过各种形式的公审得以实现。C县人民法院的历史文件就记录了当时宣教工作的全貌:"一年来,我院共受理各类刑事案件92件,到年底为止,已审结88件,如在开展整顿城乡社会治安秩序的斗争中,我们与公安、检察配合,在保证正确、合法、及时的前提下,选择了有典型意义的盗窃、诈骗等12个案件,分别在5个区的9个公社进行了公开审理,判处罪犯28名,有21000多名群众参加了旁听。"②有宣教,自然就会有宣教费,根据笔者掌握的资料,1980年C县人民法院宣教费大致占到C县人民法院业务经费支出的10%。20世纪80年代,法院系统的另一个特殊使命就是对"文化大革命"期间冤假错案的平反。准确来说,C县人民法院的平反工作开始于1983年,该项工作申请的经费追加为5611元,而该年度C县人民法院业务费支出也不过8976.6元,可见其对业务支出增加的拉动程度之高。其后的若干年中,"复查费"都是法院业务经费支出的一个重要方面,并且到了1986年和1987年,C县人民法院要求追加复查经费的报告也增加起来(样本3-21)。

样本3-21　C县人民法院关于复查新中国成立以来刑事申诉案件所需经费的若干请示

示例一:
C县人民法院关于复查新中国成立以来刑事申诉案件所需经费的请示 (C法发(1983)字第6号) 遵照中央办公厅(1983)9号文件精神和省地委的要求,要进一步解放思想,加快

---

① 笔者就参观过C县人民法院的档案室,虽然称不上"富丽堂皇",但却是设计合理,并由一名老法警专门负责。

② C法发(1980)28号《关于80年刑事审判工作的总结》。

步伐,平反一切冤假错案。这次复查新中国成立以来所判的刑事申诉案件工作量大,情况复杂,上级要求严格,我院现有干部力量不足,经请示县委决定,聘请10位有一定政策水平和工作能力的退休干部协助我院办理此项工作。5月开始办公,二至三年完成。现将这十位同志5至12月上班后的经费预算于后:工资差额1329元,办公费272元,邮电费200元,取暖费60元,差旅费3200元,共计5611元。特此请示,予以解决。

示例二:

C县人民法院关于贯彻中央办公厅中办发(1986)6号文件的请示
(C法发(1986)字第20号)

县委:

中央办公厅(1986)6号文件指示,在1987年党的十三次全国代表大会召开前基本完成落实政策的任务,把"文化大革命"前和"文化大革命"中,在"左"的四项指导下处理错的历史问题,实事求是地纠正过来。

……

三、急需解决复查案件所需经费。由于法院办公地点,住宿条件很困难,从法庭调回的同志和雇请的退休人员都要住宿旅馆,抽调和雇请的共16人,共需款13620元,请示县委批准,从地方财政拨给专款解决,以利复查工作顺利进行。

C县人民法院
(院章)

示例三:

C县人民法院关于要求解决复查等经费的报告
(C法发(1986)字第26号)

县财政局:

……

一、复查经费:按文件规定,我院尚有需要复查的案件1212件。由于任务重、时间紧,县委决定聘请6名退休干部协助法院搞好复查工作,后来根据工作进展情况,经请示,又决定再增加6名。自9月份开始已全部投入工作,从已经开支的情况看,预计到明年4月,上述同志工作7个月,工资补助3360元,合计需款8660元。除财政已解决500元外,还要求解决8160元。

C县人民法院
一九八六年十一月十二日
(院章)

示例四:

C县人民法院关于要求解决复查案件和购置审判服装费的报告
C法发(1987)字第19号

县财政局:

现将我院急需解决的复查案件经费和购置新增干部审判服装费报告如下,请审查批示:

（一）1986年底财政已解决了当年所需经费，今年以来继续进行复查，从目前仅占情况，可在10月份完成，共需款5500元。
　　……

C县人民法院

一九八七年九月十日

（院章）

　　进入20世纪80年代中期之后，法院的特殊任务中又增加了"档案抢救"。"档案抢救"肇始于1983年年底全国法院系统的档案工作会议，该会议要求全国法院系统开展对历史档案的整理归档工作，课题组得到的许多历史档案就来源于这次"抢救"。当然，"抢救"对于法院业务费的负担是显而易见的。C县人民法院从1984年年初到1987年年底一共发出了5份申请，最终才将本笔业务经费落实。原定的"抢救"完工日期也一拖再拖，由最初的1985年9月，延迟到1987年4月，再到1987年10月。随着周期的延长，"抢救"经费预算也由最初的800元增长到1986年的7482元（样本3-22）。

样本3-22　C县人民法院诉讼档案抢修经费的若干申请报告示例（节选）

示例一：

C县人民法院关于要求拨款雇请人员抢救、修复业务档案的请示

（C法发〔1984〕字第18号）

县人民政府：

　　最高人民法院、国家档案局于1983年12月底召开了全国法院系统档案工作会议，省高级人民法院、地区中级人民法院先后召开了专门会议，传达、贯彻了档案工作会议精神……目前，我院档案室存放着新中国成立以来的诉讼文书档案14000多卷，其中50年代和60年代初期的有9400多卷……需要抢救、复修的约20%左右，计2000多卷，这项工作数量大、任务重、时间紧，加之法院目前审判任务很重，不可能抽调更多人员来从事这项工作。根据我院实际情况，经院党组研究，打算雇请四名退休干部协助法院进行这项工作，从9月开始，今年搞4个月，合计需款800元。特请示县人民政府给予批准拨款解决。以上请示当否，请审批。

C县人民法院

一九八四年八月十五日

（院章）

示例二：

C县人民法院关于要求拨款雇请人员抢修业务档案的请示
（C法发（1984）字第35号）

县财政局：

　　……鉴于上述情况，经院党组研究从1984年10月起雇请了2名退休干部、2名社会青年开始清理工作，三个月支出合计800元。预计到1985年9月底，还需款1800元，共计要求拨款2600元。以上请示当否，请审批。

C县人民法院
一九八四年十二月十七日
（院章）

示例三：

C县人民法院关于要求拨款抢救诉讼档案的请示
（C法发（1985）字第15号）

县人民政府：

　　……我院从1984年10月开始雇请了2名退休干部、2名社会青年投入这项工作。截至1985年3月底只完成了新中国成立初期7年中的刑事档案，从1957年至1966年还有刑事档案4074卷，从1950年至1966年的民事档案还有2755卷。中级人民法院院长对于我院由于组织力量少，进度慢的问题提出了严肃的批评。经院党组再次研究请示县人民政府解决抢修档案经费。经初步预算合计需款3670元，请审批。

C县人民法院
一九八五年四月四日
（院章）

示例四：

C县人民法院关于再次要求拨款抢修诉讼档案、接囚车费用和临时炊事员工资的请示
（C法发（1986）字第6号）

县人民政府：

　　根据上级有关规定，我院于1985年曾三次向县人民政府和财政局要求拨款抢修诉讼档案，至今没有得到解决。但我们对抢救诉讼档案工作一直没有停止。截至1985年底，已经整理档案7000余卷，用款4482元，尚有6000余卷需继续整理，预计需款3000余元。

C县人民法院
一九八六年一月五日
（院章）

　　20世纪80年代中期的另一个重要工作是"文凭大跃进"。在新中国成立后的很长一段时间内，由于在法官的任职条件中没有对文凭的要求，甚至

连专业法律知识也可以不具备,结果是大量非专业人员、甚至是文化素质极低的人员充斥法院。1983 年 6 月,时任最高人民法院院长的江华描述四川省的情况是"法院干部中,党、团员占 84%……政法院系的大专毕业生仅 498 人,占 4.6%,而小学以下程度的占 15%,其中还有相当数量是文盲和半文盲。"①随着对法官学历标准的政策调整,20 世纪 80 年代中期,法院开始了向专科学历的第一次"文凭大跃进",其主要手段就是通过法院自主管理的"业大"学习。因此,在此"大跃进"的过程中,培训经费自然就成为业务经费的重要方面,而培训经费短缺也就成为法院申请经费追加的重要理由(样本 3-23)。从其后另一份请款报告中可知,1985 年 C 县人民法院教育经费一共花费约为 4271 元。

样本 3-23　关于 C 县人民法院购置开办《法律业大教学班》必须用品所需经费的请示

> 关于 C 县人民法院购置开办《法律业大教学班》必须用品所需经费的请示
>
> 县人民政府:
> 　　经中央领导同志批准,最高人民法院创办的全国法院干部业余法律大学,经今年 7 月 15 日全国统考,我院录取 20 人,已于 9 月 16 日开学,教学班业已成立并开始行课。根据 S 省高级人民法院、S 省财政厅(1985)字第 24 文件转发的最高人民法院、财政部《关于法院干部业务法律大学的经费由各级财政部门解决的通知》的精神,我们按上级要求,从教学实际需要出发,共计需款 1996 元,请县人民政府领导审批。
>
> 　　　　　　　　　　　　　　　　　　　　　　　　C 县人民法院
> 　　　　　　　　　　　　　　　　　　　　　　　一九八五年十一月十五日
> 　　　　　　　　　　　　　　　　　　　　　　　　　（院章）

从恢复重建初期对于"宣教"的重视,到恢复重建过程中对"文化大革命"期间冤假错案的平反,到 20 世纪 80 年代末期对历史档案的抢救保存以及参与政法机关的"严打",再到 90 年代末期对于调解的重视,无一不增加法院的业务经费支出。其在增加法院公用类经费支出的同时也增加了公用类经费的波动性。

---

① 贺卫方:《通过司法实现社会正义》,载《超越比利牛斯山》,法律出版社 2003 年版,第 62 页。

第四章 公共财政时期的司法财政(1999—2008)

一、收入:财政保障体制的回归

(一) 整体变迁

1999年以后,"收支两条线"管理模式在诉讼收费领域的实施标志着我国基层法院经费保障体制开始进入第三个阶段,这个阶段的总体特征是在公共财政理念的影响下,财政对司法经费保障的力度再次增强。具体而言,上述特征体现在两方面:首先,基层法院向下汲取财政资源的渠道逐步受到规范和控制。如果说"收支两条线"管理模式的应用还主要停留在"规范"层面上,2007年开始实施的《诉讼费用交纳办法》则标志着"控制"诉讼收费的开始,"公共财政负担为主、当事人负担为辅"成为新时期经费保障体制的目标模式。其次,在基层法院经费的公共保障体系内部,中央和省级财政提供的保障力度逐步增大。为了帮助贫困地区提高政法机关的经费保障程度,实现地区间政法机关工作环境和工作条件的基本平衡,1999年中央针对国家级贫困县的政法机关设立了"中央政法专项补助",贫困地区基层法院的经费来源渠道更加多元化。

1. 诉讼收费制度的变革

针对人民法院向提起诉讼的当事人收取的案件受理费、申请费和其他诉讼费用,1999年以后首先引入的是收支两条线管理模式。在这一管理模式下,各级人民法院依法收取的诉讼费用属于国家财政资金,其收取、分配和使用要纳入财政管理,亦即将各级人民法院的诉讼费用全额纳入财政专户,严格实行"收支两条线"管理。从2000年1月1日起,仅在C县人民法院所在的S省,各级法院收取诉讼费用基本上实现了"收缴分离",建立起了"单位开票、银行代收、财政统管"的管理体制。在新的收费体制下,仅从形式上看,诉讼收费属于当地财政的非税收入,而不再构成法院预算外收入的组成部分,法院在使用诉讼收费之前必须先经过"财政部门的核拨"这样一道程序。由于是否核拨对财政部门而言是裁量性的,这一改革使财政部门获得了在当地统筹法院诉讼收费的权力,有权将其分配给其他与政法工作不相关的部门使用。不过,从 C 县的讼费管理实践来看,这一权力对财政部门而言只在理论上存在,纳入财政专户的钱基本上会以"业务补助经费"的形式全额返还给法院①,后来诉讼费纳入预算内管理后,这一模式依然延续。对此,C 县人民法院办公室寇主任是这样描述的:"前几年诉讼费我们是全额返还,诉讼费都是年底返,平时我们收的钱都是全额交国库。……当天交几天后就可能收到了。100% 返还,专户只是过路。"在此意义上,诉讼收费虽然形式上不再归属于法院,实质上却仍然构成法院可以自由支配的财政资源,对法院来说,那仍旧是"自家的钱",而不是"财政的钱"。这也意味着,收支两条线管理在实践中最终实现的功能仅限于将此前由各单位自行掌握的预算外资金纳入到财政部门的统一监控之下(财政专户或国库账户),支出部门的资金支配权并未因此受到实质影响,俗称"只进笼子,不动刀子"。

虽然只是"进笼子",但信息本身就意味着支配的可能,财政部门对信息的掌握本身大大增强了财政部门与支出部门进行谈判的能力,在两者围绕资金使用展开的协调中,它无疑为财政部门赢得了有利的位置,法院经费管理体制中由财政从外部给予的控制也因此在不断强化。一个结果就是,法院对扩张"业务补助经费"开支范围的正式需求:在此前的法院经费管理机制中,预算内资金和预算外资金都直接进入基层法院的"资金池",并由基层法院统一支配,资金的专用性问题并不重要,而当财政从外部给予的控制强化后,经费留用的可能性开始成为问题。在如 C 县这样的贫困地区,这种需求又因为资金的相对贫乏而进一步凸显,因为在资金相对紧张的环境下,由于缺乏应对各种不确定因素的机动经费,基层法院不仅会关注实际可以获得的财政资源总额,还会关注法院在资金使用上的自由度,以回应随时可能发生的紧急支出。考虑到近 10 年来,法院的经费困难或多或少与"两庭"建设密切相关,法院的资金紧缺问题在基建领域也最为突出,2000 年 4 月 13 日,C 县人民法院致函同级财政局,要求将收取的诉讼费用于法院的"两庭"建设,即为适例。② 由于此一情况并非孤例,开支范围的问题也引起了 S 省高级人民

---

① 根据1999 年《人民法院诉讼费用管理办法》第 17 条、第 22 条,纳入地方各级财政专户管理的诉讼费用,由各级财政部门按审批的诉讼费用收支计划,作为"业务补助经费"按月核拨给同级法院使用。各级人民法院要按照预算内外资金收支统管的原则,将各级财政部门核拨的"业务补助经费"与同级财政部门核拨的预算内业务经费相结合,纳入本单位预算,统一核算、统一管理、统筹安排使用。

② C 县人民法院《关于将收取的诉讼费全部用于法院的业务建设的函》(C 法发[2000]39号)。

法院的重视。根据1999年《人民法院诉讼费用管理办法》第15条,"业务补助经费"的开支范围包括:(1)业务经费和(2)省级财政部门核批的其他支出。为了利用第二种情形带来的便利,S省高级人民法院就业务补助支出范围的扩大问题专门请示了S省财政厅,后者对此答复如下:"在诉讼费用的使用范围上,考虑到我省法院系统审判基础设施差、欠账大的实际情况,同意人民法院经同级财政部门批准后,将核拨的'业务补助经费'适当用于人民法院审判基础设施建设支出"。① 这样,在省高级人民法院的沟通协调下,在C县财政局正式答复前,业务补助经费的开支范围已经扩大到了"两庭"建设领域。

(1)笼子的"窟窿"

收支两条线管理模式旨在将法院的诉讼费全部转入财政的笼子,但从该制度在C县的实际运行看,虽然很大一部分诉讼收费彻底装入了财政的笼子,但这个笼子仍然存有一些"窟窿"。比如,法院收取的一部分"其他诉讼费用"并未直接进入在银行开设的汇缴账户,而仍由基层法院内设部门在办案、执行过程中先行收取、再行汇缴。根据C县人民法院1999年制定的操作办法,纳入银行代收范围的只包括案件受理费、执行申请费,以及其他诉讼费中的鉴定费、公告费、执行案件实际支出费。异地调查取证费和异地调解差旅费(县以外,《人民法院收费办法补充规定》第1条第2项),复制费(《人民法院收费办法》第1条第2项);证人出庭的交通费、住宿费、生活费和误工补助费(《人民法院收费办法》第2条第2项),则仍由各法庭和院机关业务庭在办案、执行过程中按规定如实收取,并向付款人出具诉讼费收据,但各单位须将自收的其他诉讼费,于次月5日前转存法院在银行开设的专户。②

(2)刀子的"挥动"

法院诉讼收费领域的"收支两条线"管理与我国始于20世纪90年代末的部门预算等公共财政体制改革是同步进行的。对财政部门而言,这些改革的终极目标并不在于信息的搜集,而是希图在信息搜集的基础上强化其控制能力,使之成长为足以优化财政资源配置的核心预算机构。在这一目标下,由于"进笼子"本身并不涉及对财政资源的再分配,这就注定了"进笼子"必然只是一个阶段性的目标,只有同步跟进后续的"刀子",才有可能真正完成

---

① S省财政厅关于对省法院《关于贯彻执行诉讼费用管理办法有关问题的请示》的答复(S财行[2000]53号)。一个有趣的现象是,在相同的时间点,对于同样内容的公文,C县人民法院使用的公文格式是"函",而S省人民法院使用的格式是"请示",不同的文书格式某种程度上也代表了法院对自身不同的角色定位。

② C县人民法院关于执行《诉讼费用管理办法实施细则》中具体操作办法(C法发[2000]20号)。值得注意的是,虽然C县人民法院明确将部分"其他诉讼费用"排除在银行代收范围外,但对于这些规定的合法性,C县人民法院自身也是持怀疑态度的,因此在3个月以后,C县人民法院专门请示了其上级G市中级人民法院"由法院收取,收取后再统一存入银行"的妥当性。

公共财政财政体制的转型。具体到诉讼收费领域,挥舞的"刀子"可能来自于省级法院的统筹,也可能来自于本级财政的统筹。"省级统筹"事实上在1999年"收支两条线"改革之前就已进行。与本书第三章提及的"省级统筹"不同的是①,本期省级统筹的操作模式是:地方各级法院的诉讼费用,由当事人直接全额交入省级财政在当地指定银行开设的省级财政专户分户,省级财政专户集中的地方各级法院诉讼费用,由代理省级财政专户分户的银行,按规定比例就地及时分别划入地方各级法院所在的同级财政专户和省级财政专户。在S省,统筹的比例最初为20%②,2005年以后调整为6%。③ 这笔资金每年由S省高级人民法院提出使用计划,经S省财政厅审核后下达,用于统一购置必要的业务设备或补助贫困地区法院的业务经费。值得注意的是,由于诉讼收费本身是一个复杂的体系,对于不同的收入项目的统筹,基层法院的态度可能并不完全一致。比如,对C县人民法院而言,在强调法院基本物质保障均衡化的制度环境中,C县人民法院对于案件受理费和申请费等收入的省级统筹总体上是持肯定态度的,因为该院在诉讼收费统筹中获得的收益一般大于上缴的诉讼收费;但对"其他诉讼费"的统筹则引发了C县人民法院的不满,并于2000年专门就此项费用的上缴比例问题请示了上级G中级人民法院,其理由是:"按最高人民法院诉讼费管理办法补充规定的要求,其他诉讼费,都是人民法院在办案中由当事人承担的实际支出费用,如公告费、证人出庭费等,这些费用都是实际支出多少,向当事人收取多少,如果按规定要上交20%,等于法院还要另找20%的费用上交。"这一质疑不无道理。

(3)"创收"的延续

由于省级统筹的比重只有20%,后来降至6%,同时C县人民法院作为国家级贫困县的基层法院,在统筹经费的分配上属于受益者,省级统筹对基层法院的收支影响并不大。影响C县人民法院诉讼收费行为的主要还是同级财政"收支两条线"管理以后对于诉讼收费与财政保障力度之间是否真正脱钩的政策选择。从C县人民法院的情况看,至少在2007年《诉讼费用交纳办法》的实施使诉讼收费失去其重要性之前,县财政对法院的经费保障力度与人民法院收取的诉讼费一直是挂钩的,不过"挂钩"的形式因整个县域财

---

① 参见本书第三章"基本特征"中"强调向下汲取的社会负担阶段"。
② 在C县人民法院办公室副主任保留的2000年的财务工作档案中,我们发现了一份S省高级法院直接向C县人民法院下达的催缴通知,要求C县人民法院在6月10前,将依法收取的诉讼费用20%,上缴收款单位为"省高院计财装备处"的省财政专户分户。参见《S省高级人民法院关于上缴诉讼费用的通知》(S高法[2000]134号)。
③ S省财政厅、省高级人民法院、中国人民银行D市分行关于印发《S省法院系统诉讼费管理办法实施细则》的通知(S财行[2004]247号)。

政管理体制的变革而有变化。2003年以前,诉讼收费在预算外管理,诉讼收费主要通过"核拨"程序返还给法院;2003年以后,在国库集中收付改革的基础上,诉讼收费纳入预算内管理,县财政主要通过在安排预算时下达行政事业性收费任务的方式挂钩,由于超出任务收取的诉讼收费仍然主要由法院使用,统筹力度并不大。① 从2006年和2007年财政部门批复的法院预算看,行政事业性收费任务大致相当于当年预算安排的拨款收入的一半左右(表4-1)。对C县人民法院而言,这一任务并不是指导性的,而具有实质效果:如果行政事业性收费任务完成不了,则对应部分的财政拨款不予安排。对此,C县人民法院办公室副主任作了最好的解释:"法院每月报告需要使用经费的额度,列成申请单,然后交主管人员审批。这个费用基本上就是当月的诉讼费的标准。如果诉讼费当月收入较低,那就只能根据年初预算情况合理申请,确实也存在当月诉讼费收入低,当月很多账目就无法报销。"

表4-1　2006—2007年度预算安排的拨款收入与行政事业性收入任务

(单位:万元,%)

	拨款收入	行政事业性收费抵拨	比例
2006年	453.22	270.00	60%
2007年	421.13	180.00	43%

表格说明:资源来源于2006年《部门预算指标通知》、2007年《部门预算指标通知》。

在这样的管理体制下,虽然实行了收支两条线管理模式,但诉讼收费的多寡仍然直接影响法院的经费保障水平,法院仍然有直接的动机去"创收",与此前不同的是,现在基层法院的经费收支对财政部门而言是基本透明的。由于基层法院面临的激励与约束机制并未出现实质性的变化,其所诱发的行为模式亦大抵如是,从20世纪90年代中期开始盛行的案件任务责任制进入新世纪后仍然被继续采纳。② 比如,C县人民法院2000年、2001年下达的目

---

① 2003年,C县人民法院接到通知,预算外经费将统筹50%,这引起了C县人民法院的高度重视,就此专门行文县人民政府,强调财政年初预算安排的业务经费远远不能满足县法院的实际支出,报告称,只是"由于诉讼费超预算部分财政未作统筹,才使法院勉强维持各项业务开支,财政的预算对我院未产生实际的影响,我院也未向县人民政府作专题报告。……如统筹50%,法院收支差距大,更不可能逐步消化近千万元的债务,故此,特申请县人民政府对法院预算外经费不予统筹,以维持人民法院审判工作的正常运转。"参见2003年11月20日《C县人民法院关于2003年业务开支超预算情况的报告》(C法[2003]15号)。

② 指出这一点并不意味着否定目标责任制在法院应用的必要性。事实上,经过不断地完善,目标责任制现已经成为全国法院加强审判管理、队伍管理和司法政务管理的重要手段,考核的范围涉及法院运作的方方面面。本书在此有所质疑的主要是基于创收目的下下达的案件任务,不过目标的确定很大程度上是综合考虑的结果,要精确的测定案件任务是否基于创收而下达是非常困难的。比如,目标责任制同时要求案件数量以审判监督庭质检合格、基本合格等次为据,质量管理的理念同样融入其间。

标任务并未因为诉讼收费制度的改革而有所不同,其中连法警大队也未能"免俗":

> "机关审判人员、助理审判员分别以刑庭45件、经一庭、经二庭40件,行政庭、执行庭55件下达本年度目标任务。民庭总任务60件,法警大队总任务110件。刑庭、经一庭、经二庭、执行庭庭长和法庭内勤按15件下达任务;行政庭庭长按15件下达任务。人民法庭以庭长40件,审判员、助审员55件,书记员45件下达目标任务。……各庭审结案件的诉讼费必须按判决书确定的金额按季度交财会室,年终总结时当年审结的诉讼案件,未交清费用的不计奖惩。必须案清、卷清、诉讼费清,不打"白条"。……撤诉减半收费的案件两件折抵一件。……裁定不予受理、自动放弃诉讼、支付令收费低于150元……不计任务。"

同时,在奖惩与绩效挂钩的程度上还有所增加。根据《C县人民法院2000年目标责任制》,对于各个业务庭,超目标责任制规定任务的每件发给奖金40元,完不成目标任务规定的庭少任务一件惩罚40元,以此类推;而对综合部门则按业务庭平均数发放奖金。比如,正、副院长、办公室、政工科、政研室、法警大队、刑庭、立案庭、审监庭全体人员都按全院业务庭超岗位目标任务平均数发给平均奖金。相对于"阳光"工资改革后主要依据干部行政级别确定福利待遇的做法,此种"按劳计酬"的管理机制实际上在既有的体制环境中照顾了一线办案干警的待遇问题,也更为公平。①

结果是,"收支两条线"以后,基层法院的诉讼收费并未减少,该项收费在基层法院经费保障体制中的地位有增无减,通过诉讼费用实施的成本转嫁政策依然如故。2004年,C县人民法院向县财政缴纳的诉讼收费占拨入经费的比例甚至高达63%,甚至还高于创收时期(表3-2)。此后虽有所回落,但仍然保持在拨入经费的一半左右(表4-2)。对基层法院而言,诉讼收费不仅可以直接作为法院的经费来源,还可以将其作为"抵押物"向银行贷款。比如,2000年4月,当C县人民法院新建办公楼、审判综合楼出现资金周转困难,在向C县信用联社提出贷款申请时,即明确表示"将以在全县范围内办理案件的诉讼费和执行费担保偿还贷款本息"。更重要的是,这一承诺并不仅仅是一个宣示,而且具有现实的可操作性。就在2000年的1月,C县人民法院为了偿还此前的70万元贷款,曾与县信用联社达成了将立案缴纳的诉

---

① 下文将论及,这一分配格局在"阳光"工资制度改革后可能发生转换,办案最多的一线干警福利待遇可能并不好。

讼法、申请费集中汇缴用于偿还法院在信用联社营业部所贷款项的协议："自2000年1月1日起,各信用社、分社、部将立案庭缴纳的诉讼费、申请费不直接付给法庭、立法庭,一律通过县辖往来结算办法集中汇缴联社营业部用于偿还C县人民法院的贷款,各法庭、立案庭对各信用社、分社、部开立正式收据,凭往来结算凭证到法院财会室报账。"①随着国库集中收付核算制度的建立,这一做法不再具有可行性,但在收支挂钩的管理模式下,法院创收的制度性激励仍然存在。由于诉讼费用本质上属于成本转嫁政策,法院"创收"实际上将相应的经费保障责任转嫁给了当事人,对当事人的诉讼权利构成了明显的限制,尤其是在C县这样一个国家级贫困县。2000年,三位政协委员向C县政协第六届委员会提议"为何怕打官司"的意见,成为县政协第131号提案,对C县人民法院的诉讼收费提出质疑。不过,C县人民法院致提案人的答复中并未提供有效的解决之道。事实上,直到2007年《诉讼费用交纳办法》改变了延续15年之久的成本转嫁政策后,这一问题才真正开始求解。

表4-2　2003—2006年财政拨入经费与C县人民法院向财政缴纳的诉讼收费

(单位:万元)

年份	拨入经费	其中:向财政缴纳的诉讼费	比例
2003	508.10	261.50	51%
2004	490.60	310.00	63%
2005	535.60	301.00	56%
2006	674.90	294.00	44%

表格说明:2003年数据来源于C县人民法院2003年《会计报表》,2004—2006年数据来源于C县人民法院《关于诉讼费用情况及解决公用、业务经费保障的报告》(C发[2007]01号)。

2. 财政保障力度的增大

1999年以后,随着"收支两条线"管理模式的实施,由于诉讼收费作为非税收入的组成部分不再归属于基层法院,因此从形式上看,基层法院的经费保障责任完全由公共财政提供保障。虽然从C县人民法院的经费保障实践看,至少在2007年成本转嫁政策转型导致诉讼收费大幅减少之前,这一"形式"并不符合其所指称的"内容",但它作为一项全新的管理模式,仍然为法院经费保障体制的演进引入了诸多变量,最为重要的变化就是中央和省级财

---

①　C县人民法院、县信用联社关于农村信用社将立案缴纳的诉讼法、申请费集中汇缴偿还人民法院在联社营业部贷款的通知(C法[2000]1号)。

政通过中央政法专项补助等形式开始逐步加大对基层法院经费保障的投入。当然,对不同的经费支出项目,中央和省级财政补助的力度是不同的。

(1) 基层财政的保障力度

在包括法院在内的政法部门"收支两条线"改革以后,中央要求各级财政部门加大对政法机关的投入,保障法院等政法机关履行职能所必需的经费,具体包括:① 按照"从优待警"的原则保障政法机关编制内人员类经费;② 按照高于当地一般行政机关一倍以上的标准安排行政经费;③ 根据工作任务安排业务经费;④ 根据工作需要和财力可能保障装备经费;⑤ 有计划地安排基础设施经费等。① 但是,在禁止政法机关经商并实行收支两条线管理政策后,一方面,中央并未就因此可能给地方政府造成的增支下达补偿资金;另一方面,1994 年分税制改革之后,在综合国力不断提升、全国财政收入强劲增长、地方财政总收入不断提高的情况下,中央和地方层级高端(省、市)在全部财力中所占比重上升,而县、乡财政困难却在"事权重心下移、财权重心上移"过程中凸显出来。② 其结果是,"收支两条线"管理对基层法院经费保障的影响更多地集中在制度层面,亦即管理方式的改变上,对于基层法院最关注的内容,亦即保障的资金数额本身的增加,改变却相对有限。就基层法院与同级财政的关系而言,既有的管理模式在收支管理两条线后仍然延续,下面将从人员类经费和公用类经费的保障两个方面予以说明。

在人员类经费方面,根据资金来源的不同,基层法院的人员类经费大体可以分为财政给予保障的人员类经费和单位自行解决的人员类经费。对于财政给予保障的部分,一般都能够在年初按照国家规定的工资标准,按法院编制内的实有人数"打"入预算。由于涉及"有无编制""是否缺编"和"发放标准"三个标准,而这些标准是由不同部门管理的,因而在县域范围内,这一部分经费的管理同时涉及三个部门:编办、人事局和财政局。总体上看,财政局在编制内人员类经费的管理上发言权非常有限,因为法院的编制数由编办核定,是否缺编由人事局判断,甚至对某一干警执行的工资标准也不是由财政局具体确定的,而必须经组织人事部门批准。比如,在 C 县人民法院办公室副主任保管的财务工作档案中就保留了多份 C 县人事局或 C 县县委组织部致 C 县人民法院的通知,在这些通知中具体列明了每一年工资标准变动的人员名单及其变动后的工资标准、法院干警退休以后执行的退休费标准等

---

① 参见中共中央办公厅、国务院办公厅关于转发《财政部关于政法机关不再从事经商活动和实行"收支两条线"管理后财政经费保障的若干意见》的通知(中办发[1998]30 号)。
② 刘卓珺、于长革:《中国财政分权演进轨迹及其创新路径》,载《改革》2010 年第 6 期。

事宜。① 由于县委组织部、人事局已经具体确定了人员类经费的"编制人数""实有人数"和"工资标准",财政部门在法院人员类经费的安排上更多的只是"算数"和"出纳"。在保障力度上,虽然地处国家级贫困县,但由于财政支出非常强调对人员类经费的保障,由财政预算保障的这部分人员类经费的发放还是有保障的。在人员类经费的发放方式上,根据财政部的部署,从2000年7月起,全国开始逐步实施财政直接发放工资,亦即将由财政预算安排的工资资金由财政部门委托银行分月拨付到个人工资账户上,不再进入单位账户。当然,这种改变只是资金支付方式上的调整,相应的预算指标仍按原渠道下达到单位,由单位列报。具体到C县,财政局从2000年10月起开始直接向C县人民法院干警发放工资。从C县财政对法院人员类经费的发放上看,财政直发的范围并不是特别的彻底,只限于日常的人员类经费,财政纳入预算的岗位津贴及未纳入预算的"保留补贴74元、75元"及其他津补贴仍然直达单位②,由各单位考核发放。

由于预算安排的人员类经费完全依据国家制定的标准编入预算,法院干警的保障标准一般说来是非常低的,但若仅以此就作出法院干警待遇过低的结论,则不免过于草率,因为法院作为一个能够创收的部门,还存在单位通过诉讼收费等收入,自行在预算外或任务外解决的人员类经费。从C县人民法院看,自行解决的人员类经费主要用于保障两类人员:编制内人员的奖金或福利待遇,以及编制外人员类经费。对编制内法院干警而言,这部分自筹资金安排的经费数额不乏吸引力,前文已经提及的《C县人民法院2000年目标责任制》规定超任务每件奖励40元即为适例。这部分奖金项目繁多,具体包括县委、县人民政府关于"四好班子""四好"先进集体、先进集体的奖励(每人1个月的平均工资),档案局关于档案工作升级的奖励(有关人员本单位1个半月的平均工资),直属机关工委关于党建目标管理考核结果的奖励(一次性发给职工月平均工资额的100%),保密委关于保密工作目标管理考核验收的奖励(包干经费中一次性发给职工1个月平均工资的2/3),精神文明建设委员会对精神文明建设的奖励(按人均每月30天标准工资一次性发放)、爱国卫生运动委员会关于卫生先进单位奖励的函(人均2/3月工资)、社会治安综合治理委员会对模范单位、区、乡镇复查合格的奖励(30天工资额,在包干或自筹经费中解决)等。在发放程序上,这些奖金通常都以有关

---

① 比如,C县人事局关于变动机关事业单位职工工资标准的通知(C人资[2000]479号),中共C县委组织部关于张××退休的通知等。

② 根据1999年7月28日C县人民法院致财政局《关于如何搞好财务管理的报告》,发放职工的人"每月74元"和"每月75元"的经费实际上来自于诉讼收费。

部门年终或下一年度年初对法院相关工作的考评作为依据①,不过这些有关部门通常只给"政策"而不下达"资金",奖金发放所需资金由单位在自筹经费或者增收节支经费中解决。对财政部门而言,这些由预算外安排的人员类经费也不是隐蔽的,相反每年财政部门都会要求法院在内的县级部门报送"预算外收支预算"②,这些"预算"明确列举了法院由预算外资金开支的奖金项目及标准。比如,2000 年 C 县人民法院报送的预算外收支预算中即列明了每一项目的发放标准:"文明:705 元/人·年;卫生:470 元/人·年;档案:10580 元/人·年;综治:7050 元/人·年;普法:无;保密:4700 元/人·年;党建:7050 元/人·年;四好班子:7050 元/人·年。"单位自行解决的人员类经费除了用于提高编制内干警的福利待遇外,它还承担着保障编制外人员类经费的重要功能。以 C 县人民法院 2007 年的人员构成为例,编制内 105 人,其中:行政 103 人、工勤 2 人;实际在职的 93 人,其中:行政 91 人,工勤 2 人;退休人员 33 人,临时工 10 人。这些临时工主要从事驾驶、门卫等辅助性的工作,且年龄普遍较大,嗣后转为编内人员的可能性并不大,但其从事的工作却为法院所需,辞退的可能性也不大。这部分编外人员类经费构成了基层法院一笔经常性的支出。由于财政保障以"编制"为标准,上述编外开支只能由法院自行解决,或者通过诉讼收费等渠道筹集,或者通过包干经费的节约解决,这些渠道事实上都在不同程度上挤占了基层法院的公用类经费。

在公用类经费方面,"收支两条线"管理模式实施以前,地方财政对基层法院的预算内经费实行包干管理,每年由县人民政府与县人民法院签订《行政事业单位经费预算包干责任书》,实行结余留用,超支自负。包干的经费一般属于县上订有明确定额标准的经常性支出项目,比如从 1996 年开始,C 县财政局制定了嗣后不断修订的经费管理办法,明确了六类经费的开支标准和管理方式,包括对差旅费实行定额补助、限额控制,对机关小汽车全年经费实行核定开支,对燃修费实行预算包干,对邮电费实行定额包干等。由于地处国家级贫困县,县上可支配财力有限,为防止县委、政府在预算制定后出台的各种政策没有足够的资金支持,一方面,财政在每年安排预算时都会通过预备金、低估财政收入等手段为自己留足机动经费,以应对政策上的调整;另

---

① 比如,根据县委目标督查室、县府目标督查室、监察局、财政局审计局关于单位发放"达标奖励、政策性开口经费"的审批通知,C 县人民法院申报的 1999 年度各项达标奖励、政策性开口经费共有 7 项,可发给职工 6.83 月的标准工资奖金;准予在单位增收节支经费中发给职工 6.8 月的标准工资奖金。

② 这里的"预算外收支预算"是财政部门使用的表达,参见 C 县财政局《关于报送 2000 年预算外收支预算的通知》(C 财综[2000]009 号)。

一方面,贫困地区的可支配财力很大一部分来源于上级财政的补助,由于这部分补助多以需要配套资金的专项转移支付形式出现①,而且很多补助不能在年初县财政编制预算时予以精确的测定,财政为满足上级财政提出的配套要求,同样也必须在年初为自身留足机动经费。其结果是,包干的标准非常低,很大一部分经费在年初编制预算时并不会"打"到各个预算单位,法院在年初所获得的包干经费只是其从财政实际获得资源的一个小部分。对基层法院而言,由于业务量并不由自身控制,业务经费超支的问题异常突出。关于其间的差额,在1999年C县人民法院致财政局的一份报告中曾有提及:

> 对于公务费的支出,我院近几年每年支出达到40多万元,而财政预算只有十多万元,在实际工作中明显严重不足,不得不用一部分准备用于建设的预算外收入进行弥补,同时到年底向财政争取部分缺口资金以解决公务费之不足。即便如此,年底资金的缺口仍然达到20万元左右,只能向干警个人的报账打欠条或欠付单位应收账款。仅以差旅费一项说明,我院包干差旅费每年在4万元左右,而当年实际支出却高达20万元,其中缺口十多万元除部分解决外,每年都要向干警打欠条5万多元,影响了干警的工作积极性。在业务费的使用管理上,我院每年预算包干业务费十多万元,而实际开支达到30多万元,其原因在于:我院在审理案件的过程中,证人出庭费每年就高达八万多元,以支付证人的差旅费及误工补贴。再加之服装费及打印室经费、法律文书印制费需要大量资金,从而造成我院业务费紧张,不得不用大量的预算外资金加以解决,方能保证审判工作的需要。②

包干经费使用完了以后怎么办呢?从上述报告中反映的情况看,主要通过三种方式解决:(1)通过诉讼收费形成的预算外经费或者回拨经费予以弥补;(2)通过负债筹集资金,其形式可能表现为对干警个人的欠条,或对单位的应付账款,或者财政暂存款的挂账。③(3)当然,还有一种常规性的替代途径,即向县人民政府打报告,申请专项经费。这一部分金额较大,但县人民政府是否同意追加,及同意追加的数额,须视当年财政的实际收支状况裁量而定。在此意义上,就法院经费保障的实际力度而言,包干可能仅具有形式

---

① 周美多、颜学勇:《专项转移支付的政治意蕴——基于中部某县的个案研究》,载《武汉大学学报》(哲学社会科学版)2009年第11期。
② 参见1999年7月28日C县人民法院致财政局《关于如何搞好财务管理的报告》。
③ 参见C县人民法院致财政局《关于将已拨县法院十万元经费予以挂账的报告》(C法[2003]14号)。

意义,但就收入上的不确定而言,它却承担了转嫁县财政风险的功能,基层法院经费保障更大程度的不确定性成为财政缩减不确定性的代价。① 实行"收支两条线"管理以后,由于改革主要集中在诉讼收费的管理方式上,这一管理模式并未改变,仍然延续了"包干+诉讼费"的运行方式。虽然由于行政事业性收费任务的下达,年初预算安排的经费可能有所增加(如果收费任务无法完成,法院在对应部分使用预算内经费也可能受到财政部门的限制),但其比例仍然有限,情况好的年份大约会有 1/3 的经费无法事先安排,差一些的年份则有一半左右的经费无法在年初安排(表 4-3)。对此,C 县人民法院办公室副主任的总结是,"2006 年前经费实行包干+诉讼费,用形象的话来说,上半年我们按经费包干的标准来分月申请,下半年使用的就是诉讼费,一年也就是 400 万。这个进度就由我们灵活掌握。如果上半年把指标用完,下半年诉讼费不足,那年底就有可能要欠财政的钱。就要用来年的经费包干和诉讼费来偿还。以应收款的形式拨款,要么当年追加,就填平了。"与之类似,在年初只对部分支出作出安排,更多的经费则需法院在年中或年底申请追加的还包括许多项目性的公用类经费。从 2006 年和 2007 年度预算安排经费的构成看(表 4-4),装备、维修和基础设施经费财政一般不纳入县财政的年初预算,每年法院可以获得的装备经费和基建经费一般只能视年底情况好坏解决,如果年底财政收入出现困境,解决也就成为泡影。在申请追加经费的具体方式上,从 C 县人民法院与县财政的往来公文看,县法院"打"报告的对象根据请求事项的不同与财权配置的差异而有所区别。一般而言,追加经费的报告由于涉及财政资源的分配,需要向县人民政府提出,或者向财政提出以后须抄送县人民政府;如果县人民政府已经同意解决,就"既得"资金的支付时间、方式、账目处理等技术性问题则只需向财政局提出。②

表 4-3 2003—2004 年度拨入经费与年初预算安排的经费情况

(单位:万元、%)

年份	拨入经费	年初预算安排经费	
		金额	占拨入经费的比重
2003	508.10	251.75	50%

---

① 〔美〕阿伦·威尔达夫斯基:《预算:比较理论》,苟燕楠译,上海财经大学出版社 2009 年版,第 127—133 页。

② 1999 年和 2000 年,C 县人民法院曾多次致函财政局,要求将审判业务用车购置费、新购车辆的燃修费、证人出庭费、全额的业务费、服装款等纳入预算安排,但财政局并未理会。在这里,哪些经费可以编入年初预算似乎也属于财政部门可以处理的事权范围。

（续表）

年份	拨入经费	年初预算安排经费	
		金额	占拨入经费的比重
2004	490.62	332.38	68%
2005	535.59	N/A	N/A
2006	674.90	453.22	67%
2007	787.40	421.13	53%

表格说明：

1. 2003年数据来源于当年《会计报表》及所附《财务分析报告》，2004年数据来源于当年《会计报表》及所附《财务状况说明书》，2006年数据来源于当年《会计报表》与《部门预算指标通知》，2007年数据来源于当年《会计报表》与《部门预算指标通知》。

2. 2005年数据缺失。

表4-4　2006—2007年度预算安排的专项支出构成　　　（单位：万元）

专项支出金额	其中:专项业务费	其中:陪审员补助	其中:建修缺口经费
2006	140	10	10
2007	50	10	20

表格说明：数据来源于2006年《部门预算指标通知》、2007年《部门预算指标通知》。

（2）上级财政的保障力度

由于地方财政对装备、维修和业务经费的保障力度非常不稳定，对基层法院而言，如果没有替代的资金来源，在地方的场域内，这一资金只能通过诉讼收费等形式向下转嫁给当事人。因此，随着诉讼收费逐步被规范、控制，中央和省级政府对基层法院的保障力度也开始增大。比如，中央要求省级财政统一安排、管理贫困地区政法机关的枪支弹药费、特别业务费、专线电话租金、编制内人员在国家规定的着装范围内所需的服装及标志经费。① 不过，从C县的实践来看，至少在某些经费项目上，省级财政的经费保障责任并未真正落实。比如，依据中央的上述要求，地处国家级贫困县的C县人民法院2000式审判服换装所需经费应当由省级财政给予保障，但2000式审判服及后来年度的换装费用仍然是由C县财政给予保障的。② 在明确省级财政对贫困地区法院部分支出项目的保障责任的同时，中央财政也加大了对贫困地区的补助力度。从1999年起，中央增加了政法补助专款的金额，并将其投向

---

① 参见中共中央办公厅、国务院办公厅关于转发《财政部关于政法机关不再从事经商活动和实行"收支两条线"管理后财政经费保障的若干意见》的通知（中办发[1998]30号）。

② 参见G市中级人民法院司法行政处《关于催收服装款的通知》，C县人民法院致县人民政府《关于请求解决审判服装费的报告》（C法发[2001]22号），C县人民法院致县人民政府《关于请求解决司法警察、法官服装款的报告》（C法[2003]13号）等。

限制在列入国家扶贫攻坚计划的贫困县、部分省级贫困县,以及经费保障能力较低的其他贫困县上①,中央政法补助专款逐步成为中央财政补助基层法院经费的主要渠道。在使用范围上,中央专款可以用于县级政法机关及其派出机构的业务装备(装备专款),办案经费(办案专款),业务、技术用场所的维修(维修专款)。② 2001 年以后,中央对政法补助专款的管理方式作出重大改革,针对装备专款和维修专款引入了项目管理,实行"三年一次规划、集中安排资金、按年编报项目、当年组织实施"的管理方式,由地方财政部门会同政法部门按照中央财政下达的中央专款预分配方案及地方配套资金比例或数额编制三年期项目规划和年度项目计划报中央部门批准后实施。③ 在C县,上级政法补助经费的增加为基层法院不稳定的装备、维修、办案经费提供了替代性的资金来源,对于收支两条线管理以后法院经费保障状况的延续甚至改善都起了较大的作用。2004 年,该院全年收入合计 506 万元,其中财政拨款 437.98 万元,上级财政部门专项补助合计 68.02 万元(包括中央政法专项补助 21.52 万元),比例达到了 15.5%。

具体就基层法院而言,中央政法补助专款的使用范围包括:县、乡(镇)审判法庭、人民法庭("两庭")设备及县人民法院业务用车,县、乡(镇)"两庭"维修及改造,县、乡(镇)人民法院(法庭)办案。但在不同的阶段,中央给予重点保障的项目是不尽相同的。2003 年以后,每年的补助专款中的装备专项所占比例逐步下降,维修专项基本维持在 15% 左右,而办案专项的比重则逐步增加,2006 年办案专项的比重高达 56%(表 4-5)。这种比例构成既反映了政策上的要求,比如《中央政法补助专款管理办法》要求各省财政部门在分配装备维修款时用于装备项目的资金不得低于 70%,用于维修项目的资金不得超过 30%,也反映了基层法院经费保障重点的变迁。在较早的阶段,装备专项主要用于购置车辆,改善基层法院办案条件,当车辆配置水平逐步提高,装备专项有一个短暂的下降;但 2008 年以后,为适应法院信息化建设的需求,整个 C 县装备专项的保障中心开始转向计算机网络系统的建设。

---

① 2006 年新的《中央政法补助专款管理办法》(财行[2006]277 号)实施后,保障范围有所扩大。补助对象可以是国家扶贫开发工作重点县、人均财力低于本省县级平均水平的县、人均财力等于或略高于本省县级平均水平但政法部门现有条件较差或政法工作任务重的县、政法工作任务重而政法部门现有条件较差且财力相对较弱的设区的市。专款的使用范围包括业务技术装备购置补助、业务技术场所维修补助、办案经费补助、政法部门设施共建经费补助,以及中央财政确定的有关奖励与补助。

② 参见《中央政法补助专款管理办法》(财公字[1999]547 号)。

③ 参见《中央政法补助专款项目管理办法(试行)》(财行[2001] 19 号);《中央政法补助专款管理办法》(财行[2006]277 号)。

值得注意的是,中央政法保障专款虽然由中央设立,但其资金来源却不仅限于中央财政,同时纳入专款管理范围的还有省级财政提供的配套资金,在此意义上,中央政法补助专款同时也是中央财政促使省级财政向政法部门投入经费、引导地方财政资源配置的重要工具。以2004—2006年对C县人民法院的补助为例,装备专项以中央专款为主,省、市、县配套资金较少;维修专项配套资金的比重较大,2005年补助的11.5万机关维修专款中有省、市、县配套资金5万,2006年的9万元维修专项中,有省、市、县配套资金6万;办案补助配套资金比例不一,2005年29.9万元办案专项资金中有中央专款24.2万,配套资金只有5.7万,但在2006年的36.3万办案专项中,中央专款只有3.8万,它所"撬动"的省、市、县配套资金达到了32.5万(表4-6)。当然,中央政府对办案专项的保障并不仅限于撬动,2007年以后,因应《诉讼费用交纳办法》的实施,经国务院批准,中央财政设立了中央补助人民法院办案专款,对地方人民法院办案经费给予一定补助,从而为人民法院在政法补助专款之外创设了新的资金投放渠道。

表4-5 2004—2006年中央政法补助专款构成情况 (单位:万元、%)

年份	装备专项	比重	维修专项	比重	办案专项	比重	合计
2004	19.32	90%	0.00	0%	2.20	10%	21.52
2005	27.00	39%	11.50	17%	29.90	44%	68.40
2006	19.80	30%	9.00	14%	36.30	56%	65.10

表格说明:数据来源于S省C县人民法院《2004年度基本情况统计报表》《2005年法院系统年度财务决算统计报表》《2006年法院系统年度财务决算统计报表》。

表4-6 2000—2005年中央专款与省市县配套资金比例关系

(单位:万元、%)

年份	中央专款	省市县配套	配套资金/中央专款
2004	17.2	4.32	25%
2005	57.7	10.7	19%
2006	35.6	38.5	108%

表格说明:数据来源于S省C县人民法院《2004年度基本情况统计报表》《2005年法院系统年度财务决算统计报表》《2006年法院系统年度财务决算统计报表》。

(二) 基本特征

当前基层法院经费保障体制的运行现状是自1999年以来再次强调财政保障阶段的延续,并受到两个因素的重大影响:第一个因素是自1999年开始启动的以部门预算、政府采购和国库集中收付为核心的公共财政改革,该项控制导向的改革很大程度上改变了法院与财政之间的生态环境,对人民法院的经费保障体制与运行机制都造成了深远的影响;第二个因素是2007年《诉讼费用交纳办法》的实施,该《办法》调整了长期以来的成本转嫁政策,法院向下汲取审判资源的渠道受到限制。在这些因素的交互作用下,当前基层人民法院的经费保障体制呈现出以下几个基本特征:

1. 诉讼收费急速下降,收支脱钩基本实现

1999年的"收支两条线"管理通过银行代收、财政专户等技术手段将诉讼收费等纳入到财政部门的监控之下,但财政部门对法院的诉讼收费行为很少进行实质性的审查①,而法院对诉讼收费的使用权和支配权则在"收支挂钩"的财政管理方式中继续延续。这样,被寄予厚望的"收支两条线"改革其实并未对此前的成本转嫁政策作出实质性的调整,对法院的收费行为所给予的控制力度也相对有限。真正的变化始于2006年12月19日国务院令第481号公布,自2007年4月1日起施行《诉讼费用交纳办法》。该《办法》立足于对当事人诉讼权利的保障,相对彻底地调整了此前盛行的成本转嫁政策,将诉讼费用的交纳范围明确限定在"案件受理费、申请费和证人、鉴定人等在人民法庭指定日期出庭发生的交通费、住宿费、生活费和误工补助费"三项上,并在降低诉讼费用交纳标准方面作了新的规定:(1)调整收费标准,降低100万元以下财产案件的收费标准(表4-7);(2)取消"其他诉讼费"和"执行实际支出的费用"等弹性收费项目;(3)将离婚案件按件收费的最高限额由财产总额不超过1万元调整为不超过20万元;(4)增加减半收取诉讼费用的范围,在现行的撤诉减半收费的基础上又增加调解结案、简易程序、被告提起反诉、有独立请求权第三人提出与本案有关的诉讼请求等事由。

表4-7 《人民法院诉讼收费办法》与《诉讼费用交纳办法》收费标准的比较

标的额	人民法院诉讼收费办法(元)	诉讼费用交纳办法(元)
1000元	50	50
1万元	410	50
5万元	2010	1050

---

① 这并不是说对法院的诉讼收费行为不存在外部的控制。事实上,审计部门每年都会对法院预算执行和其他财政收支进行审计,并且能够发现问题。比如,C县审计局在审计C县人民法院2007年度的预算执行和其他财政收支时,发现C县人民法院超标准收取了诉讼费98803元。在嗣后下达到审计决定书中,审计局根据《审计法实施条例》第52条(五)"采取其他纠正措施"之规定,责令C县人民法院改正。但这种控制的力度是相当有限的,比如,它无法控制社会上反应最为激烈的弹性收费问题,法院仍然可以收取其"认为应当由当事人负担的其他诉讼费用"或者"实际支出的费用"等不可量化或很难量化的项目。

(续表)

标的额	人民法院诉讼收费办法(元)	诉讼费用交纳办法(元)
10万元	3510	2300
20万元	5510	4300
50万元	10010	9550
100万	15010	14550
200万元	20010	23550
500万元	35010	47550
1000万元	60010	82550

表格说明:根据《人民法院诉讼收费办法》与《诉讼费用交纳办法》计算。

《诉讼费用交纳办法》对基层法院的诉讼收费形成了真正意义上的冲击。以C县人民法院为例,如果以2006年的案件为计算基准,由于在诉讼费标准下调的基础上,80%的案件还要再减半收取费用,诉讼收费将从2006年全院收取的294万元诉讼费降至50万元左右(表4-8)。表4-8主要显示了《诉讼费用交纳办法》中收费标准下降带来的影响,因而未能穷尽该《办法》对基层法院经费保障的全部影响,尤其是未能显示"其他诉讼费用"与"执行实际支出的费用"等弹性收费项目取消对基层法院的影响。以C县人民法院的执行实支费为例,2007年4月1日《诉讼费用交纳办法》实施前,几乎执行局的所有费用都由执行局通过执行申请费和执行实支费来承担,前者由基层法院按比例返还,后者由基层法院全额返还,是执行局的主要经费来源。那时如果执行的效果好,可以和当事人协商,不再退回执行申请费;如果标的全部到位,还可以与效益好的单位商量"留"一部分执行兑现款。[①] 当时执行局的各种费用,大到警车,小到警棍,以至纸张、打印等都由实支费支出;执行局干警经常都要跑外地出差,按规定国家要给补助,但财政没有安排,也主要通过实支费解决;这里执行的标准是:只要入了账,不装入私人腰包,那就是合法的。[②] 由于实支费支撑了基层法院执行部门的大部分开支,因此《诉讼费用交纳办法》取消实支费等弹性收费项目对基层法院执行部门的影响最大。禁止收取实支费后,虽然执行部门在办案经费短缺时仍然可以和一些效益好的申请单位协商收取实支费,但由于执行部门在《诉讼费用交纳办法》实施后不再能够出具合法的票据,申请单位无法做账,不好操作,执行实支费

[①] C县人民法院在任执行局长的访谈。
[②] C县人民法院卸任执行局长的访谈。

的规模化征收不再可行。①

表4-8 2006年审结的4094件各类案件收费情况比较

案件类型	结案数量	其中:简易及调解程序	2006年实际收费(元)	依新《办法》收费	下降比例
婚姻案件	976	685	58.50	3.37	94%
民事纠纷	290		33.30	3.90	88%
合同纠纷	558		60.44	14.53	76%
劳动争议	26		1.20	0.26	78%
执行	1289		58.74	17.01	71%
行政与非诉行政案件	835		11.56	0.09	99%
刑事	81		13.13	12.29	6%
诉讼保全	34		10.59	1.69	84%
破产	5		46.00	24.54	47%

表格说明:数据来源于C县人民法院《关于诉讼费用情况及解决公用、业务经费保障的报告》(C发[2007]01号)。

《诉讼费用交纳办法》实施之后,受到冲击的并非仅有C县人民法院。事实上,全国范围内法院系统的运作均受到其深刻影响。其中,案件的增加是一方面,支出需要客观上增加;另一方面则是诉讼费收入的急速下降。考虑到诉讼费对于法院日常办公经费的重要作用,《诉讼费用交纳办法》的实施所产生的"剪刀差"使得许多法院运转困难。据财政部和最高人民法院有关调研显示,全国中级人民法院诉讼费收入减少20.4亿元,减少比例为53.55%,基层法院减少52.3亿元,减少比例为70.45%。人民法院案多钱少的矛盾愈加凸显。② 2007年年初,最高人民法院向财政部递交了《最高人民法院关于请求对地方人民法院因诉讼收费制度改革造成的经费困难给予专项补助的报告》。为此,2007年4月财政部和最高人民法院还成立了专门调查组对法院经费保障问题进行了联合调研。③ 在S省的南部的G县,该《办法》施行后,年均收取诉讼费也从128万余元锐减为不足20万,下降90%以上;而在S省省会城市的W区,以2006年受案6702件为基数,诉讼费收入将从1400余万元减少到500余万元,下降2/3。诉讼费的急速下降使得从20世

---

① C县人民法院现任执行局长的访谈。《诉讼费用交纳办法》实施后,如果办案经费匮乏,而执行工作又不得不开展,执行部门仍然可能商量后由申请单位出车或者出油费,并安排伙食。
② 刘晓鹏:《法院经费保障重大改革,推动实现收支彻底脱钩法院办案缺钱中央财政专款补助今年确定的30亿元将于近期下拨地方》,载《人民日报》2007年9月20日第10版。
③ 杜汉生:《财政部、最高人民法院组成联合调研组专题调研人民法院经费保障问题》,载《人民法院报》2007年4月20日第1版。

纪80年代初建立起来的司法成本转嫁政策不再具有现实的可行性,这也为真正落实1999年开始的"收支两条线"管理提供了现实的条件。在C县,从2008年开始,县财政不再对法院下达行政事业性收费任务。用C县人民法院的办公室副主任的话说,即:"2007年之后(包干+诉讼费)就根本改变,诉讼费大幅度降低后,更能体现收支脱钩,诉讼费针对我们的需要而言是杯水车薪。现在财政已经基本上不考虑我们的诉讼费,极端地说,即使我们一分钱不收,财政也要保障我们的经费。这是真正的收支脱钩。造成这种情况的原因是一方面法院收不上来什么钱,另外制度本来也要求收支脱钩。"由于收支脱钩的主要动因在于《诉讼费用交纳办法》出台后诉讼收费金额的急剧萎缩,以至挂钩不再具有现实的可行性,当基层法院的诉讼收费金额随着地方经济的发展而不断攀升,以至在收入组织上再度产生重要意义时,从而使得收支挂钩再度具有现实的可行性时,此番改革的成效还能否维系则有待进一步的观察。

2. 公用类经费的保障从包干制向法定支出过渡

诉讼收费急速下降的后果是,法院必须寻求替代的资金来源渠道。对基层法院而言,首先能够诉诸的对象便是对其支出负有保障责任的同级财政,但此时法院已经不能通过诉讼收费等在收入上对当地财政作更大贡献,对同级财政而言,基层法院的角色正逐步从积极的"生产者"向消极的"消费者"转变,此时如何确保地方政府保障基层法院合理的经费支出水平,成为亟待解决的问题。对此,2005年财政部和最高人民法院共同选择的治理路径是支出的法定化,通过制定明确的基层法院公用类经费保障标准来约束地方政府的财政行为。法院公用类经费支出法定化的试点大致于2006年在上海市以及山西、湖北、江西等省得以启动。① 云南省也在2006年年底正式制定了法院公用类经费的标准。② 然而,这只是零星的尝试,并未在全国范围内得以推广。截至2007年9月,全国仍有13个省(区、市)尚未制定相应的公用类经费保障标准。③ 公用类经费支出法定化全面推行实在诉讼费改革之后。具体到时间点上应是在2008年之后。最高人民法院在2008年的工作报告中指出全国大部分省级财政部门会同高级法院分档、分类确定了不同地区基

---

① 王银胜、杜汉生:《上海、山西、湖北、江西等地党委政府高度重视人民法院经费保障问题在全国率先制定基层法院经费保障标准》,载《人民法院报》2006年7月27日第1版。

② 胡鹏、储皖中:《云南法院收支脱钩公用经费有"低保"》,载《法制日报》2006年11月8日第5版。

③ 毛磊、石国胜:《提高"两院"经费保障水平》,载《人民日报》2007年9月14日第10版。

层法院公用类经费保障标准。① 对基层法院而言,至少在经费保障标准的范围内,新的制度安排极大地提高了基层法院讨价还价的能力:在包干制下,当事人是县财政(由县人民政府代表)与县人民法院,由于法院不享有财政权,县财政无论是在法律上还是在事实上都拥有单方确定包干金额的权力,法院在经费保障的谈判中处于被动地位;而在新的制度安排下,公用类经费的保障标准由上级财政部门与其同级法院联合制定,县级政府及其财政部门有义务执行,在上级所定"标准"保障的经费范围内,基层法院可以从经常性的讨价还价中解脱出来,直接诉诸已经量化的标准要求地方政府提供给定数额的经费,这一点使得《诉讼费用交纳办法》实施以后的公用类经费保障具有明显的法定支出的色彩,地方政府面临的预算约束日益硬化。

值得注意的是,由于公用类经费保障标准技术上可以看作是省级政府的"定员定额"管理向下级的延伸,因此可以纳入该范畴的开支项目必须适于进行定额。具体而言,自上而下的公用类经费保障未将"业务经费"项下的"专用设备购置费、交通工具购置费、其他设备购置费、维修费"包括在内,后者仍然属于地方政府裁量保障的范围,同时也是中央政法补助专款予以保障的项目。同时,定员定额中分类分档核定的方法也可以适用于公用类经费保障标准的核定,上级财政与其同级法院在核定基层法院的保障标准时,可以也应当对辖区内的基层法院进行科学分类,进而确定不同地区、不同类别基层法院的公用类经费保障标准。比如,在S省,省定标准将"日常公用类经费"和保障范围内的"业务经费"进行合一确定,财政部门将辖区内的基层法院划分为三类,C县所在的地区属于第三类,执行1.8万元/人·年的标准。② 不过,基层法院所在的市也可能在省定标准的基础上进一步提高保障水平,制定市定标准,从而进一步限制地方政府财政支出的自主权。比如,在与C县所在G市毗邻的M市,即在省定标准的基础上进一步提高了保障力度,同时对公用类经费作了进一步的细分,根据地区的差异确定了两档标准:第一档,日常公用类经费标准10000元/人·年,业务经费标准10500元/人·年;第二档:日常公用类经费标准10000元/人·年,业务经费标准11500元/人·年。③

以上结论更多的立足于县法院的视角,对县级地方政府而言,这一制度可能具有非常不同的意蕴。由于上级政府在下达这些支出政策时并未同步

---

① 肖扬:《最高人民法院工作报告》,载《经济日报》2008年3月23日第02版。
② 参见《中共S省委办公厅、省人民政府办公厅关于转发〈省财政厅关于制定县级人民法院、人民检察院公用经费保障标准的意见〉的通知》(S委办[2006]24号)。
③ 参见中共M市委办公室、市人民政府办公室关于转发《市财政局关于制定县级人民法院、人民检察院公用经费保障标准的实施意见》的通知(M委办[2006]99号)。

下达相应的财政补偿资金,在教育、农业、科技、宣传和文化、环保、医疗和公务员工资之上增加一种法定支出——法院(以及其他政法机关)公用类经费,其结果只是进一步占去地方政府当年可支配财力的增加额,使得地方政府不能根据自身的优先排序确定资源的分配。在此意义上,基层法院在经费保障上所获得的确定性其实是以地方政府预算自主性的丧失为代价的。基于此,除非财力允许,地方政府对于保障标准的"基数"非常关注,对基数解释权的争夺也成了包干制向法定支出过渡过程中的关键环节。根据S省财政部门的要求,"原公用类经费实际执行标准高于省定公用业务经费保障标准的,不能降低",C县人民法院在向C县县委提交的报告中建议该法院以2006年公用业务类经费的实际执行数为基准确定2007年的预算,据此制定的经费保障标准达到了人均3.95万元(383.3万元÷97人)。① 这一建议自然未能获得县域决策层的认可,从C县2007年公用类经费保障标准的落实情况看,执行的仍然是1.8万元/人·年的省定标准(表4-9)。应当指出的是,这里除了县财政对预算自主性的维护这一或可归入地方利益的解释外,C县人民法院所持理由本身也有问题。首先,在定额的技术上,实际支出数并不构成当然的基准,它还需要扣除一次性开支和不合理开支部分;更重要的是,法院现有的经费保障水平主要是在诉讼费收支挂钩情况下形成的,远高于当地的定员定额水平(部分困难基层法院的业务费定额即使按照一般行政部门的2—3倍核定,也无法达到现有水平),在制定公用类经费定额标准时显然不能全额计入。

表4-9　2007年C县人民法院公用类经费保障情况统计表

(单位:万元、%)

年初预算人数	年终决算人数	省定公用类经费最低保障标准	小计	年初预算拨款	执行中追加或追减	年初预算到位率	年终财政拨款到位率
1	2	3	4	5	6	7	8
165	141	1.8	308	298	10	100.30%	121.30%

表格说明:
1. 数据来源于《C县财政局关于2007年政法部门公用类经费保障标准落实情况统计报表的编制说明》。
2. "小计"="年初预算拨款"+"执行中追加或追减"。
3. "年初预算到位率"="年初预算拨款"÷("年初预算人数"×"省定公用经费最低保障标准")×100%。
4. "年终财政拨款到位率"="小计"÷("年终决算人数"×"省定公用经费最低保障标准")×100%。

---

① 参见C县人民法院致C县县委《关于进一步加强法院工作的报告》(C法[2007]05号)。

由于公用类经费保障标准的基数一般只依照省定标准执行，基层法院每年能够确定打入预算的公用类经费数额相对于当年实际支出的数额仍有较大的差距。此外，标准保障范围之外的支出，比如重大装备（设备）的购置费、维修经费、或者重特大案件办案经费等仍然需要基层法院通过申请专项追加等方式获得。① 在此意义上，即使在公用类经费保障标准制定以后，院长仍然必须与当地财政进行不确定、也不对等的讨价还价。什么因素会决定某一专项追加的成败呢？对此，C县人民法院的院长总结了四点，是一个非常精到的概括："第一是财力，当地政府要有钱；第二是作为，有为才有位，积极主动解决中心问题；第三是人情，这里主要看私交；第四是沟通，要积极反映困难，宣传自己所做的工作。"这个四点论基本涵盖了基层法院可能选择的行动策略，其结果是法院对当地党政权力结构的融入，因此也可以视作是经验角度对法院地方化这一概念的具象化。公用类经费的保障从包干制向法定支出过渡并不意味着西方式的司法独立理念的基层法院经费保障领域的导入。对此的另一个例证是，包干制向法定支出的过渡并不是一项只针对狭义的司法部门（基层法院）的保障措施，而是中央为处理包括公检法司在内的整个政法口部门的经费保障问题所作的制度安排，其针对的首要对象其实是公安部门。②

3. 地方政府的财政控制强化，基层法院的财务能力弱化

1999年以后，以部门预算、政府采购和国库集中收付为核心的公共财政改革很大程度上改变了基层财政管理的基本面貌，置身其中的法院经费保障问题必然也会与之关联。部门预算改革将法院的预算内和预算外收支纳入一本预算中加以反映，提高了预算编制的完整性。在C县，从2008年开始法院开始编自己的部门预算报人大审批，不过该项改革对于法院的意义不容高估，在该项部门预算改革之前，法院的经费已经被纳入财政的集中管理之中，预算内外的收支已经由统筹安排的，而报经人大审批并不会产生什么实质上的不同，因此，C县人民法院办公室主任在接受访谈时特别言及，"这个（部门预算）产生不了实际意义，对法院没有实际意义，还是财政说的算。"对基层

---

① 比如，公用经费保障标准制定后的2007年，C县人民法院致县人民政府的报告就包括：C县人民法院关于请求解决审理王建成等15人涉黑重大犯罪案件专项经费的报告（C法[2007]13号）；C县人民法院关于请求解决法庭办公楼治漏修缮经费的报告（C法[2007]14号）；C县人民法院关于解决C县DC文化产业开发有限公司破产清算工作经费的报告（C法[2007]28号）；2007年12月5日C县人民法院关于为YB、QP、WC、LS法庭争取办案工作经费的报告等。

② 比如，C县从2004年起，对公安部门人均业务经费按21750元的标准全额纳入年初预算安排，2007年将检察院、法院按省定人均业务类经费18000元的标准全额纳入年初预算，尔后又将司法行政、消防部门的经费保障标准纳入测算范围。

法院而言,真正具有实质意义的是国库集中收付改革,后者通过国库单一账户体系将法院的资金收付直接置于财政部门的监控之下,提高了法院财政收支的透明度,使财政部门从外部对法院经费的管理活动施加了强有力的控制。以 C 县为例,2003 年开始实施国库集中收付核算改革,该项改革的一大特色是将会计集中核算融入到国库集中收付制度中,使会计监督职能得到最大限度的释放。其主要内容包括两点:(1) 取消预算单位原来开设的所有银行账户,建立县级国库单一账户体系,对财政性资金实行集中收付;(2) 取消单位原来设置的会计核算岗位,由支付核算中心代理记账,实行会计集中核算。通过国库集中收付和会计集中核算的有机结合,财政得以以"政府公共会计"的身份贯穿到法院财政资金流动的整个过程之中,财政控制能力有了质的提高。

不过从法院财务能力建设的角度看,却应当区别评估国库集中收付和会计集中核算的影响。就国库集中收付而言,它提高了法院财务收支的可见性和可控性,在长期内只要法院与财政之间可以建立一种良性的互动关系,通过国库集中收付所建构的理性化管理流程可以为基层法院的财务能力建设奠定良好的基础。虽然由于制度对接上的问题,国库集中收付可能会为当前法院的财务活动制造某些障碍。比如,依据新的《诉讼费用交纳办法》,撤诉、调解结案及简易程序审理的案件均减半收取诉讼费,这大大增加了法院退还诉讼费用的金额①,但在国库集中收付体制下,诉讼费用的"预退"将面临一些技术上的困难。在 C 县,它导致了当事人的诉讼退费往往由法院的业务费垫支②,挤占了基层法院本来已经很有限的财政资源。但这些技术上的困难总是可以通过设立退费专户、退费备用金等方式加以解决的,而会计集中核算则不同。取消法院的会计岗位后,法院只设一名定期向支付核算中心报账的员工(报账员),虽然法院的资金使用权、资金审批权、财务自主权不变,会计主体职责、财务收支平衡责任、固定资产管理责任和债权债务清偿责任也不变,但法院却丧失了行使这些权利和履行这些职责所必须的财务能力,因为法院没有一个可以总揽法院财务收支的内设机构,计划和财务论证的能力大大削弱。从 C 县人民法院看,2003 年会计集中核算后,此前的两位会计由于较深的资历并不适合担任报账员,于是陆续转岗到法院办公室负责总务管理,报账员则由一名对财政政策和会计核算都不十分了解的转业军人

---

① 2009 年,全国诉讼退费资金 28.36 亿元,占诉讼收费的 23.69%,比 2008 年的 20.35% 增长了 3.34%。参见唐虎梅、郭丰:《2009 年度全国法院经费分析报告》,载《人民司法·应用》2010 年第 17 期。

② 参见 C 县人民法院《关于请求将诉讼费退费拨付给县法院的报告》(C 法[2008]18 号)。

担任,法院财务能力的弱化十分显著,法院预算过程也大大简化。该县法院转岗的一位会计讲述了预算过程的微妙变化:"以前每年年初财政召开预算会,然后会给各单位预算表,很多费用都有具体的标准,比如电话费多少,燃修费多少,人员类经费是多少,填好之后交到财政。从2003年开始,还是会有预算,还是会发表,但是法院不再填表,只是协助,由核算中心开填表。"显然,这与分类保障的要求是不尽一致的,后者一旦真正建立了分类保障的经费管理体制,必然要求法院系统发展自身的财务管理能力,而当前的集中会计核算易使法院在财务上对支付核算中心形成一种制度依赖(institutional dependency)的状态,法院在其中既无资源也无激励去开发系统内部的预算技能。①

4. 中央对基层法院的经费保障力度进一步强化

诉讼费下降所导致的法院办公经费缺口除了通过公用类经费法定化的方式来填补之外,中央层面还同时加大了对地方法院的办案补助,这其中基层法院又是补助的重点。举例而言,相关规定要求2007年中央财政法院办案专款30亿用于基层人民法院的比例不得低于专款总额的70%,用于中级人民法院的比例不得高于30%。② 与中央政法补助专款相同,中央补助人民法院办案专款也由中央专款和一定比例的省级配套资金组成③,并与中央专款一并分配使用和管理。在资金的管理方式上,中央专款首先由财政部下达到各省级财政部门,再由各省级财政部门和省级法院在收到中央专款一个半月内,连同省级专项资金一并直接分配下达到市、县级财政部门。与中央政法补助专款不同,此项专款专项用于与办案直接相关的经费支出,具体项目包括:办案差旅费、诉讼文书、布告、公告、表册材料及印刷费、司法勘验、鉴定费、审判场地租赁费、押解、执行费、死刑执行费、上访补助费、交通费、邮寄费、电话通讯费、人民陪审员费用。从C县人民法院2007年办案专款的使用情况看,中央补助人民法院办案专款主要耗费在交通费(47%)、案件执行费(15%)、法律文书印制费(13%)和办案差旅费(11%)上。(图4-1)不过,在办案经费的实际使用中,以财政部门对司法部门政策选择的认可为条件,其使用范围可能超出财政部和最高法院划定的范围。比如,在S省,为了推进法院的信息化建设,2008年省高级人民法院与财政厅达成共识,按照"地方

---

① Baar,C., *Separate but Subservient: Court Budgeting in the American State*. (New York: Lexington Books,1975), p.58.
② 陈永辉:《中央财政建立人民法院办案补助专款制度》,载《人民法院报》2007年9月20日。
③ 在配套资金的比例上,中央要求省级专项资金与中央专款的最低比例,东部地区为50%、中部地区为20%、西部地区为10%(除西藏外),参见《中央补助人民法院办案专款管理办法》第3条。

出一点,上级补一点"的办法,各级法院可根据信息化建设的现状,每年从办案专款中拿出最低不少于30%的资金用于信息化建设,并可利用融资、租赁等方式进行信息化建设,争取用三年时间完成全省各级法院的局域网建设。① 此后,中央财政逐年提升办案专款的数量。2008年,中央财政同样安排补助基层人民法院办案经费40亿元(含2007年预留10亿元)。②

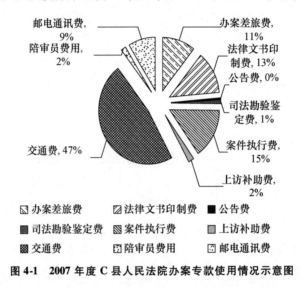

图 4-1　2007 年度 C 县人民法院办案专款使用情况示意图

由于办案专款专项用于法院支出,单独配套、下达,不存在政法各家在资金总量中如何划分各自比例的问题,该项专款成为中央和省级财政向基层法院投入业务经费的重要渠道。在 C 县,2007 年法院通过该项专款获得了144.87 万元的办案补助,这使得法院与检察院、公安机关在资金来源结构上区分开来,上级财政补助的支出金额比检察院高出 13.5%,比公安高出10.6%(表 4-10)。2008 年获得办案专款 218.2 万元,比上一年度增长50.62%,增长速度较快。从全国的情况看,中央财政对办案经费的保障力度也较大,2009 年全国法院系统人员类经费支出增长 10.17%,日常公用类经费支出增长 4.48%,业务经费支出则增长了 17.16%;在办案业务经费的支出结构上,中央和省级财政的投入占 84.01%,其中,中部地区达 95.13%,西部地区则全部依靠中央和省级投入。在办案专款之外,2009 年也是中央政法经费保障体制改革的第一年,中央在增大办案专款投入的同时,通过中央政法补助专款向整个政法口部门投入经费的力度也在增加,法院系统也通过

---

① 参见 2008 年 9 月 19 日 S 省高级人民法院院长《在全省中级法院院长座谈会上的讲话》。
② 陈欢:《基层法院经费或将纳入中央预算》,载《21 世纪经济报道》2008 年 12 月 5 日。

中央政法专项补助这一管道获得了较往年为巨的经费。具体而言,在全国法院的收入中,中央政法补助收入占总额的17.06%,省级配套占总额的5.83%,中央政法补助和省级配套资金投入合计22.89%,比2008年所占比例提高了7.13%。2010年中央政法补助更是达到了85.8亿元。① 由于中央和省级政府补助均是用在中级人民法院、基层人民法院,因此可以推断,2009年,在基层人民法院的收入构成中,上级财政的补助比例将肯定会高于22.89%②,并且更为重要的是,地处国家级贫困县的C县人民法院势必会受到更大程度的补助。因此,虽然缺乏准确数据,但可以推断,本阶段中上级财政拨款的比例将会大大超过创收时期(1997年C县人民法院收入中上级财政拨款的比重为11.04%)。

表4-10　2009年C县政法机关经费保障情况汇总表　　（单位:万元）

机关	支出总额	本级财政安排		上级财政安排	
		数额	比重	数额	比重
法院	974	806	83%	168	17%
检察院	630	608	96.5%	22	3.5%
公安	3260	3051	94%	209	6%

表格说明:数据来源于C县财政局《对我县现行政法保障体制的思考》。

5."两庭"建设向"国债投资+地方配套"过渡

基层法院的审判法庭和人民法庭建设(以下简称"两庭")③建设是经费支出上的大项,但在2000年以前,基层法院进行"两庭"建设的经费都是通过"财政解决一点,法院自筹一点"的方式解决。以C县人民法院为例,1995—1997年为期三年的人民法庭建设总共耗资473万元,县财政只同意解决150万元资金,其余都由基层法院自筹解决(68.3%);从1998年C县计委对法院机关审判办公综合楼的立项批复看,这一筹集模式仍然延续,在442万元的预计总投资中,县财政只拨款100万元,其余都由单位自筹解决,自筹比例高达77.4%。当然,在县域范围内,基建属于行政事业单位的重大决策,一般须由县委常委会专题研究决定,嗣后才可能开始基建资金的筹集过程。法院如何筹集这笔庞大的基建经费呢?一份出台于基建经费最为紧张时期的报

---

① 唐虎梅,郭丰:《2009年度全国法院经费分析报告》,载《人民司法》2010年第17期。
② 比如湖北省就将所有中央政法补助专款用于中、基层法院,参见湖北省高级人民法院课题组:《改革与完善人民法院经费保障体制的调研报告》,载《人民司法·应用》2009年第9期。
③ 从C县人民法院的基建实践看,无论是院机关还是派出法庭,法庭用房与办公用房一般都是同时建设的,统称为审判办公综合楼,但在政策上,两者须遵循不同的建设标准,前者适用《人民法院法庭建设标准》,而后者适用《党政机关办公用房建设标准》。

告列示了四个渠道:"(1)力争从诉讼费收入中挤出资金用于基本建设;(2)向县财政及省市有关部门报告情况,争取项目和资金,将落实的经费用于建设;(3)由建筑承包方承担一部分资金,以缓解工程建设经费紧张局面;(4)向银行争取信贷资金,投入工程建设。"① 在这四个经费来源中,通过诉讼收费和申请财政补助的经费(本级追加或上级补助)的经费无须返还,但由承包商垫付和银行信贷筹集的资金则必须返还,由于后两者在法院基建经费来源中占有相当的比重,C县人民法院2000年前完成的"两庭"建设为基建沉淀了大量的债务;如果不能获得替代的资金来源,对基层法院而言,该笔债务最终只能通过每年的诉讼收费分期返还。

2000年以后,诉讼的成本转嫁政策开始调整,法院既有的基建债务如何消化开始成为问题,而与法院正规化建设同步的《人民法院法庭建设标准》的出台又将"两庭"的改造计划提上了日程。② 在新的形势下,"两庭"建设的筹资方式开始调整,其中最为重要的变化即中央开始安排预算内资金(含国债)实施"两所一庭"(派出所、司法所、人民法庭)建设项目,"两庭"建设中最为困难的人民法庭建设有了新的筹资渠道。2007年,在C县人民法院所在的G市,列入中央国债资金"两所一庭"建设规划的项目有30个,2006年和2007年已下达新建人民法庭计划17个,中央补助全市法院新建人民法庭资金达843万元。③ 对C县人民法院而言,2005年已将QP人民法庭列入中央国债项目,2006年中央国债资金43万元已经到位;2007年,C县人民法院向中级人民法院申报了5个将于2008年人民法庭建设的项目(2个新建,3个改扩建)④,最后获批两个:一个是LS法庭新建项目(投资额43万),一个是LJ法庭改扩建项目(投资额43万),中央累计专项安排资金129万元。⑤ 在项目管理上,中央国债资金安排的人民法庭建设项目同时涉及发展改革、财政与法院三个部门,具体由发展改革部门负责建设规划和项目的审核、投

---

① 参见1999年7月28日C县人民法院致财政局《关于如何搞好财务管理的报告》。
② 根据建设部的要求,由最高人民法院编制的《人民法院法庭建设标准》于2002年10月23日发布,自2003年1月1日起施行。2010年,国家又发布人民法院法庭建设标准(建标[2010]143号)。
③ 参见G市中级人民法院《关于全市法院"两庭"建设情况通报》(G中法[2007]119号)。
④ 2006年以后,中、基层法院基础设施建设项目建议书在同级发展改革部门审批之前必须首先报省高级人民法院初审,凡高级人民法院初审未通过的项目,发展改革部门不予审、报批,不能使用中央预算内专项(国债)资金以及地方人民政府与之配套的项目建设资金。参见2006年《人民法院基础设施建设项目管理办法》。
⑤ 2008年5月12日,C县遭遇空前的大地震,C县人民法院获得灾后重建经费1000余万元,由于该项经费的取得属于非常规事项,而本研究立足于发现基层法院常态的经费保障体制,故对此一部分的经费不作深入讨论。

资计划的申报与下达、建设实施的监管,财政部门负责项目资金的拨付与监管,法院则负责项目的具体组织实施和监管。为了确保国债投资的专款专用,中央国债项目资金原则上实行县级报账制管理,按工程进度和需要由发改部门、财政部门及项目主管部门审核后支付。值得注意的是,这些人民法庭建设项目虽然由中央国债资金(包括省级财政安排的配套资金)安排,但并不意味着县级财政不提供任何配套条件。一方面,上级资助的国债资金通常只可用于建设,而项目实施的前提条件,比如征地费和相关的建设性取费仍由地方政府安排。另一方面,中央国债资金可能不足以弥补实际建修成本,比如,2005年列入中央国债项目的 QP 人民法庭建设项目的资金来源除中央国债资金补助43万元外,其他皆自筹解决。除了直接提供配套资金外,当人民法庭建设实际投资额超过国债投资额时,基层法院也只能通过向同级财政申请专项追加经费解决。因此,其筹资方式仍然属于"国债投资,地方配套",而非完全意义上的中央全额保障。

新的基建筹集模式为基层法院的经费保障体制引入了新的变量:

其一,本级财政对法庭建设的支持力度增加。此前上级只下达法庭建设标准而不同步下达补偿性资金,地方政府只能根据本地的财力状况及竞争性需求的强度决定对人民法庭建设的支持力度。现在,由于中央国债资金的同步下达,可以相对缓解地方政府支持各项事业发展的资金瓶颈[1],同时,国库集中收付制度建立以后,即使是专项资金,在大额拨付之前仍然需要县域决策层的批准,其使用也在财政部门的监控之下,地方政府对人民法庭建设项目的支持力度明显增加。比如在 C 县,为了积极争取上级安排的项目资金,2000 年县上专门成立了专项资金项目管理领导小组,同时依据2007年项目资金管理办法,可以通过县上设立的项目工作专项经费对项目规划、争取、实施、监管实行以奖代补。[2] 2008年,为强力推进中央、省预算内及国债投资项目实施进程,C 县对在建国家投资重点项目实行县级领导联系制度,其间就包含了 C 县人民法院的 QP、LS、LJ 三个法庭建设项目。[3]

---

[1] 对贫困地区的县级政府而言,解决资金瓶颈的方法主要有三个:一是财政投入;二是争取项目资金和开展招商引资;三是银行贷款和民间融资。

[2] 对一次性无偿项目资金,实行分档计奖,200万元以下的项目按4%奖励,争取单位、实施单位各奖2%;200—500万元的项目按3%奖励,争取单位、实施单位各奖1.5%;500万元以上的项目按2%奖励,争取单位、实施单位各奖1%。奖励资金主要用于弥补项目工作经费的不足,其中20%可用于奖励争取项目的有力人员。在项目争取和实施中,经部门申请、政府审批,可提前预支适当费用,在年终兑现奖励时扣除。参见《C 县项目资金管理暂行办法》(C 府发[2007]28 号)。

[3] 参见 C 县委办、县府办《关于实行县级领导联系国家投资重点项目制度的通知》(C 委办[2008]101 号)。

其二,上级主管部门开始介入基层法院的基建经费管理领域。作为项目资金的来源方或者受托管理方,上级主管部门有动力也有义务监督基层法院对法庭建设经费的使用是否合规,并监督县级政府的建设用地、配套资金等配套条件的落实是否到位,从而在基层法院与县财政之间封闭的讨价还价中引入了第三方力量。在经费管理实践中,上级主管部门通常以"清理检查工作"等形式介入,并且在正式清理检查之前会专门下文要求下级部门首先开展自查工作,并在正式的清查到来之前通过向下级党委、政府、甚至是即将到来的清查者反映情况,及时解决通过自查发现问题。① 这里值得注意的是,清查者提前告知即将来临的检查并不等于"通风报信",也不意味着该项检查只是"过过形式",因为从功能上看,上级主管部门介入的目的不在于发现违法违规或违纪行为,而在于通过"清理检查"等工作督促基层法院"两庭"建设各方行为的合规化,立足于这一目的,在自查阶段上级主管部门虽然未"出场",却未必不"在场"。从 QP 人民法庭建设用地落实的过程看,上级主管部门的"在场"对于提升基层法院的谈判地位具有重要意义。2005 年,C 县人民政府研究决定将 QP 镇某街原茧站的国有土地划拨给法院新建由中央国债支持的项目 QP 人民法庭综合楼,2006 年年底,国债资金 43 万元全部到位,但因茧站原土地占用单位 DFSC 公司提出政府应给予的职工补偿款未落实,阻碍法院进场施工。由于中央国债资金对项目完成有明确的时间要求,并且存在相对严格的验收要求,如未建设将收回国债资金,今后也可能不再安排同一建设项目。这一点为 C 县人民法院提供了向政府报告情况,并要求政府解决征地相关问题的"理由",2008 年政府常务会议再次讨论 QP 人民法庭建设项目问题,将建设地址由原定的茧站变更为原址新建。②

二、支出:装备建设的持续投入

在分析了 1999 年以来 C 县人民法院筹资总额及其结构的变迁之后,这一部分我们将转入对同期法院支出总量及其结构的描述与解释。总体上看,这一阶段法院支出的变动趋势比较复杂,一方面支出总额迅速增长,但增长

---

① 参见 S 省高级人民法院关于开展对中央政法补助专款及"两庭"国债项目进行清理检查工作的通知(S 高法[2006]311 号),G 市中级人民法院司法行政装备管理处关于做好法院系统专项资金管理使用情况及"两庭"国债项目实施情况的自查工作的通知(2006 年 9 月 11 日)。

② 参见 2007 年 5 月 8 日 C 县发改局、国土局、人民法院《关于新建 QP 人民法庭占用土地情况的意见》,C 县人民法院《关于请求解决 QP 人民法庭综合楼征地有关问题的报告》(C 法发[2007]02 号),C 县人民法院《关于迅速启动国债项目建设 QP 法庭的紧急报告》(C 法[2007]06 号),C 县人民法院《关于 QP 人民法庭审判综合楼建设立项的申请》(C 法[2008]9 号)等。

速度呈现出剧烈的变动;另一方面在支出结构上也存在诸多不合理之处。这些问题的出现与同期经济社会的快速转型及转型期法院的职能变迁密切相关,同时也是不尽合理的传统法院支出管理机制实践运行的必然后果。在本节中,我们将以 C 县人民法院为重点对同期基层法院支出展开一个比较全面的实证分析,以期揭示当前基层法院支出的实际状况,及其间存在的问题。

(一) 变迁描述

支出总额是反映法院财政支出状况的基本指标。支出总量的第一个特点是,这一阶段基层法院的支出总额迅速攀升。1999 年,C 县人民法院全年实际支出 264.44 万,而到了 10 年以后的 2008 年,C 县人民法院的实际支出达到了 1062.13 万。即使将 2008 年因"5·12"汶川地震灾后重建而增加的部分支出剔除,C 县人民法院支出总额的增长速度也相当惊人,因为在 2007 年这样一个"没有特殊故事发生"的常规年度,法院支出的总额就已高达 698.34 万,是 1999 年的 2.6 倍。支出总量的第二个特点是增长速度剧烈波动。支出总额的增长有时很快、有时很慢,有时正增长、有时负增长。比如 2002 年和 2003 年法院支出的增速分别高达 72% 和 81%,在增长速度上甚至超过发生汶川地震等特大突发事件的 2008 年(52%);而在 2001 年和 2004 年,法院支出出现了超过 20% 的负增长,由于负增长幅度一般小于正增长幅度,因而增速的剧烈波动并未影响总的增长趋势(图 4-2)。

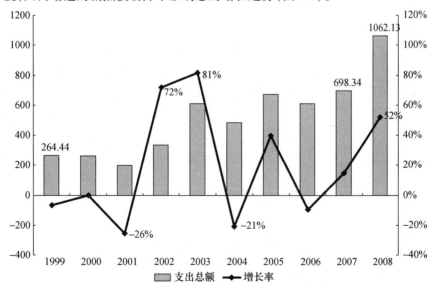

图 4-2　1999—2008 年 C 县人民法院支出总额增长速度

双轴图:"收入总计"的柱形图对应左 Y 轴,"增长率"的线形图对应右 Y 轴虽然法院支出总额在不断攀升,但要真实地反应基层法院在当地财政生态中的地位,还必须同时考虑当地财政的总支出、行政管理费支出和公检法司支出的增长情况(表4-11)。① 从C县的情况看,1999年以后,法院支出的增长幅度总体上小于财政支出和公检法司部门支出的增长幅度,法院支出占财政支出的比重与法院支出占公检法司支出的比重呈"双下降"趋势。其中,法院支出占财政支出的比重从1999年的1.9%下降到了2005年的0.9%,下降超过1/2;同时,法院支出在公检法司部门支出中的比重也在波动中有所下降,1999年法院支出在公检法司支出中的比重达到32%,到2005年这一比重下降到了21%,下降幅度甚至超过了1/3。可见,虽然法院支出总额在不断攀升,但在整个财政生态中,法院支出的优先排序在政法口部门内部的"小盘子"中呈一定的弱化趋势(上一阶段法院支出占公检法司支出的比重为30%)。由于公安、检察部门构成了法院判断自身财政地位的主要参照部门,支出总额的攀升本身并未使得法院感知到的财政地位有所改善,因为相对于公安和检察部门,法院的财政收支状况事实上恶化了。②

图4-3进一步显示县财政增速较之公检法司和法院支出更加稳定,全部保持正态增长。最低增长率13%(2002年),最高增长率36%(2001年),两者之差的绝对值为23%。公检法司支出增速虽然有较大波动,但也维持正态增长。最低增长率为0.5%(2000年),最高增长率为96%(2004年),两者之差的绝对值为95.5%。法院支出增速波动也较大,但有四年处于负增长中。最低增幅为-26%(2001年),而最高增幅为81%(2003年),两者差的绝对值为107%。

法院支出总额的增长是由不同类别的支出共同构成的,要描述并解释基层法院的支出增长,还必须考察不同类型支出的增长情况,并考察其对支出总额增长的影响。在本文中,我们主要通过特定类型支出对总支出增长的贡献(contribution)这一指标体系来考察,并把不同类型支出的贡献比例称为总支出变化的构成。财政支出按开支对象和支出属性可以划分为三类:一是人员支出,主要反映单位在职职工开支的各类劳动报酬等;二是公用支出,主要反映单位购买商品和劳务的支出,包括办公费、业务费等;三是对个人和家庭

---

① 财政部根据中共中央[1982]36号文件关于对政法各部门的经费要给予保障、单列户头的精神,在《1983年国家预算收支科目》中增设了"司法、检察支出"科目,把人民法院的机关经费、业务费、干训经费和其他经费从"行政支出"科目中分列出来。因此,在统计口径上,法院支出列入公检法司支出户头管理,不再纳入行政管理费管理。

② 人们对公正的感知更多的是在"比较"的意义上为之的,亦即人们不仅会关心自身所获得资源的绝对水平,更会关心自己所获资源的相对水平。因此,基层法院会通过对政法口各支出部门的比较来判断自己所获得的资源是否合理。

第四章 公共财政时期的司法财政(1999—2008) 211

表4-11 1998—2005年C县人民法院支出总额与当地财政支出总额、行政管理费支出、公检法司支出的对比 (单位:万元,%)

年份	法院支出总额	法院支出增长率	县财政支出	县财政支出增长率	法院支出占财政支出比重	县行政管理费	法院支出占县行政管理费比重	公检法司支出	公检法司支出增长率	法院支出占公检法司支出比重
1999	264.44	-7%	13993	19%	1.9%	2058	13%	836	15%	32%
2000	263.48	0%	16602	23%	1.6%	2243	12%	840	0%	31%
2001	195.77	-26%	20494	36%	1.0%	2733	7%	928	10%	21%
2002	336.3	72%	27869	13%	1.2%	3392	10%	1262	36%	27%
2003	610.37	81%	31392	33%	1.9%	3762	16%	1507	19%	41%
2004	482.38	-21%	41603	19%	1.2%	4417	11%	2958	96%	16%
2005	673.15	40%	49659	32%	1.4%	6045	11%	3209	8%	21%
2006	608.21	-10%	65552	N/A	0.9%	N/A	N/A	N/A	N/A	N/A
2007	698.34	15%	N/A	N/A		N/A	N/A	N/A	N/A	N/A
2008	1062.13	52%	N/A	N/A		N/A	N/A	N/A	N/A	N/A
1999—2005年均值	**403.70**	**20%**	**28801.71**	**25%**	**1.4%**	**3521.43**	**11%**	**1648.57**	**27%**	**24%**

表格说明:
1. 法院数据来源于《历年C县人民法院财务报表(1979—2008)》。
2. 县财政支出、县行政管理费、公检法司支出数据来自《C县财政志》,然而,《县财政志》于2006年出版,上述数据只记录到2005年;2006年数据来自C县常务副县长2007年4月19日于全县财税工作会议上的讲话。
3. 由于平均值在同期内比较才有意义。因此本表格的平均值仅计算1999—2005年期间。

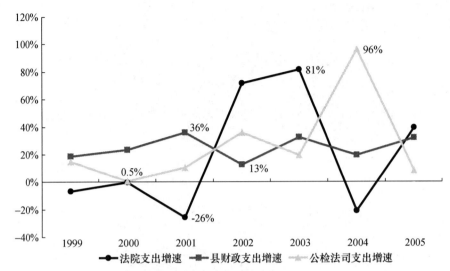

图 4-3　C 县人民法院支出增速、行政管理费增速、公检法司支出增速对比

的补助支出,主要反映对个人和家庭无偿性的补助支出,包括退休费等。人员支出、对个人和家庭的补助支出构成单位的人员类经费,是为保证单位业务活动正常运行按规定支付给工作人员个人的支出;而公用支出则形成单位的公用类经费,是单位为完成工作任务或计划而用于公务活动和事业发展的各项费用。① 因此,法院总支出的变化构成首先可以体现为"人员类经费"和"公用类经费"对法院支出变化的影响。

(1) 在支出结构上,公用类经费比重持续高于人员类经费。

改革开放以前,尤其是 20 世纪 50 年代和 60 年代,人员类经费一直是 C 县人民法院支出的主要部分,这种支出模式一直延续到改革开放初期。但从 1984 年开始,随着法院收入筹集渠道的拓展和"两庭"建设的展开,公用类经费在法院支出中的比重迅速增大②,而在 20 世纪 80 年代后期法院机关办公、审判、住宅综合大院建设与 90 年代人民法院办公、住宅综合楼建设的间歇期,人员类经费支出又开始回升。进入 1999 年以后,C 县人民法院支出结构呈现出新的特点,在繁重的基建任务已经基本完成的情况下,公用类经费比重并未如 1980—1990 年间那样回落,相反在近 10 年时间里,公用类经费长期主导了基层法院的支出结构,其与人员类经费的比例基本稳定在 6∶4 的水平上。总的来说,从新中国成立之后,人员类经费的在法院支出的所占的

---

① 王金秀、陈志勇:《国家预算管理》(第二版),中国人民大学出版社 2007 年版,第 41 页。
② 在本书第三章的论证体例中,为了凸显基础设施建设"大跃进"时期法院基建类经费的特点,课题组特地将该类经费从法院"公用类经费"中析出,自成一类。实际上,在法院财务报表中,基建类经费也是属于公用类经费的组成部分。特此说明。

比重就在不断下降,从 1955—1978 年的 58%(表 2-6),到 1979—1998 年的 42%(表 3-7),再到 1999—2008 年的 39%。

表 4-12　1999—2008 年 C 县人民法院各类经费支出及其比重

(单位:万元,%)

年份	总支出	人员类经费		公用类经费	
		总数	比重	总数	比重
1999	264.44	112.49	43%	151.94	57%
2000	263.48	98.72	37%	164.76	63%
2001	195.77	109.67	56%	86.10	44%
2002	336.30	128.07	38%	208.23	62%
2003	610.37	140.67	23%	469.70	77%
2004	482.38	180.11	37%	302.27	63%
2005	673.15	197.03	29%	476.12	71%
2006	608.21	220.23	36%	387.99	64%
2007	698.34	319.61	46%	378.73	54%
2008	1062.13	517.04	49%	545.09	51%
平均值	519.46	202.36	39%	317.09	61%

表格说明:
1. 数据来源于《历年 C 县人民法院财务报表(1999—2008)》。
2. 人员类经费是指为保证法院业务活动正常运行而支付给工作人员的支出;
3. 公用类经费是指法院为完成工作任务而用于公务活动和业务发展的各项支出。
4. 法院年度"总支出"="人员类经费"+"公用类经费"。

(2) 公用类经费较人员类经费增长速度快,但波动大。

近十年来,除 2000 年出现 12% 的负增长和 2007 年后因工资制度改革带来的人员类经费扩张外,人员类经费的年增长率在多数年份稳定在 10% 左右,年均增长率 18%,呈"稳步增长"的态势。公用类经费则有所不同,虽然平均增幅较人员类经费大,年均增长率达 26%,比人员类经费高 8%,但在半数年份里(1999 年、2001 年、2004 年、2006 年和 2007 年)公用类经费都是负增长,其较高的平均增长速度主要由 2002 年和 2003 年高达 142% 和 126% 的增长所贡献,公用类经费支出的稳定性大大低于人员类经费(图 4-4)。但是,令人印象深刻的却是本阶段公用类经费的波动远低于前面两个阶段,究其原因,前文提及的法院公用类经费法定化的改革以及基建项目的减少起到了很大的作用。

(3) 近十年来法院支出的增长主要由公用类经费贡献。

近十年来,C 县人民法院总支出年均增长 20%,其中有 7% 来自于人员

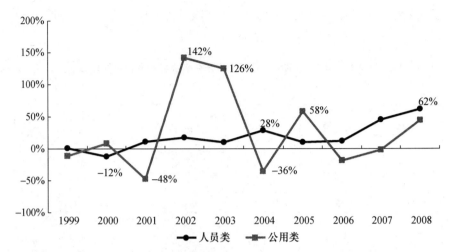

图 4-4　C 县人民法院 1999—2008 年人员类经费与公用类经费的年增长率

类经费的增长,13% 来自于公用类经费的增长,后者增长贡献比高达 64%。也就是说,公用类经费的增长是拉动本期人民法院经费增长的主要动力。

表 4-13　1999—2008 年 C 县人民法院各类经费增长率及增长贡献

(单位:%)

年份	法院支出增长率	人员类经费		公用类经费	
		增长率	增长贡献率	增长率	增长贡献率
1999	-7%	1%	0%	-12%	-7%
2000	0%	-12%	-5%	8%	5%
2001	-26%	11%	4%	-48%	-30%
2002	72%	17%	9%	142%	62%
2003	81%	10%	4%	126%	77%
2004	-21%	28%	6%	-36%	-27%
2005	40%	9%	4%	58%	36%
2006	-10%	12%	3%	-19%	-13%
2007	15%	45%	16%	-2%	-2%
2008	52%	62%	28%	44%	24%
均值	20%	18%	7%	26%	13%
增长贡献比	100%		36%		64%

表格说明:

1. 数据来源于《历年 C 县人民法院财务报表(1999—2008)》。
2. 法院年度"支出增长率" = 人员类经费"增长贡献率" + 公用类经费"增长贡献"。
4. "增长贡献比"将该年度法院支出增长率转换为 100%。故而,人员类经费与公用类经费"增长贡献比"之和为 100%。

在图 4-5 中,我们绘制了基层法院总支出的增长曲线与人员类经费、公用类经费对法院支出增长的贡献,从中可以看出,在 2007 年以前,公用类经费的增长和波动与法院总支出的增长和波动具有高度的一致性。由于增长贡献不仅取决于各类经费自身增长率的大小,它还取决于该类经费在总支出中所占的比重,因而公用类经费增长对法院总支出增长的显著影响不仅取决于公用类经费本身的较高的平均增长率,也与其在法院总支出中的比重持续高于人员类经费有关。2007 年后,人员类经费的增长率因工资制度改革而在短期内迅速增长,人员类经费在总支出中的比重也稳定在 40% 以上,这导致 2007 年人员类经费的增长贡献率(16%)大大超过了公用类经费(-2%),但这是否代表了经费变迁的新趋势则有待观察。事实上,到 2008 年,虽然人员类经费的增长贡献率仍然超过了公用类经费,但两者差距已经缩小到 4%。

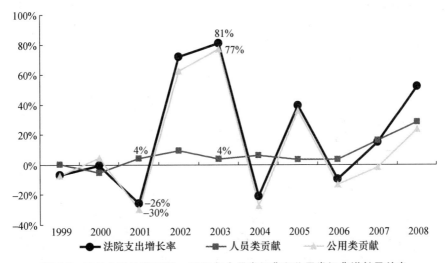

图 4-5 C 县人民法院 1999—2008 年人员类经费和公用类经费增长贡献率

如果不考虑 2007 年工资制度改革带来的资源配置效应,这一阶段法院支出的重心主要集中在公用类经费上,基层法院的物质装备建设是法院支出的重点。这种法院支出结构的意义可以从"财政"(财权)和"司法"(事权)两个层面解读:

首先,在财政层面,这反映了基层法院获取资源丰裕程度的提高。无论是在各级财政支出的优先排序中,还是在基层法院自身的优先排序中,人员类经费一般都优先于公用类经费,因此,在法院支出结构上,只有在人员类经费得到最低限度的满足之后,经费配置的重心才会转向公用类经费,因此进入 1999 年后基层法院公用类经费相对稳定的主导地位反映了国家财政汲取能力和基层法院获取资源能力的提升,已经足以支撑基层法院的支出结构转型。

其次,在事权层面,法院支出结构转型也体现了基层法院职能履行方式的转换,此前通过人力来完成的工作越来越多的通过现代化的物质装备来替代。比如,传统"手写加油印"的法律文书制作方式已经完全被电脑和打印机所取代,手机、网络等现代通讯技术成为法官、当事人之间重要的沟通载体,通过物质装备建设实现对人力的替代成为观察这一时期法院支出的重要线索。

最后,由于物质装备最终表现为资本要素的投入,对物质装备建设的持续投入除了具有为长期忽视的物质装备建设"补课"之作用外,也反映了在当前经济、社会转型期,面临"案多人少"的尖锐矛盾,在干警编制不可能急速扩张的背景下,法院管理者试图通过资本对人力的替代提高基层法院干警单位产出的政策选择(详细分析将在本书第六章中展开)。至于该种支出结构是否具有正当性和现实的持续可能性,则还须结合人员类经费和公用类经费的结构作更深入的考察。

(二) 支出构成

上文结合人员类经费和公用类经费的构成对 C 县人民法院近十年总支出的增长作了一个初步的描绘,在这一部分,我们将使用相同的方法对人员类经费的构成作更为细致的考察,以进一步确定上文的结论是否具有可持续性。

1. 人员类经费的构成

首先,本期人员类经费保持稳步增长的态势,除 2000 年外,全部保持正态增长。虽然相对于短缺时期和创收时期而言,1999 年以后 C 县人民法院的人员类经费支出比重进一步下降,但这并不影响人员类经费在法院经费的管理中的特殊地位。由于人员类经费的配置直接与法院干警的福利待遇挂钩,人员类经费可以直接构成法院干警的激励与约束力量,与公用类经费的管理相比,法院人员类经费的管理往往面临更多的制度约束[1],因而也可能产生更多的问题。从 C 县的实践看,1999 年以后,我国基层法院人员类经费支出的第一个特点是,相对总支出而言,虽然人员类经费的增长相对平缓,但增长率基本都在零以上,总支出的波动较少由人员类经费引起(图 4-6)。在我国,虽然不存在基于司法独立禁止削减法官薪酬的法定或宪法限制,但适用于各行各业工资增长的事实上的"刚性"特征仍然对法院人员类经费的削减构成了强有力的制约,故法院人员类经费一般也只存在一个增速快慢的问

---

[1] 比如,西方国家一般禁止或者严格限制削减法官的薪酬待遇,这一制度限制将大大压缩法院人员经费管理的灵活性。

题,而很少出现负增长。由此导出了我国基层法院支出的第二个特点,亦即法院人员类经费支出与一般政府部门人员类经费支出的同质性。根据国务院工资制度改革小组、劳动人事部《关于地方各级人民法院工作人员工资制度改革问题的通知》(劳人薪[1987]56号)对地方各级人民法院审判业务人员职务工资标准的规定,各基层人民法院院长执行副县长级职务工资标准,副院长是按照同级政府职能部门的正职还是副职确定职级则应根据干部的条件按照干部管理权限审定;庭长、副庭长按照本级法院审判员确定职级;基层人民法院的审判员为科级和股级,助理审判员为科员级,书记员为科员级和办事员级,并执行相应的职务工资标准。虽然1995年颁布的《法官法》第36条试图建立独立于行政机关公务员薪酬制度的法官工资制度,要求"法官的工资制度和工资标准,根据审判工作特点,由国家规定",但此后法官工资制度仍然继续沿用行政职级。在这样的制度安排下,基层法院人员类经费的增长主要取决于财政经费供养人员行政职级的提高,后者的渐进性和组织人事部门的指标控制①限制了人员类经费的增长速度。因此,人员类经费的急速增长只能来自于整个政府工资制度的重大调整,比如2006年工资制度改革。虽然,在这个阶段中,法院人员类经费支出的比重进一步下降,但是,此种下降并非因为绝对数值的下降。实际上,C县人民法院经费仍然保持着年均18%的速度增长,增长速度甚至还超过了前一阶段法院人员类经费15%的增速。但是,由于增速低于同期公用类经费的增速,因此,在总体比例上出现小幅度的下降便是必然。

其次,工资类经费仍然占据了人员类经费的主要部分。这与短缺时期和创收时期是一致的。所不同的是,相较于创收时期而言,本期福利奖励类经费所占的比例明显下降。为了便于对人员类经费的构成进行分析,课题组将收集到的预算内、预算外人员类经费支出数据作了整合。在此基础上,我们区分了管理较为规范、支出标准更为确定的"工资类经费"和更具权变性、根据单位经费状况适时发放的"福利奖励类经费",并将主要用于离退休人员的"社会保障类"经费单独析出,将整个人员类经费划分为三类,其构成情况见表4-14。从人员类经费的构成看,近十年来,"工资类经费"在法院人员类经费中的比例较之创收时期有了显著提升,由53%上升至69%(表3-13)。

---

① 比如,根据国务院工资制度改革小组、劳动人事部《关于地方各级人民法院工作人员工资制度改革问题的通知》(劳人薪[1987]56号)的第3条规定,地方各级人民法院审判业务人员中的处、科级干部按照下列比例限额控制:依照法律规定设有人民法庭的基层人民法院审判业务人员中,科级干部与全院科级以下工作人员之比一般为1:2.3,最高不超过1:1.9;尚未设置人民法庭的,该比例一般为1:2.5,最高不超过1:2.1。

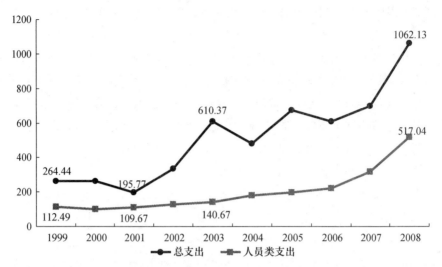

图 4-6 1999—2008 年 C 县人民法院总支出与人员类经费支出的变迁（单位：万元）

而福利奖励类经费的比重在 20 世纪 90 年代经历了迅速上扬之后，于近十年来呈现出"先抑后扬"的态势，在经历了一个回落调整期（1999—2002 年）后又迅速返回高位水平，使得十年间福利奖励类经费的整体开支升至 23%，但整体水平仍然低于创收时期法院工资福利化的阶段（36%，表 3-13）。社会保障类经费自 1999 年以来在基层法院总支出中的总体趋势是比例下降，近十年来的平均水平是 8%。由于工资类经费和社会保障类经费在支出标准和支出时机上都更具确定性，而福利奖励类经费在支出上更具权变性，因此从整体上看，近十年来，法院人员类经费支出的灵活性实际上较之创收之风最盛的 20 世纪 90 年代有了明显的下降低。

表 4-14 1999—2008 年 C 县人民法院人员类经费支出构成情况表

（单位：万元,%）

年份	人员类经费	工资类		社会保障类		福利奖励类	
		总数	比重	总数	比重	总数	比重
1999	112.49	95.34	85%	7.98	7%	9.17	8%
2000	98.72	87.39	89%	2.47	3%	8.87	9%
2001	109.67	105.31	96%	2.35	2%	2.02	2%
2002	128.07	111.47	87%	5.35	4%	11.25	9%
2003	140.67	98.43	70%	10.75	8%	31.49	22%
2004	180.11	113.49	63%	14.02	8%	52.61	29%
2005	197.03	109.56	56%	10.58	5%	76.89	39%
2006	220.23	115.20	52%	18.73	9%	86.30	39%

（续表）

年份	人员类经费	工资类		社会保障类		福利奖励类	
		总数	比重	总数	比重	总数	比重
2007	319.61	190.89	60%	18.56	6%	110.16	34%
2008	517.04	366.75	71%	80.03	15%	70.27	14%
均值	202.36	139.38	69%	17.08	8%	45.90	23%

表格说明：
1. 数据来源于《历年 C 县人民法院财务报表(1999—2008)》。
2. 统计口径依下列标准确定："工资类经费"包括基本工资、补助工资；"社会保障类经费"，主要包括离退休职工经费、公费医疗和社保缴费；"福利奖励类经费"包括工作人员福利费、工作人员病假期间生活待遇、职工探亲费和遗属生活补助。
3. 人员类经费是指为保证法院业务活动正常运行而支付给工作人员的支出；"人员类经费"="工资类经费"+"福利奖励类经费"+"社会保障类经费"。

最后，尽管本期福利奖励类经费年均增长率最高，但人员类经费的增长仍然主要由工资类经费拉动。这与短缺时期和创收时期基本相同。只是，随着法官"阳光工资"制度的推行，福利奖励类经费的增长贡献较之创收时期有了一定的下降，但仍明显高于短缺时期。换言之，人员类经费的福利化趋势虽有所遏止，但本期法院工作人员薪酬的福利化程度仍优于短缺时期。表4-15的数据反映了人员类经费各项构成的增长率和增长贡献。首先，就增长幅度而言，福利奖励类经费增幅最大年均增长率达100%；社会类经费增幅次之，年均增长率达54%；工资类经费最低，虽然2008年该项经费支出高达366.7万元，但由于基数大，年均增长率仅为18%。其次，就增长贡献而言，虽然福利奖励类经费和社保类经费增长速度快，但福利奖励类经费和社会保障类经费对基层法院人员类经费支出增长的贡献其实小于增幅并不算大的工资类经费，在人员类经费年均18%的总增长率中，工资类经费的增长贡献率为10%（增长贡献比高达57%）。年均增长率高达100%的福利奖励类经费仅奉献了5.5%的增速（增长贡献比为30%），社保类经费则以54%的增速奉献了2%的增速（增长贡献百分比为13%）。

表4-15 1999—2008 年 C 县人民法院人员类经费构成及其对人员类经费增长的贡献

（单位:%）

年份	人员类支出增长率	工资类		社会保障类		福利奖励类	
		增长率	增长贡献率	增长率	增长贡献率	增长率	增长贡献率
1999	1%	−3%	−2.7%	−26%	−2.6%	325%	6.3%
2000	−12%	−8%	−7%	−69%	−5%	−3%	0%

(续表)

年份	人员类支出增长率	工资类		社会保障类		福利奖励类	
		增长率	增长贡献率	增长率	增长贡献率	增长率	增长贡献率
2001	11%	21%	18%	-5%	0%	-77%	-7%
2002	17%	6%	6%	128%	3%	458%	8%
2003	10%	-12%	-10%	101%	4%	180%	16%
2004	28%	15%	11%	30%	2%	67%	15%
2005	9%	-3%	-2%	-24%	-2%	46%	13%
2006	12%	5%	3%	77%	4%	12%	5%
2007	45%	66%	34%	-1%	0%	28%	11%
2008	62%	92%	55%	331%	19%	-36%	-12%
平均值	18%	18%	10.5%	54%	2%	100%	5.5%
增长贡献比	100%	57%		13%		30%	

表格说明：

1. 数据来源于《历年 C 县人民法院财务报表（1999—2008）》。
2. 法院年度人员类经费"支出增长率"＝工资类经费"增长贡献率"＋社会保障类经费"增长贡献率"＋福利奖励类经费"增长贡献率"。
3. "增长贡献比"将该年度法院年度人员类经费增长率转换为100%。故而，工资类经费、社会保障类经费与福利奖励类经费"增长贡献比"之和为100%。

图 4-7 显示了三类经费对人员类经费增长的贡献。从图中不难看出，虽然 2002—2003 年间福利奖励类经费增长分别高达 458% 和 180%，但由于同期在法院支出格局中占绝对优势地位的工资类经费下降了 12%，由此导致

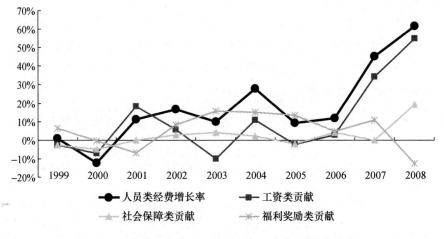

图 4-7　C 县人民法院 1999—2008 年工资类、福利奖励类和社保类经费对人员类经费增长的贡献

人员类经费在2002—2003年间不升反降,从整体上看,工资类经费与人员类经费的变动趋势更趋一致。不过,对具体的法院干警而言,工资类经费因为其稳定而失去了被关注的机会,由于该项经费构成了可以事先预期的"既得经费",反而变得并不那么令人关心,更能激发干警"兴趣"主要是在获取上更具或然性的福利奖励类经费。

(1)工资类经费

工资类经费是基层法院人员类经费的主要组成部分,2002年前人员类经费中的工资构成包括基本工资、发放给在职人员的津贴、补贴等补助工资和其他工资,2003年C县人民法院经费全额纳入预算内管理后,工资类经费主要由基本工资和津贴、补贴等补助工资构成。从表4-16中可以看出,在工资类经费中,近十年基本工资的平均比重为68.01%,在工资类经费的构成中比重仍然最大,但相对于1998年以前,尤其是相对于改革开放以前,基本工资在工资类经费中的比重总体呈下降趋势。与之相应的,津贴、补贴等补助工资在工资类经中的比重总体呈上升趋势,近十年的平均比重达23.50%,大大高于1978—1998年间的11.06%和1955—1978年间的8.30%,由此导致整个工资结构呈现出"基本工资比重太小、津补贴比重过大"的问题。从C县人民法院的财务报表看,"其他工资"虽然主要存续于1998—2002年这5年时间里,但其比重却较大:5年间"补助工资"的平均比重只有14.03%,而"其他工资"的比重则高达20.23%(表4-16)。从资金来源看,1998—2002年的"基本工资"全部由预算内资金安排,"补助工资"中只有大约50%的资金来源于预算内经费(图4-8),而"其他工资"几乎全部来自于预算外经费(2002年仅有33.49%的其他工资由预算内经费安排)。因此,2003年以后"其他工资"的取消是同期预算外经费管理转入预算内管理的必然结果,但由于此前预算外经费的外部控制弱于预算内经费,"其他工资"这一支出项目的取消同时也改善了基层法院工资构成的规范化水平。不过,由于津贴、补贴等补助工资在支付的标准和程序等方面的规范化程度都低于基本工资,"基本工资比重太小,津贴、补贴比重过大"的工资结构在一定程度上也反映了自1999年以来我国基层法院工资支付的规范化建设仍有进一步提升的空间。

表 4-17　1999—2008 年 C 县人民法院工资类经费支出构成情况

（单位：万元，%）

年份	工资类经费年增长率	基本工资		补助工资		其他工资	
		金额	比重	金额	比重	金额	比重
1999	95.34	50.30	53%	18.59	20%	26.46	28%
2000	87.39	59.74	68%	9.41	11%	18.24	21%
2001	105.31	85.62	81%	10.44	10%	9.24	9%
2002	111.47	72.89	65%	14.24	13%	24.35	22%
2003	98.43	74.97	76%	23.45	24%	0.00	0%
2004	113.49	82.67	73%	30.82	27%	0.00	0%
2005	109.56	82.30	75%	27.25	25%	0.00	0%
2006	115.20	88.31	77%	26.89	23%	0.00	0%
2007	190.89	148.39	78%	38.09	20%	0.00	0%
2008	366.75	123.97	34%	230.62	63%	0.00	0%
均值	139.38	86.92	63%	42.98	31%	7.83	6%

表格说明：
1. 数据来源于《历年 C 县人民法院财务报表（1999—2008）》。
2. 法院年度"工资类经费"="基本工资"+"补助工资"+"其他工资"。

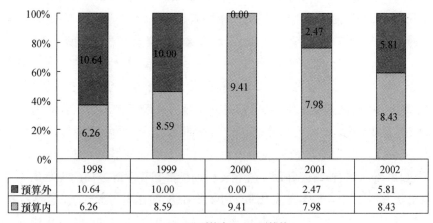

图 4-8　1998—2002 年 C 县人民法院"补助工资"的资金来源构成情况（单位：万元）

就工资类经费各构成项目的增长情况看，虽然基本工资在工资类经费中比重最高，但由于基本工资的年增长率最为平缓，近十年来年均增长仅12.78%，因而其对工资类经费的年均增长率仅贡献了 8.59%。相对而言，津贴、补贴等补助工资的增长更快，近十年的年均增长率达 63.82%，对工资类经费的增长奉献了11.97%。也就是说,在这个阶段中补助工资的增长对于工资类经费的增长起到了主要的拉动作用。这一点与第二章、第三章的状况截然不同。在改革开放前,补助工资对于工资类经费的增长作用甚微,在改革开放后的第一个20年中,补助工资也仅仅贡献了对于工资类经费增长的1/4,而在这个阶段中,工资类经费的增长中有67.21%的部分来自补助工资的拉动。不过,从表4-17列示的工资类经费增长情况看,无论是基本工资的增长还是补助工资的增长,都呈现出小幅波动后剧烈波动的特点,比如2007年基本工资和2008年津贴、补贴等补助工资的大幅度上升等,这与我国工资制度的运行方式密切相关。在各项财政资金的管理中,工资类经费管理的规范化程度最高,不同工资项目的支付标准和程序都有较为明确的规定,并通常与行政职级和等级挂钩,因此在经费管理实践中,工资类经费的增长通常随着行政职级的调整或在职干警人员的扩充而逐步调整,财政每年拨付的经费数量一般都会比较稳定。由此,剧烈的变动主要出现在以下几种情况:(1)基层法院干警数量的大范围扩充;(2)行政职级的大范围晋升;(3)工资制度的整体性调整。2006年以来工资类经费的增长即主要源于第三种情形。2006年,我国启动了新一轮的工资制度改革,以建立国家统一的职务与级别相结合的公务员工资制度,进而实现工资分配的科学化、规范化和法制化,由此导致2007—2008年度C县人民法院的基本工资和补助工资支出快速的增长。

表4-17 1999—2008年C县人民法院工资类经费构成及其对工资类经费增长的贡献

(单位:%)

年份	工资类经费年增长率	基本工资		补助工资		其他工资	
		增长率	增长贡献率	增长率	增长贡献率	增长率	增长贡献率
1999	-3%	9%	4%	10%	2%	-25%	-9%
2000	-8%	19%	10%	-49%	-10%	-31%	-9%
2001	21%	43%	30%	11%	1%	-49%	-10%
2002	6%	-15%	-12%	36%	4%	163%	14%
2003	-12%	3%	2%	65%	8%	-100%	-22%
2004	15%	10%	8%	31%	7%	0%	0%
2005	-3%	0%	0%	-12%	-3%	0%	0%
2006	5%	7%	5%	-1%	0%	0%	0%
2007	66%	68%	52%	42%	10%	0%	0%
2008	92%	-16%	-13%	505%	101%	0%	0%

(续表)

年份	工资类经费年增长率	基本工资		补助工资		其他工资	
		增长率	增长贡献率	增长率	增长贡献率	增长率	增长贡献率
均值	18%	13%	9%	64%	12%	-8%	-3%
增长贡献比	100%	48%		67%		-15%	

表格说明：
1. 数据来源于《历年C县人民法院财务报表(1999—2008)》。
2. 法院年度"工资类经费"="基本工资"+"补助工资"+"其他工资"。
3. 法院年度工资类经费"支出增长率"=基本工资"增长贡献率"+补助工资"增长贡献率"其他工资"增长贡献率"。
4. "增长贡献比"将该年度法院年度工资类经费增长率转换为100%。故而，基本工资、补助工资与其他工资"增长贡献比"之和为100%。

对基层法院工资类经费的增长而言，在2006年的公务员工资制度改革中，职级工资制度的调整和津贴、补贴制度的完善两项改革影响最为重要。首先，职级工资制度改革将公务员的基本工资构成由现行职务工资、级别工资、基础工资和工龄工资四项调整为职务工资和级别工资两项，同时调整基本工资的正常晋升办法，实行级别与工资等待遇适当挂钩，任职时间和级别达到规定条件后，经考核合格可以享受上一职务层次非领导职务的工资等待遇。这项改革进一步强化了职务与级别的结合程度，增强了行政级别对基层法院干警的激励功能，法官工资类经费管理的特殊性某种程度上受到抑制，但在经费保障水平上，这项改革提高了基本工资的支付标准（职务工资标准表见表4-18，级别工资标准表从略），改善了基层法院干警的物质待遇。其次，在清理规范津贴补贴的基础上，实施地区附加津贴制度，并完善艰苦边远地区津贴制度和岗位津贴制度。虽然《法官法》第36条要求建立符合审判工作特点的法官工资制度和工资标准，并于第38条明确规定，"法官享受国家规定的审判津贴、地区津贴、其他津贴以及保险和福利待遇"，但从C县人民法院看，一套完整而相对独立的"符合审判工作特点"的法官工资制度和工资标准并不存在，与此同时，在很长的时间里《法官法》所承诺的"审判津贴"也未能建立。在实践中看，法官待遇的改善很大一部分经费都来自于法院通过诉讼收费自筹的资金，但这些资金在1999年以后逐步受到外部越来越严厉的控制，2006年后的工资制度改革在经费管理体制转型的背景下增加了对基层法院津补贴的保障力度，由此基层法院的津贴、补贴金额快速增长。2007年，C县人民法院津贴、补贴支出38.1万元，2008年津补贴支出迅速增至230.6万元，即使扣除同期C县人民法院奖金数额下降36.6万元，C

县人民法院在2007—2008年度的津补贴支出仍然增加了5.1倍。

表4-18 2006年工资制度改革后的C县人民法院执行的职务工资标准表

(单位:元/月)①

职务	工资标准	
	领导职务	非领导职务
县处级副职	640	590
乡科级正职	510	480
乡科级副职	430	410
科员		380
办事员		340

(2) 福利奖励经费

福利奖励类经费由福利类经费和奖励类经费构成。福利类经费包括基层法院支付给法院干警的困难补助等福利费用和单位福利设施的开支等。由于职工福利费一般参照工资总额的一定比例计算,因此当工资制度出现重大调整时,福利类经费的开支数额也会随之波动。在C县人民法院,职工福利费的提取比例为4.5%,1998—2005年的福利费开支虽然波动也较为明显,极差高达13.2万元,但其均值基本稳定在7万元左右,但2006年工资制度改革后,2007年C县人民法院的福利类经费开支金额急速攀升至49.3万元,增长率高达4569.93%,2008年福利类经费在高水平基本得到维持,总支出额仍然高达45.8万元(表4-19)。2007年以后福利类经费急速增长的另外一个原因是福利类统计口径的扩充,根据2007年和2008年C县人民法院的财务报表,我们所定义的福利类经费将数额巨大的"住房公积金"也纳入其中②,如果将这项支出扣除,2007年和2008年福利类经费开支的增长趋势仍然延续,但其增长率将分别跌至1524.91%(2007年支出额为17.2万元)和 -5.72%(2008年支出额为16.18万元)。从资金来源上看,虽然1999年和2001年,预算外资金安排的职工福利费比重非常大,分别高达78.36%和79.10%,但在多数年份(1998年、2001年以后),C县人民法院的福利类经费

---

① 关于职务与级别的对应关系,根据《2006年公务员工资制度改革方案》及其实施办法,县处级副职定14—20级,乡科级正职定16—22级,乡科级副职定17—24级,科员定18—26级,办事员定19—27级。公务员年度考核称职及以上的,一般每5年可在所任职务对应的级别内晋升一个级别,每2年可在所任级别对应的工资标准内晋升一个工资档次。公务员的级别达到所任职务对应最高级别后,不再晋升级别,在最高级别工资标准内晋升级别工资档次。

② 在性质上,单位按照工资总额的一定比例向政府有关部门缴纳的住房公积金与单位缴纳的养老保险费、医疗保险费相同,可以归入社保缴费的范畴。

支出基本上都是由预算内经费安排的(图4-9)。

表4-19 1999—2008年度C县人民法院福利奖励经费构成情况

(单位:万元,%)

年份	福利奖励类经费	福利类经费		奖金		其他	
		金额	增长率	金额	增长率	金额	增长率
1999	9.17	9.17	325%	0.00	0%	0.00	0%
2000	8.87	8.87	-3%	0.00	0%	0.00	0%
2001	2.02	2.02	-77%	0.00	0%	0.00	0%
2002	11.25	11.25	458%	0.00	0%	0.00	0%
2003	31.49	14.29	27%	16.84	N/A	0.37	N/A
2004	52.61	4.12	-71%	39.99	137%	8.50	2224%
2005	76.89	7.79	89%	54.49	36%	14.61	72%
2006	86.30	1.06	-86%	77.30	42%	7.94	-46%
2007	110.16	49.31	4570%	60.84	-21%	0.00	0%
2008	70.27	45.84	-7%	24.42	-60%	0.00	0%
均值	45.90	15.37	522%	27.39	15%	3.14	250%

表格说明:

1. 数据来源于《历年C县人民法院财务报表(1998—2008)》,其中1979年、1992年和1993年会计报表缺失。

2. 由于2002年"福利奖励类经费"中的"奖金"和"其他"金额为0,因此,2003年增长率无法计算(分母为0)。

3. 福利类经费的统计口径,主要包括2003年前由预算内资金和预算外资金安排的职工福利费、2003年以后扣除退休费和奖金后的对个人和家庭的补助支出(比如抚恤与生活补贴、住房补贴)等。

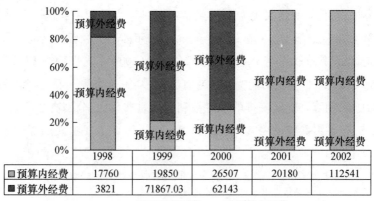

图4-9 1998—2002年C县人民法院"职工福利费"的资金来源构成情况

与福利类经费相比,奖金的支付在政策上更具或然性,它一般以年终考核合格作为发放条件。从表 4-19 中看,2003 年以来奖金发放的绝对数额一直在稳步增加,但 2007 年工资制度改革后,奖金的发放标准调整,对年度考核称职(合格)及以上的工作人员发放一次性年终奖金,奖金标准为本人当年 12 月份的基本工资,奖金的发放数额开始以较大的速度下滑。由于奖金数额的下调主要由工资制度改革所致,后者又与基本工资挂钩,可以预期在工资制度改革带来的短期调整效应消失后,奖金数额将随着基本工资的增长而增加。

(3) 社保类经费

根据社保类经费的支付方式,可以将社保类经费划分为两类:其一是基层法院向社保经办机构缴纳的各项费用,通过社会保险的运作机制将社保类经费的支付责任转移给社会保险基金;其二是基层法院直接向在职或退休干警支付的公费医疗费用和退休费用等。从 C 县人民法院 1999 年以来社保类经费的构成情况看,近十年来最大的变革即 1999 年将基层法院直接支付的公费医疗纳入到医疗保险基金支付的范围,其结果是 2000 年以后公费医疗费用的消失和社保缴费的增加。从表 4-20 中看,如果不考虑财务报表中未予反映的退休费用,C 县人民法院 1999 年社保缴费的绝对数额和相对比重都非常小,公费医疗在整个社保类经费支出中的比重高达 98.32%。对比 1999 年和 2000 年 C 县人民法院社保类经费中社保缴费和公费医疗的消长变化,公费医疗的剥离不仅体现了社会保障的社会性(而非此前的单位性),它同时也降低了基层法院的财务负担。1999 年 C 县人民法院公费医疗支出 7.9 万元[①],纳入医疗保险后,2000 年 C 县人民法院的社保缴费仅为 2.5 万元,其间的差额部分意味着基层法院干警的医疗保障水平出现了一定程度的下降[②],但通过这次改革,基层法院的医疗保障资金筹集渠道调整,改由社会保险基金支付,符合我国社会保障事业的发展趋势。当然,公费医疗从基层法院支出结构中的剥离并不是专为基层法院而设计的,事实上,这是一项针

[①] 从 C 县人民法院致 G 市中级人民法院的情况报告看,医疗费的实际支出额实则近 10 万元,而财政只解决了不到 1/3。参见 2000 年 3 月 13 日 C 县人民法院致 G 市中级人民法院《关于经费保障及福利待遇方面的情况报告》。

[②] 这种下降可能只是理论上的。首先,新制度实施前的医疗费用和资金亏空不会使用基本医疗保险基金来支付,所需资金仍由原资金渠道解决;其次,地方政府在推进公费医疗制度改革时,也在积极解决医疗保险封顶线以上的医疗问题,以体现"无情封底、有情操作"的精神。参见 C 县县委副书记 2000 年 12 月 22 日《积极稳妥地推进城镇职工基本医疗保险制度改革——在全县城镇职工基本医疗保险制度改革实施动员会议上的讲话》。

对当地所有行政事业单位的改革。① 不过,进入 1999 年以后社保类费用结构的调整仅限于医疗领域,基层法院的退休费用仍然由财政直接支付。从表 4-20 中看,2003 年以后社保类经费的支出中,公费医疗剥离后,退休费用构成了基层法院社保类经费的"半壁江山",在 2003—2008 年的社保类经费支出中,年均有 52.65% 的支出是退休费用的支出,社保缴费的比重年均为 45.16%。

表 4-20　1999—2008 年 C 县人民法院社会保障类经费支出构成及其比例

（单位:万元,%）

	社会保障类经费	社保缴费		公费医疗经费		离退休经费	
		金额	比重	金额	比重	金额	比重
1999	7.98	0.13	2%	7.85	98%	0.00	0%
2000	2.47	2.47	100%	0.00	0%	0.00	0%
2001	2.35	2.35	100%	0.00	0%	0.00	0%
2002	5.35	5.35	100%	0.00	0%	0.00	0%
2003	10.75	3.64	34%	0.65	6%	6.46	60%
2004	14.02	8.60	61%	1.00	7%	4.42	32%
2005	10.58	2.06	20%	0.00	0%	8.52	81%
2006	18.73	10.76	57%	0.00	0%	7.96	43%
2007	18.56	12.16	66%	0.00	0%	6.40	34%
2008	80.03	26.60	33%	0.00	0%	53.42	67%
均值	17.08	7.41	43%	0.95	5.5%	8.72	51.5%

表格说明:
1. 数据来源于《历年 C 县人民法院财务报表(1999—2008)》。
2. "社会保障类经费"="社保缴费"+"离退休经费"+"公费医疗经费"。

就社保类经费各构成项目的增长情况看,虽然近十年来社保缴费的年均增长率高达 96.89%,但社保缴费增幅的波动却比较剧烈,2000 年社保缴费增加了 1734.08%,2006 年和 2008 年也出现了大幅度的增长。不过,社保缴费剧烈增长的时期同时也是基层法院社会保障制度进行重大改革的时期,C 县人民法院先后经历了 2000 年医疗保险制度改革和 2006 年工资制度改革,前者增加了社保缴费的项目,后者提高了社保缴费的标准,直接导致与单位工资额挂钩的社保缴费的增加,如果将这两项改革造成的经费波动剔除,实际增长率要相对平稳得多。从表 4-21 中看,2000 年公费医疗转入医疗保险后,C 县人民法院的社保缴费在短期内有一个超常规的增长,此后社保缴费

---

① 从 1999 年 6 月 1 日起,C 县公医办承担的机关事业单位医疗保险管理职能划归县劳动局主管,由社会保险事业管理局具体经办。参见 C 县财政局、劳动局《关于行政事业单位职工医疗保险有关问题的通知》(C 财社[1999]135 号)。

进入一个相对平稳的增长阶段,2006年的工资调整虽然也导致了社保缴费出现一个较大幅度的增长,但相对于公费医疗改革初期,其增长态势已经趋于平稳。既然与工资类经费和福利奖励类经费相同,社保类经费的波动也主要由制度上的重大变革所驱动,因此从整体上看,人员类经费的增长呈现出"制度变革—超常规增长—平稳增长—新的制度变革—超常规增长—平稳增长"的阶梯性增长模式。在这样的增长模式下,一个点的制度变革可能牵连人员类经费支出的各个领域,工资制度的局部调整也可能引发重要的财政后果。从C县人民法院的人员类经费支出看,2006年工资制度改革的波及面是非常广泛的,基本工资的调整不仅涉及工资水平本身,它还会对以基本工资为基数的福利类经费、奖金、社保缴费等诸多变量产生影响,从而全面推高公务人员的薪俸水平。在诉讼收费等资金的使用受到越来越多的限制之后,2006年的工资制度改革对于基层法院干警物质保障水平的维系和保障发挥了重要作用。

表4-22 1999—2008年C县人民法院社会保障类经费构成项目的增长率及增长贡献

(单位:%)

年份	社会保障类经费年增长率	社保缴费		公费医疗		退休费用	
		增长率	增长贡献率	增长率	增长贡献率	增长率	增长贡献率
1999	-26%	8860%	1%	23%	13%	-100%	-41%
2000	-69%	1734%	29%	-100%	-98%	0%	0%
2001	-5%	-5%	-5%	0%	0%	0%	0%
2002	128%	128%	128%	0%	0%	0%	0%
2003	101%	-32%	-32%	N/A	12%	N/A	121%
2004	30%	136%	46%	54%	3%	-32%	-19%
2005	-24%	-76%	-47%	-100%	-7%	93%	29%
2006	77%	421%	82%	0%	0%	-7%	-5%
2007	-1%	13%	7%	0%	0%	-20%	-8%
2008	331%	119%	78%	0%	0%	735%	253%
均值	54%	1130%	29%	-14%	-8%	74%	33%
增长贡献比	100%	54%		-15%		61%	

表格说明:

1. 数据来源于《历年C县人民法院财务报表(1999—2008)》。

2. 法院年度社会保障类经费"支出增长率"=社保缴费"增加贡献率"+离退休经费"增长贡献率"+公费医疗经费"增长贡献率"。

3. "增长贡献比"将该年度法院年度人员类经费增长率转换为100%。故而,社保缴费、离退休经费与公费医疗经费"增长贡献比"之和为100%。

在社保类经费中,基层法院负担另一个支出大项是退休人员的费用。结合表 4-17 和表 4-21 看,2004—2008 年,退休人员类经费的年均增长率为 153.99%,而同期在职人员工资类经费的年均增长率仅为 34.96%,C 县人民法院退休人员类经费的增长整体上快于在职干警工资类经费的增长。在年增长率上,进入 2000 年以后,退休费用的年均增长率也大大高于 20 世纪 80 年代和 90 年代;而就对社保类经费的增长贡献而言,退休费用为社保类经费的增长(82.61%)奉献了 50%,大大高于社保缴费的贡献,后者仅奉献了 22.51%。从整体上看,退休费用在基层法院人员社保类经费构成和人员类经费支出中的比重正在逐步加大,这一点与基层法院人员结构的老化正好对应。1999 年,C 县人民法院在职干警 103 人、退休职工 15 人,退休人员的比重仅为 12.71%;2003 年,在职干警人数减至 90 人,退休职工增至 31 人,其中包括副县级干部 6 人,退休人员比重上升至 25.62%;而到了 2007 年,虽然在职人员的数量有所增加(93 人),但退休人员也增加了 2 人(33 人),退休人员比重进一步增至 31.43%。① 退休费用的扩充向基层法院的发展提出了一个重要的问题,随着基层法院人员结构的老化,此前的人员红利正在逐步消散,基层法院的养老负担正在加重。当然,从 C 县人民法院的支出结构看,这主要还是一种潜在的趋势,因为即使在退休费用大大扩充的 2008 年(支出额高达 53.4 万元),退休费用在基层法院人员类经费支出的比重也只有 10%,而在整个基层法院总支出中的比重则进一步下降为 5%。

2. 公用类经费的构成

法院为履行其职能而发生的支出一般可以分成两个部分:一部分是履行司法职能和司法管理职能而发生的耗费,亦即公用类经费;另一部分是由此派生的法官或其他法院工作人员的生活和发展费用,亦即前文已经分析的人员类经费。关于两者的关系,前文已经指出,1999 年以后,在我国基层法院的支出结构中,公用类经费相对稳定地主导了基层法院的支出格局。在上一部分中,我们重点考察了基层法院人员类经费的构成及其管理特点,这一部分我们将使用相同的方法考察公用类经费的构成及其管理特点。近十年来,C 县人民法院公用类经费支出年均增长率 26%,总体呈增长趋势。但与人员类经费相对稳定的走势不同,公用类经费的波动幅度大。从图 4-10 中我们

---

① 2007 年前后,又有一批干警口头申请提前退休,针对申请退休人员较多的情况,C 县人民法院政治处在请示县委组织部干部科后,2007 年正式通知全院干警,工龄满 30 年但不满 60 岁且自愿退休的,由本人写出书面申请,经法院党组讨论并签具意见,县委组织部可以酌情审批,退休费按现有职级、工资待遇计算,为本人现有工资的 85%,无优惠政策可享受。参见 C 县人民法院 2007 年 5 月 9 日《关于干警提前退休有关问题的通知》。

可以清晰地看出,公用类经费的整体走势与基层法院经费支出的走势大体相同,正是公用类经费的波动导致了基层法院总支出的波动。后文将通过对公用类经费构成和管理的分析来进一步解释此种波动。

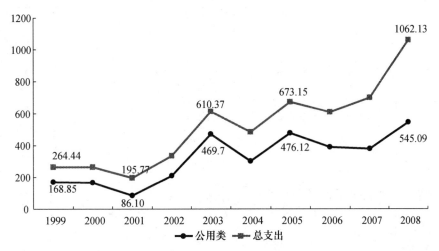

图 4-10 1999—2008 年 C 县人民法院总支出与公用类经费支出变化图(单位:万元)

首先看公用类经费的构成。由于在很长的一段时间里,基层法院很大一部分公用类经费(主要是业务费)由预算外收入列支,为确定基层法院真实的公用类经费支出水平,我们对预算内和预算外安排的公用类经费作了整合。在此基础上,根据 C 县人民法院会计报表的格式,我们将基层法院的公用类经费开支划分为四类:"公务经费""业务经费""基建经费"和"设备购置经费",其具体构成情况见表 4-22。需注意的是,2003 年以后,C 县人民法院的核算方式和财务报表格式作了重大调整,公务费和业务费不再单独核算,故我们对 2003—2008 年的公务费和业务费支出作了合并处理。从公用类经费的比例构成看,在 2003 年核算方式改变前,公务费构成了法院最大的支出项目,在法院公用类经费支出中的比重也相对稳定,大约开支了整个公用类经费的 1/3。本期基建经费在公用类经费中的比重持续下降,1999—2002 年期间基建费的平均比重为 26%,自 2003 年起基建费经费持续下降。最终本期基建费仅占公用类经费的 9%。① 相较于创收时期有了显著的下降。在创收时期,基建经费占到法院总支出的 28%(表 3-7)。按照本期公用类经费在法院总支出中为 61% 的比重这算,基建类经费仅占到法院总支出的 5.5%。这是因为相对于 20 世纪 90 年代后期而言,本期 C 县人民法院

---

① 在创收时期,基建经费占到法院总支出的 28%(表 3-7)。按照本期公用类经费在法院总支出中为 61% 的比重计算,基建类经费进展到法院总支出的 5.5%。

表 4-22 1999—2008 年 C 县人民法院公用类经费支出构成情况表

(单位:万元)

公用类经费支出明细

年份	公用类经费支出总额	公务费	比重	业务费	比重	基建费	比重	设备购置费	比重	其他	比重
1999	168.85	38.64	23%	18.85	11%	57.08	34%	15.53	9%	38.75	23%
2000	164.76	59.36	36%	31.40	19%	37.86	23%	23.56	14%	12.58	8%
2001	86.10	25.67	30%	12.70	15%	21.71	25%	9.68	11%	16.35	19%
2002	208.23	81.57	39%	27.53	13%	47.30	23%	5.79	3%	46.05	22%
1999—2002 年度均值	156.99	51.31	33%	22.62	14%	40.99	26%	13.64	9%	28.43	18%

年份	公用类经费支出总额	公业务经费	比重	比重	基建费	比重	设备购置费	比重	其他	比重
2003	469.7	314.64		67%	21.31	5%	133.75	28%	0	0%
2004	302.27	249.17		82%	16.09	5%	37.01	12%	0	0%
2005	476.12	382.26		80%	13.62	3%	80.24	17%	0	0%
2006	387.99	345.56		89%	7.42	2%	35.02	9%	0	0%
2007	378.73	346.1		91%	21.98	6%	10.65	3%	0	0%
2008	545.09	472.58		87%	43.46	8%	29.05	5%	0	0%
1999—2008 年度均值	318.78	240.60		75%	28.78	9%	38.03	12%	11.37	4%

表格说明:

1. 数据来源于《历年 C 县人民法院财务报表(1999—2008)》。
2. 公用类经费是指法院为完成工作任务而用于公务活动和业务发展的各项支出。
3. 2002 年之前法院财务报表中"公务费"与"业务费"分开统计,在 2002 年之后这两个经费支出项目被合并在"公业务费"项下统计。故而,本表中"均值"分为"1999—2002 年度均值"和"1999—2008 年度均值"。自 2003 年起,法院年度公用类经费"支出总额"="公业务费"+"修缮费"+"设备购置费"+"其他"。
4. 2002 年之前法院年度公用类经费"支出总额"="公务费"+"业务费"+"修缮费"+"设备购置费"+"其他"。

"两庭"建设任务基本完成。设备购置费的比重较之短缺时期和创收时期有了明显的提升。1999—2002 年间,设备购置费在各年度公用类经费中的平均比重仍然达到了 9%;自 2003 年起,设备购置费在公用类经费中的比重进一步上升,在各年度公用类经费中的比重又上升了 3%,达到 12%。值得注意的是,相对于 20 世纪 90 年代后期,进入 1999 年以后,业务经费在公用类经费支出结构中的地位有所弱化,1999—2002 年各年度的平均比重并不高,仅为 14%。从整体上看,由于"两庭"建设基本完成,2000 年以后基层法院的支出结构开始逐步向设备购置经费等领域倾斜,小汽车、信息化设备等物质装备的配备成为基层法院支出的重点领域。

其次,从公用类经费各构成项目的增长情况看,各类经费的平均增长幅度并不相同。2003 年前,公务费和业务费增幅较大,年均增长率分别达到 45% 和 32%。设备购置费虽然多数年份在公用类经费支出中的比例较高,但 2001 年和 2002 年连续两年较大幅度的负增长使得设备购置费在 2003 年前各年度平均每年出现了 3% 的负增长。2003 年后,修缮费的增幅最小,公业务费的增幅稍高,出现了 41% 的年均增长率,设备购置费则出现了高达 384% 的增幅,是平均增幅最大的支出项目(表 4-23)。

此外,与稳步增长的人员类经费不同,公用类经费的年增长率在超过一半的年份里都呈现负增长,其波动特征明显。图 4-11 可以较为清晰地显示了各类经费的年增长率波动情况。从中可以发现,各项公用类经费年增长率的波动并不平衡。相对而言,"公业务费"的增长率最为平稳,"修缮费"和"设备购置费"的波动较为突出,尤其是设备购置费的涨跌非常明显。这固然与购置的设备本身的耐用性和资本性密切相关,但它同时也是我国当前"问题蓄积,一次解决"的运动式财政资金供给模式的必然结果。此外,由于近十年来基层法院的设备购置经费多由中央政法补助专款提供,这种不规律的经费波动与中央政法专款"一次规划、集中安排"的项目管理模式密切相关。①

---

① 因此,由中央专款带来的这种波动可以从两个角度加以解释。首先,它与我国当前"问题蓄积一定程度后,再一次性解决"的运动式财政资金供给方式密切相关。以维修装备款的使用为例,其保障方式常常是,待基层法院维修装备款稀缺到一定程度后,财政再给予重点保障,通过这种方式,基层法院的物质装备状况可以一次明显的改善,但尔后又会回归常态,直至问题蓄积到一定程度,国家财政再次介入。在这样的支出管理模式下,公用经费支出的基本依据并不是基层法院的现实需求。其次,它也是我国当前政法经费保障体制运行中财政部门提供资金支持的独特方式的结果。由于财政提供的支持并不是内生于某一个基层法院("点")的需求,而是考虑许多基层法院普遍面临("面")的困难,因而财政提供的公用经费支持并不会指向某一个或一些"点"上的基层法院,而是根据"面"上的因素,通过"一次规划,集中安排"的方式解决。在这样的资金供给方式下,只有当某一"点"上的法院在某一阶段被纳入集中安排的范围时,财政的经费保障才会惠及该法院,对于"面"外的法院则只能等待下一次财政的集中安排,而被安排的法院虽然会有一次集中性的改善,但其后财政保障的重点将转向其他区域,该法院在经费运行中面临的困难则只有等待下一次"轮回"解决。

表 4-23 1999—2008 年 C 县人民法院公用类经费构成及其对公用类经费增长的贡献

(单位:%)

年份	公用类经费年增长率	公务费 增长率	公务费 增长贡献率	业务费 增长率	业务费 增长贡献率	修缮费 增长率	修缮费 增长贡献率	设备购置费 增长率	设备购置费 增长贡献率
1999	-2%	-34%	-11%	3%	0%	12%	3%	-32%	-4%
2000	-2%	54%	12%	67%	7%	-34%	-11%	52%	5%
2001	-48%	-57%	-20%	-60%	-11%	-43%	-10%	-59%	-8%
2002	142%	218%	65%	117%	17%	118%	30%	-40%	-5%
1999—2002 年度均值	23%	45%	11%	32%	3%	13%	3%	-20%	-3%
		公业务费年增长率	公业务费增长贡献率		公业务费增长贡献	修缮费年增长率	修缮费增长贡献	设备购置费年增长率	设备购置费增长贡献率
2003	126%	188%	37%	99%		-55%	-12%	2211%	61%
2004	-36%	-21%		-14%		-25%	-1%	-72%	-21%
2005	58%	53%		44%		-15%	-1%	117%	14%
2006	-19%	-10%		-8%		-46%	-1%	-56%	-10%
2007	-2%	0%		0%		196%	4%	-70%	-6%
2008	44%	37%		33%		98%	6%	173%	5%
1999—2008 年度均值	26%	41%		21%		21%	1%	222%	3%

第四章　公共财政时期的司法财政(1999—2008)　235

（续表）

年份	公用类经费年增长率	公务费		业务费		修缮费		设备购置费	
		增长率	增长贡献率	增长率	增长贡献率	增长率	增长贡献率	增长率	增长贡献率
1999—2008年度增长贡献比	100%		81%				4%		12%

表格说明：

1. 数据来源于《历年C县人民法院财务报表(1999—2008)》。
2. 2002年之前法院财务报表中"公务费"与"业务费"分开统计，在2002年之后这两个经费支出项目被合并在"公业务费"项下统计。故而，本表中"均值"分为"1999—2002年度均值"和"1999—2008年度均值"。
3. 法院年度公用类经费"增长率"=公务费"增长贡献率"+业务经费"增长贡献率"+修缮费"增长贡献率"+设备购置费"增长贡献率"+其他"增长贡献"。由于篇幅所限，本表格省去了金额十分有限的"其他"公用类经费。
4. "增长贡献比"将该年度法院人员类经费增长率转换为100%。由于刻除了"其他"经费，因此，公务费、业务费、修缮费、设备购置费和其他公用类经费"增长贡献比"之和小于100%。

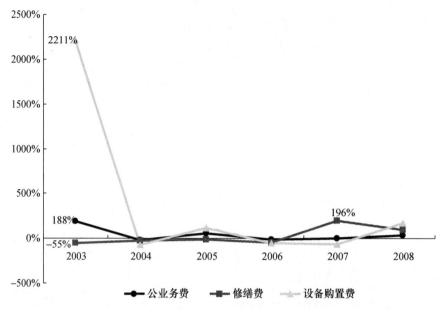

图 4-11 2003—2008 年 C 县人民法院公业务费、修缮费与设备购置费的
年增长率对比(单位:%)

就增长贡献而言,由于增长贡献不仅受年增长率影响,同时也受该项经费在法院整体支出格局中的比重影响,因此在公用类经费中比重最高、增幅最快的公务费对 2003 年前基层法院公用类经费的增长贡献最大(在 23% 的增速中贡献了 11%,增长贡献比为 50%),业务费虽然增速较快,但由于在公用类经费中的比重较修缮费用低,故其对公用类经费增长贡献率和修缮费的增长贡献率基本相同。2003 年以后,"修缮费"和未计入表格的"其他经费"对公用类经费的增长贡献为负值,公用类经费年均增长率主要由"公业务费"和"设备购置费"所奉献。就整体而言,本期公务费对法院公用类经费的增长贡献率为 21%,增长贡献比更是达到了 81%。设备购置费虽然增长贡献率为 3%,但却明显高于同期基建经费的增长贡献率。

以上在考察公用类经费的构成时,我们根据基层法院的会计核算与财务统计方式对 2003 年前后的支出分类作了区分。2003 年以前,基层法院的"经费支出明细表"要求分别填报"公务费""业务费""维修费"和"设备购置费"(样本 4-1),据此我们将"公务费""业务费""维修费"和"设备购置费"作为讨论基层法院公用类经费构成的基本分类,由于中央政法补助专款的补助对象集中在"办案专款""维修专款"和"装备专款"上,这一分类框架事实上也奠定了后续政法经费保障体制改革的制度基础。但从内在逻辑上看,这一分类框架至少存在两个问题:

首先,分类标准不统一、分类不周延。由于"公务费""业务费"与"维修费""设备购置费"并不处在同一逻辑层次,维修费与设备购置费既可能是发生在公务活动或者公务类基础设施中,也可能发生在业务活动或者业务类基础设施中。

其次,公用费与业务费划分的制度基础在弱化。新中国成立初期,由于基层法院的业务费由省高级人民法院或司法厅给予保障,业务费与公务费的划分具有分配不同层级政府对基层法院经费保障责任之功能,随着20世纪50年代后期业务费保障责任转移到同级财政,此功能逐渐弱化。改革开放以后,由于基层法院收取的诉讼费用原则上仅得用于补助人民法院办案经费的不足,业务费与公务费的划分产生了新的意义,业务费事实上划定了预算外诉讼收费的开支范围。1999年以后,随着"收支两条线"的实施,尤其是随着2003年诉讼费用从预算外纳入到预算内管理,法院经费由财政全额给予保障,于是诉讼收费至多成为地方财政下达的收费任务并将其与整个法院的经费保障力度挂钩,但不再具有确定基层法院业务费开支范围的作用,业务费与公务费的划分对基层财政而言现实意义骤减。2003年后,C县人民法院的会计核算和财务报表格式作出调整,与"人员支出""对个人和家庭的补助支出"并列的统一的"公用支出"取代了此前"公务费"与"业务费"的区分,并用于统一核算基层法院的办公费、印刷费、水电费、邮电费、取暖费、交通费、差旅费、会议费、培训费、招待费、维修费、专用材料费、办公设备购置费、专用设备购置费、交通工具购置费、图书资料购置费等,其口径大体对应此前的公务费和部分业务费开支。① 在这样的核算方式和财务报表格式下,此前基层法院相对独立的"公务费"和"业务费"无法再通过特定的会计科目进行核算,"设备购置费"与"修缮费"也根据资金管理方式的不同分别归到了"基本支出"下的商品和服务支出科目或者归到"项目支出"下的案件审判等科目,这使得继续沿用"公务费""业务费""修缮费"和"设备购置费"的四分法考察2003年以后的公用类经费构成变得困难。因此,下面我们将根据基层法院资金管理方式的不同,结合C县人民法院2007—2008年的财政支出数据,分别从"基本支出"和"项目支出"两个方面进一步考察公用类经费的支

---

① 根据2001年《人民法院财务管理办法》第17条和第18条的规定,"业务费""人员经费"与"日常公用经费"属于人民法院基本支出的组成部分,实行定员定额管理。2003年后,C县人民法院的财务报表中单列了纳入专项支出管理的专项业务费,而2006年S省的基层人民法院公用经费定额标准对"日常公用经费"和"业务费"进行了整合处理。因此,对基本支出中"公用支出"的定员定额管理应当同时包括传统的公务费和业务费的定额,但不包括已经纳入专项经费管理的专项业务费。

出结构及其管理问题。

样本 4-1　1999—2002 年 C 县人民法院经费支出明细表格式(公用类经费部分)

支出项目	公务费	设备购置费	修缮费	业务费	招待费	其他费用
财政拨款支出						
预算外资金支出						

备注:"招待费"仅 2001 年与 2002 年要求填报。

(1) 基本支出

我国长期以来都实行按功能编制预算、管理经费的模式,并依据功能的不同将一个单位的经费分割为几个不同的模块,从 2000 年开始推行的部门预算改革试图改变这一状况,通过构建"一个部门、一本预算"的经费管理模式重构行政单位的财政管理格局。在部门预算之下,包括法院在内的各部门的经费支出都被统一划分为"基本支出"和"项目支出"两个部分,并对此实施不同的管理方法:基本支出经费实行定员定额管理;项目支出经费实行项目库管理和绩效评价制度。就基本支出而言,其具体项目大体可以依照支出的经济分类进行归集,包括支出的经济分类中各"款"级科目中属于基本支出的内容,其中"工资福利支出"和"对个人和家庭的补助支出"等的"款"级科目构成基本支出中的人员类经费,而"商品和服务支出"等的"款"级科目则构成基本支出中的公用类经费。目前,财政对纳入基本支出范围的公用类经费主要实施"定员定额管理",首先测定公用类经费主要开支细项的人均标准定额,然后将根据分类分档的情况确定不同的系数计算不同单位具体的公用类经费定额标准。与一般行政机关不同的是,包括法院在内的政法口各机关执行的定额标准并不完全由本地财政制定,因为县定的定额标准不得低于省定的公用类经费标准或者市里根据省定标准确定的执行标准。从 C 县人民法院的经费管理实践看,县里依省定标准确定的公用类经费保障标准(定额)构成了法院编报、财政审核经费预算的基本依据。比如,2007 年,C 县人民法院实有在职干警 97 人,年初财政预算批复"一般公务费"为 174.6 万元,与省定公用类经费保障标准完全相等(97 人 × 1.8 万元/人·年 = 174.6 万元)。但从年终结算结果看,经过嗣后的经费追加,2007 年度 C 县人民法院基本支出中的公用类经费实际支出额其实较年初预算安排金额高,具体包括"商品与服务支出"的实际金额为 190.97 万元,另在基本支出下发生"其他资本性支出"7.51 万元①,累计支出公用类经费接近 198 万元(表 4-24)。

---

① 依 2007 年新的政府收支分类体系,作为经济分类中的"类"级科目,"其他资本性支出"反映非各级发展与改革部门安排的用于购置固定资产、战略性和应急性储备、土地和无形资产,以及购置基础设施、大型修缮等发生的支出。

在 C 县人民法院 2007—2008 年度的财务报表中,有实际发生金额并在基本支出中列支的项目包括"商品和服务支出""债务支出"与"其他资本性支出"(表4-24)。从这些经费的构成情况看,纳入基本支出管理的公用类经费主要都是支出经济分类中的"商品和服务支出",在 2007 年和 2008 年的公用类经费中都占绝对主导地位,比重分别高达 96% 和 87%。其他资本性支出虽然在性质上更适于纳入专项支出管理,但在基本支出中亦有不少的比重。2007 年,在基本支出中的非人员类经费中,其他资本性支出额大约 7.51 万元,其具体构成包括办公设备(60%)、专用设备(4%)、交通工具(29%)和其他(7%);2008 年,其他资本性支出额升至 18.23 万元,占基本支出中公用类经费的 12%,其具体构成包括办公设备(20%)、交通工具(15%)和信息网络(60%)。从法院装备购置的重点看,办公设备和交通工具一直是法院装备建设的焦点,但从 2008 年开始,随着信息化建设在全省法院系统的启动,资本性支出中与信息网络相关的设备购置费用开始快速增加。

表 4-24　2007—2008 年 C 县人民法院基本支出中的公用类经费构成情况

(单位:万元,%)

年份	商品和服务支出		债务利息支出		其他资本性支出	
	金额	比例	金额	比例	金额	比例
2007 年	190.97	96%	N/A	N/A	7.51	4%
2008 年	134.83	87%	2.18	1%	18.23	12%

表格说明:数据来源于《历年 C 县人民法院财务报表(2007—2008)》。

就基层法院管理、使用资金的灵活性而言,当前财政部门在批复法院的年度部门预算指标时对法院经费使用的具体限制主要发生在人员类经费上,而在公用类经费领域,财政部门一般只会将基本支出中的公用类经费预算批复到"一般公务费"上。因此,法院对"一般公务费"下各科目之间,亦即经费支出的经济分类各"款"级科目之间的资金调剂拥有广泛的自由裁量权。表4-25 列举了 2007—2008 年度 C 县人民法院基本支出中商品和服务支出的构成情况,这一表格显示了基层法院根据较为广泛的自由裁量权,在主观和客观的约束条件下实际支出的一般公务费的结果。从中可以看出,2007 年支出比例较高的项目依次是招待费(16%)、交通费(12%)、培训费(8%)、电费(5%)、办公费(4%)和差旅费(3%)等,虽然 2007 年其他商品和服务支出高达 35%,但其中有 31% 属于债务还本支出,在 2008 年的财务报表中该部分支出已经单独纳入"债务利息支出"项下统计,故在此未将其计入商品和服务支出。2008 年支出比例较高的项目依次是招待费(28%)、交通费(22%)、

表 4-25 2007—2008 年 C 县人民法院基本支出中商品和服务支出构成情况

(单位:万元,%)

年份	商品和服务支出合计	办公费	印刷费	水费	电费	邮电费	取暖费	物业管理费
2007 年	190.97	7.74	3.22	0.42	8.63	6.11	0.71	0.60
		4%	2%	0%	5%	3%	0%	0%
2008 年	134.83	5.58	5.29	0.66	10.60	1.56	0.19	0.00
		4%	4%	0%	8%	1%	0%	0%

年份	交通费	差旅费	维修(护)费	被装购置费	会议费	培训费	招待费	专用材料费
2007 年	23.68	6.22	3.14	2.62	0.22	15.08	31.07	4.92
	12%	3%	2%	1%	0%	8%	16%	3%
2008 年	30.24	2.95	4.14	2.64	0.00	5.75	37.31	0.00
	22%	2%	3%	2%	0%	4%	28%	0%

年份	劳务费	工会经费	福利费	其它商品和服务支出	其中:宣传费	其中:利息费
2007 年	2.89	4.90	1.93	66.98	3.40	59.50
	2%	3%	1%	35%	2%	31%
2008 年	21400.00	15899.00	67699.00	17.42	4.43	0.00
	2%	1%	5%	13%	3%	0%

表格说明:
1. 数据来源于《历年 C 县人民法院财务报表(2007—2008)》。
2. 与本书两个阶段的财务报表不同,2000 年前后法院财务报表日益规范,对各种经费的支出构成均有详细记录,这为我们考察提供了便利。

电费(8%)、福利费(5%)、培训费(4%)、办公费(4%)和印刷费(4%)等。对照 2007 年和 2008 年 C 县人民法院商品和服务支出的构成,不难发现,"招待费"和"交通费"是保障基层法院机构运转中支出的最大项目,前者反映了近年来基层法院,尤其是院领导和综合管理部门较为频繁、以"迎来送往"为主要内容的接待任务,后者主要反映了近年来基层法院物质装备条件改善后院领导和综合管理部门较为繁重的车辆养护成本①,对这两大项支出的控制构成了基层法院公用类经费管理的重点。其次是"办公水电费"和"培训费",前者主要反映基层法院维系日常运转而发生的常规耗费,而后者则反映了近年来对基层法院干警继续教育工作的重视,不过结合同期基层法院法警教育培训的材料看,在基本支出中核算的"培训费"其辐射面比项目支出广,这一部分培训费的支用目的并不在于具体的司法技能或技术的传授,而更多集中在更为宏观的社会主义法治理念的教育上。

(2) 项目支出

项目支出可以按照支出用途编列到有关的项目,也可以按照专项任务分项编列。根据项目性质的不同,纳入专项支出管理的项目主要包括行政事业类项目和基本建设类项目:行政事业类项目是国家专门设立的事业发展专项支出,对基层法院而言,具有重要意义的主要包括经常性的专项业务费项目和大型修缮、购置项目等;基本建设类项目是按照国家基本建设管理规定,用基本建设资金安排的项目。从 C 县人民法院的财务报表看,2005—2006 年编列在册的、有实际发生额的经费项目包括"陪审员支出""接待上访人员支出""办案支出""上级补助业务费""专项业务费""政法办款补助专款""执行救济支出""上级补助维修费""上级补助装备专项支出"。这些项目支出大体可以分成两类:其一是来自上级财政的专项转移支付项目,比如"上级补助办案费""政法办案补助专款""上级补助维修费""上级补助装备专项支出";其二是同级政府安排的专项业务项目,比如"陪审员支出""专项业务费""执行救助支出"等。一般而言,这类专项业务项目必须同时满足下列条件:一是单位履行固有职能发生的项目;二是单位开展专业业务活动(主营业务活动)发生的项目;三是项目往往不是一次性的,而具有持续发生的特点;四是具有特定性的用途。这些特点使得专项业务项目虽然具有经常性

---

① 从 C 县人民法院内部各部门的职能运作看,综合管理部门中的审监庭、立法庭等实际也承担了办案职能,在其职责范围内也会到现场或村组调查、核实证据或者主持、组织调解等办案活动,这些都会同时伴随着交通费的支出。

的特点,但在不同部门之间往往缺乏可比性,因此不适合进行定额管理。①但2007年以后,第一类项目支出(来自上级财政的专项转移支付项目)在基层法院的财务报表格式中消失了,财务报表中留存的项目支出主要包括专项业务项目和基本建设类项目两类,具体构成是"案件审判""案件执行"和"'两庭'建设",在"案件审判""案件执行"和"'两庭'建设"下再依照支出的经济分类具体列支。

与基本支出相比,项目支出实行项目库管理的方式。首先,由部门对本部门及其下属单位申报的项目进行常规性审核,将符合条件的项目纳入本部门项目库;其次,由财政内设的部门预算管理机构(在C县为财政局行政政法股),对各分管部门上报的项目进行规范性审核,并将符合条件的项目纳入财政项目库;最后,再由财政预算管理部门进行总额控制,根据当年的财力状况和政策重点确定当年项目支出安排的优先排序,具体安排项目支出。由于引入了合理排序、滚动管理的项目库管理方式,项目支出较之基本支出更具竞争性,可以直接传导同级党政部门的政治决策,再辅之以同时导入的绩效评价制度,项目支出管理的理性化水平更高,因而在西方发达国家,项目支出的比重较基本支出更大。但在我国,当前的财政管理水平还不足以支撑全面的项目支出管理,从C县人民法院的支出构成看,基本支出涵盖的范围比较广,以至"其他资本性支出"等典型适于按项目支出管理的经费仍然纳入到基本支出中管理。相应的,即使不考虑纳入基本支出管理的人员类经费,项目支出在基层法院总支出中的比重也还是相对较小,2007年项目支出在基层法院公用类经费总支出中的比重仅为25.61%,2008年虽然上升了11.15%,但项目支出的比重仍然只占整个公用类经费支出的1/3(表4-26)。

表4-26 2007—2008年C县人民法院基本支出与项目支出的对比

(单位:万元,%)

年份	基本支出		项目支出	
	金额	比重	金额	比重
2007年	518.09	74%	178.40	26%
2008年	672.28	63%	390.84	37%

表格说明:数据来源于《历年C县人民法院财务报表(2007—2008)》。

首先,从项目支出的构成看,项目支出主要用于案件的审判,2007年案件审判专项支出高达86%,2008年虽然降低了10%,但其在项目支出中的比

---

① 王金秀、陈志勇:《国家预算管理》(第二版),中国人民大学出版社2007年版,第103—104页。

重仍然很高。其次是案件的执行,2007 年有 14% 的项目支出用于案件的执行,2008 年这一比重上升到了 17%。随着"坐堂问案"审理方式的逐步定型和案件执行时间跨度、空间范围和内在难度的增加,用于案件审判的成本上升速度较之执行开支趋缓,案件执行专项支出比重的上升反映了基层法院支出结构变化的一个潜在趋势。最后,在项目支出中,财政可能会安排一定数量的"两庭"建设债务还本资金,2008 年这一部分资金在项目支出中的为 7%(图 4-12)。

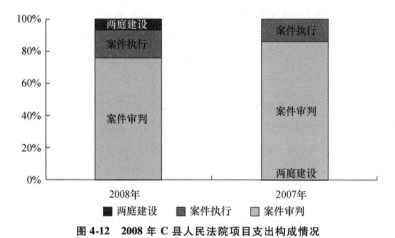

图 4-12 2008 年 C 县人民法院项目支出构成情况

与基本支出中的"一般公务费"相同,财政部门对基层法院项目支出的管理也是粗放式的。虽然在年初批复部门预算指标时,财政部门会通过"专项支出(含业务费)明细表"具体列明专项支出的构成,比如 2007 年年初预算安排的 80 万项目支出包括"陪审员补助"(1/8)、"基建缺口"(2/8)和"专项业务费"(5/8),因而项目支出的管理较基本支出为细,但在数额最大的"专项业务费"项下,法院仍然拥有与"一般公务费"项下相同的支用裁量权。表 4-27 和表 4-28 分别列示了 2007—2008 年度 C 县人民法院项目支出中"案件审判"和"案件执行"支出的构成情况,重点反映了基层法院根据较为广泛的支用裁量权,在主观和客观的约束条件下实际支出专项业务费的结果。从表 4-27 中看,2007 年用于案件审判的专项业务费中的大额支出项目依次是交通费(35%)、接待费(13%)、印刷费(12%)、办公费(9%)、邮电费(6%)和差旅费(6%);2008 年案件审判专项业务费中的大额支出项目依次是交通费(34%)、印刷费(11%)、办公费(11%)、接待费(10%)、差旅费(7%)和破产清算支出费(5.06%)。将 2007 年和 2008 年的支出数据相互对照,共同的支出大项主要是"交通费"和"印刷费",也只有这两大用项的比重每年都在 10% 以上,因此对案件审判活动而言,成本主要耗费在外出传递法律文书、调查取证、开庭的业务用车①和规模庞大的法律文书印制上。其次是"接待费"和"办公费"。可观的"接待费"意味着对基层法院而言,接待费不仅发生在院领导和综合管理部门中,在审判业务活动中也会发生相当可观的迎来送往活动。通过对基层法院业务庭室领导的访谈,上、下级法院的接触在刑庭与立案庭最为普遍,在实践中,这笔接待费主要通过"庭审"和"息诉"两个渠道产生:首先,由于马锡五审判模式的回归,"调查研究"和"就地解决"两项原则比此前受到更多的重视,越来越多的案件中级法院会裁量性的选择在基层法院开庭二审②,以便查清案情或者就地解决社会矛盾,而带队下来的通常都是中院相关庭室的正、副职领导或者资深的审判法官,基层法院对口庭室则会负责对中院对口庭室的接待活动;最后,如果出现涉法上访,上级法官通常会派员下到基层协调解决,其人员构成通常也是中高级法院相关庭室的正、副职领导或资深法官,这笔费用通常会打到案件审判的专项业务费中。2008年,案件审判专项业务费中的接待费虽然比重有所下降,但其金额却净增长了59%。此外,由于邮寄送达的广泛应用,无论是从比重还是从绝对支出额上看,案件审判专项业务费中的邮电费都较商品和服务支出中的同类支出偏高。

表 4-27　2007—2008 年度 C 县人民法院项目支出中"案件审判"支出构成情况

(单位:万元,%)

案件审判	人员支出—其他	办公费	印刷费	水电	电费	邮电费	交通费	差旅费	维修费
2007 年	0.22	12.58	18.32	1.05	3.96	8.94	50.65	8.87	3.66
	0%	9%	12%	1%	3%	6%	35%	6%	2%
2008 年	0.64	31.15	31.98	1.32	2.31	13.08	101.70	19.94	10.87
	0%	11%	11%	0%	1%	4%	34%	7%	4%

---

① 交通费的比重较高与基层法院的办案方式有关。由于与中、高级人民法院相比,基层法院更可能选择就地公开审理、巡回审理等办案方式;同时,基层法院主要受理人身损害、婚姻家庭等民事案件,相对于受理商事案件较多的中、高级人民法院,基层法院更可能到基层或者现场调查核实证据,受乡村道路崎岖和路面泥泞等地理因素的影响,警车的磨损一般比较严重,维修更为频繁,耗油量也大,因而交通费的比重在业务经费中的比重一般较大。

② 在民事领域中,根据《民事诉讼法》第 152 条第 2 款的规定,"第二审人民法院审理上诉案件,可以在本院进行,也可以到案件发生地或者原审人民法院所在地进行。"在刑事领域中,根据《刑事诉讼法》第 187 条第 2 款的规定,"第二审人民法院开庭审理上诉、抗诉案件,可以到案件发生地或者原审人民法院所在地进行。"

(续表)

年份	接待费	取暖费	涉黑专案支出	陪审费	诉讼费退费	其他	办公设备购置费	破产清算支出	交通工具购置费
2007年	18.48	0.08	0.58	1.35	6.16	0.53	3.70	0.44	5.18
	13%	0%	0%	1%	4%	0%	3%	0%	4%
2008年	29.35	0.64	0.00	3.36	11.57	8.54	10.70	15.00	0.00
	10%	0%	0%	1%	4%	3%	4%	5%	0%

表格说明：

1. 数据来源于《历年C县人民法院财务报表(2007—2008)》。
2. 与本书前两个阶段的财务报表的不全面与不细致相比，2000年前后法院财务报表已日益规范，对各种经费的支出构成均详细记录，这为我们考察提供了便利。

从案件执行专项业务费的具体构成看(表4-28)，2007年的支出大项依次包括交通费(59%)、错案支出(16%)、接待费(6%)、积案支出(5%)、差旅费(4%)和信访支出(3%)等，而2008年的支出大项依次是交通费(35%)、执行救助支出(17%)、信访支出(13%)、印刷费(9%)、错案支出(8%)和临工工资(4%)等。两项对照，"交通费"和"错案支出"是共同的支出大项。其中，与案件审判专项业务费相比，案件执行专项业务费中列支的"交通费"比例更高、绝对金额更大，这反映了案件审判与案件执行工作方式上的不同，经过十余年的审判方式改革后，即使在基层法院，案件审判也更多地呈现出"坐堂问案"的基本特征，而在案件执行环节，虽然也曾尝试引入类似的改革，但从执行工作的基本面向看，其主要的工作方式还是"出门办案"，其结果就是案件执行专项业务费中高额的交通费比例。对此，C县人民法院执行局的局长是这样总结的：

> 首先是发执行通知书，一般要直接送达，同时要了解被执行人财产的基本情况，有时候可能还需要采取紧急措施，因此一般要去四个人——两个人+书记员+驾驶员。人员流动性很大，找被执行人下落，或者采取强制措施，经常跑空趟，有可能去几次。我们的情况是山区案件、外出打工的案件很多，一年500件执行案件，在县城区的只有100件，有些山区案件的被执行人还四处躲藏。我们主要靠村组干部，现在强调和谐，不能简单地强制执行，因此要通过亲戚、朋友进行做工作。我们还要核实财产，查银行存款要到开户行办理冻结这些手续。一般一个案件要去四次才能解决。有些案件中止执行还要再送达一次。

由于案件执行工作更为看重效率上的要求，具有行政上的主动性，因而与以公正为首要价值取向的案件审判相比，执行工作中由错案引发的支出比例也较高,在 2007—2008 年中 C 县人民法院案件执行专项业务费中,"错案支出"都是一个大项。就其他支出大项而言,虽然与院领导和案件审判部门相比,执行部门"接待费"的绝对额和相对比重都较低,但考虑到执行部门只是与案件审判部门平行的一个业务部门(行政上一般会高半级),将其与案件审判专项业务费中分摊到各业务庭的接待费用相比,执行部门的迎来送往任务并不轻松。而从 2007 年和 2008 年案件执行专项业务费的构成看,处理信访的支出成本上升较快,信访案件的处理成为基层法院执行工作的难点,这一点也与案件执行专项业务费中错案支出较高的比重相吻合。事实上,许多执行案件的信访问题并不是基层法院执行工作开展不力的结果,而是整个经济、社会体制转型后,传统的法院执行管理体制和执行工作机制已经很难妥当地处置现实生活中复杂多变的执行困难。为应付这一困难的形势,尤其是为了解决特困群众的生活困难问题,以实现有效的息诉、息访工作,C 县人民法院的案件执行专项业务费中特设了"执行救助支出",案件执行专项业务费所承载的功能并不仅限于执行工作本身,而扩及到与之相关的社会保障和社会稳定的维系职能。其结果是,2006 年以后,执行救助支出成为案件执行专项业务费的重要组成部分,2008 年其比重一度达到整个执行专业业务费的 17%。另一项在案件执行专项业务费中列支的非执行业务费是临工工资。① 由于财政对人员类经费的保障仅限于在编在岗职工,从 2008 年案件执行专业业务费的构成看,临工工资主要通过"挤占"公用类经费的方式解决,该年度临工工资支出大约挤占了案件执行专项业务费的 4%(表 4-28)。

表 4-28 2007—2008 年度 C 县人民法院项目支出中"案件执行"支出构成情况

(单位:万元,%)

案件执行	积案支出	错案支出	办公费	印刷费	邮电费	交通费	差旅费
2007 年	1.16	3.78	0.56	0.58	0.47	14.14	1.07
	5%	16%	2%	2%	2%	59%	4%
2008 年	1.22	5.50	1.26	5.92	0.45	24.09	2.42
	2%	8%	2%	9%	1%	35%	4%

---

① 在西方发达国家的项目预算编制实践中,人员经费也会归集到各个项目下,但在我国的预算管理实践中,人员类经费与公用类经费是分别编制的,因而财政在安排专项业务费时并不会考虑临工工资的问题,因此列支临工工资必然挤占财政已经排定的专项业务经费。

（续表）

	接待费	信访支出	培训费	临工工资	办公设备购置费	执行救助支出	其他
2007年	1.40	0.81	0.01	0.00	0.00	0.00	0.00
	6%	3%	0%	0%	0%	0%	0%
2008年	2.68	8.74	0.00	2.88	1.12	11.70	0.03
	4%	13%	0%	4%	2%	17%	0%

表格说明：

1. 数据来源于《历年C县人民法院财务报表(2007—2008)》。

2. 与本书前两个阶段的财务报表的不全面与不细致相比，2000年前后法院财务报表已日益规范，对各种经费的支出构成均详细记录，这为我们考察提供了便利。

第五章　财政压力对司法行为的影响

本书的第二至第四章对新中国成立后近60年来C县人民法院司法财政的变迁进行了全面的梳理。在本章中,我们将开始描述财政压力对于司法行为的影响。毕竟,如果不考量这一问题,那么对于法院财政的研究似乎就会与其他部门财政的研究没有实质的差别。一般认为,"中央与地方政府之间分配财政资源的不同方式会引起地方政府利益机制和行为的重大变化。"[①]同样,政府与法院之间分配财政资源的不同方式也会显著影响到法院的利益机制和司法行为。学者贺欣通过对两个经费保障不同的基层法院的实证调查,得出以下结论:财政供给的程度会很大程度上影响法院的运作,比如在财政供给充足的情况下,法院可能更倾向于排除受理部分疑难案件。[②]在本部分中,我们将试图证明,政府与法院之间分配资源的方式决定了基层法院在绝大多数情况下需要面临不同程度的财政压力,而财政压力显著地影响到法院的司法行为——"开源"与"节流"。它使得基层法院的法官在财政压力之下显得愈发积极、主动,但同时也使得中国的"司法"无法摆脱"政治"与"功利"的束缚。

总体而言,各级政府对于司法的投入是相对有限的,这也决定了经费不足的问题一直困扰着中国的法院。截至2002年,全国法院拖欠工资共计9.9亿元;欠报差旅费1.95亿元、医疗费1.26亿元;办案经费每年实际需要64亿元,财政预算安排和预算外补贴22.7亿元,缺口为41.3亿元;"两庭"建设等基建工程欠款共计142.3亿元;一些贫困地区法院基本执法条件尚不具备,法庭、车辆和基本装备都很缺乏。大多数法院的现代化办公设备及网络设备等都还是空白。[③] 此外,根据最高人民法院副院长苏鹤林在2005年前后的调研,全国法院系统3133个基层人民法院,经费不足的在60%左右,其

[①] 陈抗、Arye L. Hillman、顾清扬:《财政集权与地方政府行为变化——从援助之手到攫取之手》,载《经济学》(季刊)第2卷第1期。

[②] 参见贺欣:《运作不良的法院?——来自两个基层法院的经验考察》,载《法律与社会科学》2011年第1卷。

[③] 参见郭纪胜:《关于司法经费保障体制改革的若干问题》,载孙谦、郑成良主编:《司法改革报告——中国的检察院、法院改革》,法律出版社2004年版,第338页。

中大部分集中在中西部,特别是西部。① 另有数据显示,截至2011年,全国法院基建欠债高达96.88亿元,与2008年基本持平,欠债法院有1839个,占法院总数的55%②,平均每个法院欠债约527万元。经费短缺的问题在身处国家级贫困县的C县人民法院的运作中体现得更为明显。实证考察证实,在新中国成立后的岁月中,C县人民法院常常要面临"财政压力"的问题。三组数据能够说明此种压力的存在:

其一,在绝大多数时期,法院财政收入的增长速度均低于法院财政支出的增长速度。这种情况在法院创收能力极强的阶段仍然如此。在本书区分的三个阶段内,前两个阶段法院财政收入的增长速度均低于法院财政支出的增长速度。在短缺时期,C县人民法院财政收入的增长率平均值为10%。同期,虽然法院的人员类经费和公用类经费均保持极低的标准,但财政支出的增速仍然达到20%;在创收时期,基于自筹收入的拉动,C县人民法院财政收入与财政支出增速的差距明显缩小,但是财政收入的增速(23%)仍然低于财政支出的增速(27%)。③

其二,在有财务报表记录的44年间(1955—1998年),C县人民法院收支赤字总额为50.5万元,年均赤字1.1万元。当然,这种支出水平高于收入水平的"财政赤字"并非C县人民法院所独有。根据湖北省高级人民法院发布的报告显示,2005—2007年的3年间,湖北省基层法院收入为24.51亿元,同期支出为24.53亿元,财政赤字为226.11万元。根据湖北省110个基层法院的规模计算,平均每个基层法院的赤字额为6852元/年。④ 可见,虽然每年面临的财政压力大小不一,但从整体上来说,中部和西部的基层法院常常需要面临资金不足所带来的财政压力。

其三,进一步而言,C县人民法院的经费中仅有人员类经费和部分公用类经费在年初予以落实。本书前几章的论述已经说明,在绝大多数时候,C县人民法院年初落实的经费与最终的支出有显著的差距。法院只能通过创收或者申请追加经费的方式来填补资金缺口。用C县人民法院办公室K主任的话来说就是:"财政只解决一半,剩下一半要靠法院自己争取。"换言之,在新中国成立后的岁月中,C县人民法院领导层在年初所需要解决的资金缺

---

① 田享华:《司法改革任重道远 法院经费"钱景"渐明》,载《第一财经日报》2005年11月14日。
② 唐虎梅、郭丰等:《全国法院经费保障体制改革情况调研报告》,载《人民司法》2011年第17期。
③ 1999年至2008年阶段,C县人民法院仅保留了财政支出报表,因此对于该阶段法院财政收入情况无法准确掌握。
④ 根据湖北省高级人民法院发布报告的描述整理;参见湖北省高级人民法院课题组:《改革与完善人民法院经费保障体制的调研报告》,载《人民司法·应用》2009年第9期。

口会远远大于经过一年努力,最终在财务报表上显示的50.5万元赤字。

"穷则思变"这个词用在形容面对财政压力的基层法院而言再贴切不过。在经费赤字和经费压力的双重影响下,基层法院开始调整自己的行为,以各种特定的、多样的和丰富的策略来应对此种窘境。概括起来,基层法院的策略无外乎两类:"开源"和"节流"。前者是指通过各种积极的行动来筹集款项,增加财政收入;后者则是指以积极的行动来控制经费支出。我们将在后文的论述中证明,"开源"和"节流"策略的运用对法院司法行为产生了极大的影响,并在特定时期形成了特定的基层人民法院与基层人民政府、基层人民法院与当事人、基层人民法院与上级人民法院的亲疏远近关系。

一、制度环境

在论述法院策略之前,我们将首先对法院所处的制度环境进行考察。[1]因为,行动策略并不是在孤立的背景下展开的:这场筹资博弈中的参与者并非一个个孤立的"节点",而是处于一张"条""块"交错权力的网中,并由此形成了高低之分、尊卑之别,这些"分"与"别"构成了参与者博弈的重要资源,同时也对参与者的行为选择空间构成了重要的限制,因此在考察行动策略之前必须首先考察基层法院展开筹资策略的制度环境。所谓的制度环境,是指那些以具有完善的规则和要求(如果其中的个体组织想要获得支持和合法性就必须遵守这些规则和要求)为特征的环境。[2] 它是组织行为学新制度主义的最新观点。新制度主义认为,特定的制度环境塑造了特定的组织理性,它会使得制度环境中的组织采取特定的策略来行动。以法院为例,法院在进行开源与节流策略时势必要考虑法院所处的制度环境,不能毫无节制地随意选择。因为,如果法院选择的策略不符合制度环境的"共识",那么法院的行为就势必无法得到支持,其策略的合法性也会受到质疑。比如,法院最大限度地增加诉讼费收入的一个方式就是提高诉讼费的标准,但是这种策略往往会受到相应规定的限制,比如最高人民法院出台的诉讼费征收办法,这便是制度对于组织行为的影响。当然,我们此处主张的制度并非一定以成文的形式存在,也并非总是法律、法规等正式的制度。在新制度主义看来,制度更大程度上是在特定领域中的"社会共识"——规则、规范、信念和认知的

---

[1] 〔美〕沃尔特·W.鲍威尔、保罗·J.迪马吉奥主编:《组织分析的新制度主义》,姚伟译,上海人民出版社2008年版,第70页。

[2] 同上书,第133页。

结合。① 它既可以表现为正式的制度、明示的规则,也可以表现为非正式的制度和潜在的规则。事实上,我们将会在随后的论述中证明,法院"开源"和"节流"的策略是在这两种制度的共同影响下而作出的选择。

新制度主义以将制度环境区分为以下几个部分:世界系统(world system)、社会(society)、组织场域(organizational population)、组织群(organization)、组织子系统(organizational subsystem)。每个部分又有许多次一级的制度环境。因此,要穷尽分析新制度主义视角下的"制度环境"将会是一项"宏达叙事"和"不可能完成的任务"。因此,我们首先需要划定一个制度分析的框架。在此,课题组选择了"组织场域"。② 所谓的"组织场域"是指那些由组织建构的、在总体上获得认可的一种制度生活领域,这些组织包括关键的供应者、资源和产品消费者、规制机构以及提供类似服务或产品的其他组织。组织场域被认为是由一系列受到相同制度影响的组织所构成的、明确的组织范畴,处于场域中的组织彼此间存在差异且互为依赖。③ 对于基层法院而言,这个组织场域即包括资源的提供者——党委和政府,也包括司法服务的消费者——社会公众,同样也包括司法行为的监督者——如媒体。

具体而言,在基层法院置身其间的"组织场域"中,最为重要的参与者包括行政机关与权力机关。行政机关是国家机构体系中最为庞大的一个组成部分,并且绝大多数行政机关在筹资过程中都是法院竞争者。④ 不过,对基层法院而言,在权力架构中可以真正影响法院筹资成败的并不是这些作为支出部门的一般行政机关,而是作为资金管理者的"县人民政府"及辅助其履行上述职能的"财政局",可以说,基层法院与这两个权力当局之间的关系直接决定了其经费保障的状况。当然,在基础设施建设经费的保障上,"财政局"的职能主要由承担基本建设资金配置职能的"发展改革局"承担。虽然在正式的国家机构体系中,人大及其常委会是最高权力机关,而且近十年来,这个机关对基层法院经费保障状况的影响越来越大。但是,正如下文将要揭示的,对基层法院的筹资成败而言,真正重要的或许并不是这个国家范畴内的权力机关,而是县域范围内所有国家机关的领导者——"县委"。因为在

---

① John W. Meyer, Brian Rowan: "Institutionalized Organizations: Formal Structure as Myth and Ceremony", *American Journal of Sociology*, 1977, (2).
② 新制度主义将"组织场域"作为最佳的分析框架。因为相对于更加宏观的制度环境而言,如世界系统或社会,"组织场域"对于组织行为的影响更加直接,也因此更具分析价值。
③ 〔美〕沃尔特·W.鲍威尔、保罗·J.迪马吉奥主编:《组织分析的新制度主义》,姚伟译,上海人民出版社2008年版,第70页。
④ 尤其是其中的公安机关。此外,与法院同属司法机关的检察机关也是法院筹资的竞争者。在经费管理上,由于这三个机关同属政法口部门,因而在资金的分配上有趋同倾向。

中国当下的权力架构体系中,各级党委才是政治权力的真正归属者,当然同时也是基层法院经费保障状况的最终决定者。下面将分别考察基层法院在筹资时与行政机关和权力机关之间的权力结构关系。

(一) 与行政机关的关系

根据我国《预算法》①第15条、第16条的规定,县级以上各地方本级预算、决算草案的编制,本级预算预备费的动用,本级预算调整方案的编制等财政管理事项由同级政府负责,具体由财政部门协助实施。如果将其与《预算法》第13条的规定对照,本级预算和本级预算的调整方案须由县级以上地方各级人大或其常委会的批准,同级政府及其财政部门(以下在与法院对称时简称"行政机关")在法院的资源获取中只享有一种建议性质的权利,而不享有法律上的最终决策权。这是否意味着行政机关在法院筹资的过程中无关紧要呢?事实完全相反。由于各级政府是唯一享有预算编制权的主体,政府事实上垄断了包括法院在内的各部门向权力机关传递预算请求的通道。在这样的预算职权配置中,基层法院的预算必须通过政府及其财政部门才能向同级人大提交,而在提交之前,它还必须经过政府及其财政部门无限制的审查,并得由政府及其财政部门根据全域财政管理的要求对其任意删减。更重要的是,在基层法院的筹资实践中,这一权力并不仅仅表现为否决性质的权力,政府及其财政部门事实上还可以在肯定的意义上作出绝大多数的资金分配决策,可以说,与这两个机关的关系直接影响基层法院的经费保障状况。1999年以来,以部门预算、政府采购、国库直接收付和集中会计核算等制度装置为重点控制取向的公共财政改革进一步强化的行政机关相对于法院具有优势地位。

1. 部门预算

部门预算是以部门为依托,由主管单位汇编的、反映本部门全部收支的年度计划。在这里,部门是指与财政直接发生预算缴款、拨款关系的一级预算单位,相对于同级财政,基层法院即为部门。由于我国长期以来按照功能编制预算,包括法院在内的各个单位的预算都被分割成数块,对基层法院而言,也就缺乏一本反映本部门预算全貌的完整而细化的预算。但从2000年

---

① 第十二届全国人民代表大会常务委员会第十次会议于2014年8月31日表决通过了《全国人大常委会关于修改〈预算法〉的决定》,并决议于2015年1月1日起施行。由于本文描述的法院财政行为均是在旧《预算法》的框架内展开的,因此若无特别说明,文中的《预算法》指称的是1994年的《预算法》。

起,我国自上而下启动了"一个部门、一本预算"的部门预算改革,相较于此前的预算编制,部门预算将预算编制的内容细化到部门及其下属单位和项目更加完整,同时将预算编制的范围扩大到预算外资金收支,体现了综合预算管理的要求;同时,部门预算形成的财政信息流动非仅限于财政部门与支出部门之间,根据部门预算改革的要求,财政部门除了向同级人大提交传统的功能预算以外,还需要同时提交有关部门的部门预算,这使得部门预算不仅是财政管理理性化的有效工具,同时也是财政管理民主化的重要助力。不过,在部门预算改革的实践进程上,通常是先实现第一个目标,亦即先由各部门按照综合预算管理的要求向财政部门提供完整的部门预算,至于是否同时向同级人大报送则需视各部门的具体情况而定,后者的全面实现一般都会滞后于前者。比如,在 C 县,至少从 2003 年实行国库集中支付和会计集中核算后,包括法院在内的多数部门都已经按照综合预算管理的要求编制部门预算,但直到 2008 年,C 县人民法院的部门预算才开始向同级人大提交。① 对于包括法院在内的各支出部门而言,部门预算改革带来的影响是深刻的,因为通过更为细化、更为完整的部门预算编制,各支出部门不得不在年初就将相应经费落实到二级单位或者项目,并要在预算编制程序中先后经由财政部门与同级政府审查,理论上任何一个审查环节都可能对各支出部门的预算作出删减。以 C 县为例,部门预算改革之后,财政部门内部此前被肢解的资金分配职能得以集中,基层法院的机动财力大为缩减,而来自财政部门的外部控制则进一步增强。当然,如果财政部门的职能强化仅止于预算(计划),而无法掌握各支出部门的预算执行信息,部门预算改革所能取得的成效必定有限,因而部门预算改革在"预算编制"这一核心领域之外,也同步构建了政府采购与集中收付等强有力的预算执行手段。

2. 政府采购

在一般意义上,所谓政府采购即政府及其所属机构购买货物、工程或服务的行为。不过在此用法中,政府采购只是中性地描述了一个政府参与市场交易的事实,却未能明确该项采购交易应当依据何种标准或者程序进行,因而不具有规范上的功能,对于部门预算改革并无特别之助益。显然,我们这里所谓的作为部门预算改革配套措施,同时也是公共预算改革三大要素之一的"政府采购"并不是在这样一种宽泛的意义上使用的,它是依照现代公共财政的管理理念对政府采购的目标、过程等进行规范的产物,其核心就是从

---

① C 县人民法院办公室寇主任的访谈。

传统的分散采购转向现代的集中采购。在传统的分散采购模式下,由各个政府部门作为采购人直接向供应商购买商品或劳务,采购资金也由各政府部门直接支付给供应商。虽然这种分散化的采购可以最大限度地反映各支出部门的采购需求,但层层延伸的委托代理链条加大了政府采购的监督成本,以致出现了较为突出的设租寻租现象和机会主义行为。而在现代的集中采购模式下,各支出部门不再承担具体的采购工作,各级政府在组织编制部门预算的同时组织各支出部门编制政府采购预算,然后将采购职能统一委托给中介机构(政府采购中心),由后者通过招、投标等方式集中采购各支出部门所需的商品或劳务,再由财政部门集中支付采购资金。在集中采购模式中,由于整合了各个支出部门的采购需求,单次采购规模得以扩大,有助于提升政府在采购中的议价能力,降低政府采购的成本。与此同时,通过"政府采购预算"和"竞争性招投标"等程序装置的引入,政府集中采购不仅可以大大增强政府采购的计划性,也有助于减少政府采购中的"暗箱操作"。当然,集中采购带来的规模效应并不是无限的,同时由于集中采购代理机构切断了各支出部门与供应商的信息沟通,集中采购的商品或劳务可能与支出部门的实际需求不尽一致。此外,采购规模扩充后,监督环节虽然减少了,但采购环节一旦出现道德风险,可能造成的损失也大大增加了。因此,在实践中,分散采购和集中采购总是并行的,比如在 C 县,只有纳入《C 县集中采购目录和采购限额标准》中的采购项目才定点由县人民政府采购中心集中代理采购;而在集中采购范围以外的项目,则仍可由单位自行采购。不过,这一点并不能否定政府集中采购的发展趋势,因为近十年纳入政府集中采购的项目越来越多,比如从《C 县人民政府采购目录和采购限额标准》看,各支出部门的大额支出都已逐步纳入到政府采购的范围。从基层法院的筹资实践看,政府采购改革带来的影响显然是不能忽视的,通过这项改革,此前保有的采购权力逐步集中到了政府采购中心(代理机构)及财政局(管理)手中:法院如果需要采购集中采购目录以内或者标准限额以上的项目,首先需要提前向财政部门申报,填写《政府采购审批表》交财政局审查;然后,法院还需将财政审查后的《政府采购审批表》报县人民政府分管领导审批后再送回财政局,由后者集中报县人民政府分管政府采购工作的领导审批;最后,待分管政府采购工作的领导批准后,才由财政局移交政府采购中心实施。①

---

① 参见 C 县人民政府关于印发《C 县人民政府采购管理办法(试行)》的通知(C 府发[2006] 18 号),第 13—17 条。

3. 国库集中收付核算

国库集中收付核算包括"国库集中收付"和"会计集中核算"两项改革。

(1) 国库集中收付。

国库集中收付寻求在"国库单一账户体系"的基础上规范各部门的收入缴纳程序和支出拨付程序,将所有的财政性资金(包括预算外资金)都纳入国库单一账户体系管理,逐步建立预算统一管理、资金国库集中收付的财政国库管理制度。比如,在C县,国库集中收付改革的具体内容是:取消原行政事业单位设立的银行账户,建立县级国库单一账户体系,并将各类县级财政性资金纳入国库单一账户体系管理,收入直接缴入国库或财政专户,支出通过国库单一账户体系的有关账户直接支付到收款人(商品或劳务供给者)或用款单位。这个制度的核心在于国库单一账户体系,具体包括五个银行账户:国库单一账户①、零余额账户②、预算外资金财政专户③、预算外资金财政汇缴专户④和特设账户。⑤ 由于预算外资金财政专户和预算外资金财政汇缴专户主要用于记录、核算和反映单位预算外资金的收入、收缴,对那些诉讼费用尚未纳入预算内管理的基层法院而言,这两个银行账户具有重要意义,因为每日执收的诉讼费用正是由商业银行通过资金汇划清算系统从财政汇缴专户划转到预算外资金财政专户的。但不管诉讼费用依照何种方式进行管理,国库单一账户和零余额账户都是最为重要的,正是这两个账户相互配合共同构成了财政资金的支付过程。在C县,财政局国库股负责在中国人民银行开设国库存款账户,在商业银行开设预算外资金财政专户,并由国库股使用、核算和管理;县财政国库支付核算中心支付部负责在商业银行开设财政零余额账户(包括县级工资专户和政府采购资金专户),并为各预算单

---

① 国库单一账户为国库存款账户,是财政部门代表政府在人民银行开立的存款账户。这一账户统领其他账户,用于记录、核算和反应财政预算内资金的收支活动,并用于与财政部门在商业银行开立和财政部门为预算单位在商业银行开立的零余额账户进行清算、实现支付的国库存款账户。

② 零余额账户包括财政部门按资金使用性质在商业银行开设的零余额账户(财政部门的零余额账户)和在商业银行为预算单位开设零余额账户(预算单位的零余额账户),用于预算资金的日常支付并与国库单一账户清算。其中,财政部门的零余额账户用于财政直接支付和清算;预算单位的零余额账户用于财政授权支付和与清算。

③ 预算外资金财政专户是财政部门在商业银行开设的具有准国库功能的账户,按收入和支出设置分类账户,用于记录、核算和反映预算外资金的收入和支出活动,并用于预算外资金日常收支清算。

④ 预算外资金财政汇缴专户是财政部门在商业银行为执收单位开设的实行零余额管理的账户,按部门分类建账,用于记录、核算和反映单位预算外资金的收入、收缴,并与财政专户进行清算。

⑤ 特设专户用于核算财政部门在商业银行开设的用于核算一些特殊专项支出的银行账户。比如在C县,财政特设专户即财政专项资金账户,用于核算和反映县财政根据国务院、财政部、省政府和财政厅、市政府和财政局以及县人民政府有关规定开设专户核算的财政资金。

位在商业银行开设单位零余额账户,零余额账户由支付核算中心支付部使用、核算和管理;财政专项资金账户则由县财政局统一开设,县财政支付核算中心支付部核算和管理。相对于此前各单位在商业银行开立的账户,国库单一账户体系最大的特征在于实行零余额管理:此前财政按月或者按季度向各部门划拨资金或者在用款额度的范围内向银行预拨资金,再由各部门层层转拨到用款单位,在这种分散支付模式下,各类财政性资金的余额往往都沉淀在各部门的银行账户上;而在零余额账户建立后,财政收入原则上直接缴库(国库单一账户或者财政专户),而各类财政性资金也不会再沉淀在支出部门,因为在集中收付模式下首先由代理的商业银行垫付支出,每日终了后再由代理银行向国库单一账户或者预算外资金财政专户清算,财政支出在实际支出之前都不会流出单一账户体系。在国库单一账户体系的基础上,行政部门对基层法院的财政支出行为施加了强有力的外部控制,这种控制的强化不仅体现在财政部门集中了此前沉淀在包括法院在内的各支出部门银行账户中的"闲置"资金,进而压缩了基层法院应对紧急情况的可支配资金,更重要的是,通过应用"用款计划的批复"与"财政支出的审核"这两个常规性的管理工具,财政部门对基层法院支出行为的监控得以从事后监控转向事中监控、事前监控。

  用款计划是一定时间内的财政性资金使用计划,由各部门根据部门预算按季分月编制,再报财政部门审批。一般而言,在县人代会批准当前预算前,分月用款计划原则上根据财政下达的支出拨款控制数并参照上年同期执行数编制,此后的分月用款计划则根据财政下达的部门预算编制。图5-1是C县用款计划的申报批复流程。首先,由基层预算单位根据批复的部门预算和项目进度、非税收入征收计划执行情况,分资金性质编制预算内和预算外资金用款计划,再由一级预算单位审核汇总报送财政部门审批。由于同时采纳了集中会计核算,因此在C县,一级预算单位审核汇总后报送县人民政府核算中心核算部,由后者将相关数据录入"金财网"报县财政局。其次,由财政局业务股室根据部门预算和项目进度、非税收入征收计划执行情况和财政支出类型等审核预算单位报送的资金用款计划。再由财政局国库股根据业务股室的审核建议数、预算执行情况和资金库款等情况,审核预算单位资金用款计划,并汇总提出资金分配方案报送局领导审批。最后,各级预算单位、县财政国库支付核算中心、财政局业务股室和人民银行可通过支付系统自动查询财政审批后的资金用款计划,县财政国库支付核算中心支付部再根据审批后的资金用款计划向预算单位开具《财政资金授权支付额度通知书》。① 在 C 县,一般单位每月须填报一次用款计划申请,小单位可按季申报一次,每月 15 日前财政局各业务股室要将分管单位的用款计划书送国库股,国库股须在每月 20 日前将资金拨付方案报局领导审批,并在领导审批后 5 个工作日内将用款计划通过金财支付系统下达到单位或将资金拨付用款单位。② 通过对用款计划的审核与批复,财政部门可以更为有效的剔除那些超预算或者超进度的资金支出行为,并提高财政部门历时性的资金调度能力,但对基层法院而言,这也意味着对自身财政事务灵活处置能力的进一步限制。比如,当基层法院受理案件数量的波动周期与县域整体财政收入的波动周期未尽一致时,法院必须与其他一般行政机关一样接受财政部门通过分月用款计划从外部施加的支出限制,而不能灵活调度未来月份的可支配资金,即使该笔金额已经通过部门预算明确分配给了法院。

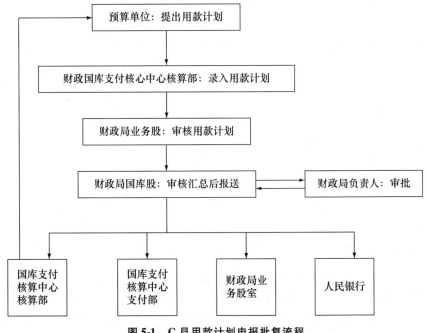

图 5-1　C 县用款计划申报批复流程

另一个管理工具是对每一笔财政支出的审核。国库集中收付制度改革的重点是规范支出拨付程序,按照支付方式的不同将财政性资金的支出划分

---

① 参见 C 县财政局关于印发《C 县财政国库管理制度改革业务操作规范(暂行)》的通知(C 财库[2005]7 号)。

② 参见 C 县财政局《关于规范财政资金拨付的通知》(C 财[2007]3 号)。

为财政直接支付与财政授权支付。① 财政直接支付是指预算单位以批复的部门预算和用款计划为依据向财政国库支付执行机构提出支付申请,财政国库支付执行机构根据批复的部门预算和用款计划等对支付申请审核无误后,向代理银行开具支付指令,再由代理银行根据支付指令通过国库单一账户体系直接将财政资金支付到收款人(即商品和劳务供应者)或用款单位账户。在 C 县,财政直接支付方式为转账支付,并通过财政零余额账户办理资金支付。资金支付手续办理完毕后,预算内资金由代理银行与财政部门在中国人民银行开设的国库存款账户清算,预算外资金则由代理银行与财政部门在商业银行开设的预算外资金财政专户清算。资金支付完毕后,再由县财政国库支付核算中心支付部向预算单位出具《财政资金直接支付入账通知书》,作为预算单位付出款项的凭证。② 财政授权支付是指预算单位根据财政部门的授权,在财政部门批准的用款额度内,自行向代理银行开具支付指令,再由代理银行根据支付指令通过国库单一账户体系将资金支付到收款人账户。在 C 县,县财政局按规定应于每月 5 日前,根据各部门预算和用款计划,按照财政支出的类型和范围,批复下达一级预算单位当月直接支付和授权支付的额度。县财政国库支付核算中心支付部根据县财政局下达的授权支付额度,开具《财政资金授权支付额度通知书》通知一级预算单位,由预算单位在该额度范围内自行开具支付指令。其中,用现金支付的支出,通过备用金进行支付,单位发生各项现金支付的费用支出时,先由单位报账员在国库支付核算中心领取备用金,支出结束后到县财政支付核算中心结清报账务。① 这种授权支付与此前预算单位直接支付的区别在于:此前的资金支出是通过各部门的实有账户支付的,而现在则从财政部门为预算单位开设的零余额账户完成支付。因此,除了备用金这一部分资金外,财政授权支付与财政直接支付一样,对财政部门而言都是透明的,财政部门可以直接监控基层法院的支出行为。也正因为如此,授权支付中的"备用金"这一可以脱离财政部门常规性监控的资金备受各支出部门的青睐,在实践中金额不断扩大,并在一定程度上冲击了财政集中支付改革的制度效果,严格划定直接支付与授权支付的范围(表 5-1),杜绝将直接支付的项目由单位报账人员领报,并且逐步加大直接支付的范围,就成了巩固改革成果的重要举措。

---

① 参见 C 县财政局关于印发《C 县县级财政国库集中支付制度改革资金支付管理暂行办法》的通知(C 财库[2005]6 号)。

表 5-1　C 县财政直接支付与授权支付范围表

	支付方式	
	直接支付	授权支付
预算支付项目	基本工资、津贴、奖金、社会保障缴费、开支金额 3000 元以上的印刷费、交通费（养路费、路桥费及小额修理费除外）、培训费（一次开支金额 5000 元以下的除外）、租赁费、维修费、办公设备购置费、专用设备购置费、交通工具购置费、图书资料购置费、离退休费、退职费、抚恤和生活补助、医疗费、住房公积金、项目支出、上缴上级支出、对附属单位补助、债务利息支出、债务还本支出、基本建设支出	一次开支金额 3000 元以下的办公费、一次开支金额 3000 元以下的水电费、邮电费（电话费、网络通讯费除外）、取暖费、差旅费、招待费（一次开支金额 5000 元以上的除外）、福利费、劳务费（一次开支 3000 元以上的除外）、就业补助费、助学金

（2）会计集中核算。

在国库集中收付制度下，财政预算管理机构和国库管理机构负责下达预算指标和用款计划，国库支付机构负责具体操作各项支付业务，而中国人民银行国库部门则负责账户的管理并监控资金的运行。这样，政府的"出纳"职能就从各个支出部门中剥离了出来，从预算编制到财政资金支付的全程都处在财政部门的监控范围内，形成了有效的财政信息管理系统，这是 1999 年以来我国自上而下的公共预算改革最为重要的改革议程之一，因而也是各级政府财政制度变革的必修议程。不过，国库集中收付所改变大的主要是财政性资金的拨付方式和程序，各部门、单位财会人员的财务管理和会计核算等职责管理权限、职能并未改变。① 因此，在国库集中收付制度集中了各部门的"出纳"职能后，会计核算职能仍然可以留在各个支出部门，这也是许多地区公共预算制度改革所选择的实际议程。不过在 C 县，政府在"国库集中收付"这一必选议程之外，也将"会计"职能从各支出部门中剥离出来，由财政部门专门设立的二级单位"财政国库支付核算中心"行使（其中，支付部负责国库集中支付；核算部负责会计集中核算）②，建立了"会计集中核算"制度。其具体内容为：取消县级行政事业单位的会计岗位，改在各单位设置报账员，定期向财政支付核算中心报账，由支付核算中心进行会计核算。通过会计集中核算，会计服务与财政监督实现了有机的结合，会计主体开始与会计机构、

---

① 王金秀、陈志勇：《国家预算管理》（第二版），中国人民大学出版社 2007 年版，第 224—226 页。

② C 县财政国库支付核算中心成立于 2003 年 5 月，接受县人民政府和县财政局的直接领导，负责全县 145 个一、二级预算单位及 39 个乡镇财政性资金的国库集中支付和账务集中核算工作，核算 640 多套账。

会计人员分离,会计核算权开始与资金使用权、财务自主权分离,在此基础上,财政管理理念开始由粗放、分散向精确和集约转变,管理手段由手工操作逐步向电算化转变,突破了凡是独立核算单位都必须开设银行账户,每个独立核算单位必须设立会计机构和会计人员办事会计业务以及预算单位重收入轻支出管理三大传统思维定势的习惯做法,解决了财政部门对财政资金支出全过程监督管理"缺位"的问题。① 实行会计集中核算后,基层法院的财务管理和会计核算权限都集中到了财政国库支付核算中心,从财政资金拨付的角度看,这意味着不仅财政直接支付须通过财政部门(财政国库支付核算中心支付部)实施,即使是财政授权支付,其支付指令的签发也必须通过财政部门(财政国库支付核算中心核算部)来完成,正如后文将要指出的,报账员的设置大大弱化了基层法院的财务管理能力。

总体上看,经过近十年来以部门预算、政府采购、国库集中收付核算等重要的公共财政改革后,基层法院的财政管理权限逐步集中到了行政机关。一方面,在新的体制下,不仅"块块"关系上各支出部门的财政管理权限上收到了财政部门,同时各支出部门"条条"上的经费分配关系原则上也只能通过上、下级财政部门之间的"条条"关系办理。比如,在 C 县,各支出部门或单位上缴到上级主管部门的预算外资金必须通过财政专户上划,而通过财政专户上划时必须有部门/单位和专户分管领导的审批;另一方面,县级各主管部门如果要向区、乡镇所属单位拨付预算外资金,也必须拨到区、乡镇财政专户,再从财政专户转拨到有关单位并监督使用。② 在这种控制取向的财政改革中,我国各级政府的财权管理权限都在逐步扩充,而财政部门则正在成长为各级政府的核心预算机构。③ 这个权限扩充后的行政部门将如何对待司法部门的预算请求呢? 在美国,如果行政部门处理司法预算的方式与处理行政机构预算、立法部门预算的方式相同,则构成一个普遍平等模式;如果处理立法部门预算的方式不同,而处理司法预算与行政机构预算的方式相同,则司法部门只是被当做行政机构,而非像立法部门那样作为一个独立的政府部门被对待,可谓行政机构模式;如果对待立法部门预算和司法部门预算的方式相同,但都不同于行政部门,则构成一个立法分立模式;最后,如果处理司法部门估测的方式不同于行政部门,也不同于立法部门,则一个注重司法独

---

① 参见《C 县实行会计集中核算的基本做法和成效》,光明日报出版社 2006 年版。
② 参见《C 县人民政府贯彻国务院〈关于加强预算外资金管理的决定〉的补充通知》(C 府发[1999]15 号)。
③ 於莉:《省会城市预算过程的政治:基于中国三个省会城市的研究》,中央编译出版社 2010 年版,第 42—54 页。

特性的模式在运转。① 在中国,"一府两院"的国家架构似乎也暗示了某种根据行政机关处理司法部门预算请求的方式与处理其他机构(比如国家权力机关或者普通行政机构)预算请求的方式之间的相似性与相异性来对基层法院预算过程进行分类的合理性。不过,要将我国基层法院的预算过程完全置于美国三权分立的权力架构所派生的分类体系中明显是困难的,而近十年来法院经费管理制度的不断变革更进一步加剧了此种困难。对基层法院而言,传统的行政机关对待司法部门和立法机关的方式与对待普通行政机关的方式并无不同,大体可以归入普遍平等模式;但随着基层法院公用类经费省定保障标准的制定和实施,对基层行政机关而言,基层法院的公用类经费支出开始从共同适用的包干制向法定支出转变,而同期的人民代表大会(以下简称人大)仍然执行限定的定额标准,虽然其预算权力在公共财政改革中有所增强,但其在经费分配上与行政机关的差异尚未真正凸显出来,因此这一阶段基层法院的行政预算过程大体可以归入注重司法独特性的模式。但是,这种注重司法独特性的模式与美国语境中的司法独立并不相同:一则它适用于包括公检法司在内的整个政法口部门,而在美国,需要注重司法独特性的对象仅限于法院;二则它仅在基层法院一级存续,而在公用类经费定额标准的制定者——省级法院则并不存在向法定支出发展的趋势,在此意义上,它并不是西方式的司法独立理念在中国贯彻落实的结果,它只是上级政府根据政法部门的工作特点向下级政府"压"政法部门经费保障任务指标的结果,是压力型体制的运行产物。

在以上讨论部门预算、政府采购、国库集中收付和会计集中核算时,相对于法院出场的主要是财政部门,但如果就此得出财政部门是基层法院筹资过程中的主要决策者,则误会了基层权力场域中真实的权力结构关系,因为在涉及资金分配的实质问题上,即使财政部门已经成长为核心预算机构,其主要职能仍然还是"协助"政府处理基层法院的财政事务,后者才是真正的决策者。根据《预算法》第15条、第16条的规定,县级以上地方各级政府负责编制本级预算、决算草案和本级预算的调整方案,并决定本级预算预备费的动用,负责组织本级总预算的执行;同级政府的财政部门则负责"具体"编制本级预算、决算草案和本级预算的调整方案,并"提出"本级预算预备费动用方案,"具体"组织本级总预算的执行。在正式的权力结构中,政府才是财政资源配置权的真正归属者,而财政部门只是政府处理财政事务的助手,恰如

---

① Baar,C., *Separate but Subservient: Court Budgeting in the American State*, New York: Lexington Books,1975, pp.40—41.

其他行政部门是政府处置相应事务的助手一般。这一职权配置方案是否代表了基层法院置身其中的政治环境中的现实呢？从 C 县历年的财政管理实践看，这一判断应该是大体成立的，因为在不同的时期，"财政局长的权力有多大，还要看他怎么做人，如果和一把手的关系好，他可能有很大权力，如果一把手不信任他、不支持他，他也可能没有什么权力。重大决策由县长或者分管财政的副县长来定，财政局只负责执行。"①

值得注意的是，虽然政府才是财政资源的实质分配者，但却不能就此得出财政部门在资金的实质分配上缺乏发言权的结论，因为如果政府不支持财政部门的审核工作，转而向那些财政部门已经拒绝的单位或者项目大量分配资金，财政部门的支出控制工作无法正常开展只是问题的一个方面，另一方面它也将为政府带来大量的问题。比如，当财政部门作为政府与支出部门之间资金博弈的缓冲地带不再发挥作用时，政府将不得不直接面对几十个支出部门持续不断的资金请示，此时政府顾此失彼的照顾只是下策，因为它最终将会在事实上剥夺政府资源配置的选择空间。因此，即使出于自身财政权力的维系，政府也会积极支持其财政职能部门的工作，对县长而言，更好的应对策略是选择自己信得过的人到财政部门任职（局长），并积极支持其对各支出部门更为严格的资金审核。比如，现阶段的 C 县人民法院。2007 年，该院 8 个人民法庭的办公楼屋顶漏水，C 县人民法院院长绕过财政部门直接向县人民政府递交了专项资金申请文件《C 县人民法院关于请求解决法庭办公楼治漏修缮经费的报告》（样本 5-1）。而在 21 世纪初，由于院长与县长之间缺乏个人之间的沟通关系，专项资金申请一般都是在数次被财政部门拒绝之后才会直接呈报县人民政府。比如，2001 年，C 县人民法院在连续两年向财政部门请求解决审判服装费都未能解决之后，方才选择直接向县人民政府递交专项资金申请文件《C 县人民法院关于请求解决审判服装费的报告》（样本 5-2）。相较于前一份专项资金申请报告，这一份报告更加正式，在报送县人民政府的同时也抄送了财政局，虽然有上级有关部门关于审判服改革的政策支持，但最终财政部门还是"协助"政府从申请解决的款项中剔除了很大一部分资金。在这一阶段，财政部门协助县人民政府对基层法院资金申请所实施的审核是非常真实的、具体的，基层法院在申请资金时更多的选择是直接向财政部门提出。比如，1999 年和 2000 年 C 县人民法院连续多次请求财政部门将新购车辆燃修费、证人出庭费、业务费、服装费、车辆购置费等编入年初预算（样本 5-3）。如果某一支出项目的经费能够在年初编入年初预算，即

---

① 对 C 县某部门一位正科级领导的访谈，2011 年 5 月。

可免除年中或者年终围绕专项资金申请展开的复杂博弈,这些报告构成了实质性的财政资金分配请求,但并未直接向县人民政府提出(车辆购置费或许是个例外)。当然,财政部门对于基层法院的燃修费、证人出庭费、服装款、业务费等大多数预算编列请求都没有应允。

样本 5-1 C 县人民法院关于请求解决法庭办公楼治漏修缮经费的报告

C 县人民法院关于请求解决法庭办公楼治漏修缮经费的报告
(C 法[2007]14 号)

县人民政府:

县人民法院现有 9 个派出人民法庭(其中农村人民法庭 8 个、城区法庭 1 个),法院办公楼均是 20 世纪八九十年代修建的,均采用小瓦屋顶,一直未进行大的修缮。今年 6 月、7 月连降暴雨,8 个农村人民法庭屋顶全部漏水,导致电线短路,办公、宿舍房屋无法使用,如不及时修缮将成危房,危及审判人员及人民群众生命财产安全。因此,急需对 DQ、SC、WL、YB、WC、LS、DQ 7 个人民法庭办公楼进行全面修缮,经测算,每个人民法院需修缮费用 2.5 万元,特请求县人民政府解决修缮费用 17.5 万元为盼。

特此报告。

C 县人民法院
二〇〇七年七月十一日
(院章)

样本 5-2:C 县人民法院关于请求解决审判服装费的报告

C 县人民法院关于请求解决审判服装费的报告
(C 法发[2001]22 号)

县人民政府:

根据最高法、最高检、财政部发[2001]3 号文件精神,人民法院的审判服进行全面改革,在今年必须换发 2000 式审判服,同时要求各部门统筹安排好换装所需经费。据统计,我院着装人员共 90 人,发放标准人平按 1755 元计,共需服装费 159750 元,由于我院需偿还两庭建设所欠巨额债务,加之办案经费紧张,故无力支付换装费用。为了使我院能按时换装,保证法院审判工作的顺利进行,我院特请求县人民政府领导解决服装款 159750 元为盼。

特此报告。

C 县人民法院
二〇〇一年四月九日
(院章)
报:县人民政府
送:财政局

样本 5-3　1999—2000 年 C 县人民法院请求将特定支出项目编入年初预算的报告示例

示例一：燃修费

C 县人民法院关于请求解决新购车辆燃修费的报告

县财政局：

　　……根据最高人民法院通知精神,经院党组研究决定,分别给 LJ、WL、SC、LS、DQ 五个人民法庭各配备国产警车 1 辆,给执行庭配备国产警车 2 辆,共计 7 辆。由于购车欠账未付,造成经费十分紧张,为缓解这一矛盾,特请求县财政局将 7 辆警车的燃修费纳入 1999 年度财政预算为盼。

　　特此报告

C 县人民法院
一九九九年二月二十五日
（院章）

示例二：证人出庭费

C 县人民法院关于将证人出庭费纳入 1999 年度财政预算的报告

县财政局：

　　全国人大颁布的新刑事诉讼法已从 1997 年 1 月 1 日开始实施,原有的审判方式发生了很大的变化。新刑事诉讼法规定,在审理案件的过程中,要求件件必须有证人出庭作证,证人由此发生的差旅费,生活补助费及误工费等都由法院报财政解决。根据近三年来的统计,我院全年审理刑事案件在 200 件以上,每件至少有 4 人出庭作证,若每人平均报销 100 元,则全年发生证人出庭费高达 8 万元之多。……特请求县财政局将证人出庭费 8 万元纳入 99 年度财政预算为盼。

　　特此报告。

C 县人民法院
一九九九年二月二十五日
（院章）

示例三：服装款

C 县人民法院关于请求将服装款纳入 1999 年度财政预算的报告

县财政局：

　　……根据高级人民法院规定,我院每年都有一批人换发服装。今年,我院着装换发的干警人数达 347 人,占全院人数的 70% 以上。……为保证严肃执法和树立法官形象,恳请县财政局将服装款 60300 元纳入 1999 年度财政预算为盼。

　　特此报告。

C 县人民法院
一九九九年二月二十五日
（院章）

> **示例四：业务费**
>
> C 县人民法院请求将业务费纳入 1999 年度财政预算的报告
>
> 县财政局：
> 　　随着经济建设的发展，我院每年受理的案件均在四千件以上。为保证审判工作的顺利进行，需要大量的办案经费。其中业务费占有相当重的比例，且年年有所上升。……现将 1999 年度我院各项业务费预算数报告给贵局。恳请纳入今年的财政预算为盼。……解押费、打字室经费、档案室经费、陪审费、复印室经费、法医室经费、统计室经费、法律文书印刷费、业务资料费、业务宣传费、证人出庭费，以上各项金额合计：423000 元。
> 　　特此报告。
>
> C 县人民法院
一九九九年二月二十五日
（院章）

　　财政部门不仅可以"协助"政府分配财政资金，它还在一些更具技术性的领域享有自身相对独立的权威，这些领域涉及资金分配之外的各个环节，同样是基层法院所不能忽视的。比如，在国库集中收付核算之后，不管是财政直接支付还是授权支付，基层法院的每一笔财政支出的会计核算都必须通过财政部门直接领导下的"支付核算中心"才能完成。对于超标准报销的各类费用、无依据发放的各种津贴、补贴和各类不合法的原始凭证，国库支付核算中心可以拒绝支付或者入账。当然，更为重要的自主领域或许还在于，财政部门虽然不能直接决定资金的分配，但它却可以在很大程度上决定已分配资金的具体到位时间。"因为钱（指税、费等财政收入——引者注）什么时候进入财政，和支出之间有个时间差。上级拨来的资金什么时候到，本级税务局收上来的资金，和其他机关收的费、罚的款什么时候进账，外人都不太可能搞清楚，县领导也不会亲自来查。县里定下的钱，财政不能不给，但可以卡一下、往后推一下。"①C 县人民法院基建资金的拨付过程为此提供了一个典型的范例。1996 年 12 月 24 日，C 县人民政府鉴于县法院修建基层人民法庭遗留问题大，同时法院修建后，原旧法庭土地及房屋通过县国资局无偿划拨给了司法局的实际情况，决定由县财政给予 50 万元的资金补助，用于解决基层法庭的建设的遗留问题，于 1997 年、1998 年两年内拨完，不足部分再由县法院自行想办法消化。② 此后，县财政局 1997 年向 C 县人民法院核拨了 15 万

---

① 对 C 县某部门一位正科级领导的访谈。
② 参见 C 县人民政府《关于解决县法院建设资金及县司法局修建办公楼有关问题的会议纪要》（C 府[1996]69 号）。

元,但剩余的35万元一直到1999年7月13日都未能到位①;虽然在C县人民法院的申请下,1999年底县财政补拨了20万元,但剩余15万元建修资金的实际到位时间已经顺延到了2000年以后。随着1998年底C县人民法院审判、办公综合大楼的动工,C县人民政府承诺的从1999年开始每年补助建修资金25万元(总计100万元,分四年拨完)又开始面临被"卡"的命运,1999年仅实际拨付了20万元,尚差5万元,与此前人民法庭尚未到位的15万元建修资金合并计算,到2000年C县财政局已经累计欠拨基层法院建修资金20万元。由于资金到位进度很大程度上由财政部门根据面上的财政资金状况统筹安排,C县人民法院不得不在2000年再次致函财政局,申请将政府已经分配的建修资金纳入财政预算(样本5-4)。因此,政府分配资金的决定本身并不必然意味着资金的实际拨付,财政部门仍然可能基于技术原因扣押该笔资金。

样本5-4　C县人民法院关于将建修资金纳入财政预算的报告

> **C县人民法院关于将建修资金纳入财政预算的报告**
>
> 县财政局:
> 　　我院自1992年以来陆续修建了8个人民法庭,根据[1996]69号县府会议纪要,县财政局应给法庭拨款50万元,在1997年、1999年县财政分别给我院拨款15万元和20万元,尚差15万元需纳入2000年财政预算。目前,我院正在修建综合审判、办公大楼,按县府计划安排,自1999年起县财政局每年应给我院补助建修资金25万元,4年拨完,总计100万元。1999年县财政局拨款20万元,尚差5万元需在2000年补拨。以上两项缺口再加上今年应纳入预算的修建办公楼资金25万元,总计45万元,应纳入2000年财政预算。为减轻基建债务,缓解资金紧张困难局面,希县财政局将建修资金45万元纳入今年财政预算为盼。
> 　　特此报告。
>
> C县人民法院
二〇〇〇年二月二十五日
(院章)

(二) 与权力机关的关系

在大多数西方国家,代议机构普遍被看作是公民"钱袋"的守护者,即使在实行总统制的美国,代议机构也因其更为多元的代表构成而被认为在预算事务的处理上比同样民选的总统是更具民主正当性,因而成为财政资源最重

---

① 参见《C县人民法院关于请求解决未拨完人民法庭建修款的报告》(C法发[1999]49号)。

要的分配者。比如在美国,虽然行政机关对法院预算过程的深度介入因三权分立的政治理念受到有限度的抵制,但代议机构审核司法预算的权力却很少受到质疑。在我国,作为域外代议机构功能对应的国家权力机关——人民代表大会及其常委会在面对同级法院时是否也享有相同的优于行政机关的财政权限呢?根据我国《宪法》第99条第2款和《地方各级人民代表大会和地方各级人民政府组织法》第8条第二项之规定,县级以上的地方各级人大审查和批准本行政区域内的预算以及它们的执行情况的报告;《预算法》第13条进一步明确,本级预算和本级预算执行情况的报告由地方县级以上人大批准,本级预算的调整方案和本级决算由地方县级以上人大常委会批准。从法定权限看,只有经过人大及其常委会批准后,地方县级以上预算或者预算调整方案才能生效,国家权力机关至少名义上与许多西方国家相同,都是国家财政资源最为重要的分配者。就此论之,人大及其常委会当是各级法院筹资过程中主要的工作对象。但从地方各级法院的筹资实践看,人大及其常委会的角色虽然不是全然无关,但在很多时候确实是无关紧要的。比如,根据C县人民法院办公室主任的经验,在基层法院筹资的过程中,"人大可以起呼吁作用,但决定权还是在政府。"该院的基础建设历程也印证了这一点。1994年底,C县人民政府专题研究了法院"两庭"建设任务后形成了相应的会议纪要,这就拉开了"两庭"建设攻坚战的序幕,而县人大常委会听取法院"两庭"建设的报告并通过三年内修建未建人民法庭的决议时已经是次年的3月。人大的决议确实加快了基层法院"两庭"建设的步伐,但其作用却非"决策",而更多的在于"造势",亦即通过专门决议表明国家权力机关对"两庭"建设的重视,进而为基层法院的"两庭"建设营造一种有利的政治氛围。可以说,在我国,人大及其常委会对法院筹资的实际影响力与法定的最终决策权限相去甚远。①

近十年来,与公共财政改革同步,国家权力机关也作了很多的改革,试图强化其对包括法院在内的各个支出部门的财政影响力。比如,参照自上而下的改革实践,C县人大常委会从"预算编制"和"执行监督"两个方面强化了权力机关的预算管理权限②:首先,在预算的编制上,C县人大常委会规定按照综合预算的要求编制部门预算,逐步将预算外资金纳入权力机关的管理范围,并细化预算的编制内容。同时,C县人大常委会要求县人民政府在人大

---

① 新《预算法》出台后一定程度上增加了人大在预算管理中的作用,但实际效果究竟如何仍有待观察。

② 参见2003年9月26日《C县人大常委会关于加强县级预算审查监督的决定》、2007年9月12日《C县人大常委会关于加强县级预算审查监督的决定的修正案》等。

会议召开 20 日前将上年度预算执行情况和当年预算草案报送县人大常委会,提交审查的材料包括一般预算收支总表、基金预算收支总表、县级部门预算收支表等相关资料及说明。预算草案由县人大常委会财政经济工作委员会进行初步审查,并向县人大常委会主任会议报告初审结果,这就在预算审查委员会的基础上增加了人大的预算审查力量,后者传统上仅在人大会议召开期间根据各代表团的审议意见提出预算草案的审查报告。在预算草案初审的过程中,财政等部门应当提交预算编制的说明,并根据主任会议审定的意见或建议修改。其次,在预算的执行上,人大常委会强化了对预算执行的监督力度。如果预算执行中需要对预算作部分调整(含当年超收收入),C县人大常委会便会要求将常委会会议举办一个月前将预算调整初步方案送县人大常委会财经工委征求意见,财经工委应当将初步审查情况向县人大常委会主任会议汇报,县人民政府财政部门应当根据主任会议的意见或建议修改,再提请县人大常委会审查批准。同时,决算草案编制完成后,C县人大常委会最初要求政府在常委会会议举行的 10 日前报送县人大常委会,由财经工委进行初步审查并向常委会提出初审报告,后来根据《各级人民代表大会常委会监督法》改为要求县人民政府在每年 6 月至 9 月期间将上一年度决算草案提请县人大常委会审查批准,但财经工委的初审作为人大常委会内部的一个工作惯例并未因为提请审查时间的固定而被取消。

经过十余年的公共财政改革后,人大在预算过程中的发言权有所增强是肯定的,人大的"呼吁"较之以前自然更为管用,尤其是在涉及自身的预算请求时,但它是否实质性的改造了此前人大在资金分配上"橡皮图章"的角色,而将人大的资金分配权延伸到了各个支出部门呢?从我们对 C 县人民法院办公室主任的访谈看,当前人大的现实权限仍然限于"呼吁",而且囿于多方面的原因,人大为法院"呼吁"的发生概率并不高,在多数情况下,人大及其常委会既不会积极阻止某个特定部门的预算请求,也不会轻易为某个特定的部门争取资金。因此,对基层法院的筹资过程而言,人大及其常委会并不是一个非常重要的部门。三个彼此关联的因素影响了人大及其常委会法定职权在实践中的落空。(1) 第一个因素是信息匮乏。虽然近十年来控制取向的公共财政改革构建了一套相对完善的财政信息管理系统,但该系统的运行状况主要为政府及其财政部门所掌握,人大及其常委会只能获得经过政府及其财政部门选择性过滤后的信息。根据政府内部的财政管理要求,当人大及其常委会直接要求某支出部门提供相关的财政信息时,支出部门必须首先和财政部门"核实"后才能提供,显而易见的是,这种"核实"与"审核"之间的界限是非常模糊的。(2) 第二个因素是人员配备。虽然预算就其本质而言是一个政治过程,但在现代福利社会的背景下,政府支出涉及社会的各个层面,技术性的要素也异常突出,人大及其常委会要想在资金分配上发挥更加积极的作用,如果不能像美国联邦国会设立国会预算局(CBO)那样建立自身的专业支持力量,人大及其常委会在资金分配上的影响力必然是有限的。虽然在公共财政改革中,很多地方都在人大专门委员会(比如,财经委员会)之外另行设立了职司预算审查监督的人大常委会工作机构(比如,预算工委或者财经工委),但相对于预算资金分配的职能行使,人大及其常委会的人员配备显然过分薄弱。比如,在 C 县,人大常委会职司预算审查监督的工作机构——财经工委的人员编制只有 3 名,其中 1 名在职人员还是已经达到退休年龄的老人,这样的人员配备根本不能为人大常委会提供强有力的专业技术支持。由于财经工委每年的预算审查工作量大、人员少,也没有充足的时间来审查,于是只能走过场,重点看一看部门每一年的变动额。① (3) 第三个因素是权力结构,这或许才是最为重要的。与西方国家构建在政党选举之上的政治制度不同,在我国的宪政实践中,一直实行的是中国共产党领导的多党合作、政治协商制度。在这样的宪政结构中,中国共产党才是社会主义建设事业和各级国家政权的领导核心,人大及其常委会虽然在法律上拥有广泛的权力和崇高的政治权威,但在整个宪政架构中它只是将中国共产党领导下通过政治协商已经作出的政治决断上升为国家意志的手段。② 既然各级党委才是我国最具正当性与合法性的政治决策者,而人大及其常委会的职能定位更多的集中在"传递"并"表达"各级党委已经形成的政治意志上,并非真正的资源分配者,人大及其常委会对法院筹资的影响力自然非常有限。这一政治逻辑不仅可以解释"人大及其常委会何以不能主导基层法院的筹资过程",同时"政府何以可以超越建议性质的法定权限(比如,编制权)而取得实际的资金分配权",也可以通过各级党委对国家政权的领导方式来解释。党对整个国家政权的领导并不是通过各级党委对国家事务的直接管理来实现的,相反,它根据集体领导和个人分工的原则,将广义的政府工作划分为若干个领域,实行归口管理体制。在归口管理体制下,每一个大的政府工作领域

---

① 对 C 县人大常委会财经工委某工作人员的访谈,2011 年 5 月。
② 有论者认为,从我国的宪政实践看,新中国作为一个国家而存在的构成性制度不是全国人民代表大会制,而是中国共产党领导的多党合作和政治协商制,"中国人民在共产党的领导下"才是新中国的"第一根本法"。在这样的政治结构中,人大及其常委会履行"橡皮图章"的职能不能简单地理解为人大及其常委会的失职,因为人大及其常委会按照宪法发挥"橡皮图章"功能的过程,同时也是用宪法来"驯服君主"的过程。参见陈端洪:《论宪法作为国家的根本法与高级法》,载《中外法学》2008 年第 4 期;强世功:《中国宪法中的不成文宪法——理解中国宪法的新视角》,载《开放时代》2009 年第 12 期。

("口")大体上对应政府工作中的一个"系统"或者"条块关系"中的几个"条",并由1—2位党委常委通过领导党内相应的领导小组(比如财经工作小组、政法委等)或者直接兼任对口机关重要领导职务等方式分管。① 对地方各级党委而言,组织人事、财经、政法和宣传教育等四个工作领域最为重要,其中组织人事口一般由全面主持工作的党委书记直接分管,而包括财政、发展改革等部门在内的财政经济口工作则主要由担任地方政府首长的党委成员(通常还担任党委副书记,比如C县的县长)专门分管。既然我国政治权力的核心——党委对财政工作的领导主要通过兼任地方政府首长的常委(一般同时兼任党委副书记)来具体组织、实施,政府的财政资源分配决策所代表的就不再只是作为行政机关的政府自身的意见,而同时代表了地方党委的政策意图。此时,政府在财政资源配置上的实际权力大大超过其法定权限,而人大及其常委会在财政资源配置上略显消极自是顺理成章,因为后者既不能突破党内的权力分工格局,也不能拒绝执行党委的各项政策意图。

在党和国家的分口管理体制下,政府作为财经口的分管者就财政问题形成的决策同时也代表了同级党委的财政决策。因此,在法院筹资的过程中,政府取代人大及其常委会,成为基层法院筹资时必须面对的首要主体并不意外。正如C县人民法院院长所言,"财政和县上领导最为重要,县委关联不是很大。这要看是哪一块,如果是人事就是书记最为重要;如果是财政,关联不是很大,主要还是找县长。"虽然C县人民法院院长明确否定了书记在法院筹资过程中的作用,但这并不是事实的全部。事实是,虽然各个常委之间分管领域的划分确实反映了领导人之间的权力关系,但这种分工只是民主集中制中"个人分工"的侧面,但在我国的政治制度中,这种常委之间的分工只是为了更好地集中,不管是哪一个分管领域,如果涉及当地的重大决策,原则上都必须提交到常委会讨论。因此,县长对财政资源分配权的"分管"并不意味着完全的"垄断",他也受到其他常委会成员的地位、看法和关系的影响,尤其是受到全面主持工作的党委书记的影响,后者不仅直接领导了最具实权的组织人事口工作,决定着财政部门领导班子的人事任免权,同时还具有介入其他常委成员分管领域的合法权威,因而可以直接要求政府及其财政部门报告工作。此外,在真实的政治运作中,"集体领导"和"个人分工"之间的比例关系在不同的政府层级中是递减的,在中央一级集体领导的成分更多,而越往基层,集体领导的成分越少,党委书记的权力越大,甚至可以完全主导党委会的议事日程与具体决策。由此,在法院筹资的过程中,一旦党委

---

① 杨光斌:《中国政府与政治导论》,中国人民大学出版社2003年版,第31—34页。

书记决定参与进来,在现有的权力格局中事实上没有什么东西可以有效地阻止这种干预,这一点对县长的财政管理权限构成了真正的制约。根据 C 县某不愿透露身份的正科级领导的观察,"虽然县上有分管领导,但管用的还是县长和书记,副县长只是过一个程序,分管财政的常务副县长是个例外。一般的支出会放给县长,重大的经费支出书记也会管,要经常委会讨论来定。……县长会在他的职权范围内批,如果超过了县长的职权,他会向跟书记通个气,然后开常委会,由常委会下个会议纪要,决定给不给、给多少。"① 由于党委书记的工作领域涉及县域的政治、经济、社会、文化各个方面,注意力资源相对稀缺,同时也受归口管理体制的限制,县委书记的财政权力只是一种接入政府重大决策领域的可能性,原则上只有重大的财政事务才会进入党委书记的决策范围。比如,在 C 县,重新修建法院审判、办公综合楼的决策就是在县委书记的直接主持下由县委召开专题会议研究决定的(样本 5-5)。常委会还可能直接为基层法院设定或者追加某些基金性质的经常性专项经费,比如执行救助基金。② 在很长一段时间内,县委甚至直接介入了专项资金的计划申报和项目资金的拨付审批:在项目计划的申报上,县上成立专项资金项目管理领导小组,由县委书记任组长、县长任副组长,各分管副书记、副县长,纪委、监察局、项目主管部门、财政局、计委、审计局主要领导为成员。根据县上的规定,项目计划经项目主管部门与财政局共同审定后,报经政府分管副县长审查同意,并报县项目领导小组审批后才能上报或实施。在项目资金的拨付审批上,根据县上的规定,如果属有偿的项目资金,10 万元以内由分管副县长征得县长同意后审批;10—50 万元由县人民政府集体研究并征得县委主要领导的同意后审批;50 万元以上的要提交书记办公会或县委常委会讨论决定,重大项目必须经县委常委会讨论通过。如果属无偿资金,5 万元以内由分管副县长征得县长同意后审批;5 万元以上由县人民政府集体根据审定的方案研究决定;10 万元以上由书记办公会议或县委常委会讨论决定,特殊情况由县委书记、县长研究审批,向县委常委会通报。③ 不过,

---

① 对 C 县某部门一位正科级领导的访谈。
② 2006 年,通过与县人民政府、县财政部门的多方协调,由政府每年拨专款 10 万元,C 县人民法院建立了"特困群体执行救助基金",参见 C 县人民法院关于印发《2006 年度工作总结》的通知(C 法发[2007]01 号)。2008 年 12 月,C 县按照上级党委、政法委、法院的要求,召开成员单位会议并成立了"C 县集中清理执行积案活动"领导小组,并专题向县委常委会汇报了"清积"工作情况,县常委会决定:一是积案中被执行人为特殊主体的涉府案件全部由县人民政府用专项资金一并解决;二是司法救助基金由原来的每年 10 万元追加到 20 万元。参见 2009 年 2 月 5 日 C 县人民法院编《法院工作简报》。
③ 参见 2000 年 8 月 26 日中共 C 县委、县人民政府关于印发《C 县项目资金管理实施细则》的通知(C 委发[2000]79 号)。

2007年以后,项目资金的分配由县人民政府分管领导与县级有关部门提方案,县长和常务副县长统一审批,党委似不再承担具体的资金拨付审批工作。① 此外,每一年的财政预算调整方案在提交县人大常委会表决之前都要先提交给县委常委会或者常委会(扩大)会议讨论同意。②

样本5-5　中共C县县委关于县法院审判办公综合楼建修的《会议纪要》(节选)

会　议　纪　要

中共C县县委办　1997年11月18日

　　1997年11月12日上午,县委书记罗××在县人民法院会议室主持会议,对县人民法院审判综合楼建修问题进行了专题研究。……会议决定:

　　一、……重新修建审判综合楼,修建的审判综合楼与干警生活区相分离。

　　二、法院审判综合楼的建修要注意搞好整体规划,精心设计,要能体现国家行使审判权的人民法院公正、严肃执法的特色,争取在较长时间内不落后,建修过程中要严格保证施工质量和尽量节省经费。

　　三、审判综合楼的建修费用采取多渠道筹集的方法,县财政要尽力给予大力支持,县法院要积极向上级争取和自己筹集,相关费用有关部门应尽量给予优惠,财政补助的份额待预算审计后再行确定。

　　发:县城各有关单位。

　　送:县人大常委会、县人民政府、县政协办公室、县人武部、县人民法院。

二、财政压力下基层法院的开源策略

(一)开源策略之一——筹款

在绝大多数时间内,基层法院的经费(收入)均是以财政拨款的形式予以保障,因此法院筹款的策略实际上就是争取各级财政拨款的策略。基层法院所嵌入的权力结构关系决定了党政首长是其筹资的工作重点,重大资金支出可能需要向书记请示,而日常的资金追加则向县长申请。这里遗留的一个问题是,即政府副职在法院筹资过程中发挥何种功能? 一般说来,担任副职的领导班子成员对基层法院筹资的影响力主要取决于两个因素:第一个因素是正职领导的管理风格,倾向于集权的领导更可能将专项资金请示的决策权集中到自身手中,而倾向于分权的领导可能更愿意将部分财政资金的分配权下放给各个副职。由于正职领导风格是一个高度个人化的影响因素,因而副

---

① 参见2007年10月11日C县人民政府关于印发《C县项目资金管理暂行办法》的通知。

② 参见中共C县委办2008年11月19日《中共C县十一届委员会第10次常委(扩大)会议纪要》。

职对法院筹资过程的影响力可能因为地域的不同而不同,在同一个地域也可能随着政治领导人的更替而出现重大转变。值得注意的是,这种变动的可能性并不必然意味着秩序紊乱或者无章可遁,至少对县域内的各个支出部门而言,政府副职的职权变动是透明的,因为新的正职领导人虽然可能抛弃前任的资金分配模式,但这种抛弃通常都是通过领导班子成员分工、规章制度等正式的纪要或者文件完成的。① 第二个因素是当地财政资源的稀缺程度,在财政资源高度稀缺的环境中,为了集中资金以应对各种不确定的财政需求,政府领导人一般倾向于选择集权式的资金管理模式;而在财政资金相对丰裕的环境中,政府领导人可能更愿意选择一个分权式的资源分配模式,以换取副职政治上的支持。比如在 C 县,由于地处老少边穷地区,财政资源的丰裕程度并不突出,集权型的资金分配模式主导了基层财政的权力配置,政府副职在法院筹资过程中的影响力相对有限。不过,C 县县长并未直接主管财政工作并将全部财政资源的分配权集中到自身手中,而是通过设立分管财政的常务副县长过滤大多数支出部门的专项资金申请,从而为自身创造了一个缓冲地带。因此,对 C 县人民法院而言,日常的资金追加申请只有同时取得常务副县长和县长的批准才能获得。②

以上的讨论很大程度上解决了基层法院在筹资过程中向谁提出申请的问题,接下来我们将重点考察在基层法院内部具体由谁向同级政府提出申请,以及提出这些申请时可以诉诸何种行动策略。虽然《C 县财政局工作规则》允许县级一、二级预算单位向财政部门提交专项资金请示文件,但在实践中,财政部门工作对接的主要还是一级预算单位,因此一般只会接纳以"基层人民法院"的名义向财政部门提交的资金请示,各业务庭室不会直接介入法院向财政筹资的过程。不过,执行局或许是个例外,作为基层法院内

---

① 对 C 县某部门一位正科级领导的访谈。
② 根据马骏、侯一麟对省级预算过程的考察,在维持零碎化威权体制不变的条件下,实践中有三种横向的非正式制度有助于解决预算交易中存在的这些交易费用问题:预算产权、部分等级制和完全等级制。在预算产权下,维持各个部门运行之余的财政资金被独立出来在各个领导人之间根据各自政治权力的大小进行分配,每位领导人可支配的资金由他们在各自的政策领地内自主地进行分配;在部分等级制中,预算产权仍然存在,不过为了改进资金的配置效率,由某个主要领导(如正职或者分管财经的常务副职)对每个分管领导做出的资金分配决策再进行一次合理性审查;如果财政资源极为紧张,虽然各个分管领导在各自的政策领地仍然具有政策制定权,但却没有制度化的支出权(即预算产权),支出权集中在正职和分管财经的常务副职手中,此即完全等级制。参见马骏、侯一麟:《中国省级预算中的非正式制度:一个交易费用理论框架》,载《经济研究》2004 年第 10 期。一定程度上,这三种预算过程中的非正式制度正是对担任副职的领导班子成员资金分配权限的理论描述,在此理论框架下,作为国贫县的 C 县采行了完全等级制。

部"高半级"①的单位,C县执行局曾直接向财政部门申请经费并获得财政部门的支持。执行局的局长在访谈中告知,"由于经费不足,执行局有时会直接向财政申请经费,去年财政核就拨了3万。一般是没机会的,要从私人关系的角度提出申请。"最后一句中给出的限定非常重大,它意味着,财政对接一级预算单位乃财政管理的惯例,法院执行局(即使它是与财政局平行的正科级单位)在预算过程中直接请款的优越地位并不是无条件的,它一般需要执行局与财政部门的内部官员之间建立良好的个人关系,如果缺乏这种个人性质的关系,作为二级预算单位的执行局直接提出的专项资金请示是不会被财政部门接纳的。② 如果资金请示面对职级更高的县长,或者在重大决策时直接向书记请示,则只能由院长代表基层法院提出。用C县人民法院办公室主任的话说,即"院长的协调和沟通才是关键。到县上去争取经费,没有院长去和县委、县人民政府沟通协调,这笔钱就很难争取到。我们必须解决破产、信访这些实际问题,取得领导重视后才能得到支持,我们迫切需要中央和省上对国贫县法院的支持,降低我们对县财政依赖。如果没有院长和县上沟通,或者县上安排的工作没有解决好,那么县上可给可不给的就不会给,因为我们对财政增收起不到作用。办公室主要就是写报告,跑跑路,主要还靠院长协调。"③因此,在法院筹资的过程中,由于通常都需要直接面对地方党政首长,院长才是基层法院唯一"合法"的代表。有学者曾经指出,在中国,政府官员的目标有两个:一个是"政绩",一个是权力。政绩保证了官员有升迁的可能。在中国,官员在很大程度上并非由民主选举产生,因此他只能在官僚科层体系中一步一步获得升迁。升迁的条件就是在现有职位上的"政绩"。做出"政绩"获得升迁的目的最终是为了获取权力,有了权力,官员就会获得相应的政治待遇和职务消费。④ 这是一种"政治锦标赛体制",它是中国政府官员的一种压力性激励范式与不容选择的政治生态。行政发包并进行量化考核、绩效排名与择优提拔,是政治锦标赛体制的主要表现形式。⑤

---

① 在"一府两院"的政治格局下,县级正职(县委书记和县长)对应正处级,而法院院长对应副处级。因此,法院内设庭室的级别也比同级政府部门要"低半级"。也就是说,同级政府部门,如财政局是正科级的单位,而法院内部庭室则是副科级的单位。但这里也有例外,即法院的执行局。为了凸显执行工作的重要性,法院执行局通常是"高配半级",因此也是正科级单位。

② 当然,执行局在获得财政部门官员首肯之后,在公文格式上可能仍然须以"基层法院"的名义申请之。因此,C县人民法院办公室主任才会说,"有时候财政会给一些执行经费,比如修费开支大,财政一年解决几万的经费,我们会直接拨给执行局。"参见对C县人民法院办公室主任的访谈。

③ 对C县人民法院办公室主任的访谈,2011年5月。

④ 秦春华:《经济体制变迁中的财政职能研究》,北京大学出版社2009年版,第40—42页。

⑤ 陈潭、刘兴云:《锦标赛体制、晋升博弈与地方剧场政治》,载《公共管理学报》2011年第2期。

嵌入中国行政官僚体系的基层法院院长也不能"免俗",因此法院院长的筹款行为通常会有如下特征:第一,法院会尽量从财政处获取更大额的财政拨款,一方面是为"政绩"的实现提供有力保证;另一方面是可以扩大自己的权力,因为所支配的经济资源越多,权力也就越大。第二,法院在争取经费时,预算的约束是软的,有大量追加经费的空间和机会。第三,法院在争取经费时会面临着同级财政供给其他部门的激烈竞争,因为财政的总盘子就那么大,别人分得多了,自己分得自然就少了。那么,法院院长如何才能实现筹款的最大化呢?通常认为,院长的沟通协调能力和政治水平的高低直接决定了基层法院筹资结果的成败。那么,院长在筹资的过程中主要诉诸何种行动策略呢?C县人民法院的院长向我们总结了四点,是一个非常精到的概括:"第一个是财力,当地政府要有钱;第二是作为,有为才有位,积极主动解决中心问题;第三是人情,这里主要看私交;第四是沟通,要积极反映困难,宣传自己所做的工作。"下文将逐一分析之。

1. 财力

古谚云:"巧妇难为无米之炊",当地政府首先要有可以供其支配的财政资金来源("大盘子"),才可能向法院提供财政支持这一点无需多言。但是,当C县人民法院院长将财力作为一种可供选择的筹资策略时,其所意指的显然并不主要是这样一个基层法院对其无能为力的"大盘子"的充盈状态,而可能更希望意指法院所直接创造的财力。这主要有两方面:诉讼费收入和上级法院补助。事实上,除非该项开支着眼于同期党政的中心工作,基层法院过分强调地方财政应该从未定用途的税款或者其他部门收取的非税收入划出资金来补偿自身的开支,只会使其在资金分配博弈中处于更加不利的地位,因为其他可以创收的竞争部门会主张自身为财政的创收作出了贡献,如果不能全数返还自身的创收,至少可以参与分成。因此,从财力的角度,基层法院必须转而强调自身在收入上为当地财政作出的贡献,以使其可以在党政领导面前主张分享全部或者部分自身创造的收入。即使财政拨款与法院通过诉讼费用等渠道创造的收入在法律上已经完全脱钩,但对当地财政而言,不断增加的诉讼费用等事实上必然会减少法院对作为一般基金的税款占用,这种功能上的联系使得基层法院可以通过强调其在收入上为当地财政所作出的贡献,来改善自身在法院筹资过程中的不利地位。值得注意的是,当"创收"作为基层法院向同级政府筹资的一项策略被特别提出时,近十年来诉讼费用从"收支两条线"到预算内管理的制度变迁的财政效用就已经作为一个前提被接受了,因为此时的诉讼费用已经不再像1998年以前那样可以直接构成基层法院的收入①,而只是基层法院与同级财政讨价还价的一个筹码。因此,为了增强自身在财政面前的议价能力,尤其是在收支挂钩的经费管理制度下,基层法院必然寻求诉讼费用收取金额的最大化;即使诉讼费用在具体管理上实现了收支脱钩,基层法院仍然会有动力在其"公正感"尚可接受的范围内尽量增加诉讼费用的收取。2007年《诉讼费用交纳办法》实施后,随着诉讼费用收支脱钩的真正实现,诉讼费用的收取在法院工作中的权重有所下降,但在干警"公正感"尚可接受的范围内,诉讼费用的收取仍然是多多益善,因为从基层法院领导班子到各个业务庭室的负责人都倾向认为,"收得越多,才能要得越多"。

另一个渠道是向上级财政申请的专项转移支付资金。虽然这些资金在下达时都是"戴帽"资金,一般明确下达给基层法院,但在以转移支付为核心的政法经费保障体制中,这些资金在性质上仍然属于政府间的转移支付("财政的钱"),而非上级财政对基层法院的直接拨款("法院的钱")。不过,如果基层法院能够成功地从上级申请到转移支付经费,它将减少对同级财政资源的占用,因而也可以归入基层法院为当地财政的增收作出的贡献。更重要的或许是,与诉讼费用不同,转移支付不仅可以为当地财政创造额外的财力,同时在政策上一般都会直接明确该笔资金应当拨付的部门,因而不能再由同级财政统筹安排,而诉讼费用由于政策上仍属用途未定的非税收入,同级财政虽然出于激励的考虑会返还一部分资金给基层法院,但也可能统筹一部分资金。因此,基层法院可能更倾向于争取上级的补助经费。随着上级财政对政法口补助经费项目与金额的逐步增加,这一渠道越来越受基层法院的青睐。此外,从资金取得的难易和规范程度看,这一资金的分配也相对更为规范,用C县办公室主任的话说,即"省上主要以当地的案件数、人员、交通、经济状况、法庭数综合确定,案件数是硬指标。它有一个计算公式,主要是系数计算法,跑跑可能会有倾斜,像设备那些。但更多还是在全省角度来平衡。"这里所谓的"省上"具体是指哪一个部门呢? 在我国当前的财政管理结构中,从公文传递的要求看,省财政部门原则上只接受下一级财政部门(省直管县后也接受再下一级财政部门)和同一级预算单位的行文,因此

---

① 1996年以前,我国诉讼收费在管理上实行坐收坐支和省院统筹制度,详细参见本书第三章"整体变迁"中的"收入构成";1996—1996年实行余额上缴,在扣除该案办案费用后上缴财政专户;1999年以后,诉讼收费实行银行代收,全额上缴财政专户,再由财政专户以"业务补助经费"形式回拨。详细参见本书第四章"整体变迁"中的"制度变革"。1998年以前,由于"收支两条线"等外部控制机制尚未引入诉讼收费领域,诉讼收费由基层法院直接留用,很大程度上成为基层法院的"自留地"。

对基层法院而言,申请上级专项转移支付资金的途径有两个:(1)通过财政部门逐级上报,由于这种专项转移支付不会影响大盘子,当地财政部门一般都会予以支持,财政局办公室收文后签对口股室办理,再分管局长签发即可。对于这一条路线而言,2009年C县被S省政府批准为"扩权强县试点县"①后,县财政体制直接对省,财政收入目标的下达和考核直接到县,库款报解直接到县,资金调度由省财政调拨到县,财力和资金由省直接结算到县,因而基层法院通过县财政上报的专项资金请示文件可以绕过市财政部门直接传递到省级财政部门。(2)通过法院系统内部逐级上报。不过,从C县的专项资金请示实践看,逐级上报的要求并未真正落实。在访谈中,该县法院办公室主任称,"主要是通过我们打报告,让他们(省法院——引者注)对我们工作有所了解,得到支持。……在争取款项的时候,我们基本上可以撇开中院,直接和省院联系,然后省财政转市财政然后在转县财政,如果我们是扩权县,就不需要经过市财政。"样本5-6摘录了一份县法院直接向省法院职能处室递交的资金请示文件。从中不难看出,在省高级人民法院内部负责经费管理的部门与基层法院之间往往存在一些非正式的沟通渠道,后者可以直接将经费申请文件传递到这个部门。图5-2列示了基层法院专项资金请示的这两条路线。不管哪一条路线,信息流动的终点都是省级财政部门,国家对基层法院的专项转移支付虽然融入了各级法院的参与,但主导权仍然集中在财政部门。

样本5-6　C县人民法院的专项经费请示文件示例

C县人民法院关于请求解决业务补助经费的报告
(C法[2004]07号)

省法院司法行政装备处:

2004年,C县施行部门综合预算,将法院案件受理费等规费纳入综合预算,全额缴入国库,由于C县属国定贫困县,财力十分紧张,不能足额保证法院办案业务经费,造成法院运转困难,加之法院审结的各类案件比去年同期上升幅度大、办案成本高、资金紧缺口较大,特请求省法院解决业务补助经费10万元为盼。

特此报告。

C县人民法院
二〇〇四年七月八日
(院章)

---

① 2007年7月,S省开始进行"扩权强县"试点工作。扩权强县后,市一级管理的经济权限下放到县。简言之,"扩权强县"实际上就是"省直接管理县"的改革。因此,C县级财政与省级财政的沟通无须再经过市财政这一中间环节。

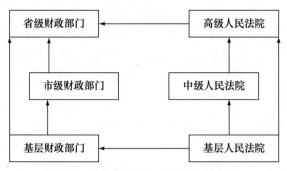

图 5-2 基层法院专项资金请示路线图

2. 作为

"有为才有位"不仅是 C 县人民法院院长私下对筹资策略的表达,它同时也是一种为不同时期的法院干警所普遍接受的公开话语。前文在描述基层法院所处的"组织场域"中已经指出,法院向同级财政筹资行为成败与否的决定权完全掌握在同级党委政府手中,因此,在此种制度环境中所衍生出来的筹资策略就自然是一种"政治司法",是一种法院时时刻刻围绕着国家和地方政治需要/中心工作运作。从基层法院的工作实践看,"有为"已经逐步固化为法院系统的意识形态,并成为实践中指导基层法院审判执行工作的基本规则。①"有为才有位"则进一步为"有为"的要求设定了某种回报的意蕴,当这种回报的要求来自于财政上时,"有为"就作为一项基层法院筹资的策略出现了。2006 年,C 县人民法院在一份同时抄送省高院、市法院、县委、县人大、县人民政府、县政协、县纪委(监察局)、县委政法委(综治委)的《工作简报》中以一个人民法庭近两年来的工作为例明确将"有位"与"有钱"关联了起来:"近两年来,法庭积极参与当地乡镇企业改制,农村改地改土工作,用法治的思想和方法帮助出谋划策,协调解决问题,得到政府的认可……用自己的工作成效换取了党政的支持。今年夏天天气炎热,当地政府看到我们工作环境艰苦,主动提出在政府很有限的费用中拿出资金为我庭安装一部空调。他们说,你们为老百姓办了那么多的事,就算是我们代他们为你们买的……'有为才有位'。"法院筹资时必须通过说明该笔资金使用的预期效果来证成自身的请求,这在任何一个国家都应是财政资金分配的应然立场,但在不同的政治语境中,"有为"的具体内涵可能是不同的。比如,在我国基层法院的筹资过程中,"有为"的具体内涵就是特定的,不是基层法院所从事的

---

① "能动司法"话语不过是"有为"在新时期的一种变换形式,关于"能动司法"可参见苏力:《关于能动司法与大调解》,载《中国法学》2010 年第 1 期。

任何工作都可以定位于"有为",而只有上述《工作简报》中所谓的"帮助出谋划策、协调解决问题"的工作才能纳入"有为"的范畴。这里的关键是,是否"有为"是由帮助或协助的对象,亦即我国各级地方真正的政治权力中心——"党委"根据本阶段的中心工作来判断的。

幸运的是,在党政一体的体制中,对各级法院而言,地方党委的中心工作通常都是容易识别的。在改革开放之前,所谓的"有为"即是在党委、政府的领导下开展包括司法在内的各项工作或者政治运动。诚如有学者概括,这一时期的司法机关及职能都高度政治化。① 为了确保政治方向,无论是县级党委还是上级法院对基层法院的控制几乎是全方位的,这样的领导体制和对法院作为人民民主专政工具的政治定位相结合,使得法院深深嵌入了政治权利格局中并占有一席之地,但在另一方面也决定了法院的职能展开必须服务于国家和地方的政治需要——中心工作,这也是法院获得经费保障了政治基础。这种具有强烈政治色彩的"中心工作"对法院的运作的影响是全方的,既体现在业务活动的开展要围绕中心工作上(表 5-2)。也体现在业务活动的具体办理过程经常主动寻求党委和政府介入上,"为了保证党的绝对领导,法院和法庭每个干部都在工作中做到了的事前有请示,事后有报告,走到哪里,就在哪里的党委领导下进行工作。特别是我们所处理的案件,案案都有报请总支、区委签具意见,然后再报县审批,就是报到上级法院复核的案件,在审查退回后,如果意见与县委的意见有出入,我们都事先向党委汇报清楚,党委同意后再执行,这样就更加保证了办案质量"。② 有时候为了服务于中心工作甚至要求法院工作人员从事其他活动(表 5-2)。比如,参加农业生产,"半年来,我院干部有 20%以上都是参加生产保卫生产,全院干部共同参加劳动 1165 天,以 18 人计,平均每人参加劳动 64.7 天"。③ 当然,在参加中心工作的同时,也要求法院工作人员不能放松对业务工作的要求,将业务融合到参加劳动生产和中心工作的过程中(表 5-3)。正是这种政治化的司法运作,使得法院的经费获得了基本保证。

---

① 详细论述参见高其才等著:《政治司法——1949—1961 年的华县人民法院》,法律出版社 2009 年版。
② 摘自《C 县人民法院关于 1958 年司法工作总结》。
③ 摘自《C 县人民法院关于 1959 年司法工作总结》。

表5-2　C县人民法院部分年份主要中心工作

年份	主要中心工作
1956年	保障农业合作化和农业生产;保障征集工作(征兵)
1959年	保卫"工农业生产大跃进";保卫春耕、夏收、夏种
1963年	狠杀单干风,社会主义教育运动
1974年	批林批孔,国民经济新跃进
1976年	保卫反击右倾翻案风,农业学大寨
1977年	"双打"斗争(即打击阶级敌人的破坏活动,打击资本主义势力)

表格说明:根据《C县人民法院历年工作报告》整理归纳。

表5-3　1960年C县人民法院司法干部参加生产劳动和中心工作情况

表5-3-1　司法干部参加生产劳动和中心工作情况表(一)

参加体力劳动				参加中心工作					劳动实物成果								获得荣誉		
参见人数	劳动日数	平均每人劳动日数	其中院长		参加人数	工作日数	每人平均天数	其中院长		蔬菜(斤)	增种粮食收获(斤)	养猪	养鸡鸭	采集饲料(斤)	积肥(挑)	运货(斤)	运肥(挑)	种油菜籽(株)	植树(株)	得奖旗面数	得奖状喜报人数	评为劳动模范人数	受表扬人数
			人数	天数				人数	天数														
15	79	5.3	1	5	10	68	6.8	1	10	2500					100								

表5-3-2　司法干部参加生产中心结合业务工作情况月报表(二)

中心结合业务			参加中心期间所做的业务工作															
参加人数	结合好的	一般	差的	审结案件	调查案件	调查整理报批材料			挖漏残反				调查敌情	调处纠纷	整顿调处组织	法制宣传		专题调查	
						总分数	批捕	批管	批斗	人数	其中要犯	批捕	批管	批斗	公社	大队	刑事	民事	委员会	小组	次数	人数	公社	大队
15	10	4	1	10	19	12	1		3	4					6	4	6	7	8	8	31	4270	3	

表格说明:C县人民法院1960年档案永久卷。

改革开放之初,司法系统得到恢复重建。这一时期,各级党委迫切需要通过对"文化大革命"的否定来树立权威,因此,此时,各级法院又积极地进行"文化大革命"期间"冤假错案"的复查和平反的工作(样本5-7)。在宏观层面,自改革开放以来,以GDP为核心指标的经济建设一直都是各级党政工作的重中之重,法院要证明自身的"有为"就必须向党政首长展示审判、执行工作与经济建设之间的因果关联。对法院而言,实现这一点并不困难,因为整个国家从计划经济向市场经济体制的转型剥离了很大一部分政府管理职能,而法院则成为经济运行中各种纠纷的常规解决渠道。困难的只是,由于党政首长掌握了法院是否"有为"的评定权,法院在经济、社会体制中实际发挥的作用必须与党政首长的期待相一致,如果法院仅仅基于法律上的要求解决经济社会纠纷,而与党政首长的改革节奏、利益安排相去甚远,无论法院的办案数量增长还是下滑,都会被党政首长评定为社会效果不好的"无作为"乃至"乱作为",从筹资的角度必然处于劣势。因此,基层法院要真正做到"有为",就必须勤请示、常汇报,"积极保持同当地党政的经常沟通和紧密联系",而参加党政的各种领导小组或者协调各方解决某特定问题的专题会议就是一种便捷的途径。成立领导小组实现对某一工作领域的具体领导,历来是我们党重要的治理方式①,参加这些领导小组本身就是法院积极主动解决中心问题的重要表现。比如,C县人民法院参与县深化经济体制改革工作领导小组后,为贯彻落实县人民政府召开的深化经济体制改革会议的精神,使法院的审判工作更好地为全县深化经济体制改革服务,经法院党组研究决定,在基层法院内部也同时成立了深化经济体制改革领导小组,以传达贯彻深化经济体制改革有关精神内容,并协调配合县上统一安排部署的体制改革中心工作。② 而参加党政协调各方解决某特定问题的专题会议直接则使法院直接服务于党政中心工作。虽然这种做法因为有违司法独立的理念而在司法改革中饱受争议,但在一以贯之的政法逻辑中,它却是基层法院证明自身"有为"的核心内容之一。比如在C县,迟至2007年基层法院仍在参加县人民政府召集的关于解决某粮油运贸公司破产问题的专题会议。③

样本 5-7　C县人民法院关于复查新中国成立以来刑事申诉案件所需经费的请示

> C县人民法院关于复查新中国成立以来刑事申诉案件所需经费的请示
> (C法发(1983)字第6号)
>
> 遵照中央办公厅(1983)9号文件精神和省地委的要求,要进一步解放思想,加快步伐,平反一切冤假错案。这次复查新中国成立以来所判的刑事申诉案件工作量大,情况复杂,上级要求严格,我院现有干部力量不足,经请示县委决定,聘请10位有一定政策水平和工作能力的退休干部协助我院办理此项工作。5月开始办公,二至三年完成。现将这10位同志5至12月上班后的经费预算于后:工资差额1329元,办公费272元,邮电费200元,取暖费60元,差旅费3200元,共计5611元。特此请示,予以解决。

---

① 参见李侃如:《治理中国:从革命到改革》,胡国成、赵梅译,中国社会科学出版社2010年版,第218—221页。
② 参见C县人民法院《关于成立深化经济体制改革领导小组的通知》(C法[2007]13号)。
③ 参见C县粮食局致县法院《关于加快县粮油运贸公司破产工作进程的函》(C粮函[2008]8号)。

在更为具体的层面,由于近十年来我国很多地方政府都经历了工作重心从"经营企业"到"经营城市"的变迁①,法院证明自身"有为"的场域也发生了一些变化。比如,在 C 县,2000 年以前,基层法院更多的通过提示自身通过审判、执行活动为本地企业实现了多少债权,尤其是为本地企业追讨了多少异地债务来证明自身的作为,而进入 2000 年以后,随着地方政府战略转型的推进,基层法院主要通过两种方式证明自身的"作为":

一是通过破产案件的审理实现地方政府对本地企业实施的关停并转政策。

2002—2005 年,为配合县域经济体制转型中党委、政府关停并转大批本地企业的战略决策,审理各类企业破产案件成为 C 县人民法院的工作重点,其中 2003 年共受理破产案件 12 件、2003 年受理 13 件。这些破产案件触及社会深层问题,稍有不慎,极易触发群体事件,影响社会稳定,因此法院在审理的过程中不仅严把"法律关",而且立足于县委、县人民政府关于企业改制的整体规划,耐心细致的做好职工的思想工作,努力消化企业破产引发的社会矛盾,并及时就破产企业职工的思想状况、资产的处置、分配方案的确定、职工的分流等重大问题向县委、政府主要领导作好汇报,使其及时了解具体情况,采取相应的对策。同时,法院积极加强与其他相关政府职能部门的沟通,努力消化企业破产引发的社会矛盾,比如与劳动保障、医保、就业等部门联系,落实职工的退休、退养、失业登记等问题;与房管、国土、城建、税务等部门协调,确保资产处置的程序合法,产权手续的顺利转变。② 通过基层法院卓有成效的审理工作,无论是债权人还是职工,都没有因为破产工作的不当而上访闹事,县委、县府对此项给予了高度评价,这是工作方式及其所获得的结果即"有为"的典型表现。

二是妥善审理涉及土地和房屋的各类案件,以实现地方政府抓住土地开发的战略意图。

2004 年以来,为了服从于县委的中心工作、服务于地方的经济发展,C 县人民法院根据县域经济战略调整的客观情况,及时将妥善审理涉及房屋拆迁、土地使用权和房地产纠纷的各类案件调整为新的工作重点。面对城市改

---

① 在 1992 年之前,地方政府直接掌握办企业的权利,同时限制民间个人办企业;但 2000 年以后,地方政府不再抓住办企业的权利,反而大力鼓励和吸引商人多办企业,其控制方式转向了抓住地区性生产要素的控制权,特别是对土地资源的控制。这种战略转型的实质是从"抓住办企业的权利"转向"抓住土地开发权"。参见曹正汉、史晋川:《中国地方政府应对市场化改革的策略:抓住经济发展的主动权——理论假说与案例研究》,载《社会学研究》2009 年第 4 期。

② 参见 C 县人民法院 2002 年、2003 年、2004 年、2005 年《工作报告》。

造拆迁范畴的房屋纠纷,该院一般都会主动加强与政府有关部门的沟通,深入实地调查研究,对双方当事人进行法律、政策教育,并及时向县委、政府报告重大情况,以便后者及时采取措施,拆除当地城镇建设中的各种障碍。结果表明,这样一种工作方式大获成功,极大提升了县委、政府对基层法院各项工作的肯定程度。① 关于这两项工作在 C 县人民法院近十年来审判、执行工作中的重要地位,还有该院办公室主任的解释为证:

> 我们对外主要通过积极开展审判工作,为地方党委、政府解决中心工作,为地方经济保驾护航。我们强调"有为才有位",我们县上的破产企业比较多,涉及很复杂的破产安置问题,我们能够引进企业我们就不轻易拍卖,积极引进企业,解决就业,为地方政府解决难题,为税收做出贡献。现在拆迁改造也有需要司法程序介入的,我们也积极参与,通过这种努力,取得县党委、县人民政府的理解和支持。每年年底县人民政府(在经费上)都会给我们一定的支持。

3. 关系

"关系"在法院筹资过程中的重要性在访谈中几乎获得了一致的认同,因为在人际网络的差序格局中,关系是所有中国人潜在结构和思维框架,即使是强调公共性的财政资源分配,"领导"仍然会考虑:对方和自己是什么关系? 这种关系有多强? 并根据不同的标准来对待与自己具有不同关系的人。根据人际关系中情感性成分与工具性成分的构成,黄光国将中国社会中个人可能拥有的关系分为三类:情感性关系、工具性关系和混合性关系。情感性关系主要发生家庭等亲密的团体内部,在分配社会资源时适用需求法则,即原则上满足接受者的合理需求,而不管其贡献的大小;工具性关系可能发生在陌生之间的交往中,适用公平法则,回报主要依据贡献的大小来确定;而混合性关系则发生在彼此认识并具有一定程度的情感关系,但其情感关系又没有深刻到可以随意表现真诚的程度,此时适用的则是人情法则,如果请托者曾经"做人情"给资源分配者,后者在分配资源时就有义务通过适当倾斜等方式回报之。② 对基层法院的筹资而言,院长与县长之间的互动所面临的正是一种混合性的关系,在这样一种关系中,院长要想改善自身在资源分配中的优先地位,就必须首先"做人情"给县长,或者让县长相信自己将对他对资源分配上的优待给予回报,这种"人情"或者"回报"可以是基层法院对县人

---

① 参见 C 县人民法院 2004、2006 年《工作报告》。
② 参见黄光国:《儒家关系主义:文化反思与典范重建》,北京大学出版社 2006 年版,第 3—11 页。

民政府各项工作的积极配合,尤其是一些基层法院本可不予配合的工作。另外一种日常"做人情"的方式则是宴请乃至送礼,一般说来,宴请的规格越高档、礼品越贵重,接受宴请或礼物的领导就越有义务在分配资源时给予回报,某种程度上正是这一点使得基层法院的接待费用居高不下,因为在基层法院置身其中的"条""块"交错的权力结构之网中,面对每一个环节的重要领导时都可能需要"做人情",由此产生的接待费用必然是大额的。

值得注意的是,基层法院所做的"人情"虽然指向的社会交易是公共性质的——政府对法院提供财政支持、法院则为政府提供业务上的配合,但它在实现方式上却是高度个人化的,用 C 县人民法院院长的话说,即"人情……主要看私交"。这就为法院的筹资过程注入了"公事私办"的色彩,同时也为院长与县长之间的私人性的社会交易混入其中提供了可能,比如法院院长对县长"做人情"的对象就可能超越配合县党委、县人民政府中心工作的范围,而包括一些县长个人性的需求;反之,政府对基层法院配合其工作或者首长个人需求的回报也可能超越基层法院而将一些院长的个人欲求纳入其中。当这种个人性的社会交易关系发展起来时,如果院长同时能够通过兴趣、效忠等连接因素与书记或县长之间建立一种稳定的心理认同,从而使自己成为资源分配者人际关系分类中的"自己人"[①],基层法院将在筹资过程中获得一种十分优越的地位。不过,这样一种个人化的筹资策略将使基层法院更为彻底的整合到党政的权力架构中,它与现代社会对司法的普遍性与非个人性要求是背道而驰的,同时它也牺牲了其他支出部门公平竞争财政资金的机会。因此,"人情"作为基层法院筹资过程可以诉诸的重要策略,其影响是复杂的,一方面"公事私办"确实可能缓解法院筹资的困难;但在另一方面,别的竞争性的支出部门也可能诉诸相同的策略,而人情策略的过度使用将导致法院筹资过程高度个人化,进而使法院院长的人际关系网络直接影响基层法院的筹资效果,同时也为个人性的社会交易混入公共性的社会交易提供了可能,而这种"混杂"在许多人看来即所谓的腐败。

既然"关系"在公共财政管理中具有如此的副作用,是什么因素让它在法院的筹资策略谱系中凸显其权重?首先,关系是资源分配决策中一个不可或缺的考量因素,在资源分配者具有选择性的场合,它是使资源分配向基层法院倾斜的重要手段。当基层法院的业务运转越来越依赖于资金的供给而非传统的人力时,关系所提供的这种倾斜对于法院效能的发挥和地位的提升都是至关重要的。其次,由于财政部门当年的可分配收入信息对各支出部门

---

① "自己人"的归类表达了一种以"自家人"为原型的特殊信任关系,但又与血缘关系没有必然联系,而特指那些在心理上认同,情感上亲密,相互自愿负有义务而相互信任的人。参见杨宜音:《"自己人":信任建构过程的个案研究》,载《社会学研究》1999 年第 2 期。

而言是不透明的,一旦党政首长通过批复有关部门的专项资金请求文件将财政上可分配的"闲置资金"分配出去,其他部门发现后,即使其支出需求具有更加优先的排序,要将这些已经分配出去的资金追回再重新分配几乎是不可能的。在此情况下,关系不仅可以在资金分配的决策环节保障法院的优势地位,它还可以在时间上向前延伸,使基层法院获得潜在的资金来源信息,从而在资金分配上"捷足先登"。最后,同样重要的是,关系是基层法院面对一些过分"严苛"的财政管理规定时可以诉诸的重要策略。比如,在C县人民法院分管派出人民法庭的副院长的话看来,"法院财政是一个大盘子,报账都是到核算中心统一报。有些不能报账的项目,基层法庭拿上来的费用,报账员只能列入一些固定项目的费用,再到核算中心报销。这里和核算中心的关系就非常重要了,能不能报、什么时候报就由中心决定。"财政管理体制转型后,基层法院的财政管理权集中到了财政部门,每一笔财政支出原则上都必须通过国库支付核算中心办理。但是,作为财政管理中"政策过程"与"预算过程"彼此分离在技术层面的一个反应,在财政管理规范化程度不断提高的同时,基层法院——尤其是派出的人民法庭——的业务运转实践却未能以相同的幅度走向规范化,其结果是,基层法院运作实践中发生的一些从司法政策上看非常合理的支出项目或者票据往往不能满足财政部门的报账要求,这一点极大提高了基层法院与财政部门维持良好关系的必要性。

4. 沟通

由于我国法院的财政预算采用的是基数加增长的预算编制和管理办法,这种方法的问题就在于弹性不足。现实中,法院的支出随着许多变动的政策而变化,传统的预算方法无法满足许多临时性、一次性追加支出等非正常增长项目,因此申请追加经费几乎成为法院应对资金压力最为重要的策略。所谓的申请追加经费是指法院向同级人民政府或者上级人民法院申请经费用以弥补经费不足的行为。在短缺时期和创收时期,基层人民法院申请追加经费的对象主要是同级人民政府。从请款的报告来看,基层人民法院提交报告的主体主要是同级财政局。前文在描述"组织场域"时已经指出,虽然同级党委是经费分配的最终决定者,但作为地方主管财政的行政部门,财政部门的作用不容忽视。在公共财政时期,随着法院公用类经费支出标准的法定化,基层人民法院向同级党委政府申请追加经费的空间已经缩小。同期,上级法院加大了对基层人民法院的支持力度。因此,基层法院向上级法院申请经费的情况也逐步增多。

申请经费成功与否的重要因素在于沟通。所谓沟通是指基层法院要紧密结合"法院经费的紧张状况"与"法院工作的重要程度"向县党委、县人民政府及其职能部门反映困难、争取支持。在沟通时,基层法院除了强调自身的经费紧张状态外,同样也必须强调自己所从事工作的重要性,但在侧重点上又与作为策略有所不同:"作为"强调基层法院对中心工作实际发挥的功能或者作用,而"沟通"则要求通过某种方式将这些作为呈现给县党委、县人民政府,亦即"不仅工作要干得好,还得要领导看到、听到你干得好",这就为基层法院的沟通工作增添了宣传的成分。但是,这并不意味着"狮子大张口"就是基层法院的优选方案,因为除非有过硬的关系作后盾,明显不合理或者明显超过财政承受能力的经费申请将会被财政部门直接"砍掉","狮子大张口"只会增加而非减少筹资的难度。而在财政预计可以承受的范围内,为了使得法院的经费申请更显合理,基层法院可能诉诸一些请款上的技巧:

(1) 展示困难与业绩——"诉苦"与"邀功"的策略

样本 5-9　C 县人民法院关于请求增拨差旅费的函

C 县人民法院关于请求增拨差旅费的函

县财政局:

　　1994 年县财政给我院包干的差旅费为每年每人 324 元,由于我院审理的涉及外省、外县的案件增多,案件任务大幅度上升,且审理难度加大,加之旅费大幅度提价等因素,财政包干的差旅费远不能满足办案的需要,缺口很大,由于无钱报销,不少干警用自己的工资垫支或揣一叠财会室的欠条。

　　1994 年,我院共审结各类案件 2967 件,比上年上升 11%,审结各类经济纠纷案件 628 件,比上年上升 14%,为全县各企业、事业单位,各专业银行收回欠款 927.3 万元,1994 年,我院相继在全县范围内开展了"依法收取农户拖欠历年提留农税及收回财政周转资金"的专项审判,通过审判,为全县直接收回农税、提留款 57.3 万,间接收回农税、提留款 267.4 万,为财政收回周转基金 14.6 万。

　　为了保证我院审判工作的正常开展,确保我县的社会经济秩序,恳请县财政给我院增拨 1994 年差旅费 3 万元。

C 县人民法院
一九九四年十二月十四日
(院章)

样本 5-10　C 县人民法院关于修建人民法庭办公、住房的报告

C 县人民法院关于修建人民法庭办公、住房的报告

县人民政府:

　　最近几年,我院在县人民政府及有关部门的大力关心、支持下,我院法庭建设取得了长足的进展。目前已建成 WL、SC 人民法庭;通过财政划拨,QP 法庭的办公、住宿条

件得到了妥善解决……但是,我院绝大部分人民法庭常年拥挤在新中国成立前或五十年代初所建的阴暗、潮湿的土木结构平房中……早在1989年最高人民法院和国家财政部就下发了关于加强两庭建设的文件。S省高级人民法院、省财政厅也联合拟定了《全省法院系统"两庭"建设、物资装备建设九五规划》;1993年5月21日,G市人民政府以《广府发(1993)58号》文件,批转了G市中级人民法院、G市计划委员会、G市财政局《关于全市法庭审判庭、人民法庭建设意见的通知》;1994年11月12日,G市中级人民法院和G市财政局又在我县联合召开了全市法院司法行政工作会议,决定"各县(区)法院从1995年起,每年安排1—2个人民法庭建设,分三年完成到1997年结束"。市中级人民法院并与各县(区)法院院长签订了《目标管理责任书》。

按照1994年材料价计算,每人民法庭需用资金25万,建议县财政除每个法庭补助15万元外,余额我院争取省、市投资、向法庭所辖乡镇争取资助和从诉讼费中挤一点等办法解决。

法庭所在土地由镇人民政府提供,征地费用由镇人民政府解决。征用土地后,由县国土局依法划拨给人民法庭,确定使用权。

法庭建设涉及的税费问题:建议由县人民政府召集计委、城建、国土等部门协商,具体按应收取费用标准减半收取或免交。

C县人民法院
一九九四年十一月二十二日
(院章)

由于在财政方面的不自主以及在国家权力差序格局中的弱势地位,法院申请经费追加的行为通常是以"弱者"的身份展开的。在申请的过程中,法院需要着力证明的就是申请经费的必要性,因此法院势必会向报告阅读者展现自己所面临的各种困难,这便是"诉苦"。从样本5-10中我们很容易发现这样的文字:"我院绝大部分人民法庭常年拥挤在新中国成立前或五十年代初所建的阴暗、潮湿的土木结构平房中","财政包干的差旅费远不能满足办案的需要,缺口很大,由于无钱报销,不少干警用自己的工资垫支或揣一叠财会室的欠条"。

当然,同样是"诉苦",在新中国成立后的不同阶段内,法院"诉苦"的方式也不尽相同。在改革开放之后,在"诉苦"的时候偶尔适当地"夸大困难"与"谎报数据"也是基层法院诉诸的策略。比如,在C县,虽然1998年计委批复的县法院审判办公综合楼建设规模为"总建筑面积6700平方米(改建1000平方米)",并且该县人民政府曾在1986年投资100余万元为C县人民法院修建了5600多平方米的院机关办公、审判、住宅综合大院,但在C县财政转呈G市财政部门的专项资金请示文件中,这一事实已经被修正为"该院一直没有审判庭,开展审判工作只能在县府大礼堂进行,现大礼堂又成危房,严重影响审判工作的开展",建筑规模也被调整为"**修建审判庭1200平方**

米";同时,投资额从442万元缩减为300万元,县自筹资金从342万元缩减为50万元,县财政补助从100万元增加为120万元。值得注意的是,从公文上看,这里涉嫌"夸大事实"与"谎报数据"的主体乃是财政部门,财政部门对于"夸大的事实"与"谎报的数据"明显是知情的,只不过由于对上级的专项资金请示不会涉及对本级财政资源的动用,因而财政部门对这些数据与真实状况之间的出入采取了纵容乃至积极支持的态度。① 由于在转移支付体系中,专项资金请示文件一般通过财政部门逐级上报,G市财政部门在接到专项资金请示后还需要继续转呈上报。从G市财政部门对同一笔资金的转呈看,市级财政部门对于不涉及本级财政资源动用的请示文件是否真实同样采取了漠视的态度。比如,在G市财政局转呈S省财政厅的专项资金请示文件中,G市财政局甚至在未提供任何资金补助的情况下,在转呈文件中称"市委、市政府主要领导视察后研究市三年内安排50万元"财政补助,以进一步表明上级补助的重要性。② 而事实却是,市党委、市人民政府并未讨论过该笔财政补助。在此意义上,"夸大的困难"与"谎报的数据"并不能简单的归咎于基层法院财政管理上的紊乱或对其加以道义上的谴责,由于县财政在向市财政呈报专项资金请示文件时已经将市财政对省财政的请示文件预先拟好,而县财政所拟制的文件又都是预先由基层法院准备好的,"夸大的困难"与"谎报的数据"已经成为一种组织现象,成为基层法院与财政部门、下级财政部门与上级财政部门之间的一种"共谋"。

如果说1978年以后法院的筹款策略很大程度上是为了追求法院作为一个单位的组织及员工利益最大化的话,受制于特定时期经济发展水平和建设财政的影响,在1978年之前的基层法院中,无论是单位还是员工的利益特别是物质利益的追求被大大压抑。法院的运作高度依赖于对人力资源的最大化利用。在筹款策略方面,与1978年后法院筹款策略的多样性不同,在当时的财政管理体制和政治体制下,由于法院在经费筹措方面的能力和制度空间都非常有限,在筹集经费方面并没有太多花样,筹款的目的也仅仅是为了满足维持其基本运转和正常开展业务的需要。也就是说,在当时,"诉苦"更大程度是建立了"实事求是"的基础之上的。尽管通过融入高度一体化的政治权力格局,法院的经费获得了基本保障。但是由于预算制度的要求——大额支出需要专门造报预算计划,使得法院在筹资方面有了一定的操作空间,但

---

① 参见C县财政局《关于解决县法院修建审判庭缺口资金的通知》(C财行[1999]111号)。
② 参见G市财政局《关于解决C县人民法院修建审判庭缺口资金的请示》(G财行[1999]159号)。

是,在造报用款计划时,法院并没有利用这种空间夸大困难或虚报数据,而是采取实事求是——需要多少报多少的策略,这使得法院的用款计划一般都能得到支持(样本5-11)。这种实事求是的筹款策略,还体现在法院为了解决实际困难而采取的"捆绑式"要钱过程中。比如,1978年,鉴于法院原有的档案室已经无法存放案卷的事情,在获得县委书记同意增修档案室的批复之后,该院为了同时解决法院的办公和住房问题,非常坦诚地、不加修饰地提出了自己的预算方案(样本5-12)。因为"那时候整个国家大气候就是老老实实做事,都是为人民服务,人的思想观念对钱不是看得很重,经费方面,都是财政给,需要好多给好多。我们在造预算的时候也是精打细算,能省则省。"[①]

样本5-11　C县人民法院关于呈报修建档案室、柜方案的报告

C县人民法院关于呈报修建档案室、柜方案的报告

县委L书记对我院3月7日《关于解决档案室、柜的请示报告》中批示:请提出一个方案,需要开支的钱就造一个预算,再作批示。我们认为,从法院的实际情况出发解决档案室的问题,就直接联系到法院的办公、住房问题,两者互相牵连的,鉴于如此,经研究,特提出两个方案。

第一个方案:在现有房屋的基础上作适当调整。通过改建后,不仅档案室的问题得到解决,而且办公室初步相应地得到了解决。按此方案需要经费4000元。该方案用钱少,但只能解决一时问题,而且执行这个方案前,首先得从其他地方解决了八户双职工的住房后,方能实施。

第二个方案:在现有房屋的基础上,新建400平方米,用以解决办公室、档案室、刑事、民事审讯室,外调人员阅档室,会议室以及少数单人宿舍。此方案,共需款29200元。是一个比较永久性的,也是彻底解决问题的一个方案,只不过花钱较多。

　　　　　　　　　　　　　　　　　　　　　　　　　　　C县人民法院
　　　　　　　　　　　　　　　　　　　　　　　　　　　　(院章)

样本5-12　C县人民法院修理打字机的预算及批复

同意报财政局审查决定。刘××(院长)1965.1.8

修理打字机预算

1. 换字盘格(此格打了四年多,业已破烂不堪,有的孔中根本不能装字了),价10元。

2. 换掉或矫正压字杆(此杆几度断损,焊接三次后,向下垂,每打一下,则猛力撞击字钉和字盘,使字都损坏,字盘边沿电镀脱落,生了红锈),计款10元。

---

① C县人民法院已退休沈会计访谈记录。"好多"为方言,意为"多少"。

> 3. 无印字指示器，现在使用的是文化牌机器上的，不适合，常常卡字。
> 4. 横盒与横定器接触发生故障，使文件两头不齐，操作困难，计款1元。
> 5. 刻字部分失灵，上下字有故障，这也是造成断字的重大原因之一，需要整修。
> 6. 纵跳不规则，距离大小不一，致使打出的表格或文件参差不齐，亦需修理。
> 7. 滚筒发硬，并打出了油，不平整，如果不垫上20多张纸，是打不现的，但是垫上纸后，要用很大的力才能打现，这样就使字钉常常折断。因此，必须换掉，需款20元。
> 以上各项共需款70元(30元修理费在内)。
>
> C县财政局关于同意修改打字机的函
> (64)财预字第014号
>
> 县人民法院：
> 你院修理打字机、换打字杆、字盘格等，经研究：同意按报来的计划开支70元，列入"公务费"目"器具修理费"节内报销。
>
> C县财政局
> 一九六五年一月十四日
> （公章）

在"诉苦"之后，法院必须采用的策略便是"邀功"，或者说是一种业绩的展示。前文已经证实，法院筹款的基本策略便是"有为才有位"，这个策略同样会被运用在申请追加经费的过程之中。样本5-9中就有这样的记载"1994年，我院共审结各类案件2967件，比上年上升11%，审结各类经济纠纷案件628件，比上年上升14%，为全县各企业、事业单位，各专业银行收回欠款927.3万元，1994年，我院相继在全县范围内开展了'依法收取农户拖欠历年提留农税及收回财政周转资金'的专项审判，通过审判，为全县直接收回农税、提留款57.3万，间接收回农税、提留款267.4万，为财政收回周转基金14.6万。"这就是通过适当的业绩展示来为自己申请经费追加增加筹码。

当然，请款报告并非法院实施上述策略的唯一路径，"邀请工作视察"和"召开座谈会"也可以成为法院实施这些策略的场域。这种"现场直播"的方式实际上也是法院"邀功"和"诉苦"的重要场域。在视察过程中，法院的"诉苦""示弱""示好"和"邀功"的策略都将在沟通的基础之上得到更好的施行。样本5-13中，法院首先邀请领导视察了已经竣工的法庭，这便是一种业绩展示。虽然笔者并未实地调查这两个法庭，但是可以猜测这个法庭的建设标准在当时应该是算高的了。毕竟，法院在业绩展示的时候更有可能选择自己的最佳一面。其后，法院又让领导视察了尚未竣工的人民法庭，这必然是法院"诉苦"的最佳时机。通过这种近乎"现场直播"的方式，法院能够更好地运用策略，促进目的的实现。

样本 5-13　1996 年 10 月 20 日 C 县人民法院院刊《法院信息》文章

《四大家领导视察法庭建设，现场办公解决实际困难》

　　9 月下旬，C 县委副书记、常委副县长 Z，政法委副书记、副县长 T，人大副主任 H，政协副主席、财政局局长 C 一行，视察了我院列入 1995 年建修已经竣工的 YB、LS 人民法庭和规划 1997 年建修，并已购买了办公用房及宅基地的 LJ、JN 人民法庭。

　　视察结束后，领导们开会对视察情况进行专题研究，并要求法院领导要下决心，不折不扣地按照县人民政府纪要和县人大常委会的决定，在 1995 至 1997 年三年内，把未建的 7 个人民法庭要如期建设完，人大常委会明年还将听取和审议落实决定的情况。关于资金问题，7 个人民法庭建设后，资金缺口确实相当大，预计在 200 万左右，要求法院领导继续落实好三个一点要求，乡镇该支持的还是大力支持，财政局领导表示该财政拿的，资金保障按时到位，对资金缺口，财政也将分期分批给予适当补助，法院领导还要多向上级法院和财政部门反映情况，争取他们的更多的理解和支持。

　　除了书面报告和"现场直播"的方式之外，"跑部钱进"的方式也成为法院进行沟通的重要方式。在大部分情况下，大笔的经费是需要"跑"出来的。"跑部钱进"是指法院通过在相关部门之内运作（有时是"勾兑"），达到获取项目资金的目的。这一点在法院系统甚至是行政系统内部早已心照不宣，并且是否能够成功的"跑部"还往往被当做评价一名工作人员是否有能力或者政绩的重要表现。"跑部"至少会有以下两个功能：一方面，法院通过"跑部"可以对相关部门的经费项目有所了解，从而能够更好地为申请经费做准备。另一方面，通过"跑部"，相关部门自然也对法院更加了解，从而法院也就增加了获得经费追加的可能。当然，仅就法院系统而言，这里的"跑部"更倾向于第二个方面。在"跑部"的过程中，法院可以将自己工作中的困难、业绩与相关部门直接沟通（"诉苦"和"邀功"等）。"跑部"的对象多为非直接领导的部门，如 C 县人民法院跑部的对象可能就是省财政厅、省高院等部门，由于管理上的长度问题，这些部门对于法院实际情况了解一定比较有限，因此沟通能够导致理解，从而产生预期的效益。样本 5-14 和 5-15 的法院信息则能够真实反映当时法院"跑部"的情况：

样本 5-14　1996 年 5 月 8 日 C 县人民法院院刊《法院信息》文章（节选）

《县人大常委会关心、支持我院"两庭"建设》

　　这些问题（基建经费——引者注）归结起来，还是两个字："缺钱"。县人大常委会的领导得知这种情况后，主动到法庭所在的乡、镇做工作，筹集资金，并积极协助我院主管"两庭"建设的同志到省、市两级财政和省、市两级法院争取资金，1995 年以来，由县人大领导出面，我院干警积极参与争取到的"两庭"建设资金达 17 万余元。如：县人大 H 副主任得知我院"两庭"建设资金不足的情况后，主动与我院主管"两庭"建设的

> 同志两次去C市(省会市——引者注),两次去G市,跑省、市财政摆难处,找省、市两级法院希望支持,人大领导如此关心法院的"两庭"建设,使省、市财政和省、市两级法院的领导都深受感动,他们尽量在资金上给我院"两庭"建设予以支持,从而缓解了我院"两庭"建设资金紧缺的矛盾。

样本5-15 1998年6月10日C县人民法院院刊《法院信息》文章(节选)

> 《卧薪尝胆建"两庭",开拓奋进结硕果》
>
> **踏实工作创佳绩 赢得信任与支持**
> 1995年审结3062件,1995年审结3569件,1996年审结3827件,1997年审结4207件……
>
> **善抓机遇勤动脑 上下奔走筹资款**
> ……
> 在筹措法庭建设资金的过程中,C县人民法院从领导到办事人员不辞劳苦,肯动脑子、勤磨嘴皮、常动步子、上下奔走、八方求援,只要有机会,无论是领导,还是一般办事人员都要向上级领导反映法庭建设的实际困难……1995年法院院长L邀请县人大副主任H等同志两上成都争取法庭建设资金,汇报情况,有关领导对C县人民法院艰苦创业的精神深受感动。负责建修的副院长N跑遍了大多数乡镇,一个一个地向乡镇领导做工作,求得他们对建修资金的支持。三年多来,C县人民法院领导先后二十余次到省、市争取法庭建设资金。

总之,"沟通"已经成为基层法院应对经费压力所必须诉诸的策略之一。该策略的运用程度将成为基层法院筹资成败的关键。也许用时任最高法院副院长的谢安山大法官在河北省法院系统1993年10月21日"两庭"工作会议上提倡的"四千精神"能够很好地概括法院如何进行沟通——"千言万语去汇报、千方百计去争取、千辛万苦去努力、千难万难不泄气"。

(2) 背靠政策——"拉外援"的策略

这一策略的要义在于:"不是我想花,是上级要求我花;不是我想花这么多,是上级要求我花这么多"。经费支用的申请总是"事权要素"与"财权要素"的有机结合,如果上级政策能够在任何一个方面提供强有力的支撑,都可以改善基层法院在筹资过程中的地位,因为此时基层法院可以主张经费支用的必要性来自于上级的政策要求,这就是我们所谓的"拉外援"。如C县人民法院1994年申请基建经费的时候就详细列举了最高人民法院、财政部、S省高级人民法院、S省财政厅、G市中级人民法院、G市计划委员会、G市财政局等部门发布的文件,以此来证明请款行为的制度/政策合法性。又比如2002年制订,又于2010年修订的《人民法院法庭建设标准》。该建筑标准对地方各级人民法院法庭新建、改建和扩建工程项目的"建设内容和项目构成""建设规模和建筑面积指标""总体布局和建筑标准""室内环境及建筑设备"作了非常明确的规定,从而间接设定了"两庭"建设的经费标准。在此意义上,《人民法院法庭建设标准》不仅在事权层面凸显了法庭作为国家司法活动的公共场所和国家司法文明标志的特点,并满足人民法院行使国家审判权和有关国家机关、公民、法人、其他组织进行诉讼活动,乃至国家对公民进行法制教育的需要,它同时还可以通过设定筹资标准的方式为基层法院与财政部门之间的经费谈判提供重要砝码,从而为基层法院"两庭"建设的筹资活动提供强有力的支撑。[①] 与之具有类似功能的还包括自上而下制定的装备建设和信息化建设整体规划[②]、自上而下召开的关于加强法院基层建设的专项会议[③]等。就财权要素而言,一个典型的适例即国家专项转移支付的地方配套要求。比如,中央国债资金对"两庭"建设的保障并不是无条件的,原则上中央补助的专项资金只能用于土建工程,而征地、装饰灯等配套资金则由政府负责落实,并就配套资金的落实建立了相应的奖惩机制。因此,一旦基层法院获得了中央国债投资的"两庭"建设项目,它就可以通过引入自上而下的财政检查监督机制来"要求"地方政府落实配套资金。在此意义上,通过背靠专项转移支付中的经费配套政策,基层法院可以直接推动地方支出结构向对其更为有利的方向转型。

(3) 需找突破口——"往硬缺口靠"的策略

所谓硬缺口是指在那些具有高度的优先排序,财政部门很难拒绝的支出项目。由于各项资金来源在基层法院基本都会汇入一个由院领导统筹安排的资金池,这就为基层法院"往硬缺口靠"的策略选择提供了充分的空间:先将已经拨付的资金用于那些财政部门并不看重,但对基层法院而言却比较重要的支出项目上,而将财政资金的缺口留在那些财政部门不得不予以安排的刚性支出上。问题是:哪些支出项目可以归入财政部门不得不解决的硬缺口呢? 对此,C县人民法院办公室主任总结了如下几项:"我们的追加主要是以下几部分:第一是每年的敏感时期,比如奥运、改革开放30周年,那时信访工作都会分岗到人、包干到人,有时候十几台车全部出动;第二是破产案件;第三是引起领导关注的重特大案件;第四是统一安排的各种专项活动(三大主题、科学发展观、培训),这些活动的经费是年中给县长打报告争取的。打报

---

① 参见2002年12月10日建设部、国家发展计划委员会《关于批准发布〈人民法院法庭建设标准〉的通知》,2010年9月7日住房和城乡建设部、国家发展和改革委员会《关于批准发布〈人民法院法庭建设标准〉的通知》。相对于2002年的旧标准,2010年新订的《人民法院法庭建设标准》特别增加了人民来信来访接待、诉讼档案管理、审判信息管理等业务用房面积指标。

② 比如,S省法院信息化建设三年规划,等。

③ 参见中共C县人民法院党组《关于向县委专题汇报全国各级加强法院基层建设会议精神的请示》(C法党[2004]01号)。

告给县人民政府也只是根据情况解决一部分,年终决算时,会根据我们每年案件的审理情况,再给我们追加一些经费。"这些"硬缺口"基本都可以归入同期县党委、县人民政府中心工作或者重点工作的范畴,因此所谓的"往硬缺口靠"策略即基层人民法院在申请专项经费时,必须仔细论证该项经费的支出目的与中心或者重点工作的关联所在。样本 5-16 分别列示了 2007—2008 年 C 县人民法院申请"息诉息访""破产清算"和"领导关注的涉黑重大案件"三类专项经费的请示文件。在息诉息访经费请示中,C 县人民法院重点强调了法院系统在解决经县委、县人民政府多次协调都未能真正解决的胡某进京缠诉缠访问题上所作的努力和该笔经费对于胡某最终息诉息访的重要意义。在破产清算中,本来根据《企业破产法》第 43 条第 4 款,当破产企业的财产不足以清偿破产费用时,管理人应当提请受理法院应当终结破产程序,但在 C 县人民法院受理的所有破产案件中,县人民政府都不同意法院以破产费用不足为由终结破产程序。事实上,各种人员安置费用,包括补缴社保费、失业保险、医疗保险的经费在拨付顺位中都优先于破产费用,基层法院只能向同级财政请求解决专项清算组工作经费。① 于是,澄清这样一种交换关系就构成了清算专项经费请示的重点。而在重大案件的专项经费请示中,由于案件的查处本身就是在党委、政府的直接关注下完成的,论证的重点主要集中在案件影响的重大性及由此导出的经费支用的必要性上。

样本 5-16 2007—2008 年 C 县人民法院专项经费请示文件示例(节选)

示例一:息诉息访

C 县人民法院关于申请解决胡某、廖某进京到省重访案息访经费的报告

(C 苍法[2008]07 号)

县人民政府:

信访人胡某……廖某……先后携子女十余次非正常进京到省上访,耗费了县人民政府大量的人力、财力。为了维护社会稳定,促使胡某及其家人彻底息诉罢访,G 市中级人民法院、C 县委、县府、县政法委、县法院、县公安局的领导和信访工作人员先后数十次给胡某及其家人做耐心细致的思想疏导工作,终于使胡某夫妇醒悟。现鉴于胡某患有严重肝硬化,且家庭贫困,为保证其安心生产生活,只能给予一定的经济救助。经与胡某及其家人充分协商,除以往县人民政府已经给予的各种救助外,SZ 乡人民政府再按 2007 年 12 月 6 日的处理意见给胡某经济帮助费 2.5 万元;G 市中级人民法院、C 县县委、县人民政府、县政法委、县法院在 2008 年 7 月 28 日前另给予胡某全家一次性生活帮助费 8 万元;胡某及其家人保证从此绝不再因上列案件提出任何要求,并承诺息诉息访。现 G 市中级人民法院已协调资金 5 万元,尚差 3 万元,特申请县人民政府予以解决。

---

① 对民二庭庭长的访谈,2011 年 5 月。

特此报告。

C 县人民法院
二〇〇八年七月二十一日
（院章）

示例二：破产清算

C 县人民法院关于请求解决 C 县民政福利综合厂破产清算组工作经费的请示
（C 法[2008]4 号）

县人民政府：

  C 县民政福利综合加工厂是国有残疾人福利企业，在 2004 年 12 月，该企业报经主管局批准，向县人民法院申请破产。2005 年 1 月 17 日县人民法院受理，宣告该企业破产还债，并成立了清算组开展工作。由于该企业遗留房屋开发办证工作量大，破产清算周期长，需支付专业人员工作经费增加，致使清算工作经费严重超支。加之企业负债 446.47 万元，依法评估的资产仅为 102.64 万元，严重的资不抵债。由于企业资产地理位置偏僻、潮湿、阴暗，至今 150 平方米库房评估价值由 25 万元降至 10 万元还没人购买，资产变现难度大。同时企业年老体弱多病占 80%，伤残军人和残疾人多，企业欠伤残军人历年医药费用大。为稳定社会环境，处理好民政福利综合厂及伤残军人和残疾人的遗留问题，特恳请县人民政府解决清算组工作经费 5 万元为盼。

  当否，请批示。

C 县人民法院
二〇〇八年七月二十八日
（院章）

示例三：重大案件专项经费

C 县人民法院关于请求解决审理王某等 15 人涉黑重大犯罪案件专项经费的报告
（C 法[2007]13 号）

县人民政府：

  近日，县人民检察院就犯罪嫌疑人王某等 15 人涉嫌组织、领导黑社会性质组织、非法采矿、聚众斗殴、故意伤害犯罪向我院提起了公诉，该案是我市首例涉黑集团犯罪案件，涉案人员多，犯罪事实复杂，涉黑影响大，司法事务浩繁。我院加强领导，精心组织，抽调精干审判力量开展专项审判工作，近期将开庭审理。届时省、市人民法院及邻近县、区人民法院领导、刑事审判干部将旁听观摩，新闻媒体将适时宣传报道。但是，我院现有经费远不能负担过高的办案成本，特请求县人民政府解决专项审判经费 10 万元（含办公、接待、差旅、添置音响、警械设备等费用）为盼。

  特此报告。

C 县人民法院
二〇〇七年七月十一日
（院章）

至此，我们以 C 县人民法院院长的一项洞识为基础，分别从"财力""作为""关系"和"沟通"四个角度完成了对基层法院筹资策略的初步考察。在这样一个"四点论"体系中，财力反映了基层法院所处经济环境对筹资过程的影响，这一点随着地域的转换可能发生质的变化；但其他三个要素却衍生于更大的政治结构和社会心理，因而更加稳定，对于法院筹资过程的影响也更为深刻和彻底。其中，"人情"反映了我国绵延数千年的文化传统所形成的社会心理对筹资过程的深刻影响；"作为"凸显了我国独特的政治权力运行逻辑，其间所内含的工具性司法理念正是嵌入在党政权力结构中运行的司法制度的必然结果，它要求司法凸显的并非自身在社会结构中的优越性，而是司法对于他者的工具化价值；"沟通"则更多的可以纳入到传统法家"术"的范畴，一定程度上，它试图在解决了"说什么"以后进一步解决"怎么说"的问题，因而可以在"财力"和"人情"所决定的社会结构中与"作为"耦合。其结果是，在筹资的过程中，基层法院更为彻底地融入进了地方党委一元化的权力结构中。诡异的是，即使在彰显司法独立的现代法治话语中，至少从公共话语看，C 县人民法院从院长到干警几乎没有人认为这样的行动策略或者行为模式有何不妥，这一点对于评估现代中国基层司法在政治权力架构中的真实定位或许有其意义。它暗示我们，对某一行为模式正当性的评估并不能简单地通过比对某种普适的参照系获得，而必须考虑内生该项行为模式的制度环境及该行为模式对于预期制度功能实现的价值。

（二）开源策略之二——创收

1."找米下锅"——增收诉讼费的策略

诉讼费是在诉讼过程中人民法院向当事人收取各项经费之和。在改革开放之后，尤其是进入 20 世纪 90 年代，诉讼费已经成为法院"创收"最为重要的手段之一，诉讼费收缴的情况好坏就直接成为特定时期法院运作资金是否充足的"晴雨表"。必须指出的是，诉讼收费是一个世界现象，但法院创收却不是。用更为通俗的话来表达便是诉讼收费并不必然导致法院积极去创收。正常的诉讼收费与法院积极创收之间差异的症结就在于"司法财政激励"的存在与否及其强弱。财政激励（fiscal incentive）是财政学的一个专有名词。它是指当地方政府采取措施推动地方经济增长后，其财政收入所能增加的幅度。① 以此为参照，所谓的"司法财政激励"是指法院采取措施增加诉

---

① 傅勇：《财政分权改革提高了地方财政激励强度吗？》，载《财贸经济》2008 年第 7 期。

讼费收入之后,其财政收入所能增加的幅度;增加的幅度越大就意味着财政激励越大,反之,则意味着财政激励越小。具体而言,它又大致可以被划分为两类:(1)对法院的财政激励;(2)对法官的财政激励。对于法院而言,若法院增加的诉讼费收入能够全部转换为法院财政收入时,法院的财政激励最大。随着地方政府对诉讼费收入分成的比例越大,法院的财政激励越小。对于法官而言,诉讼费收入对于法官个人福利改善程度越高,司法财政激励越大。关于法院财政激励的内容已在本书第四章、第五章的"以收定支"的论述中有所提及。本章将着重分析法官的财政激励,即法院主要通过"萝卜与大棒"并行的奖惩机制激发法官"创收"的热情。这种"创收"被形象地称为"找米下锅"①。

首先,岗位责任制是法院增收诉讼费最主要依仗的制度。众所周知,诉讼费增收有两种途径:其一是提高个案的收费标准;其二是扩大案源。由于前者在一定时间内相对固定,且不得轻易突破。因此,法院较多选择后者——扩大案源。本章研究"扩大案源"的策略更多不是指称社会经济发展导致的更多纠纷涌入法院,而是特指通过调动法官的积极性将原本不在法院解决的纠纷吸纳,甚至是"绑架"到司法体系之中,从而形成创收。而岗位责任制便是法院激发法官创收热情最为主要的"武器"。在早期阶段,面对"收支两条线"以至预算内管理后事实上的收支挂钩,法院对诉讼费用的收取非常敏感,年初往往会通过下发年度岗位"目标责任制"的方式将案件任务量化到"人头"。样本 5-17 和样本 5-18 显示:C 县人民法院通过建立岗位责任制的形式,将个体法官在年度内的收案数量和诉讼费金额的任务予以固定,此为实行奖惩机制的基础。岗位目标责任制的实质的"萝卜与大棒并行"。一方面,C 县人民法院通过设定奖励"萝卜"的形式激发广大法官收案的积极性:完成基本任务时可以享受法院规定的基本奖励。超额完成任务还会获得更大程度的奖励"全庭办案人员凡超任务 20% 以上者,除享受院内规定的补助费外,庭内再核发 15 元","完成预定的诉讼费用外,法院返庭数额的 20% 奖给个人"。通过表 5-4 可以体现诉讼费的收取与返成的具体情况,可以看到,收取的诉讼费中有近 20% 的比例用以返还庭室,改善办公条件,这种改善会间接提高法官福利。另外,还有 10% 的比例用以直接改善法官福利。另一方面,C 县人民法院通过设定惩罚/"大棒"的形式进一步鞭策法官创收:对于未完成任务的法官自然要给予经济、待遇、晋升等多方面的制裁。相似的奖惩机制还发生在公共财政时期。比如,以 1999 年的目标任务为例:

---

① 与之对应的是等待财政拨款的"等米下锅"。

"机关审判人员、助理审判员分别以刑庭 45 件,经一、经二庭 40 件,行政庭、执行庭 55 件下达本年度目标任务。民庭在总任务 60 件的基础上人均增加 15 件。刑庭、经一、经二、执行庭庭长和法庭内勤按 15 件下达任务;行政庭庭长按 15 件下达任务。人民法庭以庭长 40 件,审判员、助审员 55 件,书记员以 45 件下达目标任务。"这些任务指标(在 C 县,一般通过法院党组下达)并不只是对下一年度工作的预测或者计划,而是具有刚性拘束力的工作任务,并与对法院干警的奖惩直接挂钩。依据 1999 年的《目标责任制》,"完成目标责任制规定任务的由院长发给人平奖金 200 元,超规定任务的每件发给奖金 30 元。……完不成目标任务规定的庭,少任务一件惩罚 30 元,依次类推"。同时,C 县人民法院又以大体相同的方式处理其与派出人民法庭的关系,并为其设定了诉讼费用的收缴目标,这就将制度运行的压力传递给了处于司法部门最底层的人民法庭。比如,根据 C 县人民法院 2003 年的清查结果,其下辖的 WL 法庭 1998 至 2002 年间,为完成诉讼费预定计划不得不用"拉马填槽"的方式和银行贷款来向基层法院垫交诉讼费,金额达 6.29 万元。① 综上所述,通过"胡萝卜与大棒",法院就将个体法官牢牢捆绑在"创收"的列车之上。

样本 5-17　1993 年 7 月 7 日 C 县人民法院院刊《法院信息》文章

《向制度要效益,靠奋斗出成果》

WL 人民法庭自今年以来仅有三名同志,而这三名同志中有两名同志在"业大"学习。一名同志在攻读西南政法学院函授本科;同时该庭还肩负着繁重的法庭修建任务。然而,就是这三名同志,上半年共审结各类案件 56 件。比去年同期四个人的结案数还增加了 15 件,法庭建修也搞得有声有势。真正做到了学习、工作、建修三不误。他们靠的是什么? 靠的是完善各项管理制度。靠的是苦干、实干。

他们通过集资、社会捐赠、单位补助的方式,筹集了一部分资金,每人购买了一部摩托车,使执法条件有了一定改善。同时,他们还进一步完善了岗位责任制,规定:全庭办案人员凡超任务 20% 以上者,除享受院内规定的补助费外,庭内再核发 15 元。他们还将办案的数量,诉讼费的收取与奖惩挂钩,实行谁办案,谁负责收清。诉讼费用交专人管理,交验归档的一条龙作业方式,除完成预定的诉讼费用外,法院返庭数额的 20% 奖给个人,80% 归庭办福利事业。以法庭名义向单位捐款的 30% 归集资人所有,70% 归庭作收入。完不成预定计划的扣减相应比例的补助工资。

---

① 这批垫交的诉讼费一直未能收回,同时发生了银行的利息支付,对基层法院而言难以接受的是,WL 法庭全额支出了伊此返还的办案成本费 1.1 万元。经 C 县人民法院党组研究决定,由 WL 法庭的庭长何某赔偿 1998 至 2002 年垫交诉讼费,院返还给法庭的办案成本费 9000 元,并扣其 2003 年全年津贴、补贴 1788 元,取消 2003 年全年的岗位目标兑现奖金和 2003 年的评奖评优资格。参见 C 县人民法院《关于 WL 法庭债务清理情况的通报》(C 法发[2003]70 号)。

样本 5-18　1993 年 2 月 17 日《C 县人民法院工作简报》文章

> 1992 年 YB 法庭工作情况
>
> 　　我庭审结各类案件 246 件，除完成目标责任制规定的 52.8 件外，还超结案 193.2 件，人均 61.5 件。完成诉讼费 12559.75 元。
> 　　我们根据目标责任制，结合 YB 辖区的实际情况，对目标任务进行了变通，提出了今年坚决完成总目标"两个一"：即全年结案 100 件，征收诉讼费 10000 元，并将这两个具体指标分配到人头，诉讼费人均完成 2500 元，力突 3000 元。在奖励上进行了变通，规定了完成任务内的每件补助办案费 8 元，超出任务的每案补 10 元，完不成任务的每件惩 10 元，诉讼费完不成 2500 元的惩目标兑现奖 50 元，超过 2500 元的奖 50 元。

表 5-4　1996 年 C 县人民法院各庭室诉讼费收取和返成表（单位：万元）

	案件数	收费总额	返成总额	岗位责任制奖
LJ	367	11.99	2.40	0.82
CJ	226	7.97	1.59	0.45
WL	414	8.52	1.70	0.95
SC	312	6.78	1.36	0.73
YB	138	3.73	0.75	0.29
QP	168	6.80	1.36	0.22
LS	136	3.01	0.60	0.27
WC	156	4.19	0.84	0.27
DX	167	4.00	0.80	0.34
DQ	132	5.13	1.03	0.29
经济	283	46.45	6.97	0.65
执行	484	10.59	3.18	0.93
行政	361	10.30	2.06	0.29

表格说明：根据 1996 年 C 县人民法院财务报表说明整理。

　　其次，除了增加案件之外，法院甚至还采用提高诉讼费的收费标准的形式"创收"。与扩大案源不同的是，1989 年 7 月 12 日最高人民法院出台的《人民法院诉讼收费办法》包含有"兜底条款"，它客观上给一些法院超方式、超范围地乱收诉讼费创造了机会。① 这一点在 C 县人民法院给该县纪委的一份报告中有所提及，当然，也可以从样本 5-19 中瞥见端倪。超标收费并非 C 县人民法院的专利。根据学者廖永安于 2005 年左右在湖北某基层法院的调研中就发现，"超标收费"的现象十分普遍。其中婚姻案件的收费标准是

---

　　① 董国庆：《论诉讼费下调后人民法院面临的帕累托改进》，载《浙江大学学报（人文社会科学版）》2008 年第 2 期。

法定标准的 16—17 倍,劳动争议的收费标准是法定标准的 16.7 倍。① 这种超标准收费在 C 县甚至一直持续到公共财政时期。根据 C 县审计局在 2008 年 3 月 3 日至 19 日的就地审计,C 县人民法院共超标准收取诉讼费 9.9 万元。这些超标准收取的费用既可能发生在审判环节,也可能发生在执行环节,比如在 2006 年审结的一个民事案件中,被告何某应付原告赵某 56.3 万元,按《人民法院诉讼收费办法》应收受理费 0.56 万元,财产保全费 0.28 万元,但 C 县人民法院实收案件受理费 1.7 万元,财产保全费 0.6 万元,计 2.3 万元,超标准收取 1.4 万元;进入执行环节后,2007 年 2 月 7 日,C 县人民法院在"暂存款——何某应付赵某兑现款"中解缴"应缴预算款"1.5 万元,但该案标的为 60 万元,按规定应收费用 0.66 万元,超标准收取 0.84 万元。② 由于不得单独对人民法院关于诉讼费用的决定提起上诉,当事人对法院的收费行为缺乏诉权等常规性的救济渠道,对当事人的保护更多通过审计监督等方式实施,其实际效果并不乐观。

样本 5-19　1998 年 5 月 8 日 S 省政协委刊物《社情民意》第 57 期文章

> **《S 省部分法院超标准收费及乱收费现象亟待整顿》**
>
> 　　C 市政协反映,S 省部分法院诉讼费收费高于全国"两院"规定的标准,有的甚至巧立名目乱收费,这种现象亟待整顿。例如:10 万元的经济案件,按最高法规定只能收取 4% 的诉讼费用……而省内部分法院在收取了此项费用后,还巧立名目加收 2000—6000 元不等的其他诉讼费。又如执行费,最高法规定只能收取执行额的 0.5%,而省内部分法院收费却高达 1%—3% 之间,他们的理由是办案要用车、要出差,但事实上即使当事人交了其他诉讼费,法官们的用车、出差等费用还是照样由当事人报销。难怪社会上有人说"衙门朝南开,有理无钱莫进来,"建议有关部门整顿省内部分法院超标准收费现象。

最后,"创收"过程中还可以采取的策略则是对优质案源的争夺。在不断增加的案件任务压力之下,不同的基层法院常常出现争夺优质案源,推诿劣质案源的竞争,极端的时候甚至在同一基层法院的不同业务庭之间,乃至基层法院与上级法院之间都会围绕案件的管辖展开竞争。"大案子抢着要,小案子没人管"③,甚至出现越权管辖的情况。④ 比如,非经济庭办理经济纠

---

① 廖永安、李胜刚:《我国民事诉讼费用制度之运行现状——以一个贫困地区基层法院为分析个案》,载《中外法学》2005 年第 3 期。
② 参见 C 县审计局《审计报告征求意见书》(C 审征[2008]1 号)。
③ 田享华:《司法改革任重道远法院经费"钱景"渐明》,载《第一财经日报》2005 年 11 月 14 日。
④ 只能受理 50 万元以下的经济案件的鄂州市华容区法院,却受理了两件标的共计近 8000 万元的借款纠纷案件。该事件于 2011 年被曝光。两名法官被追究刑事责任。参见王德华:《楚天都市报》,载《农村新报》2011 年 8 月 18 日。

纷案件、超标的受理民事案件等，或者通过分案、在诉讼中增加标的额、强行调解等方式规避级别管辖。① 不过，由于上级法院法律上具有监督、事实上具有领导下级法院的权力，当基层法院与上级法院争夺优质案源时，上级法院总是可以凭借其权力上的优越地位制定对其有利的管辖权分配规则，合法地剥夺下级法院可能行使的管辖权。比如，当C县人民法院所在的G市中院发现辖区内基层法院规避级别管辖的做法后，即通过下发《关于进一步规范经济审判秩序的紧急通知》，要求："各县、区人民法院不得受理标的额在75万元以上的经济纠纷案件，亦不得以分案、在诉讼中增加标的、强行调解等方式规避级别管辖。一经发现，一律撤销其法律文书，予以提审，诉讼费随案移交。"②作为交换，各基层法院也被G市中院明确授权自行确定所辖人民法庭受理案件标的额的标准，而处于权力链条末端的人民法庭则必须承受层层上收的案件管辖权带来的减收压力。

需要指出的是，虽然法院"创收"策略的影响终端是法官个体，但是就法院而言，则是通过庭室对"创收"加以管理。换言之，法官个体的创收动员主要通过庭室负责人来完成。可以预想，由于创收任务与奖惩机制紧密相连，任务的确定必定是一个激烈的讨价还价的过程。虽然，法院事实上具有单方面确定"创收"任务的权力，但这种权力会不断受到以庭室负责人为代表的"创收者"的挑战。笔者有幸在调研中得到了一份相关的会议记录（样本5-20）。

样本5-20　1993年1月8日C县人民法院党组扩大会议记录（节选）

议题：讨论1993年度目标责任制和诉讼费收取办法

李：我们4万元诉讼费完不成，因为要扣钱（工资）本身任务重，这差谁去，大家都要办自己的案件数，机关庭长有的15件，有的少些，是不是不合适？

罗：任务下了那么多，人力不足怎么办，力量强弱不分，经济案件机关办完了，我们庭又办什么？以后是不是可分给我们几个单位，案子来了给我们分一些，学习人多，现在又不减任务，这任务难以完成。

寇：任务定的不多，我们根据情况定能完成，就是诉讼费有些高，考核法庭可不考，有任务定了的。病假扣款问题，若扣款就应减任务，不扣能体现对老同志的照顾。

（"李"为机关庭室负责人、"罗"和"寇"为派出法庭庭长——作者注。）

---

① 参见2006年6月25日C县人民法院《关于开展吸取"××事件"教训，整顿审判管理秩序、严肃规范司法行为专项整改活动实施方案》。

② 参见G市中级人民法院《关于进一步规范经济审判秩序的紧急通知》（G中法发[2000]26号）。

2. "威逼与利诱"——拉赞助的策略

本书所谓的赞助是指社会主体以资金、实物、服务等形式无偿向法院提供支持的各种行为,而法院拉赞助则是通过各种方法获取上述支持的过程。为了增加资金的来源,法院也是或明或暗地支持或者鼓励拉赞助的行为。20世纪90年代后,以法院名义向企业、事业单位争取赞助费的做法得到认可。在争取赞助的对象中,企业是法院主要的目标。争取赞助的方式多种多样,可以依靠案件,也可能不依靠案件。在当时,争取赞助之后给予相关人员提成(通常是20%—30%)已经成为正常的现象,C县人民法院就曾作出这样的规定:"今后各庭争取的赞助款,要统一开发票,收来的钱要如实记入财会账,院里可以按谁争取的,为谁安排改变集体福利,但严禁私分,今后如发现此类问题将严肃查处。同时为了给予适当鼓励,为出面争取的同志按20%奖励个人。"①当然,这种做法也是得到了C县人民政府的支持。C县人民法院在一份报告中就曾提及,C县人民政府规定,在欠款合同的纠纷解决后,经当事人同意,可以提取标的额的3%—11%作为赞助费纳入法院的收入之中。20世纪90年代中期,C县人民法院院长也曾在内部讲话中强调:"如执行案不能限于执行庭负责,其他庭也可以负责;案子可交叉办,办理经济案件,收回的标的只给企业本金,利息和违约金归法院,给企业办案差旅费由企业承担。"仅1995年,法院收取的各类赞助款共计13.8万元,临时存款利息达1.6万元。② 滥收诉讼费和乱拉赞助的现象直到1998年才被S省高级人民法院的"两个禁止"予以规范,此后,原先在系统内部被视为合理现象的一些"创收"行为因被视为违规而归于沉寂。

样本 5-21 S省高院关于认真贯彻落实最高人民法院《关于重申严禁乱收费、乱拉赞助的紧急通知》的通知(节选)

S省高级人民法院关于认真贯彻落实最高人民法院《关于重申严禁乱收费、乱拉赞助的紧急通知》的通知

(S高法[1998]79号)

绝对禁止超标准、超范围收费;绝对禁止向当事人、企事业单位、其他团体和个人拉赞助或收取赞助;绝对禁止向下级法院和审判部门下达"创收"指标;绝对禁止把奖惩与诉讼费直接挂钩,搞"利益驱动"。各地法院如办案经费不足,应向当地县委、县人大报告,向县人民政府申请解决,决不允许用乱收费、乱拉赞助的办法解决。

S省高级人民法院
(院章)

---

① 参见C法(1993)13号《C县人民法院关于贯彻落实全国、全省法院工作会议的意见》。
② 参见1995年C县人民法院《关于清理小金库基金和预算外资金的自查报告》。

法院争取赞助的首要策略就是将赞助与案件审理结果挂钩,在案件审理结束之后向案件胜诉方收取诉讼费之外的赞助费。虽然,就名义上所言,赞助是需要以"自愿"为前提的,但由于案件的胜诉结果以及随后的执行问题仍然需要仰仗法院的工作,因此当事人在"威逼"与"利诱"之下"被迫就范"似乎也不难理解。当然,除了依赖案件解决为载体的争取赞助费的行为之外,与案件无关的争取赞助行为也在这个阶段大行其道。但是,这种方式通常需要找到一个合适的"由头"。在创收时期,法院最常用来争取此类赞助费的由头无疑是基础设施建设。由于基建建设资金的巨大缺口,法院有时会通过拉赞助的形式来解决经费紧张的问题。除了向企业争取之外,向并无财政关系的乡镇政府争取赞助也是法院的一个策略之一(样本5-22)。对于从乡、镇人民政府获取赞助,C县人民法院仍然采用"威逼"与"利诱"的策略,县人民法庭虽然并不隶属于乡镇,但其存在对于解决乡镇地域上的纠纷具有重要意义。然而,仅仅如此还不会必然导致乡、镇人民政府"慷慨解囊",在这过程中就需要一个外力的介入,样本5-22中的"督办室"就是一个明证,当然,也可能存在由上级政府的施压从而导致处于基层的乡、镇不得不给出所谓的"赞助"。根据笔者掌握的数据,在C县人民法院两庭建设期间,各乡镇一共许诺给予C县人民法院各种赞助42.1万元,其中最终得到兑现的仅有25.8万元,仅占承诺金额的61.43%。在这里,C县人民法院争取赞助的行为也遇到了"白条"。①

样本5-22　1995年5月9日C县人民法院院刊《法院信息》文章

《党委书记、乡、镇长汇聚一堂,为YB法庭建设献计出力》

1995年5月8日,C县YB督办室召集原YB区所辖的YB镇、WD镇、ZT乡、ZW乡、HM乡、SM乡两镇四乡的党委书记、乡、镇长在YB督办室召开YB人民法庭建设工作会议。

会上,与会的各乡、镇党委书记,乡镇长表示愿意用实际行动积极支援YB人民法庭的建设,两镇、四乡的领导表态共愿拿出12万元支援YB人民法庭建设,所需资金保证在年底前全部到位。

书记、乡镇长齐聚一堂专题研究法庭建设,这在我院建设历史上还属首例。YB人民法庭已于今年3月27日破土动工,在社会各方面的大力关心、支持下,目前地面基础设施也基本完工,建设工作进展十分顺利。

3. 公私混同——集资的策略

本处的集资是指法院向系统内部员工募集资金以解决经费不足的情况。

---

① 在法院的财务表中就有"蘑菇票"等赞助记载,有些"票"最后并未得到兑现,成了名副其实的"白条"。

这种策略虽然发生的频率远远低于前面两种策略,但也可以被视为法院"开源"的一个方面。毕竟,法院的"开源"实际上可以被分为对内和对外两个维度,前两种策略倾向于对外的资源汲取,而最后一种策略则在更大程度上是一种对内的汲取。

总的来说,这种集资被主要应用于设备的购买之上,其中以交通工具的购买最为显著。在20世纪90年代中期,法院的交通工具一部分是通过员工集资的形式得以添置的。在样本5-17中就有这样的记载:"他们进一步完善了岗位责任制,改善执法条件。他们通过集资、社会捐赠、单位补助的方式,筹集了一部分资金,每人购买了一部摩托车,使执法条件有了一定改善"。笔者在调研时也发现C县人民法院有些公车实际上是法官私人购买的,只是被转化为公用了。那么问题就产生了,法院采取了什么样的策略使得法官个体愿意将本来属于自己的私人转换为公车呢?通过访谈后,笔者得知,这部分准公车的使用采用这样的方式,即上班的时候属于单位,被视为公车。而在下班之后则属于购买的干警所有,转变为私车。C县人民法院相关负责人在解释的时候就无奈地说,这也是由于车辆不足的无奈之举。当然,我们可以大胆地推断,这种"准公车"势必会给车主带来很多隐性和显性的利益。一方面,单位很可能承担了这些车辆部分的油料费——毕竟公干和私用有时候并不是泾渭分明的;另一方面,公车所能享有的多方面的隐性利益也是众所周知的。①

在调研中,笔者还发现实际上在20世纪90年代末期建设审判综合楼的时候,法院通过集资的方式向法院法官筹集了部分的经费用以添置各种设备。我们在访谈时有部分法官就笑谈,现在用的桌椅板凳都是他们自己集资买的,退休后是可以带走的。民庭的C庭长的谈话也验证了这一点:"法院经费紧张,办公桌、沙发、空调都是干警出钱购买的,这笔钱都是院里欠干警的。"②虽然口气中有几分无奈,但至少并未让笔者感到很大的不满。理由一方面是因为作为法院的法官,法院领导出面做工作的话,这个"面子"多少还是要给的。法院经费情况法官都十分清楚,如果在领导做集资工作时公然反对,那么至少会给人以"觉悟低"的印象,以后在晋升、评优等过程中就十分可能被"穿小鞋"。因此,这种隐形的压力无疑是法官响应集资的重要原因。

当然,由于这些设备具有"个人属性",如果某个法官离开了原来的庭室,这

---

① 如更大的通行权力,受到更少的约束,违法违章的处理上更加宽容。参见《公车、私车在违章面前应无差别》,载中国新闻网,http://www.chinanews.com/gn/news/2010/03-19/2179261.shtml,访问时间:2013年6月10日。

② C县人民法院民庭庭长访谈,2011年5月。

些设施仍然也可以带到新的庭室,从这一点上说,法官接受的可能性就提升了。

三、财政压力下基层法院的节流策略

纵观几十年法院的财政史,人员类经费支出具有很强的刚性。与之形成鲜明对应的是,公用类经费支出的空间相对比较大,加上一些公用类经费项目的灵活度较高,经费控制的力度和效果也相对较明显,这就使得公用类经费的控制成为支出控制的核心内容。具体而言,公务费(办公费、邮电费、差旅费等)是支出控制的主要对象,经常面临经费紧缩;业务费在公用类经费中的比重虽然不低,但由于受到业务开展的刚性需求,对业务费的缩减也更多采取软性提倡的办法;设备购置和修缮费支出虽然时隐时现,但由于一旦涉及这些项目的支出,支出金额都比较大,因此也成为支出控制的重要对象。

(一) 直接的支出控制

支出控制的目标在于以最小的成本实现既定的事权,或者在既定的成本之上实现最大的事权,因此考察支出的控制需要同时关注"事权"和"成本"两个角度,基层法院的支出控制也可以据此划分为直接针对法院支出行为的控制策略和直接针对法院职务行为进而对法院支出行为产生影响的控制策略,我们将前者称之为直接的支出控制,后者称为间接的支出控制。在C县人民法院,直接的支出控制主要构造在一个以"包干制"和"报账制"为核心的支出控制体系之上。

1. 包干制

包干制是将各个支出项目上的控制任务(金额)直接分配到各个庭、科、室、队,超支不补,节约留用。样本5-23、样本5-24和表5-5反映了不同阶段C县人民法院包干经费标准的变迁。所谓的包干制是指在年初确定某项经费的开销总额,年度所有相关费用均在该额度内开支,节余的部分以奖励形式发给个人,超过部分自主承担。包干制是一种重要的费用制约形式,是对原有公用类经费中的"实报实销"的体制的改革。一般而言,"实报实销"可能会存在这样的问题:第一,可能会降低法院工作人员节约的积极性,造成一定程度的浪费;第二,可能会给谋私利者创造空间;第三,可能会给法院会计人员带来繁重的负担,降低工作效率。而经费包干制无疑是法院在经费不足的前提下的最优选择。首先,法院每年的财政预算是可预期的,即使事后的追加,但整体而言仍然会以预算为基础,因此法院将自己可期的经费按照一定的标准分配到各个庭、室中,可以基本保障法院的运转;其次,经费的包干制还在一定程度上能够激发法院工作人员节约的积极性。这点可以从两个方面来看,第一,增加了庭室负责人的管理积极性,在实报实销阶段,庭室负责人并不处于经费报销的中间环节,并且也没有动力去参与经费的管理,而施行包干制之后,在庭、室年度运转经费既定的情况下,庭室负责人势必会产生动力去管理经费使用,毕竟维持本庭室的运转可是重中之重,因此包干制的施行实际上增加了一级经费管理的主体;第二,由于实行节余自用,这在客观上也能够调动一般干部节约的积极性。当然,这种情况仅在经费不足的情况下发生效力,这也是包干制生效的制度前提。若经费相对充足甚至有大量的富余,经费包干制的实现可能会走向另一个极端。①

样本 5-23　1964 年 C 县人民法院机关各项制度草稿(节选)

1964 年 C 县人民法院机关各项制度草稿

六、加强机关经费、公务和生活管理工作

1. 机关各项经费。应按照财政部门的有关规定和会计条例加强管理,尊重会计的职权,严格控制各项开支标准,一切超标准和计划外的开支,必须按照审批权限,有批准决定,并取得财政部门的正式通知,始能报销,否则拒绝报销。

2. 办公费的开支,由法院集中掌握使用,法庭的办公费开支,除特殊情况经过批准外,一般的每月开支不得超过 1.5 元。院内经费开支凡 10 元以上者必须经院长批准,1 元以上的要经办公室批准,1 元以下的由会计人员自行开支。业务费开支按照规定,严格在标准范围内控制使用。

3. 烤火费。由法院统一掌握使用,不发给个人,法庭的烤火费要抽 15% 作为开会之用,其余按规定实报实销。

4. 医药费。按公费医疗的有关规定执行,1 元以上必须经院长批准后始能报销,凡补药和成品药不能报销。

5. 干部借款。一般私人不能借公款,可在互助(基)金会解决,如有特殊情况借公款,金额不能超过本人工资额的 70%,还款时间不得超过 3 个月,必须由院长批准。与本单位无供给关系的人,不能借公款。借款到期不收,由会计负责。因公借款,应详细计算公费需要量,并经领导审批,于公务完毕后,及时报销归还,超借部分,应由借款人还清。

6. 机关固定资产,无论何人使用,均需逐件登记,落实保管责任,每半年由会计清查一次,如有短少,应查明原因,向办公室汇报处理损坏丢失,应由使用人负责,无故损坏公物照价赔偿,严格执行干不掉走不带走公物的制度。来客住公房,光睡觉每夜收费 5 分,如用灯油、开水,每夜收费 1 角,走时向会计处缴清,法庭干部回院开会住公房

---

① 比如年底突击花费等,参见崔建才:《经费包干应"五防"》,载《四川会计》2001 年第 11 期。

不收费,干部家属借用公物,与会计当面议价,按月缴清租金。

7. 灯油费:干部寝室照灯,用油用电费用自己负责,办公室寝室在一起的,每月付电灯费的80%,按月由会计扣除。干部回县开会私人所用灯油由公家负责。反对不按规定占公家便宜。

8. 茶水费:水费每人每月1角,随房租费扣收,开水仍用票买开水,每壶收费1分,公用开水在办公室费内报销。

样本5-24　1998年C县人民法院经费管理制度(节选)

1998年C县人民法院经费管理制度

一、电话费管理。院机关的长途直拨电话只保留××××××,其余电话一律取消长途直拨……正、副院长的私人电话和移动电话每月每人按320元包干使用,节约部分归己,超出部分自理。各人民法庭的电话费按每庭每月120元包干使用,节约归庭,超支自理。各庭、科、室、队正、副负责人每月发给电话费20元。

二、关于招待费管理……按县财政接待外单位来客和上级单位来人的就餐标准为:科级以下每人每天25元(早餐5元,午餐12元,晚餐8元);科级每人每天30元(早餐5元,午餐15元,晚餐10元);县处级及以上每人每天35元(早餐8元,午餐20元,晚餐7元),就餐标准以同行中级别最高的人为标准,除确有必要外由主管院长和庭、科、室、队负责人陪同。凡刑庭、立案庭、审判监督庭、办公室、政工科、法警大队招待来客需提前向办公室主任报告,待办公室主任确定就餐标准后方可就餐,就餐条据由院长签字报销。超出就餐标准的部分由招待来客的庭、科、室、队自行负责,法庭和本规定中未确定的院机关业务自行从严控制。

三、关于诉讼费用管理。各人民法庭必须在每季度末的25日至31日将本季度已结案件和已执行案件的执行费、诉讼费及其他费用造具清册,如数向财会室交纳,不得挪作他用和截留。院机关各业务庭预收诉讼费由立案庭统一收费开票,待案件审结后由立案庭开去正式票据……各业务庭一律不得自行收取诉讼费和其他费。立案庭必须按月如数向财会室交纳本月所收取的全部费用……

四、关于车辆管理。院机关车辆由办公室统一调派……各车油料实行单车全年核算,节约的油料折款后,以20%奖给该车驾驶员,超出部分也按奖励比例由驾驶员承担……

五、医疗费仍按个人报销现在200元以内,未报足的部分归个人,超出200元的部分,待年终县财政解决的金额再按超支部分的比例报销。

六、其他经费管理

1. 办公费:各人民法庭办公费每人每月20元包干使用,节约归庭,超支由庭承担。

2. 关于客室管理。客室管理员应提高服务质量,……客室管理员的报酬按收取的住宿费的30%提取。

3. 各庭、科、室、队应节约用水,用电、气,凡下班后未关电、水、气的庭、科、室、队每发现一次扣10元。两次扣20元,依次类推。

4. 凡来院作法医鉴定的当事人,凭开具的缴款通知单到立案庭缴费后,法医凭缴款通知单作鉴定,法医不得收取费用。

5. 诉讼文书用纸按以下标准发给:诉讼案件每件一本,执行案件案件一本,支付令案件 20 件一本,档案卷皮按实际所结案件发给。损耗不超过 10%。

表 5-5　2000—2001 年 C 县人民法院经费管理中的包干制

包干项目	包干金额	备注
电话费	根据各庭业务量包干,其中执行庭每月 200 元。	院机关办公室、政工科、执行庭三个电话实行磁卡管理。
招待费	对于外来客人实行定额包干:刑庭全年 6000 元,审监庭 2000 元,立案庭 1000 元,政研室 2000 元,政工科 2000 元,法警大队 1000 元;但其余业务庭来客一律由各业务庭自行负责。	法庭每月一次(一人)回院交卷、交账和庭长干警回院开会可报销来回差旅费。院机关到人民法庭一律自行负责。
办公费	各单位办公费(包括人民法庭)每人每月 20 元包干使用,用于购生活洁具,订阅报纸、购买纸张、墨水、浆糊等。	
纸张费	刑、民、经庭按二案一本(100 页)用纸,执行、支付令案件按四案一本用纸领取,并由各庭内勤领取。	
邮电费	各人民法庭的邮寄费和邮票费按每月 10 元包干使用。	

表格说明:C 县人民法院经费管理制度(C 法发[2000]35 号)、C 县人民法院行政管理规定(C 法发[2001]7 号)。

在包干制下,各个支出项目上的开支金额的确定并不是基于基层法院的现实需求,而是基于法院收入数额上的刚性限制,在资源相对短缺的财政环境中,基层法院不得不通过包干金额、支出限额等形式将支出控制的任务分解到各庭、科、室、队,但各庭、科、室、队在这一体制中所获得的也并非总是限制,在基层法院统一分配的金额范围内,各庭、科、室、队也获得了经费支用上的裁量权。法院经费支出控制责任得以下移,而院机关在部分支出项目管理中的角色则转换为监管者。从 C 县人民法院包干制的实施情况看,这一制度并不完全内生于基层法院内部的经费管理实践,它也是基层法院积极"模仿"同级财政控制模式的结果。作为国家级贫困县,C 县始终通过制定各个经费管理办法强化对各机关事业单位"人、车、会、话"的支出管理,具体包括对公务经费的"统包",对会议经费的"统限",对接待经费的"统管"和对公车经费的"统控"①,这些控制机制的核心仍然是包干制,法院只是将一个在其置身其中的财政环境中已经广泛适用的控制机制引入到自身内部的经费管理实践中。需要指出的是,这里所谓的"包干制"强调用各庭、科、室、队经费支用上的裁量权交换经费支出的额度控制,它可以在各庭、科、室、队没有自主资金来源的情况下运转,其要义在于"包干",因而与廖永安在湖南省湘中某贫困地区基层法院实证调研发现的"责任包干制"并不完全相同,后者的核心特征在于"将各内设机构诉讼费收入情况与所在单位法官的福利待遇直接挂钩"②,其要义在于"挂钩"。

在实践中,包干制还有一些变体,具体包括"外部承包"和"以案定补"等形式。典型的包干制旨在确立基层法院与其中层部门之间在经费管理上的权责关系,而"外部承包"则将经费支出的控制责任直接发包给法院外部的单位或个人,由后者承担法院支出控制上的风险,是企业化的运营方式在法院管理领域的应用。比如在 C 县人民法院,就曾将法院内部的打字室承包给某自然人经营:对法院而言,通过承包可以锁定法律文书印制成本的单价;对承包人而言,由于每年法律文书的印制数量较大且一般较为稳定,只要成本的控制卓有成效,承包的收益仍然可以保障(样本 5-25)。由于承包期间发生的人员工资、纸张、油墨、维修换件、电、气、蜡纸、胶印机制版费用概由承包人负责,"外部承包"将成本控制的风险和收益都转移给了基层法院以外的单位或个人,性质上应属政府采购。但从 C 县人民法院的承包实践看,招、投标等拓展市场边界的有效措施并不存在,如何在这样一个非市场化的环境中确定承包价格成为一大难点。在现实的外部承包中,承包人的选择通常都是沿着决策者的人际交往网络展开的,这虽然有助于控制承包人的机会主义行为,但也限制了承包人的选择范围,其结果是,承包人通常都与院领导之间存在较为密切的亲属或非亲属关系,从而进一步增加了剔除定价中的机会主

---

① 第一,对领导干部公务经费"统包",对副县级以上领导按"指标包干、限额使用、超支自理、节余留用"的办法进行控制。第二,对会议费实行"统限"。会议所需一般印刷、租赁费在会议公杂费内开支,大宗印刷、会场租赁费、会议交通费,本着节约原则报经批准后列入会议费报销。县级例会和部门专业会议,财政每年预算限额指标,由县分管领导把关安排,实行"总额包干、超支不补、结余留用",超支由会议经办单位自理,财政不再解决。第三,对公务接待实行"统管"。对预算单位公务接待实行限额管理,年内不得突破。第四,对公车实行"统控",单位小车一律实行出车派遣制度,定额耗油,定点维修,统一建立大修理基金,修理费用由财政与修理厂直接结算。第五,出差人员的住宿费、市内交通费、伙食补助费(差旅费)实行"定额补助,限额控制,节约奖励,超支自负"的办法。各单位对出差人员实行定任务、定人数、定地点、定时间的管理办法。最后,对邮电费也实行"核定电话机部数、费用定额包干、超支自负、节约留用"的管理办法。参见 C 县财政局《关于印发〈C 县机关工作人员差旅费管理办法〉等七个管理办法的通知》等。

② 参见廖永安、李胜刚:《我国民事诉讼费用制度运行现状之考察——以一个贫困地区基层法院为分析个案》,载《中外法学》2005 年第 3 期。

义的难度。除了《打字室承包合同》外，C县人民法院从2000年开始实施的邮寄送达也颇具送达业务"发包"的色彩。在邮政这种国家垄断经营的行业领域，承包人的选择终于超越了狭隘的人际关系网络，但此时承包人的选择仍然是非市场化的，因为法院发包的对象仅限于垄断的邮政部门一家。与《打字室承包合同》不同，基层法院与邮政部门之间所达成的具有承包性质的协议系公法性质的协议，故由县法院与县邮政局联合发文的形式确定其内容。① 通过外部承包，司法产品的"供给"与"生产"过程得以分离，从而拓展了市场机制在传统司法领域的应用，但从C县人民法院的实践看，这种契合并非着眼于新公共管理的理念有意为之的结果，它只是基层法院在成本控制的压力下突围的策略之举，并且受到地方化的人际关系网络的深刻影响。因此，即使在基层法院内部，这种外部承包的正当性也时常受到质疑，比如，在我们的访谈中，多个业务庭的庭长都认为这种做法"不规范"。从整体上看，外部承包在基层法院支出控制中的应用还是相对有限的。当然，邮寄送达由于承担者的"公家"身份而有所不同。

样本 5-25 C县人民法院 2000 年度与某自然人签订的《打字室承包合同》部分条款（节选）

……一、甲方（C县人民法院——引者注）将自己所有的微机三台，……承包给乙方（某自然人——引者注）使用、经营。承包期限为 2000 年 1 月 1 日至 12 月 31 日。

二、承包方式：实行全额承包，自主经营，自负盈亏，在承包期间发生的人员工资、纸张、油墨、维修换件、电、气、蜡纸、胶印机制版费用概由乙方负责，甲方不承担任何费用。

三、承包价格：油印判决书、裁定书、调解书的价格分别按 50 克白纸打印为 4 分钱一个页码，70—80 克纸为 6 分钱一个页码，胶印法律文书式样 50 克白纸四分钱一个页码计价，需装订的并予以装订。蜡纸按……复印按 16 开 0.25 角一张计价，复印 8 开纸按 5 角一张计价。

……

五、结算方式：甲方打印的各种材料所应承担的费用待每月底将登记本交办公室复核审查后，将结算清单交院长审批到财会室领取。……

如果说"外部承包"只是短期的策略之举，其正当性在基层法院的话题体系中仍存疑问，"以案定补"则是在基层法院十余年的实践经验的基础上发展起来的、更加成熟的包干形式。与传统的包干制相同，以案定补仍然着眼于经费管理责任的下放，通过保障基层法院中层部门经费支用上的裁量余

---

① 通过邮寄送达，基层法院法警队的部分送达职能以固定价格转移给了邮政局，由邮政局每月末以送达回证和投递回执为结算依据与基层法院结算邮资。参见C县人民法院、邮政局《关于对法律文书实行特快邮寄送达的通知》（C法发[2000]89号）、C县人民法院关于印发《法律文书实行特快邮寄送达》的通知（C法发[2001]1号），等。

地来换取相应部门对经费支出控制任务的承诺。不过在具体的包干方式上，以案定补对传统做法作了调整：

首先，案件数量成为包干的基本依据。传统的包干制依据招待费、办公费等支出项目确定包干金额，法院财政支出的控制目标成为核定包干金额的基本依据，很少考虑"事权"的因素，基层法院对各中层部门执行的包干制往往就是同级财政对基层法院执行的包干制的直接移用。但在以案定补的管理模式下，包干金额依据各业务部门办理案件的数量确定，虽然法院财政支出的控制目标仍然会对每个案件的补助标准产生影响，但在新的机制下，影响各业务部门补助金额的主要指标转换为"事权"层面的办案数量，业务部门财权与事权的协调性大大提高。

其次，合理选取适于实施以案定补的支出类型。以案定补并未完全取代此前的包干形式，它只是选择一些经验上支用金额与办案数量之间具有合理关联的支出项目实施，至于其他与办案数量之间关系不甚密切的支出项目则仍然实施传统的包干方式。比如在 C 县人民法院，"以案定补"主要在县内的差旅费支出上应用，县外的差旅费和其他支出项目仍然实施传统的包干方式或者实报实销，因此该院的办公室副主任将以案定补称之为"差旅费包干的形式"。

最后，通过案件数量的引入，以案定补相对于传统的包干方式更具权变性。基层法院在案件数量的基础上可以进一步设定案件类型及其结案方式在经费分配上的作用，进而实现司法政策上的一些要求。比如，在 C 县，为了鼓励办案，尤其是鼓励以调解方式结案，以案定补会同时考虑"案件类型"与"结案方式"两个因素，审判案件根据结案方式确定补助金额，判决的 70 元/件，调解的 100 元/件，调解并当庭兑现的 150 元/件，执行案件则不论结果 140 元/件。同时，不管什么案件类型，也不管通过什么方式结案，只有通过案件质量评查之后的合格案件才能计入定补的基数。一旦引入了司法政策的因素，以案定补的标准就超出了单纯经费支出定额的范畴。

在实现机制上，虽然以案定补明确要求各办案部门承担支出控制的责任，超支之后只能通过其他支出项目的节约来列支，但在实践中，这种刚性的"法效果"很少实施，而是代之以领导的训诫和谈话等柔性的手段。在 C 县人民法院办公室副主任看来，"超支以后只要能够解释超支原因，账还是要报的，即使存在一些铺张浪费，也就是让领导说办案人员两句就报了。以案定补是为了避免浪费，不是故意为了克扣，现在办案难，标准根本不够，以案定补其实还是在自觉性上约束。不过让领导说两句心里还是不好受的"。由于以案定补的正式规则较少适用，虽然从 C 县人民法院的支出控制实践看,结合领导训诫、谈话等柔性治理术实施的"以案定补"作为一项支出控制策略,总体上似乎是成功的,但它在支出控制上的效果却主要表现在账面上。比如,在以案定补金额较大的民一庭,每年年终基层法院决算时,超支的金额都会当作是对院里的"欠款"计入第二年,而从这几年的实际操作看,基本都是欠着。① 尽管如此,"以案定补"作为一项控制支出的常规策略在基层法院内部也受到了较多的肯定。比如,C县人民法院办公室主任即认为,"实行以案定补,民庭、行政庭、执行庭、刑庭都是办一件挣一件。2008年直接以案定补就直接给了72万,执行庭大概在15—20万之间,各人民法庭在5—8万之间,民一庭大概有10万。花费的排序依次是执行庭、民一庭和9个法庭。总的来说,这种体制我们摸索了10几年,也参考了其他法院的经验。"不过,由于补助的标准并不是基于办案的现实需求,而必须同时考虑基层法院支出控制的要求,因而案件补助的金额与个案的实际支出水平仍然存在较大的差距。

2. 报账制

"报账制"将整个基层法院的"资金池"集中在院一级进行统一管理,由各庭、科、室、队在支出之前向基层法院请款,或者支出之后向基层法院报销。在资源稀缺的财政环境中,对资金池的管理权可能集中在院长一个人手中,曰"院长一支笔"。正如国库集中收付和部门预算可以实现有机的结合一样,在基层法院的经费管理中,作为国库集中收付与部门预算对应形式的报账制与包干制也可以成功整合。在"报账制"下,基层法院对各庭、科、室、队的包干经费只是"账本"上的下放,资金并不实际转移到各庭、科、室、队的"账户"上,相应资金的收取和支付仍然由基层法院统一管理,从而形成一个统分结合的双层支出内控体系:下层是各中层部门主要负责人的管理,上层是基层法院"院长一支笔"。比如,在C县人民法院,为防止无计划的开支,经费管理上实行集中的"一支笔"审批制度,所有开支的票据均须"院长一支笔"审批方能报销。各部门购置各种办公设备或者进行车辆维修必须提前报告,在院长批准的范围内购置或者在确定的范围、规定的金额内修理。为实现按计划出差,避免盲目出差,在以案定补的范围内由各部门负责人对出差人数、时间、地点进行管理;对需要到县外出差的,则由分管院长开具出差派遣单后方可出差,出差人员回单位后3天内按标准报销差旅费用,一般首先由庭长、办公室审核,再由院长审签报账。② 凡需印制各类法律文书、表

---

① C县民一庭庭长访谈,2011年5月。
② 办公室主任的访谈。同时可参见C县人民法院《关于创建节约型机关的实施办法》(C法[2008]9号)。

格、宣传等材料的,须由办公室审核,再报院长批准实施印制,凡未经同意擅自在打印室打印的各类法律文书、表格等由承办人自行负责。① 就 C 县人民法院而言,其内部经费管理的权限也并非总是执行高度集权的"院长一支笔"。事实上,从 20 世纪 80 年代中期开始,C 县人民法院就曾经赋予庭室以经费管理的自主权。那个时候,庭室收取的诉讼费都是由庭室自主管理,在扣除一定金额之后再上交给院财会室。在这样体制下,法院的各个庭室(尤其是能够收取诉讼费)的庭室就好比法院中的一个个财政独立的小部门。我们在对审监庭 R 庭长②(20 世纪 80 年代末 90 年代初在 C 县人民法院经济庭工作)访谈时她就回忆到:

> "当时年终结算直接从各庭室诉讼费返成中扣,当时电脑也是。经济庭诉讼费多一些,好过一些,电脑配了两台,后面自己又买了一台,庭里有资金。诉讼费按季度交一次,该返成的部分就不交给院里。诉讼费边收边用。庭里有专门内勤管钱,庭长决定怎么用,但是还是要公布账目。剩余就解决大家的福利,比如电话费,过年过节的时候发补助,后来经济庭买了车,经费就紧张了。"

与包干制相同,报账制也并不完全内生于基层法院内部的经费管理实践,它同时也是基层法院积极"模仿"同级财政控制模式——国库集中收付的结果。由于同级财政对基层法院的收支实行集中收付,基层法院自身的单位账户已经被国库单一账户体系所取代,拨付给基层法院的经费理论上都集中在同级国库而非基层法院的零余额账户中。因此,至少在国库直接支付的范围内,基层法院的"资金池"也只是一个"账本"上的金额,基层法院并不实际"占有"该笔资金。事实上,仅在国库授权支付和备用金的范围内,由于基层法院可以直接向银行签发支付指令或者对现金进行管理,基层法院的"资金池"才可以说在"实际占有资金"的意义上存在。这一基层法院置身其中的财政控制模式直接导致了报账制在基层法院与各中层部门之间的适用:(1)在国库直接支付的范围内,由于基层法院无权直接向代理银行签发支付指令,基层法院分解给各庭、科、室、队的包干经费只能是账面上的,后者只能先向基层法院申请支付,再由基层法院向同级财政支付核算部门申请支付并入账。比如,在 C 县人民法院,各庭、科、室、队在购置固定资产时要事先将支出预算向院机关报告并经院长批准后,再由法院向财政支付核算中心提出支

---

① 参见 C 县人民法院《行政管理规定》(C 法发[2001]7 号)。
② 在任审监庭庭长之前,R 曾在经济庭和民庭等多个庭室任职。

付申请;购置业务结束后,各庭、科、室、队将固定资产购置发票交到院里,经院长审签后由再由法院报支付核算中心统一入账;若属政府集中采购的范围,还需由政府采购中心集中统一采购,并由法院报支付核算中心统一入账。(2) 在授权支付的范围内,虽然基层法院有权直接向代理银行签发支付指令,但由于该项权力的主体属于基层法院,各庭、科、室、队仍然只能先就相应的支出向基层法院提出申请。从理论上讲,法院对这些申请的审核可能是实质性的,也可能只是形式上的,但在基层法院经费相对紧张的情况下,比如 C 县,这种审核通常都是实质性的,基层法院可以通过相对严格的报账制制约各庭、科、室、队的支出行为。

不过,即使在国库集中支付以后,包括基层法院在内的各行政单位仍然保有部分其支出不受财政直接监控的资金,即备用金。由于在财政核定的备用金范围内,基层法院的支付行为实际上超越了同级财政部门的监控范围,因而在控制导向的财政改革中其金额本应受到严格限制。但从 C 县人民法院的经费管理实践看,备用金的数额一般都大大超过了县定的标准,而且在政法口的各部门之中都或多或少的存在。作为一种相对普遍的组织现象,这种超标准留存备用金的行为产生的原因是复杂的,并不能简单地以改革的倒退来加以评价。一方面,它带有部门利益的色彩,反映了基层法院最大化裁量性的资金支配权的努力。另一方面,它也反映了同级财政部门支出控制上的非理性色彩,财政部门对备用金数额的确定主要着眼于财政制度改革的效果,各单位留存的备用金越少,财政改革的成效也就越大。其结果必然对基层法院的办案需要考虑较少,一般不会考虑基层法院,尤其是基层法院执行部门出差、查证等外勤工作量大,相对于一般行政部门现金需求量也大的事实;而报账实践中国库支付程序的相对繁琐和由此导致的支付周期延长进一步增加了基层法院与财政部门之间的需求冲突,于是通过提前或者预先报销——由于此时支出行为尚未发生,因而在严格意义上它属于虚列支出——而形成的超标备用金就成为缓解这一需求冲突的技术"装置":法院从中获得了更多的资金支配权,而从财政审计的角度看,这些超标备用金的来源仍然属于基层法院"报销"的支出,形式上仍然是合规的。①

3. 购买力控制与政府采购

在 1998 年政府采购改革之前,我国主要通过控制社会集团购买力的方式实现对设备购置支出的控制。所谓的社会集团购买力,是指社会集团用公

---

① 由于财政部门与基层法院之间固有的信息不对称,财政往往无法从实质的角度分辨出哪些单据形成于真实的支出,哪些单据为虚列的支出。即使可以查实,其成本往往也过于高昂。

款在市场上购买非生产性商品的资金。① 对于社会集团购买力的控制便是对投入非生产性商品的资金进行控制,从而达到将资源最大限度地投入到生产领域的目的。控制的具体措施分为四个步骤:(1) 计划管理;(2) 指标控制;(3) 专项审批;(4) 定额供应。具体而言,是国家先确定当年的购买指标,并层层下拨;各单位购买专控商品时需要按照法定程序进行报批;申请获得批准后由供应单位定额供给。社会集团购买力控制的措施大致是从1960年"三年自然灾害"开始。② 1960年8月,中共中央发出《关于大力紧缩社会集团购买力的指示》,这是第一次以中央文件的形式提出严格控制社会集团购买力的任务及其政策的历史性文件,把控制社会集团购买力提到了财政管理工作的议事日程。③ 由于购买力控制的本质是为了限制非生产性消费,因此作为非生产性部门的基层法院来说,其购买力自然会受到严格的控制。根据《C县财政志》记载,S省规定从1962年7月集团购买力包括范围:机关、团体、部队、学校购买的办公文具、纸张、书报杂志、家具设备、礼品奖品、工作服,非生产性消费用布,文印、计算工具、文娱体育用品、食堂餐具设备、清洁卫生用具,职工乘用交通工具和油料、取暖设备和燃料、日用电器和电讯设备零星修理用器材,以及其他一切非生产性设备和用品。1973年进一步明确,沙发、地毯、钢丝床、小汽车、摩托车、油印速印机、扩大器、保险箱、电风扇、计算机、照相机、呢绒、绸缎、高级针织品,大型或高级乐器,大型或高级体育用具等25种高级商品不准购置,确需购置由部门编制计划报县财政局转报批准,打字机、桌凳等5种商品地区批准。1977年8月后,集团购买力范围包括:办公用品纸张、账表、文印用品、计算工具、书报、杂志,公共用布、纺织品、制成品及非专用劳动保护用品,工作服、手套、毛巾、肥皂等;科研教学用仪器、器械和用品;家具设备,职工食堂餐具设备、清洁卫生用具、职工乘用的交通工具和油料、日用电器、电影及电讯设备、照相器材、取暖设备和燃料、防暑降温饮料、招待宴会的食品、礼品及其他用品、药品和医疗器械、其他非生产性设备和用品。集团购买凭证由商业局制发,集团购买商品限额指标由财政局核实,购货证签发须由商业局、财政局、计委三方盖章方有效,各单位凭购货证在当地商店购买。并且规定包括自行车、电风扇等30种专项控购商品,必须报经省级批准下达指标方可购买。④ 必须承认,购买力的严格控制确实在很大程度上降低了非生产性部门的设备购置资金。这一点可以从C县人民法院的支出构成中可以得出。短缺时期间,C县人民法院设备购置费仅占

---

① 财政部《社会集团购买力管理办法》(1980年)第1条。
② 参见车家顺:《控制社会集团购买力改革势在必行》,载《四川财政》1995年第10期。
③ 王国强:《控制社会集团购买力的必要性及对策》,载《财会研究》1996年第2期。
④ 《C县财政志》。

法院公用类经费支出的 0.8%（表 2-14），占法院总支出的 0.34%。

当然，此种购买力控制是建立在计划经济体制下商品供应有限的基础之上的。随着市场经济的建立和商品供应的日益丰富，专控商品的控制工作已经日益困难，并且出现了越控制消费越高的局面。据统计，我国社会集团购买力 1977 年为 135 亿元，1987 年增长到 553 亿元。在这期间，全国财政收入增长 1.6 倍，而社会集团购买力增长 3.8 倍，新购小汽车支出增长 15 倍，有案可查的楼堂馆所投资增长 10 倍。① 类似上海等经济发达的地区早在 1984 年就大幅度放松了专控商品的控制，下放审批权限，缩小专控商品的范围。② 就 C 县人民法院而言，随着自筹经费收入的增加以及商品供应的日益充足，C 县人民法院超越计划而进行购置装备的行为也开始出现。样本 5-26 就体现了这一现象。当然，由于此时外部控制购买力的措施仍未取消，因此，C 县人民法院最终也尝到他们的"越权"行为的苦果。样本 5-27 就是明证。

样本 5-26　C 县人民法院关于自查清理专控商品的自查报告（节选）

C 县人民法院关于自查清理专控商品的自查报告

C 县控办：
　　……
　　自查情况：我院购买摩托车 6 辆，单价 8700 元，计款 52200 元，"大哥大"一个，计款 18000 元，合计款 70200 元。
　　资金来源：自筹，购买时没有办理控购手续。
　　购买原因：一是上级财政部门、上级人民法院有规划。G 市财政局，G 市中级人民法院 G 中发（1995）10 号文件《关于全市法院系统"两庭"建设，物资装备建设"九五至九七规划"》中第 4 条规定，交通工具：县（区）法院到 1997 年应达到行政用车 1—2 辆，审判用车 2 辆。人民法庭，1997 年以前有条件的要配备审判用车 1 辆或至少应配备摩托车 1—3 辆；二是审理案件需要，我院 1994 年结案 3062 件，今年 1—11 月结案 2976 件，由于审判任务繁重加之我县属偏僻山区县，交通不便，法院办理一件案子从立案，调查，审理至送达法律文书，必需往返十多次，没有交通、通讯工具办案效率很低，解决交通工具后办案效率明显提高。由于我县财政状况吃紧，15 年来财政拨款只购置看了两台川产囚车，其他交通、通讯工具是法院自筹解决。我院购买的摩托车、"大哥大"也是在极其困难的情况下添置的，因此无钱办理控购手续，望县控办体谅法院困难。
　　报告妥否，请批复。

C 县人民法院
一九九五年十一月五日
（院章）

---

① 潘长林：《略论严格控制社会集团购买力问题》，载《财政》1989 年第 5 期。
② 张大年：《有关改革控制社会集团购买力管理办法的几个问题》，载《上海会计》1984 年第 12 期。

样本 5-27　C 县财政局关于清理专控商品的通知(节选)

C 县财政局关于清理专控商品的通知

(C 财综(1995)308 号)

各行政、事业、企业单位:

近年来,一些单位控购意识淡漠,法纪观念不强,不量力而行,用公款购买大量的专控商品,有的并不是单位急需的,部分领导讲级别,操气派,用公款购买豪华小汽车,操"大哥大"……

凡在自查阶段自查出来,并且态度较好的,可在补交专控商品附加费并作出适当罚款后,按规定程序补办控购审批手续。

凡在被查和被举报出来的,除补交专控商品总额 50% 的罚款,情况严重的可作没收处理,并对直接责任人和单位领导处以不低于本人三个月基本工资的罚款。

C 县财政局

一九九五年十一月二十二日

(公章)

随着专控商品采购措施的日益失效,国家开始尝试通过政府采购的方式来控制设备购置的行为。1998 年财政部出台《关于停止对社会集团购买力行政审批的通知》[①],正式在全国范围内停止了持续近 40 年的商品购买专控措施。此后,国务院办公厅在 1999 年转发了《国务院机关事务管理局关于在国务院各部门机关试行政府采购的意见》,开始在国务院各部门机关试行政府采购。[②] 在试点 4 年之后的 2003 年,随着《中华人民共和国政府采购法》和《关于全面推进政府采购制度改革的意见》的相继出台,政府采购逐渐成为控制公用类经费支出增长的新手段。关于政府采购的控制作用,本书在前已有详细论述,在此不做赘述。

(二) 间接的支出控制

前文已经述及,基层法院的支出控制在策略上既可以在"财权"的层面直接针对法院的支出行为,也可以在"事权"层面直接针对法院的职务行为,进而对法院的支出结构产生影响,此即间接的支出控制策略。从 C 县人民法院的支出控制实践看,这些间接的支出控制策略在同期司法改革指导理念的支持下,已经形成了一个包括案件数量管理、程序分类与简化、审判模式转换、案件流程管理与信息化辅助等在内的多元体系。

---

① 财预字[1998]173 号。
② 国办发(1999)51 号。

1. 案件数量管理

对法院而言,在成本既定的前提下,如果受理的案件数量更少,尤其是将一些法院处理成本过于高昂的"敏感案件"排除在司法部门的受理范围之外,则法院可以分配更多的资源来处理已经受理的案件,从而在资源稀缺的语境中通过优化配置实现宏观的正义,这使得案件数量管理同时产生了成本控制上的意义。在司法实践中,案件数量的管理主要通过以下方式实现:(1)通过司法政策调整法院的主管范围,这在民事司法领域最为突出。理论上所有平等主体之间的民事法律争议都应属法院的受理范围,但事实上并非所有符合法律、法规或者司法解释的规定都会被受理,因为法院可能基于相对"隐性"的司法政策,通过内部规定、文件等司法政策性规范将某些政治上"敏感"或者法院处理成本高于高昂的案件排除在受理范围之外。① 对司法政策的决策者而言,法院处理政治上敏感的案件如果把握不好,不仅容易"犯错误"外,成本控制也是同样重要的考量因素,因为一个敏感案件的受理将耗费法院大量的资源,比如法院干警大量的工作时间、协调各方关系的交通差旅费用等,进而挤占处理常规案件的司法资源。(2)通过管辖权划分调整法院的受案范围。无论是从收入筹集的角度还是从支出控制的角度,各基层法院都有动机和动力通过对级别管辖和地域管辖相关规定的灵活解释来"争取"优质案源,"抵制"劣质案源。② 不过,对基层法院而言,级别管辖和地域管辖分别从纵向与横向两个方面限定了其可能的受案范围,尤其是自上而下单方确定的级别管辖标准事实上将大量优质案件上收到了中、高级人民法院,而婚姻、继承、家庭、物业服务、人身损害赔偿、交通事故、劳动争议等案件,以及群体性纠纷案件等一般都由基层人民法院管辖。因此,通过管辖权的划分来调整法院受案范围主要是中、高级人民法院的案件数量管理策略,基层法院则很少使用。比如,在 S 省,最高人民法院自行确定省高级人民法院一审受理的诉讼标的额标准,中级人民法院管辖第一审民商事案件的标准则授权高级人民法院在最高人民法院设定的条件下自行确定。在法院体系

---

① 从规范的角度看,这一问题的产生与我国《民事诉讼法》起诉条件设置中的"高阶化"问题紧密相关,《民事诉讼法》第 109 条将实体判决要件等同于起诉条件,使得实体判决要件的审理成为一种诉讼"外"的程序,进而导致了起诉难的发生。参见张卫平:《起诉条件与实体判决要件》,载《法学研究》2004 年第 5 期。从实证的角度看,这一问题的产生还具有深刻的社会环境因素,包括我国法治社会的实质法治特征、特定权力架构下司法制度与司法能力的有限性、法律调整范围和作用的有限性、意识上和方法论上的实用主义、相对主义和特殊主义等。参见张卫平:《起诉难:一个中国问题的思索》,载《法学研究》2009 年第 6 期。

② 关于基层法院内部对利益驱动找案源、争管辖现象的批评,可参见 C 县人民法院《关于开展吸取"4·5事件"教训,整顿审判管理秩序、严肃规范司法行为专项整改活动实施方案》。

内部,这种自上而下设定级别管辖划分标准的做法普遍存在,比如在 S 省,中级人民法院一般也会进一步在省高级人民法院规定的范围内通过司法文件进一步设定其与基层法院之间的管辖权划分问题。① 在这种制度构造中,上级人民法院有权根据自身案件数量管理的需求对各下级人民法院级别管辖的诉讼标的额作出相应调整,但由于上级人民法院对下级人民法院的资金保障职责非常有限,这种调整通常都不会同时伴随办案经费的下达,以致位于司法体系底层的基层法院只能被动地接受上级人民法院的事权下放,并承受相应的财政后果。基层法院对案件数量的管理主要着眼于基层法院与人民法庭之间案件管辖的划分及横向的地域管辖上,前者在人民法庭的经费保障责任由基层法院负责后不再具有支出控制上的重要意义,后者不仅受制于同级法院的竞争,也受制于上级法院的自上而下的审判监督权。(3) 通过多元化的纠纷解决机制分流案件。为了控制法院受理的案件数量,一个有效的应对策略即发展替代性的纠纷解决机制,将那些并不适于法院处理或者法院处理成本过于高昂的案件分流到行政调解、人民调解、仲裁等纠纷解决渠道中。为了配合这一策略的实施,法院通常会在案件处理流程中引入劝导制度,向当事人提供有关替代性的纠纷解决机制的信息,并引导当事人选择这些替代性的纠纷解决机制。其结果是,当事人诉诸司法的权利可能受到一定程度的限制。比如在 C 县人民法院,这一策略被整合到一个司法部门、行政部门、基层组织协调互动的"大调解"机制中,当这样一些替代机制发展的同时,法院立案审核的强度也在增加,以防止一些本可以通过其他途径解决的纠纷,尤其是涉及政府的案件进入诉讼环节,避免增大法院工作难度、使自身处于两难境地。

值得注意的是,基层法院通过案件数量管理控制支出的空间并不是无限的,在权力体系内部它要受制于为政治部门解决纠纷、化解社会矛盾、维系社会稳定的需求,在权力体系外部它要受当事人诉讼权利和现代中国社会对司法职能不断增加的期待的约束。也正因如此,虽然案件数量管理已经慢慢成为基层法院控制支出的常规措施,但基层法院的案件数量却仍然逐年以较大幅度增加,基层法院控制案件数量的能力是相当有限的。比如,C 县人民法院执行部门希望剥离的非诉行政执行等职能②不仅未能剥离,相反还在扩

---

① 参见最高人民法院《关于适用〈中华人民共和国民事诉讼法〉若干问题的意见》(法发[1992]22 号)第 3 条、最高人民法院《关于调整高级人民法院和中级人民法院管辖第一审民商事案件标准的通知》(法发[2008]10 号)、G 市中级人民法院《关于进一步规范经济审判秩序的紧急通知》(G 中法发[2000]26 号)等。

② 对卸任执行局长的访谈,2011 年 5 月。

张,新订《国有土地上房屋征收与补偿条例》进一步将城市房屋拆迁的强制执行纳入人民法院的执行范围。

2. 程序的分类与简化

案件数量管理旨在通过受理环节的把关优化司法资源的配置,而程序的分类与简化则着眼于在案件分类的基础上实现繁简分流,简化案件审判或执行的程序。法律所规定的程序虽然在经验层面通常都有助于查清案情并确保法律的正确适用,同时还可以部分吸收当事人的不满,并满足当事人对程序权利的主张,但其作为司法部门提供的一种公共产品,本身却是需要耗费公共成本的,既包括时间上的成本也包括预算上的成本。这一点决定了司法程序本身并不是绝对的,在资源稀缺的背景下,程序的适用必然也是一个权衡比较的过程,当程序对于实体公正和程序公正的保障与其所耗费的成本之间的比例关系不再平衡时,适当简化程序的运作是符合现代社会技术理性要求的。尤其是在当前案多人少、法院编制和经费资源不可能大量增加的情况下,将那些程序的运转收益(对实体公正与程序公正的保障)与成本耗费之间的比例关系不再平衡的案件——比如,那些诉讼标的额较小或者事实清楚、法律关系明确的案件——从普遍案件中分离出来,并适用一套更加简化的程序,不仅有助于优化司法资源的配置,同时也不会损及司法公正的实现。诉讼程序适用的繁简与否直接决定着诉讼主体所需实施的诉讼行为的多寡。申言之,就具体诉讼而言,在诉讼事项定量不变的情况下,如果诉讼程序过于繁琐,自然意味着诉讼主体需要实施更多的诉讼行为方能满足诉讼程序的各项要求,这样一来,诉讼成本也就不可避免地提升。而简便的诉讼程序则可以将诉讼主体的诉讼行为压缩至完成诉讼任务所必需的最低限度,从而减少诉讼成本的开支。① 在 1982 年颁布的《民事诉讼法》中就涉及简易程序的规定,其后在 1984 年 9 月 17 日颁布的《最高人民法院关于在经济审判工作中贯彻执行〈民事诉讼法(试行)〉若干问题的意见》中对简易程序适用案件的范围进行了规定。1991 年颁布的《民事诉讼法》保留了简易程序的规定,并将简易程序的审理期限确定为 3 个月,其后在《关于适用〈中华人民共和国民事诉讼法〉若干问题的意见》的通知②中也对简易程序做了规定。从刑事诉讼领域来看,1979 年颁布的《刑事诉讼法》并没有规定简易程序,直到 1997

---

① 赵钢、占善刚:《诉讼成本控制论》,载《法学评论》1997 年第 1 期。
② 法发[1992]22 号。

年修订时才在刑事诉讼中增加了简易程序。① 2012 年修订《刑事诉讼法》时,立法者对简易程序做了大幅度调整。其结果便是,简易程序的适用范围明显扩大。② 虽然,就政策初衷而言,简易程序的适用最主要是为了提高案件审理的效率,消除案件"久拖不决"的现象。然而,简易程序至少在以下几个方面都能有助于法院降低解决纠纷的成本。首先,简易程序通常使用独任审判③,与合议庭相比,其人工耗费可能更低;其次,简易程序的审理期限较短,从而在很大程度上降低司法资源的耗费;最后,简易程序使用较为简单的诉讼程序,从而也能够节约司法成本。众所周知,司法资源具有稀缺性的特点,而简易程序能够有效地节约司法资源,因此从这一点而言,简易程序的施行是具备经济合理性的。④ 需要指出的是,简易程序改革在最初并未取得良好的效果,其问题突出反映在适用简易程序的案件比例低,简易程序的制度功能尚未完全发挥。⑤ 这种情况直到 2004 年最高人民法院颁布《关于适用简易程序审理民事案件的若干规定》后才在一定程度上得以改善。⑥

从 C 县人民法院的程序简化实践看,程序简化的应用范围非常广,可以同时涉及民事和刑事两套诉讼程序:在民事领域,有普通程序与简易程序的区分;在刑事领域,则有"普通程序""普通程序简易审"和"简易程序"的区分。早在 2003 年,C 县人民法院审结的民商事案件中即有 71%(N = 2144件)适用了简易程序。⑦ 与民事程序不同,在 2012 年《刑事诉讼法》修订之前的刑事司法中,简易程序的适用范围较小,适用更多的是一种介于普通程序与简易程序之间的"普通程序简易审"。⑧ 2003 年,C 县人民法院审结的刑事案件中适用简化审的案件比例更是高达 81%(N = 93 件)⑨。简易程序的审

---

① 其后,最高人民法院推行的刑事案件普通程序简化审的改革可以被视为这个简易程序改革的继续。
② 1997 年修订的《刑事诉讼法》第 174 条规定:"人民法院对于下列案件,可以适用简易程序,由审判员一人独任审判:(1)对依法可能判处三年以下有期徒刑、拘役、管制、单处罚金的公诉案件,事实清楚、证据充分,人民检察院建议或者同意适用简易程序的;(2)告诉才处理的案件;(3)被害人起诉的有证据证明的轻微刑事案件。"2012 年修订的《刑事诉讼法》第 208 条则规定:"基层人民法院管辖的案件,符合下列条件的,可以适用简易程序审判:(1)案件事实清楚、证据充分的;(2)被告人承认自己所犯罪行,对指控的犯罪事实没有异议的;(3)被告人对适用简易程序没有异议的。人民检察院在提起公诉的时候,可以建议人民法院适用简易程序。"两者最大差别在于 2012 版《刑事诉讼法》删除了 1997 版《刑事诉讼法》中简易程序仅适用于"三年以下有期徒刑、拘役、管制、单处罚金的公诉案件"的限制条件。
③ 《刑事诉讼法》(2012)第 210 条第 1 款规定"简易程序"也可采用"合议庭"的形式审理。
④ 姚莉、尹世康:《我国刑事诉讼简易程序中存在的若干问题》,载《法学》1999 年第 3 期。
⑤ 崔四星、张辅军:《当前民事简易程序存在的问题及其完善》,载《法律适用》2009 年第 9 期。
⑥ 屈国华、李胜刚、廖红辉:《民事简易程序适用的实证研究》,载《人民司法》2006 年第 10 期。
⑦ 参见 C 县人民法院 2003 年度工作总结。
⑧ "普通程序简易审"已被 2012 版《刑事诉讼法》吸收进入"简易程序"。
⑨ 参见 C 县人民法院 2003 年度工作总结。

限很短,要求20天内结案,由于刑庭的人员一般较少,往往无法按期审结,因而多数案件都选择"普通程序简易审"。① 由此看来,程序的简化并不仅仅是一个程序简化的问题,它还需要同时考虑与周边制度的配套关系。不过,与案件数量管理或者人员、经费扩充等策略相比,由于程序简化后本质上仍属是诉讼程序的范畴,程序简化对当事人诉讼权利的限制更小,而从国家的角度看,程序简化不需要另设专门的审判机构,也不需要新增专门人员,具有制度机制和操作上的便利条件,因而依法扩大简易程序的审理范围,积极探索"普通程序简易审"等适用简易程序的新机制、新办法成为基层法院间接控制司法支出的基本方式。

3. 审判模式的当事人主义转型

程序简化虽然可以降低法院的工作量,但同时也对当事人的程序权利构成了限制,在一个简化的程序装置中,当事人之间围绕案件争点的攻防不能充分展开。因此,程序分类是程序简化策略实施的前提,原则上只应针对那些争议不大,以至当事人之间的多次攻防不再具有实质意义的案件适用简化策略。一旦超出了这一范围,对于适用普遍程序审理的案件,程序简化的策略就不再有效。在传统的职权主义模式下,由于案件的事实调查和法律适用都由法官负责,因而在程序简化策略不再有效的普通程序中,案件处理的成本除了可以通过诉讼收费在"财权"层面部分转嫁给当事人外,其他成本皆由法院预算安排的经费和预算执行过程中追加的经费来负担。由于改革开放以来法院经费的增长幅度一般都低于司法业务量的扩张速度,随着案件数量的不断攀升,法院办案经费日益紧张已是不争之事实,这在民事案件中尤为显著。② 正如前文已经指出的,对基层法院的审判活动而言,成本主要耗费在外出传递法律文书或调查、核实证据的业务用车和规模庞大的法律文书印制上,其中尤以前者为甚,从2007年和2008年C县人民法院的案件审判专项业务费支出结构看,交通费一般都在印刷费的3倍以上,限制法院的取证行为对于基层法院的支出控制具有重要意义。于是,通过强化民事案件中当事人的举证责任将此前由法院承担的查证责任转移给当事人等可以在普通程序中应用的支出控制策略也随之发展起来,并由此引发了整个民事诉讼体制的转型。以2002年4月1日起开始实施的《最高人民法院关于民事诉讼证据的若干规定》(法释[2001]33号)为标志,我国的民事诉讼制度基本完

---

① 对C县人民法院刑庭苏庭长的访谈。
② 在刑事诉讼领域,由于证据的搜集工作主要在侦查阶段完成,证据不足的案件还可以由检察机关补充侦查,法院的查证负担相对较轻。

成了从传统的职权主义审判模式向当事人主义审判模式的转型。在新的诉讼制度中,当事人对自己提出的诉讼请求所依据的事实或者反驳对方诉讼请求所依据的事实有责任提供证据加以证明;没有证据或者证据不足以证明当事人的事实主张的,负有举证责任的当事人将承担不利后果。从 C 县人民法院的审判方式改革看,基于成本控制的压力,这一进程开始得更早,早在 2001 年前该法院即已初步建立了举证责任制度,逐步限制人民法院收集证据的范围。统计数据也验证了此种成本转移,根据 C 县财务报表显示,在 2002 年《最高人民法院关于民事诉讼证据的若干规定》(法释[2001]33 号)后,C 县人民法院差旅费占公用类经费的比重在 2003 年有了明显的下降。

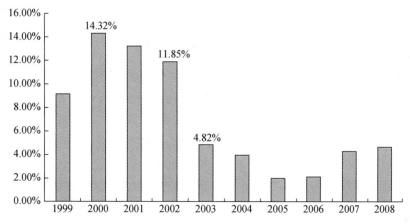

图 5-1　1999—2008 年 C 县人民法院差旅费占公用类经费比重(单位:%)

值得注意的是,在这样一种"成本控制——体制转型"的叙事逻辑中,我们将强化当事人的举证责任这一民事司法领域近十年来最为重要的制度变革主要归结为法院系统控制支出的一项权力技术,而非学术界赞成、拥护并鼓吹当事人主义时所持的"程序保障"的权利话语。虽然两者在结果上都会赞成由当事人承担更多的举证责任,并且事实上也是两者共同牵引着我国民事诉讼体制的转型,但在不同的制度演进逻辑下,程序运转的细节仍会产生不容忽视的差异。在"成本控制——体制转型"的制度逻辑下,体制转型所服务的对象是法院,当事人承担的举证责任主要着眼于为法院"减负"。既然对法院而言,当事人承担举证责任只是一种"卸责"的理由而非"权力"的削减,由约束性的辩论原则导入的对法院行为的限制不可能产生坚实的基础。而在"程序保障——体制转型"的制度逻辑中,体制转型所服务的对象是当事人,承担举证责任主要是当事人行使程序权利的"风险",其实质是通过诉权机制导入对司法自由裁量权的限制。此时,法院不仅应当基于约束性的辩论原则受当事人程序权利的拘束,而且有义务通过释明义务的行使等方式使当事人获得承担举证责任所必要的信息,比如自身的举证是否已经说服法官、双方当事人与法官对争点的选择是否一致等,以避免对当事人造成诉讼突袭,加大当事人行使程序权利的风险。因此,如果我们对举证责任制度的成本解释可以成立,它将导出这样一种假设:在司法实践中,举证责任的主要功能在于为法院"卸责"而非"限权",举证责任是法院在疑难案件中减少查证负担,降低交通、差旅等费用的常规手段,而在例外的法院愿意查证的场合,当事人主张的事实与证据对法院的拘束效力并不明显。这一假设在 C 县人民法院是否得到证实呢?综合我们对 C 县人民法院民一庭、民二庭和两个人民法庭的访谈,"当事人主张的事实与证据对法院的拘束效力并不明显"这一事实是显然的,而且从 C 县人民法院近年来的审判实践看,法院直接到现场或基层去调取或者核实某些证据并非仅在例外的情况下发生,相反是一种较为普遍的操作惯例。民一庭的庭长解释了其间的缘由:"证据规则没有完全适用。为了构建和谐社会,防止当事人上访,我们往往要到现场去调取证据,一般(一个案子——引者注)要去两次,花费在 500 元左右。我们庭上的车——'桑塔纳'费油,动辄就要修理,这就是额外的费用。"法院调查取证的普遍存在意味着举证责任在效果上并未成为降低交通、差旅等查证费用的主要手段,但这并不意味着关于举证责任制度的成本解释被证伪,因为在当前的基层法院中,不管是业务部门的办案法官还是基层法院的领导层,之所以将举证责任制度归入"不合时宜"的范畴,主要还是周边配套制度"挤压"的结果。压力来自两个方面:其一,当事人的举证能力不足。由于很大一部分案件并无律师代理,而在有律师代理的那部分案件中,律师往往不能有效地协助当事人举证,当事人承担举证责任的能力非常不足。对当事人而言,重要的是案件本身实体上的"是非曲直",如果法院仅仅基于举证责任下达裁判而"罔顾"那些客观存在的事实,一般都会导致当事人的不满和抵制,社会矛盾无法化解。事实上,这一朴素的法律意识("实体优于程序")不仅存在于当事人之间,还存在于许多基层法院法官的观念和意识之中,此时,基于成本控制的压力,强化当事人举证责任可能导致法官"良心"上的不安。其二,当事人的涉诉上访导致矛盾向法院转移。在严控涉诉信访的政策要求下,最大限度避免涉诉信访的发生是对基层法院所有干警的"刚性"要求,这一制度环境使得败诉当事人获得了某种"钳制"法官乃至法院的手段。于此,当事人的不满和抵制可以通过不断的涉诉信访等手段超越当事人之间的内部关系范畴,而发生"挤压"基层法院的政治后果。对于此种"挤压",业务部门的干警颇有感触,"严格按照证据规则办案是可以节约成本的,法官办案也轻松。但现在不行,因为当事人会闹。现在上面的想法是,不管案件判得再好,只要当事人找,那就认为案件有问题,所以我们现在都怕办理案件。"[1]因此,举证责任作为一种有效的成本控制策略之所以在很大程度上被抛弃,主要还是来自于基层法院对当事人缠诉、缠访的制度性"恐惧"[2],而非基于对成本控制策略本身的反思或者当事人程序权利保障上的考量。

如果说涉诉信访导致的矛盾转嫁可以通过司法政策的调整在短期内实现[3],当事人举证能力的不足则凸显了审判模式转型的长期性,其背后则是审判方式转型对相关配套制度,尤其是律师制度发展的依赖性。不管是美国式的对抗制还是德国式的辩论主义,期待那些"终其一生亦未必再次涉诉"的当事人熟悉程序法的各个细节都是不现实的,即使在诉讼成为当事人纠纷解决首选方式的美国,由于诉讼制度极端的复杂性,在制度上也很难期待当事人自身成为起诉或应诉的"行家"。既然在当事人主义模式下依法归属于当事人的程序权利和义务乃至举证责任等风险实质上都是由当事人在律师的协助下完成的,从实际承担查证责任的角度看,"法官—律师"才是更为真实的事权转移路线。当然,由于律师在查证中耗费的成本最终由当事人负担,"法院—当事人"所代表的成本转嫁路线也是真实的。这意味着,在缺乏律师代理的案件中,当事人通常无法遵照程序法的要求完成举证责任的承担,此时强化当事人的举证责任,其结果只是案件实体正确性的丧失,这在"重实体轻程序"的中国法治环境中是很难被正当化的。[4] 因此,举证责任的强化等对律师代理具有内在的需求,根据律师代理率的高低,强化当事人举证责任这一支出控制策略的应用空间是不同的:对于有律师代理的案件,法院在案件审判中强化当事人的举证责任通常是可行的,而在缺乏律师代理的案件中,这一策略的适用范围将会受到更为严格的限制,除非法院的裁判可

---

[1] 对民一庭庭长的访谈。

[2] 基层法院"控制涉诉信访的压力"内生于法院体系基于其对政治权力结构中政治氛围的判断而作出的司法政策选择,其弱化依赖于两个方面的调整:第一是合理涉诉信访需求的制度内消化;第二是司法政策的调整。2007年修订《民事诉讼法》时充实、细化再审事由,同时完善再审决策程序,试图通过制度上一级法院的再审审查来消化此前制度外运行的涉诉信访,已经在第一个方面作出尝试,从而为司法政策的调整奠定了基础;至于第二个方面,在我国的政治权力架构中,司法政策的调整只有同时在更大的政治"氛围"中获得支持才有可能实现。

[3] 在此指如果政策调整的决策实施,其效应可以在短期内实现,而非指调整该项政策的决策将在短期内发生。

[4] 事实上,即使在高度程序化的普通法程序中,如果某种程序机制的运转在经验上被认为通常会损害裁判的正确性,不管它在成本和时间的节约上具有多大的潜力,其适用的范围也必然是有限的,因为民事程序的设计需要同时平衡判决的正确性、成本和时间三个维度,而判决的正确性通常是第一位的。参见〔英〕阿德里安·A. S. 朱克曼:《危机中的民事司法》,傅郁林等译,中国政法大学出版社2005年版,第4—11页。

以超越任何社会效果上的考量。① 在 C 县人民法院,虽然地处国家级、省级贫困县,属老、少、边、穷地区,但从院一级民庭审理的民商事案件看(不包括人民法庭),律师代理率并不低:民一庭审理的案件有 80% 都聘请了律师②,民二庭有律师的案子比例大约占 60%。③ 如此高的代理率,似乎可以期待律师在调查取证方面发挥更加积极的作用,同时还可以在法律文书的送达方面协助法院,但从 C 县人民法院的审判实践看,律师代理的实际功能多退化为"出庭",在调查取证或文书送达等方面发挥的作用都不显著,法院的查证和送达负担并未因为律师的广泛参与而降低。结合我们对各业务庭的访谈,除了司法政策上重新肯定"马锡五模式"对审判模式的当事人主义转型带来的影响外,还有三个因素共同造成了基层法院新时期繁重的查证或者送达负担:

其一,律师实际的取证能力有限。由于律师的体制外身份,并不具有法律上的查证权威,即使依法属于当事人及其律师可以调取的证据,如果没有取证相对人的配合,查证事实上仍然无法实施,最终只能通过申请法院调取证据等形式转嫁给法院。从化解社会矛盾的司法政策出发,对于这些因相对人不予配合而提出的取证申请,法院很难完全拒绝。

其二,律师的不配合。比如,在法律文书的送达上,由于近年来企业案件较少,当事人以自然人、个体工商户、合伙居多,送达一般比较困难,不愿意接受法院的传票,但律师代收当事人法律文书的却不多见,这里除了代理合同一般都签订在案件受理之后(无法代立案环节的法律文书)、代理权限未必包括代收法律文书等客观原因外,律师主观上趋利避害的选择也是一个重要因素。对于影响律师代收的因素,C 县人民法院民二庭的庭长是这样总结的,"官司打赢了,律师很爽快;但输了,律师一般只收自己的,多数情况不会收当事人的判决书。当然,当事人也不会主动来领。"此外,律师的不配合还可能出于责任心的缺乏。比如,有的案件中律师有权并且也同意代当事人收取法律文书,但事后却没有将相关文书送达给当事人,以致当事人认为法院只送达给了律师而到法院来"闹",这些都迫使法院在大部分案件中都选择向当事人直接送达。④

---

① 根据律师代理的有无,程序运作各个方面的严格程度会有非常的不同,不仅限于强化当事人举证责任的可行性,还包括法院释明的性质、范围等。一般而言,在无律师代理的案件中,释明更具义务之性质,法院须更加积极地行使释明权。
② 对民一庭庭长的访谈,2011 年 5 月。
③ 对民二庭庭长的访谈,2011 年 5 月。
④ 对民一庭庭长的访谈,2011 年 5 月。

其三,法院对律师的不信任。与欧美国家不同,一个由律师、法官和检察官组成的相互信任、彼此支持的法律共同体在我国并不存在,"官"与"民"的身份之别很大程度上切割了律师与法官之间的信任与合作关系,法院对律师的调查取证成果并不信任。对此,民二庭庭长的看法颇具代表性,"法院为什么要跑?比如有些案子要工商档案,按规定应当由律师来取,但有时候律师不会取,或者只取对自己有利的,所以还是要法院去调查。有个案子,光去云南调查取证三趟,差旅费就花了八九千块钱。标的物在本县的比较好处理,标的物在外地的就需要去外地。"在法院看来,律师的调查取证通常都是不完整的,因此即使某证据律师已经调取,法院仍然可能到现场去核实查证,这大大降低了审判模式转型策略在经费支出控制上的功能。虽然审判模式转型作为一项支出控制的策略在当代中国基层法院经费管理实践中的应用受到一系列的限制,但这并不影响法院对这一权力技术的热情,因为它不仅有助于在组织层面控制基层法院的支出,还可以在组织成员层面降低法官的办案难度,因而有的法院试图将当事人主义的审判模式引入到民事执行领域。比如在 C 县人民法院,面对执行工作中的压力,领导班子要求全体干警树立新的执行理念,抛弃一切不利于执行工作的传统内容,对传统的执行程序加以改造。着眼于法院开展执行工作的便利性,传统的执行被认为是过分依赖法院的职权行为,因而导致法院投入大、效果差,包袱越来越重,"执行难"的问题也不能从根本上解决。于是,该院领导班子开出了"遵循司法被动原则,实行当事人主义"的药方,认为法院是强制执行机关,而不是义务主体,更不是债务人,因而执行官不能也不可能大包大揽,它的行动必须遵循司法被动、司法中立原则①,比如由执行申请人向法院提供切实可靠的被执行人的财产线索。这意味着,在基层法院支出控制的现实压力下,审判模式的转型事实上也被扩展应用到执行工作领域,至于这种扩展应用在政策上是否合理则是另一个问题。②

4. 案件流程管理与信息化辅助

前文讨论的三种策略(案件数量管理、程序分类与简化、审判模式的当事人主义转型)或者着眼于程序权利的削减,或者着眼于程序运转成本的转嫁,无论在哪一种策略中,当事人都是支出控制终极意义上的"买单者"。而

---

① 参见 C 县人民法院 2001 年度工作总结(C 法发[2001]87 号)。
② 不管理论上如何定位执行权,"'效率'而非'公正'才是执行工作的首要价值"却是一个基本的共识,这一点决定了将由程序保障导出的司法中立引入到执行领域未必适宜,后者必然引发执行工作中的价值冲突。

在此讨论的案件流程管理与信息化辅助则不同,它试图在法院内部挖掘支出控制的潜力,其核心要点在于"向管理要效率""向技术要效率"。

第一,通过流程管理"向管理要效率"。在 C 县人民法院,根据适用程序的不同,流程管理包括审判流程管理和执行流程管理。所谓审判流程管理是根据案件在审理过程中的不同阶段,由立案庭对案件的立案、排期、审理期间、记录、送达、结案、质检、归档等环节进行协调管理,各审判庭、执行局各司其职,各负其责,密切配合,协调运作,以提高案件审判效率。[①] 执行流程管理与之类似,但在案件处理阶段的划分上与审判流程不尽相同,一般将其划分为申请执行登记备案、立案、准备、实施、结案五个阶段,不过仍由基层法院立案庭对执行流程进行协调管理。案件流程管理之所以能够发挥支出控制的功能,主要依赖流程管理的两大特征:其一,专业分工。在流程管理中,案件审判或执行的许多辅助功能得以从各个业务庭或者执行局剥离出来归口立案庭管理,比如将审判案件的信访接待、立案审查、排期、送达、送检归档等工作都归立案庭实施,又如由立案庭统一办理申请执行备案,并向申请执行人送达申请执行登记备案确认书等。[②] 因此,案件流程管理的目标并非仅限于通过案件流程管理卡片等技术手段对传统法院办案过程作最为原始、客观的呈现或描述,它还试图在梳理既有法院办案流程的基础上,根据基层法院对审判规律的认知和支出控制等方面的现实需求,对原有的流程进行优化处理,因而具有规范的向度。这样,基层法院立案庭不仅可以在立案环节实施案件数量管理,还可以通过这样一个流程化、再优化的调整为各个业务庭或者执行局分担大量审判或执行中的辅助工作,使后者得以专心履行核心性的审判和执行职能,有助于积累审判或执行经验,并可提高法院内部的专业分工水平。同时,通过案件流程管理卡等技术工具,基层法院的案件处理过程被拆解为一个个相对独立的办案环节,这也使得基层法院的裁判过程具有了流水作业的"量产"性质,进而大大提高了基层法院的运作效率。比如,当外出送达任务集中于法警大队后,后者可以对相同或相近地址的案件批量送达。其二,审限管理。我国的"三大诉讼法"(《民事诉讼法》《行政诉讼法》

[①] 参见 C 县人民法院 2002 年制定的《案件审判流程管理试行办法》《执行案件流程管理规则》等。

[②] 根据 C 县人民法院 2002 年制定的《执行案件流程管理规则》,当申请执行人无法举证被执行人的财产或下落,申请执行人可以申请执行登记备案。申请执行登记确认后,当事人的申请执行期限顺延至被执行人有财产可供执行时。在 C 县人民法院,由立案庭统一负责对申请执行人登记备案的申请进行审查,符合条件的,予以办理申请执行备案并向申请执行人送达申请执行登记备案确认书,且暂不收取案件执行费,待申请执行人在登记备案期间,提供确实可靠的被执行人可供执行财产或线索,并申请立案执行,立案庭审查后再办理立案手续。

和《刑事诉讼法》)都对案件的审判规定了严格的时间限制,各类案件都应当在法定的期限内审结,但在案件流程管理前,基层法院一直缺乏一个全面监控案件处理过程的机制,而现在,结合流程管理卡片或者案件管理计算机系统的案件流程管理则为基层法院加强审限管理提供了一个强有力的技术工具。比如在 C 县人民法院,案件流程管理实施后,立案庭应在各类案件的审理期限届满前 10 日内向承办人发出《催办通知》,如果承办人在审限到期后未在网络上办理结案手续,又未办理延长审限的审批手续,则应由立案庭向承办人发出《督办通知》,限期结案。同时,立案庭每个月都会将排期开庭、案件审理和执行及超审限的情况进行网上通报。通过这样的过程监控,"三大诉讼法"规定的审限对基层法院办案法官的约束性明显增强,各类案件的平均处理时间较之此前均有一定幅度的降低,从成本控制的角度看则是法院支出的节约。

第二,通过信息化建设"向技术要效率"。通过信息化建设,尤其是电脑和网络技术的使用,上下级法院之间、法院内部各部门之间、法院与当事人之间乃至法院与社会大众之间的资讯传递都可以变得更快、成本更为低廉,信息化建设代表了另一个挖掘法院内部支出控制潜力的努力。在上下级法院之间,通过全省三级、全国四级法院联网的信息化建设,上级法院在宏观层面可以通过网络实时传递的数据对下级法院的案件数量、质量和效果等开展司法统计排名,在微观层面则可以通过裁判文书上网等手段监控下级法院的审判或执行工作。在法院内部各部门之间,审判管理软件和网络技术不仅可以在功能性方面替代传统的流程管理卡片,而且可以实现信息沟通的即时性,从而大大改善法院内部各部门之间信息传递的效率。在法院与当事人之间,通过网上立案、网上审理等新型审判方式,当事人的诉讼成本和法院的审判成本可以大大降低。而在法院与社会大众之间,通过裁判文书的全面上网,以至最终的网上办案,可以为裁判文书的全面公开奠定技术基础,提高审判或执行行为的外部可监控性。虽然信息化建设对于法院运行成本的节约效应似乎是明显的,但它本身作为司法技术装备的全面更新却是一个耗费甚大的支出项目,从支出控制策略的角度,信息化建设需要在长期支出的节约与短期支出的剧增之间作适当的平衡。

5. 处断方式的判决主义

此外,法院处断方式由"马锡五式的强调调解"转向"坐堂办案式的强调判决"也是降低法院支出的重要手段。在改革开放之前,法院处断案件时十分重视调解,因此在那时,虽然公用类经费标准不高,但是绝大多数公用类经费均是被花费在实地调解的过程之中。在改革开放之后,随着审理案件的急速增加,法院已经事实上不可能再采用"马锡五式"的强调现场调研和调解的处断方式。因此,将法院处断方式由"外向型"的调解转为"内向型"的判决就成为降低成本的一种重要运作方式。这种处断方式的转变在进入21世纪之前表现得尤为明显。1982年的《民事诉讼法(试行)》将"调解为主"的民事审判工作方针修改为"着重调解"原则;1991年修订试行的民事诉讼法,又将"着重调解"原则修改为"自愿、合法"的调解原则。这些修改在一定程度上反映了立法者为了解决诉讼调解的适当定位问题。① 法院上述政策的调整均是试图转变调解主导型的处断方式。我国法院日益由"调解型"转为"判决型"。②

然而,进入21世纪之后,诉讼调解的作用被重新强调。③ 以C县人民法院为例,2002年全院共受理各类案件4505件,审结4166件,调解结案(含和解撤诉)1883件,占结案总数的41.8%;2003年受理4620件,审结4391件,调结2033件,占结案总数的46.3%④;2004年,C县人民法院制订了《关于加强诉讼调解工作的意见》,规定诉讼调解结案率必须达到可调解案件的50%以上,从而将调解结案上升为自身司法政策上的要求。⑤ 2008年,S省高级人民法院开始在全省范围内创建"六化"基层法院,对调解结案率的要求进一步提高,其中"审判效率高效化"的基层法院的民商事案件调解(含撤诉)率应当达65%以上,刑事自诉案件调解(含撤诉)率达60%以上,刑事附带民事案件调解(含撤诉)率达50%以上。由于创建"六化"法院的考核结果不仅是对基层法院进行其他表彰、奖励的重要依据,也是中央和省级财政专款补助法院办案、进行绩效考评的重要参考内容,并将作为省法院对基层法院给予专项奖励的依据⑥,调解结案作为一项来自上级法院的政策要求得到进一步的强化。这种改变进一步拉动了法院公用类经费的增长。就C县人民法院而言,我们便可以发现在基建类经费迅速降低的同时,法院公用类经费仍

---

① 潘度文:《我国诉讼调解制度的反思与完善》,载《法商研究》1998年第6期。
② 黄秀丽、任楚翘:《调解越来越主流》,载《南方周末》2011年4月28日。
③ 事实上,进入21世纪之后,强调的不仅限于"诉讼调解",人民调解和行政调解的复兴也不容忽视。参见王禄生:《人民调解的十年复兴——新制度主义视角》,载《时代法学》2012年第1期。
④ 参见C县人民法院《充分发挥调解职能有效化解矛盾纠纷——我院加强诉讼调解工作》,载C县人民法院2004年5月21日《法院工作简报》。
⑤ 参见C县人民法院2004年度工作总结。
⑥ 参见S省高级人民法院《关于全省基层法院创建"六化"法院的考核办法》。

然较之创收时期有了明显的提升。① 对调解结案的强调所导致的个案成本的提升在课题组对 C 县人民法院业务庭室负责人的访谈中得到了印证。为了实现预定的调解指标,承办法官通常必须想尽各种办法,包括多次做当事人工作,找当事人近亲属协调等手段,以"促使"当事人达成调解协议。这一做法不仅从支出控制的角度看不合目的,而且可能不适当的限制当事人的诉讼权利,使"促使"转变为"迫使","自愿调解"转变为"强制调解"。在访谈中,对调解率指标的抱怨在各个业务庭都较普遍(样本 5-1)。

访谈 5-1 各庭法官对于调解对诉讼成本影响的看法(摘录)

> **法院副院长 B**:现在花费大的主要原因还在于强调调解,当庭调解不成,就要到当地调解,这里就会涉及费用问题。2010 年基层法庭调解率要求达到 60% 以上,实际达到 65%,这其中至少有一半的案件要下到基层。今天有个人身损害赔偿的案件,调解了 5 次还没有结果。现在基本回到我们开始工作年代(指 1985 年——引者注),每个案件必须到基层调解。
>
> **民一庭庭长 C**:调解结案的花费更多。调解结案要去做工作,除了给当事人做工作,还要找准切入点,可能还需到当地给双方亲戚和所在单位沟通。调解费心费力,找村组可以解决一些案件,在庭审之外到基层的调解大概占到 40%。
>
> **民二庭庭长 L**:调解结案,是可以节省很多环节,比如审理报告、判决书。从这方面讲,可以缓解法官的工作压力。但有些案件调解,需要动用当事人之外的社会力量,这需要花费法官大量的精力。调解率在内部管理上是很严格的,要搞纵向、横向的比较,一般要求占到 60% 左右。
>
> **刑庭庭长 S**:调解结案会增加法院的成本。大部分调解都是当地调解。很少用到院里的调解室。调解率是考核法官的一个指标。调解没有羁押要到当地、羁押的要到羁押地调解。

可见,从法官自身角度出发,他们并不倾向于调解。并且,从诉讼成本角度出发,调解并不能降低个案的处断成本。具体表现在:(1) 调解使得法官诉讼行为的核心变为说服诉讼当事人接受调解协议。② 然而,对于调解过程的强调将有可能造成诉讼拖延,从而降低诉讼效率,增加司法成本的耗散。与日本类似,在我国,各种纠纷解决机制的适用顺序与美国不同,司法通常是最后一道纠纷解决程序,而在美国则是第一道纠纷解决机制,在这样的国情

---

① 判决虽然能够在较大程度地降低法院处断纠纷的成本,但是随之产生的信访成本却可能是法院和整个社会无法承受的。因此从更为宏观的角度来看,强调判决虽然降低了法院的工作成本,但却可能会增加整个社会处断纠纷的成本。有"明星院长"之称的河南省高级人民法院院长张立勇的意见就很有代表性:"如果群众对判决结果不满意,上访到中院可能需要 100 元,上访到高院可能需要 1000 元,可能还会去北京上访。一起案件来来回回十几年、二十几年,这算是节约资源吗?"参见黄秀丽:《司法:调解复兴》,载《南方周末》2010 年 3 月 4 日。必须承认,这种考量也是调解作用被重提的重要原因。

② 王亚新:《论民事、经济审判方式的改革》,载《中国社会科学》1994 年第 1 期。

中,基层法院受理的案件通常都是其他纠纷解决机制无法消化的案件,当事人之间的对抗强度一般较高,达成和解协议的可能性并不高。仅从成本控制的角度看,过高的调解率指标不仅不能"解放"基层法院的手脚,相反它将在基层法院的办案过程中增加额外的刚性约束。(2)就调解行为本身而言,也意味着成本的耗费,因为调解虽然可以不严格按照诉讼程序处断案件,但是调解所附带强调的到基层调查、取证和调解,以及此种行为所必然耗费各种差旅和车辆燃修费的支出,均会在更大程度上拉动诉讼处断成本的提升。因此,从个案来看,调解的成本往往会高于审判的成本。有学者就曾指出强调"着重调解"将极易造成诉讼成本的失控。① 故而,若没有宏观政策对于法官调解率的压力,法官则更愿意通过审判解决案件,因为其实审判结案更具效率。然而,宏观体制对于调解率的强调使得身处"政治锦标赛"体制之中的人民法院不得不以调解为工作的重心。②

四、基层法院策略的影响

基层法院在财政压力下所诉诸的一系列开元与节流的策略对于司法行为的影响无疑是深刻的。从既有的研究来看,学者对法院"开源"策略的研究较为丰富并已经形成了初步的共识。基层法院筹款过程中对"有为才有位"的强调无疑使得基层法院进一步嵌入了地方党政一体的制度环境中。它虽然使得地方政令得以在局部场域中得以统一,但同样使得法院行为丧失独立性,并沾染了大量的政治性——以政治任务为重心,而非以司法任务为重心。③ 基层法院创收过程中所呈现出来的提高诉讼收费标准、拉赞助、抢夺优质案源等策略不仅在不同程度上增加了社会主体的诉讼负担,同时也深深影响了司法权威。

相较于"开源"策略而言,学者对法院系统"节流"策略的关注较少,也就因此没有关注"节流"策略在何种程度上影响到法院的司法行为。实质上,

---

① 赵钢、占善刚:《诉讼成本控制论》,载《法学评论》1997年第1期。
② "政治锦标赛"最初被应用于政府行为的分析,它是一种政府治理的模式,是指"上级人民政府对多个下级人民政府部门的行政长官设计的一种晋升竞争,竞争优胜者将获得晋升,而竞赛标准由上级政府决定,它可以是GDP增长率,也可以是其他可度量的指标"。同一行政级别的地方官员,无论是省、市、县还是乡镇一级,都处于一种政治晋升博弈,或者说政治锦标赛(political tournaments)。参见陈潭、刘兴云:《锦标赛体制、晋升博弈与地方剧场政治》,载《公共管理学报》2011年第2期;周黎安:《晋升博弈中政府官员的激励与合作——兼论我国地方保护主义和重复建设问题长期存在的原因》,载《经济研究》2004年第6期。与行政系统相似的是,法院也处于各种锦标赛之中。上级人民法院对于下级人民法院调解率的强调将基层法院捆绑在追求高调解率的比赛之中。
③ 政治任务与司法任务有时候分享同样的逻辑,有时候则遵循根本冲突的解纷进路。

中国基层法院绝大多数"节流"策略都是一种直接或者间接意义上的成本转嫁策略。它们虽然不一定直接作用于当事人,但都会在终极层面上加重当事人的诉讼负担并影响当事人的诉讼权利。

根据支出控制的对象,既有的支出控制策略可以分为针对法院支出行为的直接控制策略和针对可能产生节支效果的法院职务行为的间接控制策略。"包干制"与"报账制"等直接控制策略的实施,虽然一定程度上控制了基层法院的支出。但是,正如前文反复提及的那样,"包干制"和"报账制"确立的标准并非基于法院业务开展的现实需求,而毋宁是法院所面对的资金状况。因此在经费有限的情况下,基层法院可能要放弃一些本该由法院进行的司法行为。比如在民事案件中,因为对差旅费的控制,而降低外出调查证据的频率。这些策略最终都会在不同程度上影响当事人的权利和诉讼结果的公正。

在经费紧张的现实语境中,那些针对可能产生节支效果的法院职务行为的间接控制策略成为整个法院系统法官关注的重点,并由此衍生出了包括案件数量管理、程序分类与简化、审判模式转换、案件流程管理与信息化辅助等在内的多元化的支出控制体系。从整体上看,这些策略虽然有助于节约法院的支出,但其实施却会同步弱化当事人的程序保障或者增加当事人的诉讼成本,因为在这些主导性的间接控制策略中,除了案件流程管理与信息化辅助具有挖掘法院内部节支潜力的性质外,其余的支出控制策略都试图通过牺牲当事人的效率来换取法院的效率。[①]

首先,当法院通过司法政策将那些虽然符合法律、法规或者司法解释的规定,但在政治上比较"敏感"或者法院处理成本高于高昂的案件排除在受理范围之外时,事实上剥夺了当事人接近正义(Access to justice)的机会。而在"大调解"机制下,法院为了引导当事人选择替代性纠纷解决机制而增加立案审核的强度,同样限制了当事人接近正义(Access to justice)的机会。

其次,程序的简化是以当事人程序权利的削减为代价的,因而其正当性必须建立在案件繁简分流的基础上,但从 C 县分化后的各种程序的适用情况看,绝大多数的案件——不管是刑事案件还是民事案件——的审判适用的都是简化后的程序,显然超出了《民事诉讼法》和《刑事诉讼法》设定的案件分流标准,过度应用的程序简化策略一定程度上弱化了对当事人的程序

---

① 因为存在成本的转嫁机制,一个主体的效率可能是另一个主体非效率的结果,因此在考察"效率"时,必须同时关注效率的主体性。关于这一思想在程序法领域的应用,可参见左卫民:《刑事诉讼的经济分析》,载《法学研究》2005 年第 4 期。

保障。

最后,由于庭审方式改革实质上没有将程序保障作为主要的动因,民事案件审判模式的当事人转型并不能真正增加诉讼过程中当事人的程序保障,而沦为法院在事权层面转嫁调查取证成本的重要机制,甚至延伸到了行政性质的执行领域。以审判模式的转型为由,法院不仅从法律上大量剥离自身的调查取证职能,即使是那些法官在法律上仍然负有义务的依职权或者依申请调查取证的事项,一般也以消极的态度对待之。

总之,由于这些既有的支出控制策略过分强调程序保障的弱化与审判成本在事权层面的转嫁,支出控制仅对法院而言是真实的,一旦将当事人的诉讼成本与收益也计入其中,社会的总成本未必会下降,因而这些成本控制策略在司法资源的配置上可能是失效的。

第六章 基层司法财政模式变迁(1949—2008)

司法财政是法院获得收入和支出经费的过程,在具体内涵上同时包括了"收入"和"支出"两个部分。因此,我们在立足于更长的时段对基层法院的财政变迁作历时性统合时,仍然选择了区分收支、分别考察的进路。然而,与本书前面章节不同的是,本章将以模式的描述与概括为主线。

一、基层司法财政收入模式变迁

(一)基层司法财政收入模式的分析要素

要考察新中国成立后六十余年基层司法收入模式——经费保障机制的变迁,我们必须首先确立分析的要素。在本书前面章节的论述中实际上已经暗含此种分析要素。笔者认为,应当从主体、层级和方式三大构成要素来分析法院的经费保障机制。三大要素不同维度的有机结合就形成了本书第二、三和四章所呈现出来的不尽相同的基层司法经费保障模式。

1. 主体要素

所谓的主体要素是指经费保障机制的责任主体。它可以进一步被划分为三大维度:国家全额负担、社会全额负担以及国家与社会共同负担。通过司法生产正义的总成本既可以由当事人负担,也以由国家财政负担,诉讼程序的设置方式很大程度上划定了两者的大致范围。但是,在程序既定的情况下,根据一定的政策目的,可以把本来由法院负担的一部分审判成本转嫁给当事人,比如根据诉讼标的额的一定比例要求当事人交纳的诉讼费用;或者相反的,把当事人负担的一部分成本转嫁给法院,比如将收集证据的责任由当事人转移到法院,并以此来影响人民利用审判的行动,从而在正义的生产与资源的投入之间实现最佳的配置,其间的抉择即构成了成本转嫁政策的基本出发点。① 就收入格局的变迁而言,在这个二元化的成本政策结构中,我

---

① 〔日〕棚濑孝雄:《纠纷的解决与审判制度》,王亚新译,中国政法大学出版社2004年版,第283—290页。

们主要关注用于法院工作的财政投入,以及可以转嫁部分审判成本的诉讼费用。在理想的情况下,前者将法院的审判、执行活动当作一项纯公共物品,后者则将其作为一项应由"用户"付费的纯私人物品,而现实的司法往往介于两者之间,司法所生产的正义既服务于国家确认、发展规则的公共目的,也服务于当事人保护个人权益的私人目的,是一个较为典型的混合物品(mixed goods),国家负担和社会负担都是法院获取财政资源的可能渠道,两者的消长变化构成了我们考察基层法院收入格局变迁的基本线索。

2. 层级要素

所谓的层级要素是指经费保障机制中国家负担经费的来源层级。层级要素具体包含以下维度:中央财政负担、地方财政负担,以及中央与地方财政共同负担。当然,从另外一种分类来看,也可以划分为单级维度(中央单独负担、地方单独负担等)和多级维度。在财政分权的政府体制下,对于应由财政加以保障的支出项目,还存在一个"条""块"分际的问题,亦即国家财政对基层法院的经费保障责任应当按"条"赋予中央或省、市级人民政府,还是按"块"课予基层法院所在的同级人民政府?这一问题上的抉择不仅涉及人民政府间纵向的财力配置,还同时涉及人们对司法产品受益范围所持观念的变迁,理论上和实践中都具有重要意义。这构成了我们考察基层法院收入格局变迁的另一条线索。

3. 方式要素

在基层司法保障机制中我们还必须分析"方式要素",即财政在考量司法经费时是否基于司法工作的特殊性而将司法财政与其他部门财政相区分。众所周知,司法所面临的事务常常具有突发性和不可预知性,比如某年度法院受理的纠纷可能急速增加,而在某些年份则可能缓慢下降。司法事务的特殊属性使得司法经费呈现出不同于一般行政部门的特点。因此,科学的司法财政保障机制就应该充分考虑法院业务的项目属性。从这个角度出发,我们可以发现方式要素的两大维度:同质与差异。是否将司法财政区别对待,或者说是否在保障司法机关经费时给予不同于一般党政机关的考量,也成为我们考察基层司法财政保障机制变迁的一个重要线索。

(二) 短缺时期的经费保障:"同级财政负担的同质供给"模式

根据前文,我们可以发现在短缺时期的绝大多数时段内,基层法院的经费保障呈现出"同级财政负担的同质供给"模式(参见图 6-1)。这一模式包含如下特征:第一,司法财政由同级财政全额保障,即财政的供给仅发生在基层县域之内;第二,同级财政对法院的保障方式与县域内其他国家机关的保障方式是高度同质的——共同的低标准。下面,笔者将展开对"同级财政负担的同质供给"模式的详细分析:

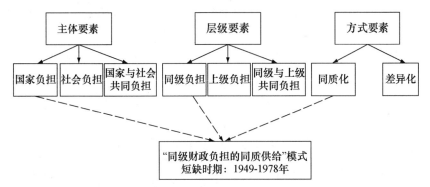

图 6-1 短缺时期基层司法财政保障模式示意图

首先,从主体要素来看,短缺时期法院经费完全由国家财政负担。向社会主体汲取财政资金的行为因被视为不正当而被禁止。民国时期,诉讼收费是筹措司法经费的重要渠道①,由于管理上缺乏章法,该类收费成为司法贪腐的重要渊薮,贻害当事人。因此,在新中国成立后的最初三十年里,打官司不向当事人收费被看作是社会主义司法制度优越性的重要表现之一,华北人民政府司法部于1948年成立后的一项重要工作就是取消诉讼收费制度。②虽然在1949至1978年间,法院经费保障主体发生了一定变化,中央财政和地方财政的负担比例和项目发生了一定的调整③,但是毫无例外的便是这一阶段中法院经费完全由国家财政保障,社会主体/当事人尚未被纳入到法院经费保障体系之内。

其次,从层级要素来看,短缺时期的绝大多数时段内法院经费保障机制呈现出同级财政全额保障的特征。在课题组调研的时段内,从C县人民法院正式建立(1953年)到同级财政负担体制的最终建立(1958年)仅仅经历了五年的时间。具体而言,新中国成立初期,至少在1957年以前,基层法院的经费保障责任主要由省司法厅和同级财政部门按经费支出项目分担。从C县的经费保障实践看,机关经费(包括人员类经费和日常公用类经费)由同

---

① 民国时期的"法收"(法院对外各项收入的总称)主要包括如下几种:状纸收入和印纸收入,罚金、罚锾,没收、没入及没收物的变价,登记费、公证费、非讼事件申请费。参见张仁善:《略论南京国民政府时期司法经费的筹划管理对司法改革的影响》,载《法学评论》2003年第5期。

② 当然,由于当时特定的历史时期,诉讼费的收取仍然在全国的许多地方存续。随着新中国的建立,各项事业逐渐走向正轨,司法系统中的收取诉讼费的行为也被逐渐禁止。

③ 详见本书第二章。

级财政部门负担,业务经费则由省司法厅负责保障(在司法厅正式设立前,业务经费曾短暂的归S省高级人民法院管理)。到1959年,司法行政部门被正式撤销后,基层法院的机关经费和业务经费全部由同级地方财政提供保障。可见,从时间跨度来看,短缺时期中的绝大多数年代中基层法院经费完全由同级财政保障。

最后,从方式要素来看,本阶段,法院支出被纳入"行政管理支出"中统计和管理,财政对于法院的经费保障方式与其他行政部门"高度同质"。这一特征又可以从三个方面来分析:第一,法院人员类经费的保障方式与其他行政机关高度同质,均采取定员定额的方式在年初预算中予以确定;第二,法院的公用类经费也与其他行政机关高度同质,采取的是包干制。所不同的是法院的包干标准会低于其他生产性部门;第三,唯一能够体现法院财政特征的业务经费则在绝大多数时候处于年初无预算的窘境。法院的业务支出需要根据该年同级政府财力的整体情况,在法院工作运转过程中通过申请经费的方式灵活地解决。这种年终申请一次性追加经费的方式与县域内其他党政机关申请经费的追加方式是根本一致的。更进一步,短缺时期C县党委及人民政府对县域中的国家机关经费保障是同质化的低标准。受限于当时整个国家财力的问题,几乎所有国家机关的保障均是低水平的。在建设财政体制下,为了保证稀缺资源的配置向重工业倾斜,国家人为的压低重工业要素投入价格,并通过国家计划将价格人为压低的要素配置到重工业部门,包括法院在内的公共部门的剩余资金原则上都被会财政抽走用于国家建设。[1]因此,在这一阶段中,基层法院的人员类经费低、公用类经费少、法院设施简陋。当然,这一保障力度与计划经济体制之间具有内在的一致性,因为此阶段法院的纠纷解决职能很大程度上也被单位体制所替代,职能单一,开支范围小。数据显示,在短缺时期,C县人民法院支出仅占地方财政支出总额的0.4%,且呈现逐年下降的趋势。"弱势群体"的身份一目了然(表2-5)。

通过对经费保障机制的三大要素的考察,我们能够很快概括出短缺时期基层法院经费保障的总体特征:地方财政全额负担、低标准和同质化。法院系统处于既不能凭借自身地位争取财政资金的倾斜,又不能凭借优质的司法服务扩大案源、收取诉讼费的尴尬境地。

---

[1] 胡书东:《经济发展中的中央与地方关系——中国财政制度变迁研究》,上海三联书店、上海人民出版社2001年版,第17—36页。

(三)创收时期的经费保障:"国家与社会共同负担的同质供给"模式

与短缺时期显著不同的是,在创收时期,基层司法财政的保障类型转变为"国家与社会共同负担的同质供给"模式(参见图6-2),它包含如下特征:第一,财政供养虽然仍然主要发生在同级党委、政府与法院之间,但是上级财政,尤其是中央财政开始逐步加强对基层法院的保障。更为重要的是,向社会主体汲取财政资源成为本阶段基层司法保障的核心特征。法院经费保障主体的范围已经超过"国家财政"的限制,朝着日益依靠"社会主体"的方向发展。第二,创收时期,基层党委、政府对法院的保障方式仍然与县域内其他国家机关的保障方式基本相同。下面,笔者将展开对"国家与社会共同负担的同质供给"模式的详细分析:

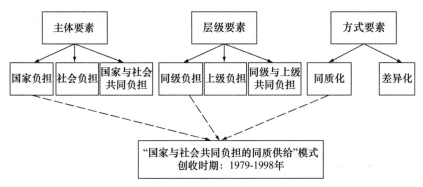

图 6-2 创收时期基层司法财政保障模式示意图

在创收时期,全国绝大多数人民法院的财政拨款仅仅足以负担法院的人员类经费,即主要用于解决法院干警的温饱问题——吃饭财政。也就是说,国家财政对于法院的经费供给通常仅够维持"衣、食、住、行"中的"食"。同时,随着改革开放的深入,更多的资源流向了社会,而诉讼收费制度之上附载的意识形态逐步地、谨慎地被拆除,结果导致诉讼收费等从当事人处筹措来的预算外收入成为基层法院收入来源的重要渠道。由于这一阶段诉讼收费的增长速度大大高于财政保障金额的增速,诉讼费用化的成本转嫁政策成为本阶段制度变迁的主要趋势。学者廖永安在湖南省中部某基层法院的调研中发现,诉讼费在该法院财政收入中的比重不断上升。1991年诉讼费占法院总收入的18.1%,1995年上升至41.4%,在2000年则进一步上升至65.3%。[①] 此种诉讼费收入的持续上升也发生在课题组调研的 C 县人民法

[①] 参见廖永安、李胜刚:《我国民事诉讼费用制度运行现状之考察——以一个贫困地区基层法院为分析个案》,载《中外法学》2005年第3期。

院。自20世纪80年代中期以来,由同级财政保障的经费比重基本呈下降趋势,到1998年整个法院支出中只有一半左右由预算内收入安排(包括年中或年底追加的经费),而由法院自筹的预算外收入比重则稳步上升。此种变迁使得基层法院经费保障机制的主体要素中增加了社会主体的身影。虽然预算外收入的攀升可能导致司法行为的扭曲,但从基层法院经费保障的角度看,通过诉讼收费等方式实现的创收却在某种程度上为人民法院赢得了一个相对独立的行动空间,可以自主安排某些经费项目的支出,事实上支撑了改革开放以来C县人民法院的正规化建设进程。因此,这是一个国家财政与社会/当事人共同负担法院经费的阶段。如果说,创收时期国家财政主要解决了法院的人员类经费的话,那么法院的公用类经费(公务费、业务费、基建费和设备购置费等)则更大程度上由社会主体负担。

此外,这一时期法院经费保障的层级要素也发生了细微的变化。随着1994年分税制改革的推行和中央财政实力的壮大,上级财政开始逐步加强对基层政法部门的经费保障。尽管如此,这些保障仍然在数量有限且不够稳定。[①] 因此,对于基层法院而言,其经费仍然主要是由地方财政负担。中央财政以项目化、奖励性和不稳定的态势有限地参与到地方司法的经费保障之中。

随着改革开放的深入,虽然经济建设仍然是国家财政支出的重点,但各级财政对基层法院的保障力度较前一阶段都有了较大的增长。比如,从20世纪80年代中期开始,包括人民法院在内的政法各部门的经费从"行政支出"(行政事业支出)科目中分列出来,单列为"司法检察支出"(公检法司支出),财政制度的设置、财政经费的配置逐步开始认可政法部门与一般行政部门之间的区分。司法经费保障的"特殊属性"开始逐步受到关注。然而,这绝不意味着基层司法财政保障机制的方式要素发生了重大的转变。实际上,本阶段法院经费的保障机制仍然是同质的。只是此种同质的程度略低于短缺时期。一方面,人员类经费仍然主要采取定员定额,年初确定的保障方式。尽管预算外经费大量被用以提高法官的福利待遇,但这种趋势也是与当时行政机关工作人员待遇"福利化"的趋势是一致的。所不同的似乎只是因为各部门创收能力差异导致的"福利化"程度的不同。另一方面,公务费的保障方式仍然以包干制为基础。反映法院工作特征的业务费仍然没能进入

---

① 由于总量十分有限,这就决定了同一基层法院不可能总是获得中央的政法补助。因此,基层法院不能对上级财政补助形成稳定的预期。从这个角度出发,上级财政补助似乎更有奖励性质,而非保障性质。

年初预算。设备购置费与基建类经费也没有脱离项目化保障的方式。其奉行的保障思路与请款逻辑在整个县域内对于所有党政机关而言均是同质的。

值得注意的是,尽管采用了同质化的保障方式,但法院支出在地方行政管理经费中的总体比重却明显上升。实证数据揭示,C县人民法院在创收时期支出水平已经占到同级政府行政管理支出的5%,是短缺时期(2%)的2.5倍。在1998年,C县人民法院支出更是达到同级行政管理支总额出的10%。然而,这种花费的增长并非基于同级党委的政府对法院的"另眼相看",而是因为法院自主创收能力加强而导致人员类经费的福利化,以及在全国范围内的"两庭建设"背景之下的基础设施建设"大跃进"所导致的基建类经费飙升。换言之,国家财政仍然未在经费保障时着重考虑法院经费使用的特点。所不同的只是,与"短缺时期"相比,"创收时期"的法院的创收能力优于许多其他党政部门。换言之,法院支出总额的增加不是靠国家财政的差异化对待,而是靠自身对社会主体的汲取。这一点与后文将提及的公共财政时期有本质的不同。

通过对经费保障机制的三大要素的考察,我们能够很快概括出创收时期基层法院经费保障的总体特征:国家与社会共同负担的同质供给。在创收时期的制度环境之下,法院系统虽然仍不能凭借自身优势争取财政资金的倾斜,但却能通过扩大案源、收取诉讼费的方式一定程度上改善了自身的"衣、食、住、行"。

(四) 公共财政时期的经费保障:"多级财政共同负担的差异供给"模式

所谓公共财政指的是国家或政府为市场提供公共服务的分配活动或经济活动,它是与市场经济相适应的一种财政类型或模式。① 进入公共财政时期之后,基层司法财政的保障机制转向"多级财政共同负担的差异供给"模式(参见图6-3)。这一模式包含特征如下:第一,公共财政对于司法服务的投入不断增长,与之对应的是,司法对于社会主体/当事人的汲取被逐步限制,创收时期的"光荣"一去不复返。最终,随着2007年诉讼费改革的推行,"收支两条线"得以在基层法院有效落实。诉讼费在形式上和实质上都已经不被当做基层法院的经费来源。同时,为了弥补诉讼费减收给基层法院带来的资金压力,中央财政和省级财政大幅度增强了保障力度。与创收时期的不稳定形成显著差异的是,本阶段的中央财政补助日益规范化与制度化。基层法院能够持有获得中央补助的稳定预期。第二,随着公用类经费保障标准化

---

① 彭成洪:《公共财政要成为社会保障的坚强后盾》,载《财政研究》2003年第5期。

改革的推行,法院经费保障呈现出不同于一般行政机关的特点。上级财政对于法院业务费的保障也日益考虑到司法的特殊属性。也就是说,这一时期,法院经费保障方式开始呈现出差异化的趋势。下面,笔者将结合本书前三章的内容展开对"多级财政共同负担的差异供给"模式的详细分析:

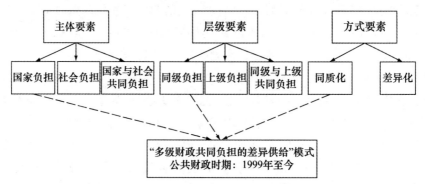

图6-3 公共财政时期基层司法财政保障模式示意图

1999年以后,随着"收支两条线"管理模式的实施,由于诉讼收费作为非税收入的组成部分不再归属于基层法院,因此从形式上看,基层法院的经费保障责任完全由公共财政提供保障。不过从C县人民法院的经费保障实践看,至少在2007年成本转嫁政策转型导致诉讼收费大幅减少之前,这一"形式"并不符合其所指称的"内容",但它作为一项全新的管理模式,仍然规范了基层法院向下汲取财政资源的渠道。而2007年开始实施的《诉讼费用交纳办法》则标志着真正的"控制"诉讼收费的开始,诉讼费收入在法院经费收入中的比重急速下降。据财政部和最高人民法院的调研显示,在该办法出台之后,全国中级人民法院诉讼费收入减少20.4亿元,减少比例为53.55%,基层法院诉讼费收入减少52.3亿元,减少比例为70.45%。① 课题组调研的C县人民法院诉讼费收入在2006年之后也有明显滑坡。2006年C县人民法院诉讼费收入为294万,2007年这个数字下降为50万元。正因如此,在接受访谈时C县人民法院办公室主任就指出,现在诉讼费收入对于基层法院而言已经是"杯水车薪"。"本级公共财政负担为主、上级公共财政负担为辅、诉讼费逐步退出"成为新时期经费保障体制的目标模式。基于此,从主体要素来看,社会主体已经开始逐渐退出,法院经费保障机制重新向财政全额保障的方向发展。可以预期,最终随着收支脱钩的完全实施,社会主体负担的机制将完全从基层法院保障体制中淡出。

---

① 刘晓鹏:《法院经费保障重大改革,推动实现收支彻底脱钩法院办案缺钱中央财政专款补助今年确定的30亿元将于近期下拨地方》,载《人民日报》2007年9月20日。

为了弥补诉讼费收入下降使得法院财政收入出现的缺口,上级财政对于法院的保障水平迅速提升,这也直接导致了基层司法财政保障机制的层级要素发生变化。在基层法院经费的公共保障体系内部,中央和省级财政提供的保障力度逐步增大。为了帮助贫困地区提高政法机关的经费保障程度,实现地区间政法机关工作环境和工作条件的基本平衡,1999年中央针对国家级贫困县的政法机关设立了"中央政法专项补助",贫困地区基层法院的经费来源渠道更加多元化。"中央政法专项补助"逐步成为基层法院业务经费的重要来源,其在法院财政收入的比重也较之创收时期有了显著提升。全国性的数据和地方性的数据均能说明上述变化。根据相关报道,2006年中央财政用于地方法院的补助专款达到84250万元[1];2007年中央财政支出30亿元加强诉讼收费制度改革后法院经费保障;2008年中央财政安排补助基层人民法院办案经费40亿元。[2]

中央财政对地方法院投入的大幅度增加也带动了省级财政对地方法院的投入,这一点对中西部地区法院经费的增长尤其重要。比如,湖南省财政将按照中央补助法院办案专款的20%安排省级专项资金,与中央专款一并分配使用和管理,共同帮助和解决该省法院办案经费问题。[3]《楚天都市报》的文章进一步详细列明了湖南省法院经费保障的层级:"法院公用类经费和装备经费中的33%来自中央和该省各类转移支付资金,此外,对法院办案专款的补助方面,中央和省级配套资金的比例达到23%(即中央支付100万,省级配套23万),本省法院已逐渐摆脱对诉讼费的绝对依赖。"[4]另据报道,2009年,西部地区法院收入增长22.29%,中央补助增长了66.67%,省级配套增长了194.93%;在增长额中,中央补助增加占54.39%,省级配套增加占11.02%。[5] 总的来看,2009年,在全国法院的收入中,中央政法补助收入占总额的17.06%,省级配套占总额的5.83%,中央政法补助和省级配套资金投入合计22.89%。[6] 此种上级经费保障的加强在最高人民法院的工作报告中也得以凸显。2010年3月11日,时任最高人民法院院长的王胜俊就指出:

---

[1] 陈丽平:《司法工作经费保障的长效机制逐步形成》,载《法制日报》2007年8月30日。

[2] 钱贤良:《32.6%、332.9亿 2009年政法经费中央财政投入将呈惊人增长》,载《渭南日报》2009年3月11日。

[3] 赵文明、傅召平:《湖南建立法院经费保障长效机制充分保障法院"审得起案子"》,载《法制日报》2007年12月21日。

[4] 袁黎:《我省法院办案经费不再只靠诉讼费》,载《楚天都市报》2010年12月28日。

[5] 唐虎梅、郭丰:《2009年全国法院经费分析报告》,载《人民司法·应用》2010年第17期。

[6] 参见陈永辉:《中央财政建立法院办案补助专款制度》,载《人民法院报》2007年9月20日。

"2009年底,法院经费保障体制改革进入实施阶段,人民法院经费保障状况有了较大的改善"。① 可见,从层级要素来看,基层司法经费保障机制业已呈现出基层财政与上级财政共同负担的特征。与基层法院处于同一位阶的非政法部门则仍然由同级财政负担。

本阶段中,基层法院经费保障机制的另一大亮点就是在经费保障中开始考量法院工作的特殊需要。这一特征在短缺时期和创收时期均不显著。差异化的保障方式首先体现在公用类经费的保障改革中。第一,短缺时期和创收时期,法院公用类经费的保障方式与其他行政机关高度同质——包干制。在公共财政时期,考虑到工作的特殊属性,政法机关的公用类经费保障方式由包干制向法定制转变,即根据所在地经济发展水平确定若干档次的公用类经费保障标准。自此,基层法院开始有了不同于一般行政机关的公用费保障方式。第二,法院业务费的保障方式也发生了急剧的变化。在短缺时期,业务费在年初没有预算,需要在年中和年终视地方财政状况予以追加;在创收时期,业务费仍未在年初获得预算,而是由法院自筹经费予以解决或在年终视地方财政情况予以追加。在公共财政时期,业务费的保障方式进行了较为科学的分类:(1)将日常性的业务经费纳入公用类经费中考量,统一制定法定化的人均公用类经费保障标准;(2)将项目性的业务经费纳入中央补助考量,中央大大加强了对基层法院业务经费的保障。可以看到,此种保障方式既考虑了法院工作与其他行政机关相似的一面,也考虑到二者的差异。第三,法院设备购置费与基建经费的保障方式也发生了重大调整。中央专门协调国债资金用以解决基层法院的"两庭"建设。综上所述,从方式要素来看,本阶段法院经费保障机制已经具有一定的差异化特征。基层法院财政保障的模式也就由短缺时期与创收时期时的"高度同质"转向公共财政时期的"差异化"。当然,此种变化并不能被解释为基层党政对司法工作的重视,而是上级财政对基层财政"施压"的结果。此种对基层法院"优待"的一个明证就是在"创收"被显著限制的公共财政时期,C县人民法院支出在县行政管理支出中的比重进一步提升,达到11%,明显高于创收时期的5%和短缺时期的2%。

通过对经费保障机制三大构成要素的考察,我们也能总结出公共财政时期基层法院经费保障的总体特征:地方与上级财政共同负担以及一定程度的"优待"。在公共财政时期的制度环境之下,虽然法院系统向社会主体汲取

---

① 参见王胜俊:《最高人民法院工作报告》,2010年3月11日在第十一届全国人民代表大会第三次会议上的发言。

财政资金的渠道被逐步限制,但公共财政对于司法服务的投入却在显著提升。这种投入的增加在有效地弥补了法院自筹经费下降的同时还在一定程度上拉动了法院保障水平,使之较创收时期有了一定的提升。

二、经费保障体制变迁成因分析

前文已经分析,在新中国成立后的岁月中,人民法院的经费保障体制发生了明显的变化,由"同级财政负担的同质供给模式"到"国家和社会共同负担的同质供给模式",再到"多级财政负担的差异供给模式"。作为国家宏观财政制度一部分,司法经费保障机制的变迁当然与国家财政体制的变化息息相关。中央与地方政府之间分配财政资源的不同方式引发了司法经费保障机制的重大变化。一方面,国家财政体制的变革直接导致了基层司法财政保障主体在国家财政与社会主体两极之间游移;另一方面,国家财政体制的变革也决定了基层司法财政保障层级在中央财政、上级财政和同级财政之间不同的分配。换言之,国家财政体制的变迁在较大程度上影响了基层司法经费保障机制的主体要素和层级要素。

然而,上述财政学的视角似乎无法完全解释基层司法保障机制的变迁,尤其无法完全回应法院经费保障机制中方式要素的变迁。毕竟国家财力的提升或是"条""块"分工的变化并不会必然导致基层司法保障方式的改革。此时,我们就必须同时运用法学和社会学的视角。我们在此处想要论证的是,国家和社会对于人民法院定位的变迁实际上也是人民法院经费保障体制变迁的重要原因,它在很大程度上决定了基层法院经费保障机制的主体、层级和方式三大要素所呈现的不同特征。我们将会证明,财政体制的调整与司法定位的变化共同型塑了建国后基层司法经费保障体制的变迁。

(一)基层司法经费保障机制成因分析——基于财政体制调整的视角

1. "同级财政负担的同质供给"模式的成因分析

前文已经提及,国家财政体制的调整会对基层司法财政的保障主体与保障层级产生显著的影响。在新中国成立后很长一段时间内,基层司法财政在保障主体方面呈现出财政全额负担的特征,也就是说,此时社会主体尚未成为基层司法汲取的对象。同时,基层司法财政在保障的层级方面则经历了从中央到地方的转变。上述特征与同期财政管理体制极其调整相适应。20世纪50年代早期,新中国财政体制是在借鉴苏联的基础之上建立起来的,财政高度集权。各级地方政府没有独立的预算,财政部负责统一的预算编制,同时负责审批省级人民政府的财政收支计划。也就是说,当时最低的财政预算单位在省一级,县(市)级财政为省的单位预算,列入省财政内。① 在此种模式之下,包括法院机关经费在内的县级行政管理费都由省级财政保障。1953年,国家对财政体制进行了小幅度的调整,实行中央、省(市)、县(市)三级财政管理体制。此时,作为地方国家机关重要组成部分的基层法院预算就被明确列入县级人民政府的预算之中。② 然而,这次改革只是调整了预算单位的层级,其本质上仍然是高度集中的。地方财政的实力仍然偏弱,也就无法完全负担地方国家机关的日常运行。因此,法院的经费保障体制便呈现出中央与地方共同保障的特征。本书第二章的内容就可证实 1954 年之后,C 县人民法院的经费保障中仍然有中央财政的身影。只是中央财政对基层法院的保障力度在不断减弱,从 1955 年的 30% 到 1957 年的 13%(表 2-1)。

这种状况直到 1958 年发生了根本的改变。这次改革是新中国成立以来第一次财政放权,并且放权的力度较大。地方因此获得了充分的财权,财政实力大增。与之对应的则是中央财政收入所占比重锐减。此后,在 1959 年的"总额分成"的改革中,中央财政收入急速下滑的趋势才得以遏止。③ 作为基层财力壮大的代价,中央财政便顺势将相应的地方国家机关经费保障的任务转移至地方政府。此举导致了基层法院经费的保障层级转变为同级地方政府。原有中央与地方共同保障的体制被地方全额保障所取代。当然,中央财权下放所导致的地方财力的成长也客观上为此种保障制度的转变提供了可能。本书第二章表 2-1 的数据也显示,自 1958 年起,C 县人民法院的收入全部来自同级财政拨款。此后,一直到"文化大革命"发生,财政体制虽然经过的微调,财政的中央集权趋势有所回升,但基层法院经费由同级地方政府全额保障的模式基本被固定并延续下来。

"同级政府全额保障"中的"同级政府"揭示了改革开放前基层法院经费保障机制的层级要素,但我们也不能忽视"全额"二字所揭示的主体要素。换言之,改革开放之前,社会主体尚未成为法院资金汲取的对象。基层法院经费保障还未呈现出创收时期的国家与社会二元主体共同保障的特征。这

---

① 参见财政部综合计划司编:《中华人民共和国财政史料第一辑财政管理体制》,中国财政经济出版社 1982 年版,第 45、56 页。
② 参见《政务院关于 1953 年度各级预算草案编制办法的通知》,载财政部综合计划司编:《中华人民共和国财政史料 第一辑 财政管理体制》,中国财政经济出版社 1982 年版,第 64—66 页。
③ 邓子基、唐文倩:《从新中国 60 年财政体制变迁看分税制财政管理体制的完善》,载《东南学术》2011 年第 5 期。

也深受当时宏观财政制度的影响,尤其与当时国家有关预算外收入的政策紧密相关。该时期,预算外收入在我国财政收入中只占一个较小的比例,它还远不足以影响国民经济的发展。高度集中的财政体制也尚未将预算外资金视为缓解财政压力的有效手段。通过赋予地方、部门单位一定财政自主权的创收行为更未被提上日程。"改革开放以前,在长期计划经济体制下,政府包办一切社会公益和福利事业,各行政事业单位既没有收费的必要,也无收费的积极性。"①由于高度的财政集权,地方缺乏足够的预算外创收的渠道,处于同一县域之中的基层法院自然也无法通过自助创收来获取财政收入。

2. "国家与社会共同负担的同质供给"模式的成因分析

"文化大革命"之后,国家的财政体制进行了一定的调整并逐步恢复到吃国家财政"大锅饭"的统收统支体制。这与1958年的分权改革形成了鲜明的反差。"在这种体制下,全部财政收入归国家所有,地方仅负责代为征收,中央决定地方的预算。"②由于增加的财政收入统一收归中央,地方政府缺乏增加财政收入的激励,其直接结果是地方财源的萎缩和财政收入的下滑。与此同时,地方政府的财政支出任务且没有被完全剥离,地方财政压力日益加剧。"为了制止财政收入的下降,财政部在1977年引入了'分灶吃饭'的财政包干体系。地方政府与中央政府签订长期的收入分配合同。合同规定了地方政府需要上缴中央政府的收入总额,剩余部分归地方政府支配。"③这个体制最初在江苏等省份试点,并于20世纪80年代初开始全面推广。

20世纪80年代的"分权"改革虽然在一定程度上扩展了地方政府的财政自主性,但地方政府的支出压力仍然没有根本解决。这在分权改革最初的几年中体现得尤为显著。原因主要有两方面:其一,中央政府的"分权"的同时也下移事权。财政体制改革从一开始,就是中央政府不断将财政责任和压力转移给地方政府的过程。④ 其二,尽管在"分权"的背景之下,地方政府的税收权力仍然十分有限。地方政府缺乏开征税收以及完全自主地安排支出的权力。因此,在20世纪80年代财政改革的最初几年中,地方财政支出的压力没有得到根本的改善。此时,地方政府开始日益寻求扩充预算外收入,以此来解决地方财政支出的压力。正如Eckaus指出的那样:"在中国,当中

---

① 毕井泉:《行政事业性收费改革思路》,载《价格理论与实践》1996年第11期。
② 傅勇:《财政分权改革提高了地方财政激励强度吗?》,载《财贸经济》2008年第7期。
③ 陈抗、Arye L. Hillman、顾清扬:《财政集权与地方政府行为变化——从援助之手到攫取之手》,载《经济学》(季刊)第2卷第1期。
④ 何帆:《为市场经济立宪:当代中国的财政问题》,今日中国出版社1998年版,转引自李婉:《中国式财政分权与地方政府预算外收入膨胀研究》,载《财经论丛》2010年第3期。

央政府将越来越多的支出责任转移给地方政府时,地方政府只有通过预算外的渠道,或者说是通过有偿的方式来提供服务。"① 通俗地讲,在中央财政下移事权的同时,日益陷入财政资金短缺的地方财政为了有效对县域内各国家机关进行经费保障,只有把目光投向了社会主体。

所谓的"预算外收入"是指国家机关、事业单位和社会团体为履行或代行政府职能,依据国家法律、法规和就法律效力的规章而收取、提取和安排使用的未纳入国家预算管理的各种财政性资金。② 预算外收入体制的核心在于"通过给予地方、部门单位一定的财务自主权,以调动其发展地方建设事业、增收节支的积极性,并弥补政府预算内资金的不足,减轻国家财政的负担。"③20 世纪 80 年代的分权化改革为预算外收入打开了缺口,使之成为一个不受正规财政管理约束,却又足以影响国民经济增长及其结构的变量。④ "地方预算外资金的膨胀使地方政府获得了相当的'剩余索取权'及'剩余控制权',它标志着地方政府的体制外利益获得了中央政府的'承认'"。⑤ 在这个时期中,行政事业性收费被引入预算外收入体系,同时还允许相关单位通过开展多种经营、有偿服务增加收入。⑥ 伴随着"经费包干,结余留用"的行政事业单位财政政策的确立,行政事业性收费取得了飞速的发展,预算外收入的存在有效缓解了财政赤字。有统计显示,从 1978 至 1992 年行政事业单位的预算外资金增长了 12.9 倍。⑦ 在国家将预算外创收的权力赋予地方政府之后,地方政府也将该权力分配给处于同一财政场域中的行政事业单位,这其中就包括人民法院。

事实上,在正式开始向社会主体汲取财政收入之前,法院经费的保障已经遭遇了严重的困难。据山西省高级人民法院的调查显示,山西省各级财政对法院预算内拨款基本上只能保证人员类经费及少量的公务费,贫困地区的

---

① Richard S. Eckaus, Some Consequences of Fiscal Reliance on Extrabudgetary Revenues in China, China Economic Review 2003 (14):72—88.
② 《国务院关于加强预算外资金管理的决定》(国发[1996]29 号)。
③ 张德勇:《中国政府预算外资金管理:现状、问题与对策》,载《财贸经济》2009 年第 10 期。
④ 马元燕:《分税制改革后省级预算外收入膨胀的原因分析》,载《公共管理学报》2005 年第 1 期。
⑤ 孙德超:《中国的财政分权、政治集权与经济增长——以地方预算外资金的膨胀为例》,载《社会科学》2011 年第 4 期。
⑥ 余小平、贾康、王玲:《预算外资金的历史、现状分析及改革建议》,载《财经问题研究》1996 年第 8 期。
⑦ 同上。

情况则更加严重。① 这种情况也发生在课题组调研的 C 县人民法院。表 3-2 和表 3-7 的数据显示,1979 至 1989 年间,财政向 C 县人民法院拨款额度与人员类经费支出的比值为 3.5∶1。然而,到了 1990 至 1999 年间,这个比值下降为 1.5∶1。财政拨款只能基本应付 C 县人民法院的人员类经费支出。正因如此,法院经费保障体制的全面改革(非小修小补)呼之欲出。在"经费包干,结余留用"的基本原则的指导之下,法院创收自主性被充分赋予,其创收的积极性也被有效调动。前文已经提及,预算外收入膨胀肇始于 20 世纪 80 年代初的财政"分权改革",而本文第三章的论述也证实,法院征收诉讼费的尝试也恰恰是在这一时期。在消除了诉讼费的"负面因素"②之后,法院的创收行为就逐步得到地方政府的允许和支持。可见,法院的创收行为并非孤立的,而是与国家宏观财政政策高度统一。财政体制改革所引发的地方创收之风在很大程度上决定了基层法院经费的保障主体较之短缺时代有了显著的变化。在法院创收最为积极的 20 世纪 90 年代,诉讼费收入已经成为法院财政收入的重要部分。基层法院的财政保障体制也就由"同级财政全额负担"模式转向"国家与社会共同负担"模式。

随着该体制的运行,相应弊端也在逐步呈现。由于"地方包干"是确定地方政府上缴的数额之外的部分归地方,这就导致了中央财政收入在 GDP 和整体财政收入中的比例在不断下降。通俗来讲就是地方政府逐步"富"起来,而中央政府却逐步"穷"下去。1978 年中央财政收入占总财政收入的 15.5%,到 1984 年增加到 40.5%,此后开始持续下降,直到 1993 年时已经下降至 22%。③ 中央财政收入比重的下降影响了中央政府宏观调控的能力。因此,进入 20 世纪 90 年代,中央政府就开始寻求财政体制的改革,新一轮的财政改革呼之欲出。1993 年出台的《关于实施分税制财政管理体制的规定》决定从 1994 年 1 月 1 日起实施分税制。同一年,财政部印发了《中央财政补助地方公检法司部门专项经费管理办法》,决定向基层政法部门提供资金支持。

分税制主要内容是:"根据事权与财权相结合的原则,将税种统一划分为中央税、地方税和中央地方共享税,并建立中央税收和地方税收体系,分设

---

① 参见关林书:《关于法院经费保障制度的调查与思考》,载最高人民法院司法行政装备管理局主办:《司法行政工作通讯》2004 年第 2 期,第 14—15 页,转引自廖永安、刘方勇:《潜在的冲突与对立:诉讼费用制度与周边制度关系考》,载《中国法学》2006 年第 2 期。

② 改革开放前,诉讼费被视为资产阶级的司法的重要特征。因此不受诉讼费成为社会主体司法优越性的重要体现。在征收诉讼费的最初时期,司法系统做了大量针对诉讼费的解释工作。具体内容可参见本书第三章。

③ 数据来源:《中国统计年鉴 2011》,中国统计出版社 2012 年版。

中央与地方两套税务机构分别征管。"分税制的目的是显而易见的——壮大中央财政,增加中央财政收入在 GDP 和整体财政收入中的比重,从而实现宏观调控。1994 年"分税制"改革之后,中央财政对于资金的汲取能力大大加强,中央财政收入占财政收入的比重由 1993 年的 22% 迅速增长到 1994 年的 55.7%,此后一直维持在 50% 上下。① 之所以实现了财政收入比例的逆转,其关键原因在于分税制将收入来源稳定且增收潜力大的税种均划分为中央税收,而将那些来源不稳定和增收潜力小的划分给地方。分税制的施行大大加强了中央财政的能力,同时也为中央对基层司法机关的资金支持提供了物质基础。于是,我们可以看到在 1994 年之后,C 县人民法院的财物报表中开始出现中央补助的身影。此后,随着中央财政能力的进一步增强。1999 年中央针对国家级贫困县的政法机关设立了"中央政法专项补助",贫困地区基层法院的经费来源渠道更加多元化。

需要指出的是,"分税制改革并未涉及预算外资金。或者说,中央政府对地方政府的体制外利益采取了一种默许的态度,这为地方政府追求预算外资金提供了广阔的制度空间。"②分税制的典型特征是上移财权和下移事权。地方政府在财政收入下降的同时需要面对更多的责任。为了安抚地方政府,中央开始允许地方政府以预算外收费的方式来弥补收入不足。③ 这种情况虽然在分税制前就已存在,但分税制之后此种行为表现得更加普遍。在此背景下,法院向社会汲取财政资金的做法不但没有受到实质的限制,反而获得了更多的制度鼓励。本书第三章中法院全面创收的"黄金时代"正是从 1994 年之后开始的。在此之前,法院自筹经费的收入仅占法院总财政收入的 14%,在 1994 年之后,这个比例猛涨至 43%。在该时期内,本书第五章中描述的法院各种创收策略得以涌现。基层法院通过"找米下锅""威逼利诱"和"公私混同"等方式实现了预算外资金收入的最大化。这是一幅全面创收的"热火朝天"的图景。

3."多级财政共同负担的差异供给"模式的成因分析

2000 至 2002 年期间,中央进一步调整了分税制,大幅度提高了中央税的享有比例,比如证券印花税,原来中央与地方的享有比例分别为 88% 和 12%,改革之后比例变更为 97% 和 3%。正因如此,中央财政能力在 1994 年

---

① 数据来源:《中国统计年鉴 2011》,中国统计出版社 2012 年版。
② 孙德超:《中国的财政分权、政治集权与经济增长——以地方预算外资金的膨胀为例》,载《社会科学》2011 年第 4 期。
③ 有学者就指出,为了适应各项事业发展的需要,中央政府不得不鼓励各行政、事业单位"创收",开辟财源组织收入,以应开支的需要。参见毕井泉:《行政事业性收费改革思路》,载《价格理论与实践》1996 年第 11 期。

分税制后又有了显著提升。2001年中央财政收入占总收入的57.44%,2002年猛增至60.49%,2003年达到63.09%,2004年则进一步增加至64.22%。① 强大的中央财政为我国财政体制向"公共财政"转型提供的可能。同样,日益充实的中央财政也为基层司法财政保障向"多级财政共同负担模式"的转变注入了强大的动力。它使得制度化与规范化的上级财政对基层司法的经费供给变为现实。

早在20世纪90年代初,公共财政就已经成为财政学界所广泛讨论的对象。但该理念正式被官方接受则是在1998年。在1998年12月15日召开的全国财政工作会议上,时任国务院副总理的李岚清明确提出:"要积极创造条件,逐步建立公共财政基本框架"。2007年党的十七大报告中明确指出:"围绕推进基本公共服务均等化和主体功能区建设,完善公共财政体系。"公共财政体系与以往财政体系最大的区别便在于将财政支出从生产建设领域中抽出,更多地投入到公共服务之中。以财政支出的性质分界,传统体制下的财政支出活动,主要围绕着生产建设领域而进行。即是说,生产建设性支出是财政支出的大头。至于非生产性或非建设性的支出项目,其中主要是以改善民生为代表的公共服务性的支出项目,则往往被置于从属地位或位于边缘地带。不仅支出规模小,所占份额低,而且,一旦遇上收不抵支的困难年景,又肯定被率先放入削减之列。② 公共财政改革对于提供公共服务的法院而言,无疑是影响深远的。在传统的财政体系下,法院无法得到财政的充分倾斜,因为其与生产建设无直接联系。而财政体系的转型意味着法院系统将在财政分配中取得更多的份额。同时,司法服务作为公共服务中重要一环,其受到的重视也与日俱增。因此,我们才能看到本书第四章所描述的公共财政的转型,各级财政对法院开始差异化的"优待"。这是短缺时期和创收时期基层法院所梦寐以求的。与之前中央财政对基层司法机关项目性的资金扶持不同,中央财政在此阶段中开始制度性地介入到基层司法机关业务经费和设备购置费的财政保障中。尤其在2006年新的《中央政法补助专款管理办法》(财行[2006]277号)实施后,保障范围有所扩大。值得注意的是,中央政法保障专款虽然由中央设立,但其资金来源却不仅限于中央财政,同时纳入专款管理范围的还有省级财政提供的配套资金,在此意义上,中央政法补助专款同时也是中央财政促使省级财政向政法部门投入经费、引导地方财政资源配置的重要工具。据统计,2009年,在全国法院的收入中,中央政法补

---

① 参见陈志勇、陈莉莉:《财政体制变迁、"土地财政"与产业结构调整》,载《财政研究》2011年第11期。

② 高培勇:《公共财政:概念界说与演变脉络——兼论中国财政改革30年的基本轨迹》,载《经济研究》2008年第12期。

助收入占总额的 17.06%,省级配套占总额的 5.83%,中央政法补助和省级配套资金投入合计占总额的 22.89%,比 2008 年所占比例提高了 7.13%。2010 年中央政法补助更是达到了 85.8 亿元①,这个数字在 2007 年仅为 30 亿元。② C 县人民法院的财政收入报表很好地反映了上述变化。2007 年,C 县人民法院获得上级办案专款达 144.87 万元,占 C 县人民法院总支出的 21%;2008 年,C 县人民法院获得的办案专款上升至 218.2 万元,占法院总支出的 22%。中央财政对基层司法经费保障的有效介入在一定程度上改变了创收时期和短缺时期法院业务费和设备购置费无预算的困境。中央在加大对基层法院办案经费资助的同时还日益介入基层法院"两庭"建设的经费保障中。在本书第三章中曾经提及,在基础设施"大跃进"的年代中,基层法院的基建史经历了"父母买房—贷款买房—按揭买房"的历史。在创收时期,中央对于法院基建的直接支持十分有限。法院不得不靠诉讼费、贷款以及赊账等形式进行基建。在公共财政时期,随着中央财政的发展壮大。中央财政对于基层法院"两庭"建设的支持力度也在加大。2007 年,在 C 县人民法院所在的 G 市,列入中央国债资金"两所一庭"建设规划的项目有 30 个,2006 年和 2007 年已下达新建人民法庭计划是 17 个,中央补助全市法院新建人民法庭资金达 843 万元。③ 对 C 县人民法院而言,2005 年已将 QP 人民法庭列入中央国债项目,2006 年中央国债资金 43 万元已经到位;2007 年,C 县人民法院向中院申报了 5 个 2008 年人民法庭建设项目(2 个新建,3 个改扩建)④,最后获批两个:一个是 LS 法庭新建项目(投资额 43 万),一个是 LJ 法庭改扩建项目(投资额 43 万),中央累计专项安排资金 129 万元。⑤

这里还不得不提及预算外收入体制的变迁。20 世纪 80 年代分权化改革之后,预算外收入飞速发展。1978 年预算外收入仅相当于预算内收入的 31%,1985 年,这个比例上升至 83.3%,1992 年则达到 97.7%,预算外收入已经与预算内收入平分秋色。⑥ 预算外收入在全国范围内产生了一系列的问

---

① 唐虎梅、郭丰:《2009 年度全国法院经费分析报告》,载《人民司法》2010 年第 17 期。
② 陈永辉:《中央财政建立人民法院办案补助专款制度》,载《人民法院报》2007 年 9 月 20 日。
③ 参见 G 市中级人民法院《关于全市法院"两庭"建设情况通报》(G 中法[2007]119 号)。
④ 2006 年以后,中、基层法院基础设施建设项目建议书在同级发展改革部门审批之前必须首先层报经省高级人民法院初审,凡高级人民法院初审未通过的项目,发展改革部门不予审、报批,不能使用中央预算内专项(国债)资金以及地方人民政府与之配套的项目建设资金。参见 2006 年《人民法院基础设施建设项目管理办法》。
⑤ 2008 年 5 月 12 日,C 县遭遇空前的大地震,C 县人民法院获得灾后重建经费 1000 余万元,由于该项经费的取得属于非常规事项,而本研究立足于发现基层法院常态的经费保障体制,故对此一部分的经费不作深入讨论。
⑥ 马元燕:《分税制改革后省级预算外收入膨胀的原因分析》,载《公共管理学报》2005 年第 1 期。

题,并成为产生腐败的重要来源。从全国范围内看,预算外收入被大量用于基础设施建设和单位人员福利,甚至有些单位将预算外收入的2/3用以搞本单位福利,造成严重的分配不公。① 这种现象,用学者陈杭等人的话来概括就是:"税费从预算内向预算外转移体现了地方政府从'援助之手'到'攫取之手'的转变。非预算内收入通过非组织的方式攫取,各个部门和各级地方政府竞相收费,不顾他们这样做所造成的危害,不惜损害整体的利益来为单位、部门牟取利益。'攫取之手'加剧了腐败。"②因此,从1994年开始中央对于预算外收入的管理越发严格。③ 1996年国务院发布了《关于加强预算外资金管理的规定》(国发[1996]29号),该规定明确要求财政部门要在银行开设统一专户,用于预算外资金管理。部门和单位的预算外资金收入必须上缴同级财政专户,支出由同级财政按预算外资金收支计划和单位财政收支计划统筹安排,从财政专户中拨付,实行收支两条线管理。这无疑影响了法院的创收行为。本书第三章中也论及此种变化,即法院自筹资金的管理由相关庭室坐收坐支,转向收审分离。④ "收支两条线"的改革肇始于1994年,1999年再次强调。此后,2001年国务院办公厅转发的《财政部关于深化收支两条线改革,进一步加强财政管理意见的通知》明确规定:2002年省级和地方财政都要对公安、法院、工商、环保、计生等部门实行收支脱钩,对其预算外收入全部上缴地方国库,由财政预算保证其执法必需的开支。⑤ 然而,"收支两条线"并未在真正意义上对法院自筹经费产生实质影响。"现行收费管理体制仍然持谁收费谁所有的权属。即使在实行收支两条线管理以后,收费主体对收费资金所有权和使用权仍未改变"。⑥ 具体做法实际上主要有两种:其一,按比例返还。由财政部门扣除一定比例(通常是10%)后返还收费主体,收得越多,返得越多。其二,全额返还。财政部门根据收费主体报请的计划分批拨付。收支两条线管理在实践中最终实现的功能仅限于将此前由各单位自行掌握的预算外资金纳入到财政部门的统一监控之下(财政专户或国库账

---

① 《全国人大常务委员会委员呼吁将预算外收入纳入预算内》,载《领导决策信息》1999年第39期。

② 陈抗、Arye L. Hillman、顾清扬:《财政集权与地方政府行为变化——从援助之手到攫取之手》,载《经济学》(季刊)第2卷第1期。

③ Zhang, Le-Yin, Chinese Central-Provincial Fiscal Relationships, Budgetary Decline and the Impact of the 1994 Fiscal Reform: An Evalution, China Quarterly, 1999, 115—141.

④ 注意,"收审分离"与"收支分离"是两个概念。收审分离是指庭室不再具有收取诉讼费的权利,而统一由立案部门收取。这与之前庭室直接"坐收坐支"相区别。

⑤ 马正跃、王勇、罗超:《执收执罚部门的预算外收入全部上缴国库有三难》,载《四川财政》2002年第7期。

⑥ 曹长庆:《对行政事业性收费改革的思考》,载《价格理论与实践》1997年第4期。

户),支出部门的资金支配权并未因此受到实质影响。因此,法院的收费热情并未受到实质性影响。在本书第五章的论述中,笔者已经证实,在1999年之后法院的诉讼费非但没有下降,反而有所提升。2004年诉讼费收入甚至占到法院财政收入的63%。法院自筹经费的"收支两条线",直到公共财政改革之后,中央极大地加强对基层司法补助以及诉讼费大幅度降低之后才得以施行。2007年开始实施的《诉讼费用交纳办法》则标志着"控制"诉讼收费的开始,"公共财政负担为主、当事人负担为辅"成为新时期经费保障体制的目标模式。以C县人民法院为例,从2008年起,同级政府不再对法院下达创收任务①,真正意义上的"收支脱钩"似乎正在成形。"国家与社会共同负担"模式才得以最终完成向"多级财政共同负担"模式的过渡。

(二)基层司法经费保障机制成因分析——基于法院定位变化的视角

要理解法院定位的问题,必须首先明晰法院所处的制度结构。在我们看来,人民法院处于三个不同的结构之中,首先,司法权是国家权力的一个环节,因此其势必会处在与行政、立法等权力的动态结构之中;其次,当存在诉讼时,司法权还与当事人发生一定的互动;最后,司法权的整体行使还会在很大程度上影响社会,因此,司法权还必然会有社会公众产生一定的互动。可见,国家的定位、当事人的诉求和公众的期待都会对人民法院的地位产生影响。这其中,对于法院经费保障而言,国家对于人民法院的定位起到了直接而深刻的影响。换言之,如果国家将司法定位为与其他行政机构相同的存在,那么似乎并不需要在财政保障上"特殊对待"。当事人的诉求和公众的期待虽然能够在一定程度上最终影响国家对于司法的定位,但是却无法对法院的经费保障产生直接的影响。纵观新中国成立后人民法院经费保障体制的变迁,虽然纷繁复杂,但贯穿始终的确实国家对于法院定位的变迁所导致的经费保障体制的应声变化。下文笔者将尝试论证法院定位的变迁决定了法院经费的保障方式(差异)的变迁。也就是决定了在财政供给体系中,法院与其他国家部门的财政地位究竟是平等还是差异?是否受到同级财政或者上级财政的"另眼相看"。总而言之,财政体制的变迁更大程度上决定了法院经费分级保障的变迁。但对司法定位的变化才最终决定了分级负担体制之上对法院是否区别对待。

1. "同级财政负担的同质供给"模式的成因分析

首先,法院的定位决定了经费的保障方式——无差异。在短缺时期,人

---

① 由于诉讼费标准大幅度降低,即使同级政府下达了创收任务,法院也可能无法完成。

民法院一直被视为人民政府的一个部分,它与政府的其他部门定位没有显著差异。1951年通过的《中华人民共和国法院暂行组织条例》确立了人民法院的是双重领导的体制,它即是同级人民政府的组成部分,也受上级人民法院的垂直领导。这种体制与现阶段有两个显著不同:其一,法院是政府当然的组成部分,其与宣传、组织、公安、司法等职能部门在性质上没有不同;其二,上级法院对下级法院直接领导。随后在1954年出台的《宪法》规定了人民法院独立进行审判的地位。与之伴随的是结束了人民法院受政府直接领导的局面,并直接确立了一系列与审判相关的原则和制度,如法律面前人人平等、回避制度、两审终审制度等等。[1] 然而法院地位的提升仅仅维持了两年。其后,在1957年开始的"反右派斗争"中,法院独立审判的地位被视为资产阶级的残余而受到了批判,人民法院的地位受到影响。在1966年开始的"文化大革命"中,更是直接打破了公检法系统,法院的地位受到了严重的削弱。总的来说,在改革开放之前的几十年的岁月中,国家对人民法院的定位是较为稳定的——"专政工具""刀把子"。人民法院仅仅是政权机关中的一个构成单位,没有自己专门的"独立"品格,它的人员、经费以及工作的开展与其他机关没有本质不同,其主要功能在于实现专政——打击犯罪。这样的定位直接决定了法院经费的保障方式——同质化——经费保障完全按照统一的标准推行,完全没有考量,也无需考量法院运作的特别情况。从本书第二章的介绍中我们也可以得知,法院的人员类经费和公用类经费在保障标准上与一般公务员高度同质。人员类经费固定标准,公用类经费人头制、包干制。公用类经费波动与国家整体政策息息相关。比如国家统一压缩行政经费时,法院经费也随之降低。

其次,法院的定位还在某种程度上决定了经费的保障主体——财政全额负担。在短缺时期,法院打击犯罪之外的纠纷解决功能一直未被重视,并且也相对有限。在有限的民事案件的解决过程中,法院的行动也不会主要被理解为帮助私人解决纠纷,而是会被提升至"解决人民内部矛盾"的高度,其政治功能昭然若揭。也就是说,解决民事纠纷和打击犯罪被视为维护社会治安的手段,两者性质高度同质。[2] 正如王亚新教授指出的那样,这一时期我国民事诉讼之所以实行一种相当纯粹的公共负担原则,这主要是因为当时民事诉讼的基本宗旨在于通过解决纠纷来防止矛盾激化以维护社会治安,民事

---

[1] 徐新:《国家与社会:当代中国法院地位变迁的法哲学思考》,载《江苏社会科学》2011年第1期。

[2] 王亚新:《社会变革中的民事诉讼》,中国法制出版社2001年版,第181页。

审判所发挥的外部性效果在本质上与刑事审判并无二致。① 上述"维护治安"的定位决定了法院经费的保障主体——财政全额保障,社会主体尚未被视为法院财政汲取的对象。

再次,法院的定位决定了经费的保障层级——地方政府买单。基层法院虽然被视为"维护治安"的专政工具,但我们还要追问,此种"维护"的对象究竟是基层社会的治安亦或是全国秩序的形成。不同定位会直接影响到法院经费的保障层级。若将司法服务被定位成"维护当地治安"的主体,那么对其经费保障就自然会主要由享受收益的当地政府买单;若将司法赋予定位成全局性秩序的维护,那么其经费保障自然就应当有中央财政的身影。上文提及的国家宏观财政政策的调整所导致的中央与地方财政实力的此消彼长事实上只是为中央全额负担、地方全额负担亦或是共同负担提供了可能。举例而言,地方财政实力的壮大只是提高了其对县域内各国家机关的经费供给能力,但这绝对不意味着只有富裕的地方财政才能独立供给同一场域内的各党政机关——"穷有穷养、富有富养"。同样,中央财政的壮大也绝不意味着中央必定会对地方法院财政进行全额负担。本书第二章的论证就很好证明了这一点。在 1950—1953 年期间,我国实行"统收统支",此时中央财政汲取了全国范围内的绝大多数收入,1953 年中央财政收入占到全国财政收入的 83%。此后,虽然经过一定的放权,在 1954—1958 年期间,中央财政占据全国财政收入的比例仍然接近 80%。然而,正如第二章论述的那样,此时法院的财政却主要由地方财政负担,也就是说汲取国家绝大多数资源的中央财政对于基层人民法院的经费缺乏关注,而是将这部分内容交由地方政府承担。问题的症结实际上还是司法的定位。当时,司法被视为维持地方治安的专政工具,因此地方司法经费理应由地方政府买单。

2. "国家与社会共同负担的同质供给"模式的成因分析

随着改革开放的进行以及"单位制"和"公社制"的解体,中国社会由熟人社会向半陌生人社会转变。原本能够被单位、公社有效消解的纠纷就大量地涌入社会。同时,随着经济的发展,社会纠纷也逐渐呈现出"井喷"的状态。在此背景下,客观上需要一个强有力的解纷机构来处理如此多的纠纷。于是,人民法院就在此时"临危受命"。国家对于人民法院专政工具的定位开始变化,并逐渐向纠纷解决机构的地位转变。法院的主体地位被逐步塑造,其相对于公安、检察,尤其是其他行政部门的独特品格也日益得到强调。

---

① 王亚新:《社会变革中的民事诉讼》,中国法制出版社 2001 年版,第 181 页。

虽然,早在20世纪50年代制定的《人民法院组织法》(1954年)就试图塑造法院的特有品格,但是正如前文分析的那样,在一体化的政治格局中,法院只是普通的一个环节;在打击犯罪的政治任务中,法院只是一个工序,因此,法院的特有品格迟迟无法真正确立。事实上,"文化大革命"期间的"砸烂公检法"的做法也在一个侧面反映了法院在国家结构中的可有可无。法院的个体品质直到改革开放之后,在广泛介入纠纷解决之后才得以逐步确立。在随后的司法改革中,法院通过审判的标准化、法官的职业化和司法行为的制度化等方式开始着力塑造司法的独特品格。这种品格通过与其他主体的比较而得以凸显。具体而言,相对于公安机关和检察机关而言更加客观、公正;相对于行政机关而言更加消极、被动;相对于其他纠纷解决机构而言更加规范和权威。随着法院系统特有的司法品格的逐步确立,国家对法院的定位也发生了调整。法院由"专政工具"逐步过渡为"解纷机构",由社会解决纠纷机制的一个环节逐步过渡为社会解决纠纷机制的"桥头堡"和核心力量。定位的转变直接导致了法院经费保障体制的变迁。

首先,法院定位的变迁在一定程度上影响了经费的保障方式。在这个阶段,国家在经费保障过程中逐步承认法院所应有的主体地位。这一点从法院经费从行政经费中独立出来,并最终从政法经费中独立出来就可以得知。根据我们调查,在C县的财政保障体制中,"公安、司法经费"于1995年前后被从"行政管理经费"中独立出来。1998年出台的《财政部关于政法机关不再从事经商活动和实行"收支两条线"管理后财政经费保障的若干意见》就明确规定:"照高于当地一般行政机关一倍以上的标准安排行政经费"。尽管如此,与下一阶段相比,本阶段的保障方式仍然在较大程度上是同质的。人员类经费、公用类经费仍然采用与一般行政机关相同的确定方式,只是在行政经费上比照行政机关采取了较高的标准。

其次,法院定位的变迁决定了经费的保障主体——社会主体介入。上文提及的20世纪80年代财政分权改革所导致的地方预算外收入膨胀的宏观环境为法院创收行为提供了良好的制度支持,但它对于法院的创收行为并不具备决定性。因为,同样在改革开放前,我国也存在着预算外收入的制度,但当时法院并未获得创收的特权。因此,关键还在于法院定位的变化。由于法院的定位被调整为"解纷机构"——解决民间纠纷,因此法院提供的法律服务就具备了一定的私人服务属性。司法服务的定位由改革开放前的纯公共品向创收时期的混合公共品转变。向当事人征收诉讼费的方式就逐渐受到了国家和社会层面的认可。因此,在20世纪80年代末、90年代初,通过征收诉讼费的形式由法院"服务对象"为服务"埋单"的保障体制就逐步建立起来。在20世纪80年代,社会负担的比例在法院整体财政保障中的比重还较为有限,均值在10%左右(表3-2)。此后,诉讼费的收入逐渐成为法院收入的重要方面,并引发了20世纪90年代中期全国法院系统的创收之风。此时,法院自筹收入(主要为诉讼费)在法院总收入中的比重上升至40%(表3-2),且自筹收入的增长贡献也在这一时期成功地超越了财政收入的增加贡献。由此,当事人和财政共同负担法院经费的体制才最终形成。

最后,法院定位的变迁决定了经费的保障层级——以地方财政为主。法官所从事的审判业务基本停留在解决纠纷的层次,其中并不一定蕴含西方法律传统中通过一个个纠纷的处理解决去不断发现、确认和动态地发展规则那样的观念,因而也未能获得与"引导基于规则的秩序生成"这种高度相对应的社会功能及位置。① 此时,法院除了被视为解决地方纠纷的主体之外,其解决纠纷最终对于国家法制环境的正面作用也被强调。因此,法院的司法服务就并非"纯地方性",而是兼具局部与整体的秩序维持功能。正因如此,中央财政也在这个阶段中重新介入基层司法机关的经费保障。但此种介入和公共财政时期相比还显得不稳定且数额有限。

3. "多级财政共同负担的差异供给"模式的成因分析

法院定位的变化虽然提升了司法的地位,但是此种提升也不可避免地带来了一系列不利的后果。这突出表现在诉讼爆炸已经超出法院的治理能力,法院日益无法承担社会纠纷解决的"桥头堡"的角色。在改革开放之后的几十年的司法实践中,纠纷解决的实际效果受到诸多诟病,判决无法执行成为一种常态。司法不公、司法腐败、法官敷衍推诿、滥用职权等报道屡见报端②,民众对于司法系统的不满日益高涨,其直接指标就是涉法信访逐年增长。有学者就曾指出,"民众对司法不满是有一定的根据的。因为司法的确存在许多问题。以刑事和民事再审原裁判错误率为例,1999年刑事再审改

---

① 王亚新:《司法成本与司法效率——中国法院的财政保障与法官激励》,载《法学杂志》2010年第4期。

② 据不完全统计,近年来"落马"的法院高层领导就有原最高人民法院副院长黄松有、原广东省高院执行局局长杨贤才、原广东省高院院长麦崇楷、原湖南省高院院长吴振汉、原辽宁省高院院长田凤岐、原黑龙江高院院长徐衍东。实际上,相对于高级人民法院领导而言,中级法院才真正是中国司法腐败的重灾区,参见傅达林:《中级法院缘何成为司法腐败的重灾区》,载《北京青年报》2008年1月31日。对于司法腐败,著名学者梁慧星曾经指出:"司法腐败已经到了令人不能容忍的地步",参见《全国人大法律委员会委员梁慧星抨击司法腐败时称:黄松有案是中国法学教育界的耻辱》,载《都市晨报》2009年3月9日。在2011年全国"两会"期间,《人民日报》社政治文化部和人民网就老百姓最关注的"两会"热点问题,联合推出了大型网络调查。在2011年"你最关注的十大问题"调查中,"司法公正"以19223票居第二。这充分说明了人民群众对司法公正的期待。就影响司法公正的根源来看,67%的投票者认为是"司法腐败,权钱交易"。这说明司法领域的腐败问题,在公众心目中仍然是非常严重的。参见赵华军:《从群众不满处改起》,载《人民法院报》2011年9月14日。

判率为 24.76%,到了 2004 年这个数据已经上升到了 50.41%。民事再审改判率也是如此。而法院的已生效的判决特别是行政诉讼决定执行率又在显著下降,从 1998 年的 44.8%下降到 2004 年的 21.1%。这类案件一般是老百姓告政府的,告赢了但结果大部分得不到执行。在司法不公之下,民众当然对法律的正义性和公正性表示怀疑。"① 在这种背景之下,国家对于人民法院的定位发生一定的变化。首先,将人民法院由前一阶段的纠纷解决的"桥头堡"和"第一道防线"重新定义为纠纷解决的"最后一道防线"。与此同时,重新强调其他纠纷解决机构的作用,力图建立一种多元化的纠纷解决机制。② 此时,人民法院又重新被定位为纠纷解决机制中的一环。然而,与第一阶段有限司法显著不同的是,这一阶段人民法院的特定品格仍然得以强调,在纠纷解决中的特定职能也被认可。

在重新分配人民法院在整个纠纷解决体系中的作用之后,国家对人民法院的功能进行了新的理解:由最初强调解决纠纷,日益朝着强调纠纷的实际解决,并日益重视人民法院的社会功能和政治功能。同时,更为重要的是,法院的定位已经逐渐超越了纠纷解决的单一维度。正如苏力所言,现代法院的功能确实已经从原来的解决纠纷日益转向通过具体的纠纷解决而建立一套旨在影响案件当事人和其他人的未来的行为的规则。规则之形成与个别纠纷之解决相比,前者具有巨大的正外在性;大约也正是在这个意义上,法院才更可以说是提供公共产品的而不是私人产品的一个机构。③ 也就是说,法院的定位由提供私人的纠纷解决服务日益朝着提供公共品的公共机构转变,法院由为当事人提供法律服务的主体过渡到为国家提供法律服务的主体。这一理念的转变包含两大核心:一方面,法院的解纷是在为社会提供公共品;另一方面,此种公共品并非仅仅服务于当地,并且还最终会有益于整个国家层面的法律秩序的形成。既然司法服务是一项公共服务,其承担主体就理应是

---

① 于建嵘:《安定有序是和谐社会基本性的标志》,载《南方都市报》2007 年 11 月 13 日。
② 官方对于"大调解"机制的描述大致可以追溯到 2005 年,2005 年 2 月胡锦涛总书记在省部级主要领导干部提高构建社会主义和谐社会能力专题研讨班上讲话指出:"要进一步完善处理人民内部矛盾的方式方法,完善信访工作机制,建立健全社会矛盾调处机制,把人民调解、司法调解、行政调解结合起来,依法及时合理地处理群众反映的问题"。其后,在 2006 年 10 月 11 日出台的《关于构建社会主义和谐社会若干重大问题的决定》中对于"大调解"作出了这样的规定:"完善矛盾纠纷排查调处工作制度,建立党和政府主导的维护群众权益机制,实现人民调解、行政调解、司法调解有机结合,更多采用调解方法,综合运用法律、政策、经济、行政等手段和教育、协商、疏导等办法,把矛盾化解在基层、解决在萌芽状态。"2011 年,在经过了几年的试点和实践之后,中央社会治安综合治理委员会等 16 家部门又印发了《关于深入推进矛盾纠纷大调解工作的指导意见》,对"大调解"工作的开展作出了全面的规定。
③ 苏力:《农村基层法院的纠纷解决与规则之治》,载《北大法律评论》1999 年第 1 卷。

公共财政而非当事人。正因如此,向当事人汲取资金的保障体制首先受到质疑。法院向社会汲取的行为不断受到限制就成为必然——既然司法服务有超乎于基层政府的公共属性,公共财政势必需要加大对于法院经费的投入,于是我们便看到,在 2000 年之后,上级财政拨款日益成为法院经费来源的重要方面。

总的来说,随着法院定位的逐步明晰,法院的主体地位逐步凸显,法院经费保障也逐渐从"同质"模式转变为到注重司法特性的模式。同时,在司法服务性质的定位变迁的过程中,法院财政也日益脱离当事人负担的模式,并朝着公共财政负担模式的方向变化。可见,法院定位的变化实际上主导着法院经费保障体制的变迁,有什么样的定位,就有与之对应的经费保障体制。

三、基层司法财政支出模式变迁

(一)基层司法财政支出模式的分析要素

学者王亚新指出:"法院需支出的费用可大致分为三类,即人员类经费、办公办案费用和设施及装备费用。人员类经费指法官及其他工作人员的工资、补贴、奖金和福利,办公办案费用又称'公用类经费',包括水费、电费、电话费等日常办公经费和办理案件产生的业务经费,设施及装备费用则是用于建设、购买和维护办公办案所需房屋、车辆、电脑及其系统和其他设备的经费。"①实际上,上述三类经费又可以被归并为两类:

一是履行司法职能和司法管理职能而发生的耗费,亦即公用类经费,它代表着司法耗费中的运转成本(cost for operation)。根据 C 县人民法院新中国成立以来的会计报表的格式,基层法院的公用类经费支出主要分为四类:"公务经费""业务经费""修缮经费"和"设备购置经费",直到 2003 年以后公务费和业务费不再单独核算,而是被统一归并为"公用费"。本书前面章节的分析已经显示,公务费和业务费的区分更大程度上只是决定了经费保障体制的差异,就经费具体支出的内容来看,两者无法完全区分,并且在司法财政的实践中也未作明确的区分。因此,在本书后面对于支出结构的分析中,笔者将公务费与业务费合并为"公用费",它反映的是法院运转成本中的日常成本。与之对应,"修缮费"和"设备购置费"则分别反映法院运转成本中的

---

① 王亚新:《司法成本与司法效率——中国法院的财政保障与法官激励》,载《法学杂志》2010 年第 4 期。

基建成本与设备成本。

二是由此派生的法官或其他法院工作人员的生活和发展费用,亦即人员类经费,它代表着司法耗费中的人力成本。根据人员类经费管理的规范度和支出标准的明晰度,我们将这一部分经费分为管理较为规范、支出标准更为确定的"工资类经费"和受益范围较不明确或者根据单位经费状况适时发放,因而更具权变性的"福利奖励类经费",并将主要支出于离退休人员的"社会保障类"经费单独析出。在成本属性上分别对应为工资成本、福利成本和社保成本。在上述成本分类的基础上,笔者将结合三大要素展开对基层法院支出的细致考察。

1. 趋势要素

所谓的趋势要素是指某一项支出经费的发展动向。它是以纵向的时间轴为观察轴,体现的是在历史进程中的变化状况。比如,C县人民法院的支出在纵向的时间轴上呈现出在波动中逐步递增的趋势。趋势要素主要通过年均增长率这一指标来体现。若某项支出的年均增长率为正,我们可以得出该项支出处于增势;反之,则为减势。当然,在一个较大的时间段内,即使处于增势,它也可能是一种波动中逐步递增,也可能是稳步提升,同样还可能是阶段性递增亦或是加速或是减速递增。上述维度均为趋势要素的有机组成部分,它为我们分析基层司法的变迁提供了有力的工具。

2. 结构要素

所谓的结构要素是指某项支出中构成项目的比例高低。从横向的坐标轴来考察,同一时期,某构成项目在支出的比例越高,则说明它在该项支出中的地位越重要。举例而言,在短缺时期,C县人民法院人员类经费占到法院总支出的58%。由此,我们可以将短缺时期C县人民法院支出结构要素的特征概括为以人力成本为重心。同样,若我们将分析视角局限在人员类经费时我们便会发现在短缺时期,C县人民法院工资类经费占到人员类经费的98%。因此,该时期C县人民法院人员类经费支出就可被概括为以基本工资为重心的人员类经费。这里必须明确指出的是,构成要素与趋势要素没有必然的联系,比例的提升并不必然意味着增速的提升,甚至不意味着增长。比例的提升可能是支出中不同构成项目同时下降,但下降趋势快慢不一。同样,比例的降低也并不必然意味着增速的下降或者处于降势。比如本书考察C县人民法院的人员类经费在法院总支出中的比重不断下降。但这并非人员类经费增速放缓或者处于降势,而是因为人员类经费的增速远不及公用类经费。

3. 驱动力要素

所谓的驱动要素考察的是某项支出增长的主要驱动力。它通过增长贡献率和增长贡献比两个指标予以反映。若经费支出的增长主要来源于某一构成项目的增长，那么我们可以得出经费支出主要是由该构成项目驱动的。比如，在创收时期C县人民法院的支出中，公用类经费的增长贡献比高达八成。也就说每100元的法院支出增长中，有80元来自公用类经费的驱动。而公用类经费在司法成本中属于运转成本。因此，我们在概括创收时期基层司法支出驱动要素的特征时便可以冠以"运转成本驱动型"。同样，若把分析视角局限在公用类经费，我们便会发现创收时期C县人民法院修缮费的增长贡献比高达七成。因此，创收时期C县人民法院公用类经费便具有显著的"基建成本驱动型"的特征。

需要特别指出的是，对于基层司法支出结构的分析采用一种与基层司法经费保障不尽相同的分析路径。前文分析经费保障机制时采取的是分阶段的论证进路，经费保障的各构成项目是纳入在各个阶段中进行分析。它是一种阶段在前，项目在后的分析思路。而在本处分析司法支出时，笔者采用的是分项目的论证进路，阶段的论证纳入到项目中去阐述。它是一种项目在前，阶段在后的分析思路。具体来看，笔者将首先分析司法支出的整体趋势。在此基础上，笔者将逐步展开对人员类经费和公用类经费60年变迁的描述。

（二）基层司法财政支出的整体描述：以运转成本为核心

从趋势要素来看，在新中国成立后的岁月中，C县人民法院的支出呈现出波动增长的特征。1955年C县人民法院的支出总额仅为0.8万，而在50多年之后的2008年，C县人民法院的支出总额则达到了1062.1万，增加了1327倍。与我们在本书第二、三、四章中考察的结果相同，法院在50年间支出在整体上有一定的波动性，但是正增长的幅度和频率普遍高于负增长。因此，最终法院支出年均增长23%。这个速度高于短缺时期和公共财政时期20%的增速，但却低于创收时期的27%。尽管法院支出持续增长，但其在地方财政行政管理支出的整体比重并不显著，大致只有5.6%。

从结构要素来看，1955至2008年期间，C县人民法院人员类经费的支出大致占到总支出的40%，公用类经费支出占到总支出的60%。换言之，在新中国成立后的岁月中，C县人民法院经费主要被投入到运转成本中，呈现出以运转成本为重心的特征。当然，人员类经费与公用类经费的强弱对比并非一以贯之。表6-1的数据显示，在不同时期，人员类经费和公用类经费的比

表6-1 1955—2008年C县人民法院分时期支出构成总表

(单位:%)

	人员类经费				公用类经费				法院支出增速
	比重	年均增长率	增长贡献率	增长贡献比	比重	年均增长率	增长贡献率	增长贡献比	
短缺时期	58%	7%	5%	26%	42%	76%	15%	74%	20%
创收时期	42%	15%	6%	20%	58%	90%	21%	80%	27%
公共财政时期	39%	18%	7%	36%	61%	26%	13%	64%	20%
1955—2008	40%	13%	6%	26%	60%	71%	17%	74%	23%

表格说明:
1. 数据来源于《历年C县人民法院财务报表(1955—2008)》。
2. "法院支出"增长率"="人员类经费"+"公用类经费"。
3. 法院支出"增长率"=人员类经费"增长贡献率"+公用类经费"增长贡献率"。
4. "增长贡献比"将某一时期法院支出增长率转换为100%,同时,根据人员类经费与公用类经费在法院支出增长率中的贡献率计算比值。故而,某一时期法院人员类经费与公用类经费的"增长贡献比"之和为100%。

重的"强弱"关系发生了一定的变迁:在短缺时期,C县人民法院支出呈现出以人员成本为重心的特征。人员类经费支出达到法院总支出的58%。改革开放之后,人员类经费与公用类经费发生了"强弱互换"。法院支出也呈现出以运转成本为重心的特征:在创收时期,人员类经费仅占法院总支出的42%,相应地,公用类经费则占到法院总支出的58%;在公共财政时期,法院公用类经费的支出优势进一步提升,其已经占到法院总支出的61%,比人员类经费的支出比例(39%)高出21%。

增长贡献率和增长贡献比是考察法院支出驱动要素的两大指标。在本书考察的时段内,C县人民法院人员类经费每年拉动法院总支出增长6%,而公用类经费则每年拉动法院总支出增长17%。换算成增长贡献比的话,法院每100元的支出增长中,有大致26元来源于人员类经费,另外74元则来源于公用类经费的驱动。可见,公用类经费在法院支出增长的拉动方面扮演主要角色,法院支出呈现出"运转成本驱动型"的特征。分阶段而言,在本书划分的三大阶段中,法院支出模式均呈现出"运转成本驱动型"的特征。也就是说,无论是从整体还是从阶段而言,课题组考察的基层法院支出的增长均主要来源于运转成本的驱动,保运转成为基层司法财政的重中之重。

综上所述,虽然在短缺时期,法院人员类经费在支出比例上占有明显的优势,但随着公用类经费投入远超人员类经费的增速,人员类经费的比重、增长贡献和增长贡献比均在改革开放之后发生了显著的下降。最终的结果便是在60年的岁月中,运转成本的支出超过了人力成本。若进行类型化分析的话,新中国成立后60年中基层法院支出模式是"以运转成本"为核心的,运转成本不仅占据了法院支出的较多份额,同时还是法院支出增长的主要驱动力。创收时期和公共财政时期也分享相同的支出模式。唯一不同的是短缺时期,由于人员类经费的重心位置使得该时期法院支出表现为"双核"模式——以人力成本为重心、运转成本驱动型。

(三) 人员类经费支出模式:以工资成本为核心

就趋势而言,C县人民法院人员类经费呈现出明显的增长态势。1955年,C县人民法院人员类经费支出仅为0.6万元,而2008年这一支出达到517万元,增加了811倍。表6-2的数据显示,1955至2008年间,C县人民法院人类经费的增长率均值为13%。与C县人民法院总支出呈现出波动增长的特征显著不同,人员类经费的增长呈现出加速增长的特征。每一阶段的年均增长率均高于前一阶段。短缺时期人员类经费的年均增长率为7%,在创收时期上升至15%,而在公共财政时期则进一步上升至18%。

表 6-2　1955—2008 年 C 县人民法院分时期人员类经费支出构成总表

	工资类经费			福利奖励类经费				社会保障类经费				人员类经费增速
	比重	年均增长率	增长贡献比	比重	年均增长率	增长贡献比	比例	比例	年均增长率	增长贡献比	增长贡献比	
短缺时期	98%	6%	92%	2%	1319%	8%	1%	0%	0%	0%	0%	7%
创收时期	53%	12%	51%	36%	36%	39%	6%	11%	23%	2%	10%	15%
公共财政时期	69%	18%	57%	23%	100%	30%	5%	8%	54%	2%	13%	18%
1955—2008 年	66%	12%	60%	25%	366%	31%	4%	9%	24%	1%	9%	13%

表格说明:

1. 数据来源于《历年 C 县人民法院财务报表 (1955—2008)》。
2. "人员类经费" = "工资类经费" + "福利奖励类经费" + "社会保障类经费"。
3. 法院支出"增长率" = 工资类经费"增长贡献率" + 福利奖励类经费"增长贡献率" + 社会保障类经费"增长贡献率"。
4. "增长贡献比"将某一时期法院人员类经费增长率转换为 100%,同时,根据工资类经费、福利奖励类经费与社会保障类经费在法院工资类经费增长率中的贡献率计算比值。故而,某一时期法院工资类经费、福利奖励类经费与社会保障类经费的"增长贡献比"之和为 100%。

人员类经费中包含工资类经费、福利奖励类经费和社会保障类经费,它们分别代表着基层法院的工资成本、福利成本以及社保成本。从表6-2 的数据来看,在 C 县人民法院人员成本中,有 66% 的部分用以支付工资,有 25% 的部分用以负担法院工作人员的福利与奖励,有 9% 的部分用以负担社会保障经费。也就是说,工资类经费仍然占到法院人员类经费支出的近八成,每 100 元的人员类经费支出中,有接近 66 元用于工资类经费。可见,C 县人民法院人员类经费的构成要素的特征为"以工资成本为重心"。同时,从纵向时间坐标轴来考察,无论是短缺时期、创收时期亦或是公共财政时期,C 县人民法院人员类经费均表现为"以工资成本为重心"。所不同的是,在短缺时期,工资成本的支出占到总支出的 98%,具有绝对的优势。在改革开放之后,工资成本的绝对优势被削弱,分别仅占到人员成本的 53% 和 69%。如果将工资成本放置到法院总支出中去考察①,我们发现在短缺时期工资成本占到法院总支出的 57%,而在创收时期和公共财政时期,工资成本骤降至法院总支出的 22% 和 27%,降幅超过一半(表 6-3)。

表 6-3　1955—2008 年 C 县人民法院分时期工资成本、福利成本与社保成本

时期	工资成本	福利成本	社保成本
短缺时期	57%	1%	0%
创收时期	22%	15%	5%
公共财政时期	27%	9%	3%
1955—2008	26%	10%	4%

之所以出现工资成本比例的急速下降,其关键原因实际上就在于福利奖励类经费和社会保障类经费的"崛起"。从"崛起"的程度而言,福利奖励类经费的表现无疑比社会保障类经费更令人印象深刻。在短缺时期,福利奖励类经费在法院人员类经费中的作用微乎其微,比重仅为 2%。结合短缺时期人员类经费在法院总支出中的比重,我们可以计算出该时期被投入到福利奖励类经费的经费仅占该期法院总支出的 1%;在创收时期,人民法院向社会汲取资源的能力大大增强,诉讼费收入中有相当部分被直接用以改善法官的工资福利,因此在该阶段中,福利奖励类经费的发展是令人惊讶的,其比例由 2% 迅速上升为 36%,其在法院总支出中的比重也由 1% 上升至 15%。在福利时代的末期,随着"阳光工资"制度的逐步推进,福利奖励类经费的支出受

---

① 由于各阶段中人员类经费占总支出的比例不同,因此即使工资类经费占人员类经费的支出比例相同,其在总支出中的比例也会不同。

到了一定的控制,但是福利奖励类经费的比重仍明显高于短缺时期,其占人员类经费的23%,在法院总支出中的权重达到9%。因此,尽管创收时期和公共财政时期人员类经费以工资成本为重心,但是,福利成本投入的急速攀升却是我们观察这两个时期法院支出特征的重要线索。

就增长贡献而言,虽然面临着福利奖励类经费和社会保障类经费的冲击,但受益于绝对的比重,在新中国成立之后的C县人民法院人员类经费中,工资类经费的增长贡献率仍然最高。平均而言,工资类经费每年拉动法院人员类经费增长8%。尽管福利奖励类经费异军突起,但其每年拉动人员类经费增长的比率为4%。而出现于创收时期的社会保障类经费的增长贡献率仅为1%。如果从增长贡献比的指标来看,我们会发现,人员类经费每100元的支出增长中,有大致60元来自于工资类经费,有大致31元来自福利奖励类经费,而只有不到10元来自于社会保障类经费。总而言之,新中国成立之后C县人民法院的人员类经费中,无论是比例、增长贡献率和增长贡献比,工资类经费仍然举足轻重。因此基层法院人力成本的驱动要素体现为"工资成本驱动型"。当然,改革开放之后,工资成本的增长贡献比较之改革开放前也有十分显著的下降。在创收时期法院人员类经费的增长中,有接近四成来源于福利成本的驱动,同期工资成本的增长贡献比大致为五成。故而,本阶段法院人员成本的驱动要素可以被概括为"工资成本与福利成本共同驱动型"。在公共财政时期,福利成本的驱动作用虽有所下降,但仍然占到法院人员成本增长的三成。

综上所述,三大要素特征的结合便形成了人员类经费特有的支出模式——"以工资成本为核心"。短缺时期和公共财政时期人员类经费的支出模式与整体情况相同。唯一的例外是在创收时期,由于福利成本的强势增长,法院人员类经费支出表现为"以工资成本和福利成本为核心"模式。人员类经费逐步福利化是本书考察基层法院经费支出的重要特征。

(四)公用类经费支出模式:以日常运转成本和基建成本为核心

在新中国成立后的60年中,法院公用类经费支出取得了飞速的增长。1955年C县人民法院的公用类支出仅为0.17万元,而2008年C县人民法院该类支出达到472.58万元,增长了2779倍。1955至2008年间,C县人民法院公用类经费的平均增速为71%,远超人员类经费的增速(13%)。与人员类经费在各阶段加速增长的趋势不同,公用类经费的增速存在着一定的波动性。表6-4的数据显示,在短缺时期,公用类经费的增速为76%,到了创收时期,该支出的增速增加至96%,而在公共财政时期则又下降至26%。法院

表 6-4　1955—2008 年 C 县人民法院分时期公用类经费支出构成总表

支出 时期	公用费				修缮费				设备购置费				公用类 经费 增速
	比重	年均 增长率	增长 贡献率	增长 贡献比	比重	年均 增长率	增长 贡献率	增长 贡献比	比重	年均 增长率	增长 贡献率	增长 贡献比	
短缺时期	85%	36%	33%	43%	12%	382%	43%	57%	1%	-33%	-1%	-2%	76%
创收时期	46%	39%	20%	21%	44%	1910%	68%	71%	5%	479%	6%	7%	96%
公共财政时期	76%	41%	22%	82%	9%	20%	1%	2%	12%	222%	3%	12%	26%
1955—2008	71%	39%	25%	35%	14%	934%	42%	59%	11%	203%	3%	4%	71%

表格说明：
1. 数据来源于《历年 C 县人民法院财务报表（1955—2008）》。
2. "公用类经费" = "公用费" + "修缮费" + "设备购置费" + "其他"。"公用费"是"公务费"与业务费之和。本文第二、三、四章的论述已经揭示，在法院支出中公务费和业务费只是在经费保障方面存在着差异，就支出的成本而言，均为日常运行成本。它与"设备购置费"所对应的设备成本和"修缮费"所对应的基建成本共同组成了法院运转的成本。在公共财政时期的财务报表中将这两类经费整合为"公用费"。此外，由于表格容量有限，本处省去了比重较少的"其他"公用类经费。
3. 法院公用类经费"增长率"=公用费"增长贡献率"+修缮费"增长贡献率"+设备购置费"增长贡献率"+其他"增长贡献率"。
4. "增长贡献比"将某一时期法院公用类经费增长率转换为 100%，故而，根据公用费、修缮费与设备购置费的"增长贡献比"小于 100%。
的贡献率计算比值。由于没有纳入"其他"经费，某一时期法院公用类经费增长率中的贡献率比值。

运转成本的趋势要素呈现出波动增长的特征。

从结构要素来看,公用类经费由三类经费构成:公用费、修缮费和设备购置费,它们分别代表法院运转成本中的日常成本、基建成本和设备成本。具体而言,日常成本包括日常的公务、业务开支,如电话费、水费、电费、差旅费和燃修费等;修缮成本体现的是法院在基础设施方面的投入;设备成本则反映法院在各种设备方式的投入,如公车和电脑等。从表6-4的数据来看,C县人民法院公用类经费中有71%的部分用以负担日常成本,对于基建成本的投入为14%,而设备成本的投入仅为11%。因此,公用类经费的结构特征便是"以日常运行成本为重心"。分阶段来看,公用类经费的结构要素存在一定的差异,尤其是创收时期的基建成本。在短缺时期,修缮费仅占法院公用类经费支出的12%。考虑到公用类经费在该时期法院总支出中的比重,我们可以计算出基建成本大致仅为法院总成本的5%(表6-5)。这种低基建成本的现象在创收时期实现了彻底的逆转。随着预算外收入被大量投入基础设施建设,修缮费在法院公用类经费中的比重飙升至44%,其在法院总支出中的比重也由5%剧增至26%。因此,从某种意义上说,创收时期法院公用类经费呈现出以"日常运转和基建成本为重心"。此外,公共财政时期的公用类经费虽然也体现出以日常成本为重心,但我们同样不能忽视在该阶段中设备成本的"超常发挥"。短缺时期设备购置费的比重仅为1%,该数据仅为法院总支出的0.4%。此后,设备购置费的投入不断提升:在创收时期,设备购置费在法院公用类经费的中的比重为5%,其法院总支出的比重也由0.4%上升至3%;在公共财政时期,随着基础设施建设的基本完成,法院逐步明显加大了对设备成本的投入,该时期,设备购置费占到法院公用类经费的11%,其在法院总支出中的比重进一步提升至7%。

表6-5 1955—2008年C县人民法院分时期日常运转成本、基建成本与设备成本

时期	日常运转成本	基建成本	设备成本
短缺时期	36%	5%	0.4%
创收时期	27%	26%	3%
公共财政时期	46%	5%	7%
1955—2008	43%	8%	7%

尽管整体上法院公用类经费以日常运转成本为重心,但是从增长贡献来看,基建成本的增长贡献率和增长贡献比却远超日常成本。图6-4的数据显示,日常运转成本的增长贡献率为25%,增长贡献比为35%;基建成本的增长贡献率为42%,法院公用类经费总支出中有接近六成来源于修缮费的直

接拉动;设备购置费的增速虽然远超公用费,但受制于极低的比重,其增长贡献仅为3%,在法院公用类经费增长中的比重不足半成。也就是说法院公用类经费每100元的增长中只有4元来自于设备购置费的驱动。因此,法院公用类经费的驱动要素为"基建成本驱动型"。之所以发生上述情形,其症结就在于基建成本极高的增速。数据显示,1955至2008年期间,C县人民法院修缮费的增长率平均值高达934%,均远超公用费39%的增速。上述增速的显著差距抵消了日常成本在支出比例方面所建立起来的绝对优势,其最终结果便是公用费的增长贡献反而低于修缮费。如果分阶段分析,我们还会发现,不同阶段公用类经费的驱动要素差异显著。在短缺时期,日常运转成本的增长贡献率为33%,基建成本的增长贡献率则为43%。两者的增长贡献比分别为42%和57%。因此,从某种意义上讲,短缺时代公用类经费的增长是日常成本与基建成本共同驱动的。到了创收时期,随着基建成本的飞速提升,公用类经费的增长就主要由基建成本驱动。在公共财政时期,随着基建工作的基本完成,基建成本急速下降。其结果就是修缮费对于法院公用类经费的增长贡献不仅低于公用费,甚至还低于一直备受轻视的设备购置费。因此,本阶段公用类支出的驱动特征又变化为"日常成本驱动型"。

综上所述,三大要素的随机组合也形成了各阶段公用类经费特有的支出模式。就整体而言,基层法院公用类经费的支出模式为"以日常运行成本和基建成本为核心"。在日常运行成本占据支出主要方面的同时,基建成本却成为运行成本增长的主要驱动所在。这是一种不同于其他成本的"双核"特征。分阶段而言,短缺时期的"双核"特征最为显著。在创收时期,随着基础设施建设的"大跃进",法院基建成本的比重和增长贡献率均急速上升。法院运转成本在一定程度上呈现出以"基建成本为核心"的特征。在公共财政时期,随着基建投入的迅速下降,法院公用类经费的支出模式又变化为"以日常成本为核心"的"单核"模式。

表6-6 1955—2008年C县人民法院支出模式总表

时期	法院支出模式	人员类经费支出模式	公用类经费支出模式
短缺时期	人力成本重心—运转成本驱动双核	以工资成本为核心单核	日常成本中心—基建成本驱动双核
创收时期	以运转成本为核心单核	工资成本重心—工资与福利驱动双核	以基建成本为核心单核
公共财政时期	以运转成本为核心单核	以工资成本为核心单核	以日常成本为核心单核
1955—2008	以运转成本为核心单核	以工资成本为核心单核	日常成本中心—基建成本驱动双核

表 6-6 总结了新中国成立以来各阶段中法院支出模式的变化。总的来说,在本书考察的 60 年(1949—2008 年)中,基层法院的支出以运转成本为核心。这正应验了 C 县人民法院院长在接受课题组访谈时指出的那样:"法院的首要任务是保运转。"在保障运转的成本中,日常运转是基层司法的重点,也就是说,大部分运转经费被投入到诸如差旅费、燃修费、水电费、邮费和电话费等日常的运转之中。与日常运转成本相对应的是设备的购置和基础建设的进行,这两部分成本相对于日常成本而言均有项目性。用通俗的话来讲就是"时有时无"。在有基建项目和集中解决某项设备的年份,上述两项成本会飙升。同时,这也意味着往往在次年,上述两项成本会骤降。从整体而言,虽然日常成本是运转成本的重心所在,但运转成本的增长却主要由基建成本驱动。"一手抓审判,一手抓基建"的"两手抓"/"双核"模式似乎最佳地概括了新中国成立后基层司法的特征。一方面,审判所导致的日常性的公务费和业务费是运转成本的重心;另一方面,基建导致的基建成本飙升驱动了法院运转成本的增加。虽然,在新中国成立后的 60 年间,人员成本并非基层司法支出的重心。但人员成本的加速增长却切合了"棘轮效应"①的推断——国家机关的人员成本只升不降。从整体来看,人员成本是以工资成本为核心的单核模式。这也决定了任何对于法官工资制度的调整都将对法院人员成本产生深远的影响。

从阶段来看,短缺时期、创收时期和公共财政时期的支出模式均不同程度地区别于法院的整体支出模式。为了便于读者阅读,笔者在表 6-6 中以下划线的形式标注出各阶段与整体支出模式的差异。可以发现,在三类成本中,运转成本模式的变化最为显著。在短缺时期,法院运转成本是以"日常运转成本和基建成本"为核心的"双核"模式;创收时期,法院运转成本转变为"以基建成本为核心";而在公共财政时期,法院运转成本又演变为"以日常运转成本为核心"。这也是课题组考察的 60 年岁月中唯一一个基建成本式微的阶段。其原因就在于基建项目在创收时期的"过度释放"。当然,基建成本的骤减的同时,设备购置在公共财政时期的投入也不容忽视,虽然,这种设备成本的增加并未直接反映在支出模式的变化之中。

与运转成本不同的是,法院的整体成本和人员成本模式则更加稳定。对于人员成本而言,只有创收时期是较为"另类"的"以工资与福利成本为核心"的双核模式,这主要是基于法院在这一时期将创收的经费大量投入到人员福利的改善之中。工资成本与福利成本"两驾马车"共同提升了法院工作

---

① "棘轮效应",经济学术语,是指人的消费习惯易于向上调整,却很难向下调整。将该术语用在人员成本领域则是指人员成本很难降低。

人员的收入水平。此外,对于法院整体成本而言,也只有短缺时期表现得比较"另类",它以"人力成本和运转成本为核心",其余阶段法院均以运转成本为核心。本书随后的分析将会指出,此种以人员成本为核心的"另类"模式源起于短缺时期法院特殊的治理方式——人力替代资本。

四、基层司法财政支出模式变迁的成因分析

(一)基层司法财政支出模式变迁的成因分析——基于财政政策调整的视角

从整体而言,法院支出的趋势要素呈现出在波动中不断增长的态势。之所以呈现出此种特征,其原因与财政政策的调整密切相关。正是因为法官薪酬和公用类经费标准的不断调整以及基层司法人员数量的变动共同造就了法院支出的趋势要素特征。

1. 人员类经费阶段性递增的成因分析

基层法院人员类经费的变迁与国家公务员薪资制度全局性的调整高度同步。在我国,虽然不存在基于司法独立禁止削减法官薪酬的法定或宪法限制,但适用于各行各业工资增长的事实上的"刚性"特征仍然对法院人员类经费的削减构成了强有力的制约,故法院人员类经费,尤其是人均人员类经费一般也只存在一个增速快慢的问题,而很少出现负增长。由此导出了我国基层法院支出的第二个特点,亦即法院人员类经费支出与一般政府部门人员类经费支出的同质性。人员类经费,尤其是工资类经费呈现出阶段性递增的趋势。往往在国家工资政策调整之前平稳发展,而在工资调整之后阶段性递增并逐渐趋于平稳,如此反复。

在短缺时期我国公务员工资制度至少发生了四次调整(1956年、1963年、1972年和1977年),但其间可以被称为全局性调整的仅有1956前后的工资改革。新中国成立后,我国的机关干部工资制度实行"供给制",即"只发粮食,油盐柴米和少数的零用钱"①。1952年,国家对机关干部的工资制度进行调整,用货币工资取代原有的实物供给。随后,为了克服平均主义严重的弊病,政务院又将机关干部分为30等,并按照经济发展情况将全国划分为13类地区,以此确定机关干部的工资水平。② 这种实物与货币混搭的工资制度

---

① 李丽霞、辛华:《试论公务员工资制度的功能结构》,载《学习与探索》1990年第6期。
② 陈庆基:《国家公务员工资制度探讨》,载《财经研究》1990年第8期。

在1956年前后进行了调整。彼时,国家开始在全国范围内推行级别职务货币工资标准。本次调整的核心就在于将之前存在的实物工资折算为货币工资。必须承认,本次调整的范围广、力度大的——普遍每月提高工资2—12元(1955年C县人民法院工作人员的平均工资仅为35元)。与全国性工资标准调整同步,基层法院法官的薪资也实现了增长。正因如此,1956年,C县人民法院基本工资较之1955年增长了152%。(表2-11)

在创收时期,全局性的薪酬调整大致有两次。第一次是1985年的干部薪酬机构工资改革。本次改革的重要特点在于补助工资下调所导致的机关工作人员的薪酬水平不升反降。统计显示,1985年的薪酬改革后,科员最高工资(六类地区,下同)降低了2%,正科级最高工资降低了5%,正处级最低工资降低了11.6%。① 作为国家薪酬制度的有机构成部分,法院工作人员的薪酬标准也随之下降。本书第三章的数据显示,1985至1988年四年间,法院的工作人员补助工资连续四年负增长,跌幅分别达到46%、23%、29%和45%(表3-16)。创收时期另一次重大薪酬调整发生在1993年。1993年9月10日至14日,"全国推行国家公务员制度和工资制度改革工作会议"在北京召开。会议确定从该年度10月1日起正式推行国家公务员制度和进行工资制度改革。本次改革的核心实际上有两方面:建立正常的增资制度和建立地方津贴制度。② 具体来看,1993年的工资改革确立了机关工作人员基本工资逐步递增的原则,同时,地方津贴制度的建立为预算外收入对人员类经费的投入提供了制度渠道。与之对应,在20世纪80年代末取得自筹收入权力的人民法院也开始日益将"创收"投入到法官的福利改善之中。因此,在1993年之后,法院人员类经费增长日益迅速。就C县人民法院而言,在20世纪90年代初,人员类支出不足12万元。到了1994年,人员类经费支出已经超过72万。而到了20世纪90年代末,人员类经费已经高达112万。

在公共财政时期,国家机关工作人员工资制度同样经历了数次调整。其中,对法院影响最大的全局性调整发生在2006年。该年度,我国启动了新一轮的工资制度改革,以建立国家统一的职务与级别相结合的公务员工资制度,进而实现工资分配的科学化、规范化和法制化。由此导致2007—2008年度C县人民法院的基本工资和补助工资支出出现快速增长。数据显示,2006年C县人民法院人员类经费为220万,2007年C县人民法院类经费上升至

---

① 陈庆基:《国家公务员工资制度探讨》,载《财经研究》1990年第8期。
② 《李鹏总理、罗干秘书长、宋德福部长在全国推行国家公务员制度和工资制度改革会议上的讲话摘要》,载《中国人才》1993年第11期。

320万,而在2008年该类支出进一步上升至517万,可谓一年一台阶。(表4-14)

2. 公用类经费波动性递增的成因分析

与人员类经费阶段性递增相比,公用类经费由于其项目属性而具有一定的波动性。而公用类经费的波动也与国家财政政策的调整密切相关。所不同的是,国家工资制度的调整通常受制于棘轮相应的"刚性"而必须递增,而公用类经费政策的调整则可能会造成该类经费的递减。在短缺时期,尤其是1956年至1959年间,C县人民法院公用类经费中的公务费发生了显著的下滑,年均增长率为-21%。这无疑受到当时全国性控制机关公务经费的财政政策的影响。1956年底,毛泽东在中国共产党第八届中央委员会第二次全体会议上指出"要勤俭建国,反对铺张浪费,提倡艰苦朴素、同甘共苦"。随后,全国范围内开展了控制机关经费支出的工作。通常的做法是在1956年机关经费支出的基础之上按比例强制缩减。1960年至1962年间,由于大跃进的消极影响以及发生自然灾害等原因,财政困难非常突出,为了克服困难,全国范围内机关经费进一步缩减。作为国家机关的重要组成部分,基层法院也开始积极缩减机关经费的支出。持续性的经费压缩硬性要求,使得这一时期内法院公务费尤其是办公水电费支出数额下降。

差旅费的增长与国家对于差旅费标准的调整息息相关。1980年5月29日,国务院发布了《关于国家机关、企业、事业单位工作人员差旅费开支的规定》,对于行政机关的差旅费使用方式进行了规定。其后,随着经济的发展,物价水平的提升,在全国范围内差旅费的执行标准一共经历了大大小小6次改革和调整(1983年、1985年、1988年、1989年、1992年和1996年)。虽然就差旅费调整的本意而言,除了原有标准已无法适应工作实际之外,更重要的目的就在于鼓励节约和提高报销效率。① 然而,吊诡的是,绝大多数情况下差旅费标准的调整都会带来法院差旅费的显著提升。

小车燃修费的急速攀升同样受国家公车政策的影响。全国性的公车制度的调整发生在1984年前后。1984年以前国家对公车控制较严,只有一定级别以上的领导干部才有资格配备专车。1984年这项规定取消后,公车消费如脱缰野马,失去控制,仅1985年一年的公车消费额就超过了前30年的总和。② 20世纪80年代中期以后"公车松绑"的趋势主要体现为对自筹款项车辆的放行,从而为法院公车数量的提升提供了政策支持。从笔者访谈的

---

① 王志远:《差旅费实行总额包干应注意的几个问题》,载《财务与会计》1990年第5期。
② 李文新:《地方政府公用经费过快增长的原因与控制》,载《经济论坛》2007年第4期。

实际情况来看,法院几个主要的庭室,如刑庭、民庭、执行庭,均有自己的公务用车,有的庭室甚至拥有超过一台的公务用车。车辆数量的增加无疑会拉动车辆燃修费的提升。

除了政策调整导致的公用类经费增长或降低之外,公用类经费中基建成本和设备购置成本因国家财政保障政策的项目性而加剧了公用类经费的波动性。表6-4的内容显示,除了公共财政时期外,法院公用类经费均是基建成本驱动的。也就是说,基建成本变化会直接影响到法院公用类经费的波动。而国家财政对于法院基建的投入恰恰具有很大的波动性。在部分有基建项目的年份,基建成本可能大幅度提升,而在有些没有基建项目的年份,基建成本则可能大幅度下降。即使在基础设施建设大跃进的创收时期,法院的基建成本也具有极强的波动性。在2000年以后,基层法院的支出重心开始逐步从基本建设转向装备建设,亦即向设备购置经费等领域倾斜,首先成为装备重点的是"小汽车",并由此导致基层法院交通费用支出的攀升;而在小汽车装备建设任务基本完成后,"信息化设备"又成为另外一个采购重点。2009年底开始实施的政法经费保障体制改革进一步增加了基层法院可以获得的资源总额,可以预计的是,"十二五"期间将会有更多的现代装备进入基层法院,基层法院的物质装备条件将会得到更大程度的改善。不过,由于经费保障的方法本身并未调整,这些上级补助的设备购置经费仍将通过"中央政法补助专款"(中央政法转移支付)的管道提供,"一次规划、集中安排"的项目管理模式极有可能继续沿用,因而只有"轮到"基层法院所在地域时,其经费请求才会得到一次集中的解决。这意味着,设备购置费乃至更大范围的公用类经费的波动仍然会比较明显。

(二)基层司法财政支出模式变迁的成因分析——以纠纷治理模式为视角

按照社会学的观点,角色包含社会的客观期望和个体的主观表演两种主要成分,是"处于一定社会地位的个体,依据社会客观期望,借助自己的主观能力适应社会环境所表现出来的行为模式。"[1]在对法院支出模式变迁的考察中,我们不能忽视法院所处的财政制度环境中的政策调整对法院支出的影响。同样,我们更不能忽视的是,法院在社会治理过程中所扮演的角色可能在同样程度上影响了法院的支出。总之,国家定位、当事人和社会期待构成

---

[1] 周晓虹:《现代社会心理学》,上海人民出版社1997年版,转引自蒋飞:《论当代中国司法的基本功能:解决纠纷》,载《法律适用》2010年第10期。

了对人民法院的客观期待,这种客观期待结合法院的能力限度与主观愿景就形成了各个阶段法院不同的实践角色,并最终影响了法院治理社会的方式。笔者认为,除了财政政策调整之外,法院治理纠纷模式的变迁是我们考察基层司法财政支出模式变化的又一关键线索。

要考察法院治理纠纷的模式,我们需要从三个方面入手:治理的范围、治理的程度和治理的方式。所谓"治理的范围"是指法院整治与调理社会纠纷的界限,具体而言就是法院可以受理案件类型的总和,它代表着法院的"管辖能力";所谓的"治理的程度"是指法院整治与调理社会纠纷所达到的状况,它代表着法院的"渗透能力"。根据程度的不同可以分为"浅度治理"和"深度治理",前者是指治理纠纷时仅仅着眼于纠纷本身的解决,而不考虑纠纷之后的各种社会关系的调理,是"为了解决的解决";后者则是指解决纠纷时也考虑到纠纷之后的社会关系,纠纷的解决往往伴随着大量社会关系的整治。所谓的"治理的方式"则是指法院治理纠纷的增量方式,具体而言是指法院通过何种方式实现治理纠纷数量的增长。治理的方式主要有"资本替代人力"和"人力替代资本"两种方式,前者是指主要通过最大限度调动人力资源来实现治理纠纷的增量,它的重要指标是人员成本中工资成本的绝对比重;后者则是指通过资本的持续投入来实现治理纠纷的增量,它体现为在工资成本之外的"软件"福利成本的提升,以及"硬件"基建成本和设备成本的提升。在解释完以上基本术语之后,我们将结合 C 县人民法院实践,分阶段探讨法院治理纠纷模式变迁所导致的法院支出变迁。可以说这是一条不同于传统意义上的分析路径。

从传统分析的路径来看,法院支出的增长主要是基于政治、经济环境的变化所导致的纠纷提升。然而,我们认为这种解释框架是不够准确,或者说是不够精确的。因为,社会纠纷的增长并不会必然带来法院支出的增长。第一,如果增加的纠纷绝大多数并没有涌向法院,那么法院的支出事实上并不会受到纠纷增长的过多影响①;第二,如果纠纷大量涌向法院的同时,法院处断个案的成本却大幅度下降,那么法院支出同样不可能呈现出急速增长的样态。事实上,正是因为法院治理纠纷模式的变化导致了新产生的纠纷大量涌入法院的同时(没有其他的纠纷化解机制),治理个案的成本也不断提升,两者共同拉动了法院支出的增长并主导了法院支出的变迁。支出结构的转型与事权层面基层法院治理模式的转换正是同一事物的两种面向;第三,此种

---

① 这并非没有可能,在改革开放之前,增加的纠纷主要由当事人所在的单位化解,很少会流向法院。

论点也无法解释为何我国法院受理案件数量下降的同时并未导致法院支出的显著下降。贺欣和本杰明·李伯曼(Benjamin Liebman,又译作李本)等人已经敏锐地观察到我国法院自20世纪90年代中期以来,民事案件、特别是经济案件已经呈现下降或者持平的趋势。[①] 然而,我们却能发现,自20世纪90年代中期以来,法院经费支出却呈现出飞速的增长。

1. 1949—1978年:精细化的人力密集型治理模式

(1)精细化治理

1949—1979年间,中国的社会从整体上仍然是一种熟人社会,这种熟人社会通过单位、公社等组织得以建构。熟人社会是依靠密切的多维人际关系维系的,国家政权和法律由于地理及人力、财力的限制,实际上无法全面深入到城市的单位和农村的公社之中,无论在城市还是农村,都在一定程度上存在着"天高皇帝远"的现象。在城市,单位既是代表国家直接占有、处理、分配资源的组织,又相当于政府的派出机构;既具有经济功能,又具有政治功能。[②] 同时,在农村,人民公社体制是中国近代以来最为有效的针对农村社会的治理方式,它成功地保证了农村社会的稳定。[③] 当时,国家为了实施对社会的全面控制,取得最大效率,取消了国家与个人之间全部中介环节,导致了国家机体的无限膨胀,最终吞没了差不多整个社会,个人选择的空间随着私域的消失而消失。[④] 同时,基于单位和公社等组织,当时的中国社会更具"内聚紧密性"[⑤],人际交往更加内向,人际关系更多限于组织内部。在那个时代,伴随着私有产权的基本终止,土地、债务、继承、分家等纠纷基本绝迹。新的制度安排虽然产生了诸如与生产队工分议定、工作分配等相关的纠纷,但总的来说,在全能权力的控制之下,人民对日常生活的自主性大规模降低,人际关系间的公开矛盾也相对减少。[⑥] 这里面唯一的例外则是离婚领域,它是这一时期民事纠纷的主要内容。上述十分有限的纠纷在绝大多数情况下会自行消解或者通过单位、公社予以内部消化。法律也就因此并非民众生活所必须,社会公众对于法院全面介入纠纷的解决并没有多大的期待和需求。

[①] 参见贺欣:《运作不良的法院?——来自两个基层法院的经验考察》,载《法律与社会科学》2011年第1卷;Benjamin L. Liebman, China's Courts: Restricted Reform, 21 Colum. J. Asian L. 1(2007).

[②] 李建方、张容:《城市治理方式的转变与城市社会政治稳定》,载《南京政治学院学报》2003年第2期。

[③] 高默波:《书写历史:〈高家村〉》,载《读书》2001年第1期。

[④] 徐新:《国家与社会:当代中国法院地位变迁的法哲学思考》,载《江苏社会科学》2011年第1期。

[⑤] 〔美〕黄宗智:《过去与现在:中国民事法律实践的探索》,法律出版社2009年版,第23页。

[⑥] 同上书,第34—35页。

因此,在这个阶段中,在纠纷解决体系中,尤其是民间纠纷领域,人民法院在某种程度上是可有可无的。它只是无所不能的国家机器的一个部分,只是国家解纷机制的一个环节。单位、公社的对内部纠纷的解决实际上也被视为国家解决纠纷的另一个环节,它的地位和作用与人民法院解决纠纷并无明确不同。这种社会现状决定了法院治理纠纷的范围十分有限,仅仅通过审判刑事案件来实现打击犯罪,并负责解决十分有限的民事纠纷(主要为婚姻家庭纠纷)。故而,就治理范围而言,人民法院奉行的是一种"有限主义",即司法仅仅介入特定的、有限的案件范围。法院的管辖能力处于本书考察时段中的最低水平。

然而,在极少数需要法院介入处理的纠纷的解决过程中,法院的治理程度却是很深的。换言之,法院对于社会的渗透能力十分强大。通过考察历史,我们可以看到此时的法院在处断纠纷时完全是采取的是一种深度介入的姿态,即在纠纷解决过程中不仅仅关注纠纷本身,还更加注重梳理纠纷之后的社会关系。在一般纠纷的解决过程中,法官的角色更大程度上是一个调解人员。以离婚案件的办理来看,这个阶段中法官办理案件时是不能采取"坐堂办案"的形式,他在与当事人单独谈话之后需要亲自调查案件的事实。在调查过程中,法官通常需要从双方当事人的"领导"处获取相应的信息。在农村,法官通常会询问当事人的生产队队长或者村支书,在城市则可能是厂长、校长等。在向领导了解完基本信息之后,法官还需要走访"群众",比如当事人的近亲属、朋友和同事等,力求充分把握案件的背景信息。最后法官才会约谈案件的双方当事人,此时当事人的父母也会被纳入到纠纷解决的过程之中。根据黄宗智的研究,此种法院调解的模式实际上混合了法庭的强制和当事人自愿的服从。法官运用道德和意识形态的劝解及物质刺激,不仅仅以法官的身份施加压力还借助了社区和家庭的力量,从而最终促成纠纷的解决。这种对社会纠纷的治理模式的特点就在于强调纠纷的实际解决,而不是仅仅关注权利的划分;强调根据实际状况解决问题,而不一定是为了区分是非对错。因此,从整体而言,沿着此种群众司法路线而推行的治理方式通过对纠纷的深度渗透达到了良好的治理效果。① C县人民法院在这一时期的公用类经费支出情况也验证了这一结论。尽管产生差旅费支出的事项包括会议出差和办案出差两种类型,但统计发现,因会议出差的情形极少,绝大部分的差旅费支出都是因办案出差产生。这是由当时司法工作必须贯彻群众

---

① 〔美〕黄宗智:《过去与现在:中国民事法律实践的探索》,法律出版社2009年版,第94、101、128页。

路线及其所衍生的"马锡五审判方式"决定的。① 所谓司法工作贯彻群众路线,就是司法工作干部要树立坚强的群众观点和全心全意为人民服务的思想;要同群众保持血肉般的密切联系;在工作中要尽量便利人民,审判案件程序简便,不拘形式;在工作中,要依靠群众,深入调查研究,搞清案情真相,倾听群众的意见,依靠群众的力量,正确处理案件;同时在审判案件的过程中,运用各种形式向群众进行法制宣传教育,提高群众的政治思想觉悟和守法观念,以达到预防犯罪,减少纠纷的目的。司法工作的群众路线不但决定了这一时期不收诉讼费用,也决定了基层法院办案机制的基本模式:就地审判、巡回审判、公审制、人民陪审制以及注重调解工作。② 其中,就地审判要求初审机关走出法庭,携卷下乡,联系群众,处理案件,并通过具体案件的处理,进行政策法令宣传。正是这种审判方式深刻影响了当时公用类经费的构成要素:在极低的公用类经费标准中,绝大多数费用被用以支付法院日常运行的成本,尤其的差旅成本和宣教成本。本书第一章在解读业务费时就已指出,本阶段宣教费是业务费的重要部分,占业务费的29%。1966年宣教费甚至占到业务费的61%,这也是本书考察三个时期中最高的。样本2-6揭示了当时宣教的手段主要有:就地公判、图片展览、印发宣传资料和黑板报等。由于强调外出办案,法院的基建设备投入未受到足够的重视,法院的办案设备成本也被压缩在极低的范围内开支,分别仅占到法院总支出的5%和0.4%(表6-5)。

总的来说,本阶段基层法院无疑采取的是一种"小切口、深治理"的精细化模式。面对有限的民事纠纷,法院力求"小而深"地解决问题,它们不求解决纠纷的广度,而是更加注重纠纷解决的实际效用。司法通过群众路线的遵循来实现对有限社会纠纷的深度渗透。

(2) 人力密集型

在治理方式之上,本阶段法院采取的是"人力密集型"③的治理方式,即主要以人力的付出而不是资本的投入的来实现纠纷的治理和解纷数量的增

---

① 关于司法工作贯彻群众路线的论述来自《马锡五副院长在全国公安、检查、司法先进工作者大会上的书面讲话》(1959年5月20日)。

② 需要说明的是,这一时期,巡回审判不是基层法院的办案模式。它是陕甘宁边区政府时期高等法院及分庭为了便利人民诉讼或因案情复杂,将案件带到当地,进行处理的一种审判方式。这种审判方式不仅使案件可以得到迅速正确的处理,而且通过处理案件,可以检查下级司法机关的工作,帮助建立制度,总结经验,提高思想。详见《马锡五副院长在全国公安、检查、司法先进工作者大会上的书面讲话》(1959年5月20日)。

③ "人力密集型",经济学术语,是指企业产量的增加主要依靠人力投入的增加。在本书中,它是指法院处断案件数量的增加主要依靠人力投入的增加。它包含两方面:其一,增加法院的工作人员数量;其二,充分动员现有工作人员的积极性。与"人力密集型"对应的概念为"资本密集型"。

加。数据显示,在本书划分的三个阶段中,只有短缺时期是以人员成本为重心。人员成本占到法院总支出的58%。更为重要的是,短缺时期的"人力密集型"还强调对人力成本的最大限度压缩,法官的福利待遇很少被强调,补助工资仅占法院总支出的4%,福利成本投入仅占法院总支出的1%。那么接着的问题似乎是,在极低的人力资本投入标准的基础之上如何最大限度地调动法院工作人员的积极性?换言之,如何做到"既要马儿跑,又要马儿吃得少?"课题组的访谈显示,其秘诀就在于成功的"政治动员"。所谓的动员是指为了实现特定目标而进行宣传、号召、发动和组织工作。其中,政治动员是指特定的政治领导者或者领导群以某种系统的价值观或者信仰,说服、诱导或强制本政治团体成员或者其他社会成员,获得他们的认同和支持,引导他们自愿服从和主动配合,以实现特定目标、任务的行为过程。在改革开放之前,政治动员始终是法院工作动员的重要方面。① 这样的方式与中国共产党在革命战争中使用的方式一脉相承。具体而言,即通过思想灌输,使得法官自愿服从于某个政治原则。在当时的语境下,很重要的部分就是个人利益高度服从于国家利益,这是当时法官价值观念的组成部分,在此价值观念的指引下,"艰苦奋斗""勤俭节约"是行动策略选择也就成为必然。法官愿意通过牺牲个人的利益的方式来最大限度地完成工作任务。在此种模式之下,法院业务量的增加是通过人力的激发而不是通过资本投入的增量实现。换言之,法院主要通过政治上的激励,精神上的鼓舞来引导法官朝着"吃苦耐劳""艰苦奋斗"的方向去努力,而在此过程中,物质的激励(资本)是被忽视的,工作条件(资本)也是可以克服的,法院大量的运作成本被法官个人(人力)吸收。这个时候的优秀法官应该是一名"不怕任何苦难,不计任何回报"的人民公仆。此种模式决定了本期法院的运作成本是在最低标准之下配置的,许多被应有的资本投入在政治动员之下被削减和控制。法院个案的处断成本也较低。表6-6的数据显示,1955年C县人民法院处断案件的实际成本为8.9元/件,1978年增长到209.6元/件,平均增速为10.45%②,明显低于创收时期和公共财政时期的个案处断成本。

---

① http://www.21ccom.net/articles/history/xiandai/20140928113987.html,访问时间:2014年10月9日。
② 几何平均值的"增速"而非算术平均值的"年均增长率",若未剔除CPI指数,法院个案处断成本年均增速为12.19%。

表 6-6 1955—2008 年 C 县人民法院个案处断成本变化表

(元、件、元/件)

年份	名义支出	实际支出	案件数	名义成本	实际成本
1955	8042	7931	889	9.0	8.9
1956	25356	25281	605	41.9	41.8
1959	12723	12864	228	55.8	56.4
1960	11568	11534	174	66.5	66.3
1963	14382	13856	613	23.5	22.6
1977	40854	40731	310	131.8	131.4
1978	31864	31026	148	215.3	209.6
1980	82092	80561	186	441.4	433.1
1981	61829	57516	233	265.4	246.8
1984	241213	236483	518	465.7	456.5
1985	238048	231790	491	484.8	472.1
1989	295642	248857	1075	275.0	231.5
1994	1138768	992823	2967	383.8	334.6
1995	1724329	1389467	3500	492.7	397.0
1996	1899298	1621946	3827	496.3	423.8
1997	2070388	1911716	2999	690.4	637.5
1998	2652212	2579973	4418	600.3	584.0
2006	6082141	5974598	4094	1485.6	1459.4

1. 制表中剔除了居民消费价格指数(CPI),它是反映居民家庭所购买的一般消费品和服务价格变动情况的宏观经济指标。这样能更加精确地反映 C 县人民法院个案处断成本的变化。比如,假设 1990 年法院的总支出为 100 元,1991 年法院总支出增加至 110 元,1990 年度 CPI 为 110(1989 年 为 100),若不考虑 CPI 的因素,法院支出增长率为 10%。但这 10% 的增长率实际上并不标示着法院支出的增加,而是由于物价上涨造成的。换言之,由于 CPI 为 110,1991 年的 110 元的购买力事实上与 1990 年的 100 元是相当的。也就是说,剔除了 CPI 之后,法院 1991 年的支出增加率为 0。

2. "名义支出" = 法院总支出;"实际支出" = "名义支出" ÷ 上年度 CPI。CPI 指数来源于国家统计局网站。

3. 审结案件数来源于各年度《C 县人民法院年度工作报告》,由于档案制度的原因,有一定的缺失。

短缺时期"人力密集型"的治理模式在压低人力成本的同时,还最大限度地压低了公用类经费的标准。因为法院纠纷的治理主要不是通过资本的持续投入。与之对应的必然是诸如基建成本、设备成本等资本投入在法院总支出中的比例极其有限。这具体可以表现在以下三方面:

首先,外出办案的支出比重极低。统计发现该期法院总支出中仅有 8% 的经费被投入在外部办案的支出中。前文已反复论及,当时司法工作贯彻群众路线及其"马锡五审判方式"。由于"马锡五审判方式"采取携卷下乡、就地审判形式,它必然会导致外出办案成本的提升,因此我们可以推断,外出办案经费被最大限度地压缩了,真实的支出水平应该会远远高于8%。

其次,基建投入极低。由于"马锡五方式"摒弃了传统的"坐堂办案",它对审判空间和环境的要求具有开放性。因此,不要求在封闭、固定的审判空间中开庭,"司法广场化"①色彩强烈。这种方式造成了对法院基础设施需求的减弱。数据显示,短缺时期基建成本仅占法院总支出的5%,法院的基础设施十分落后。从项目构成来看,短缺时期基建成本主要用于法院建筑设施的维护和保养,开展大规模的基建活动不多,仅在1956年进行了办公用房和审判法庭建设,建成后法院的房屋及建筑物包括:办公室5间、刑庭1间、民庭1间;接待室1间;储藏室1间以及原有的客房1间、宿舍7间,1964年因为随着司法档案的增加,新建了3间司法档案室。② 这种落后的基础设施反映了这一时期法院办公环境和办案条件非常艰苦,也为改革开放后法院基础设施建设大跃进埋下了"伏笔"。

最后,设备投入微乎其微,仅占法院总支出的0.4%。根据这一时期C县人民法院的财务报表显示,设备购置费包含交通工具购置费、办公家具购置费、被服装具购置费等。实际上,虽然存在上述会计科目,但真正发生该项支出的年份不多,主要发生在1957年用于购买自行车1辆,1963年、1974年分别购置了一批存放业务档案的档案柜,都属于硬性支出。③

综上所述,在改革开放之前,我国基层法院奉行"精细化的人力密集型"治理模式,它强调在有限的案件范围内,对个案进行深度介入,并且主要依靠人力的投入而不是资本的投入来实现纠纷的治理与业务的增量。由于资本的投入被人力的动员所替代,此种治理模式决定了法院以较低的成本来面对较少的"事务",从而使得法院支出在较低的保障水平下正常运转。此外,当时,我国在城市实行以"单位制"为主、"街居制"为辅的管理模式,在农村实行"公社制"和"生产队"的管理模式。④ 这些社会的其他平行主体不仅吸纳并处理了大量的纠纷,同时在法院治理纠纷时还起到了极大的协助职能,从而大大降低了法院的治理成本。在面对受理的纠纷时,法院采取的是深度影响的策略,力求最大化地解决纠纷,并且十分强调纠纷解决的实际效果。司

---

① 参见舒国滢:《从司法的广场化到司法的剧场化——一个符号学的视角》,载《政法论坛》1999年第3期。
② C县人民法院1956年会计报表。
③ C县人民法院1957、1963、1974年会计报表。
④ 麻宝斌:《任晓春从社会管理到社会治理:挑战与变革》,载《学习与探索》2011年第3期。

法因为其对社会介入的深度而获得了一定的权威。在此种模式下,人力成本必然是法院支出的主要部分,而公务和业务的支出往往十分有限。福利奖励、外出办案、修缮类经费和设备购置费等经费支出均处于历史最低值。

2. 1979—1999 年:粗放式的资本密集型治理模式

随着单位制走向式微并解体时,由被剥离或者还原出来的社会属性衍生出来的社会矛盾和问题直接推给了社会,为解决这些问题,导致了城市社会公共事务的剧增。① 中国社会由熟人社会向半陌生人社会转变。原本能够被单位、公社有效消解的纠纷就大量地涌入社会。同时,随着经济的发展,社会纠纷也逐渐呈现出"井喷"的状态。在此背景下,客观上需要一个强有力的解纷机构来处理如此多的纠纷。于是,人民法院就在此时"临危受命"。这个阶段的人民法院的治理模式呈现出"粗放式的资本密集型模式"。该模式由两大核心词构成:粗放式+资本密集型。首先,"粗放式"意味着虽然法院尽可能多地介入各种纠纷的解决,其管辖范围已经大大超过短缺时期。然而,与短缺时期"精细化"有明显差异的是,"粗放式"的治理方式对纠纷往往"浅尝辄止"。其次,"资本密集型"意味着法院纠纷的治理和业务的增量主要不是通过人力投入的增加,而是通过资本的持续投入实现。

(1) 粗放式治理

不可否认的是,在创收时期与公共财政时期中,越来越多的纠纷被纳入到法院管辖的范围之中。法院受理案件不断增长除了与经济发展有所关联之外,还与法院积极主动地介入更多领域息息相关。从行政诉讼到经济案件,从宪法案件到破产案件,法院以其"宽广的胸怀"接纳了原来许多法院所不曾参与过的纠纷。这种现象与法院有所作为的冲动密切相关。可以说,在治理范围的选择之上,在本阶段法院采取的是一种"全能主义",即尽一切可能地介入原来不属于人民法院治理的社会纠纷。法院试图通过改革,实现以下职能:(1) 运用依法调节经济关系的职能,在改善经济环境、稳定经济秩序、全面深化改革中起保证作用;(2) 运用保护公民和法人合法权益的职能、在建立社会主义商品经济新秩序中起服务作用;(3) 运用对敌专政的职能,在安定社会治安秩序中,起打击犯罪活动、惩治犯罪分子的作用。②

首先,"全能主义"要求法院尽可能地扩大法定的管辖范围。1982 年《中

---

① 李建方、张容:《城市治理方式的转变与城市社会政治稳定》,载《南京政治学院学报》2003 年第 2 期。

② 辽宁省高级人民法院:《人民法院要在治理经济环境整顿经济秩序中充分发挥职能作用》,载《人民司法》1989 年第 8 期。

华人民共和国经济合同法》颁布,其中关于纠纷解决的方案大多指向了人民法院。由此,法院获得了涉及经济合同纠纷的管辖权限。1982年《中华人民共和国民事诉讼法》的出台也加速了民事纠纷向法院的涌入。此后,随着1990年《中华人民共和国行政诉讼法》的颁布与试行,法院系统获取了管辖行政诉讼的权限。①

其次,"全能主义"还体现在通过特定的方式获取本属于其他主体治理的纠纷。在这个过程中,许多以往发挥重要功效的解纷机制或被弱化、或被取消。一个显著的标志就是最高人民法院通过1990年和2000年两个《行政诉讼法》的司法解释,获取本属于行政机关职权范围大量案件的管辖权力。②具体而言,这两个司法解释规定,只要行政机关以调解的方式解决的民事纠纷,当事人不服向法院起诉的,法院作为民事案件受理,行政机关不作为被告;而如果行政机关以裁决的方式处理的民事纠纷,当事人不服向法院起诉的,法院作为行政案件受理,由行政机关当被告。此种规定至少导致了如下后果:一是行政机关因为怕当被告,该裁决的不裁决,大量纠纷未能得到及时处理;二是行政机关即便解决,也是一律采用调解手段,调解不成让当事人向法院起诉。通过此种方法,许多原来由行政机关解决的纠纷就自然流向法院系统。除此之外,法院系统还通过打压人民调解,"迫使"许多案件流向法院。其关键策略便是通过否定调解协议的效力的方式废了人民调解的"武功"。"2002年之前人民法院在审理涉及人民调解协议的民事案件时,往往对调解协议的效力不予审查,仅依据原纠纷的事实进行审理并判决。"③由于当事人通过人民调解获取的协议在法律上没有任何强制效力,因此原来属于人民调解的大量纠纷便"外流"到法院体系之中。正如学者范愉指出的那样,从20世纪80年代起,人民调解经历了没落的10年。④

"全能主义"策略推行有两个显著的例证。第一,在20世纪90年代中期,全国不少法院出现了在行政机关中设置执行室的做法——法院将机构触角扩展到了行政机关。课题组调研的C县人民法院就在1993年前后分别在

---

① 实际上,这种态势还在公共财政时期有所体现。在2007年前后《民事诉讼法》修订的过程中,其基本理念仍然是认为应进一步无条件扩大诉讼的利用、减少行政性和民间性纠纷解决机制的作用。参见范愉:《纠纷解决研究的反思与展望》,载《司法》2008年第3辑。
② 参见沈开举:《法院只是最后一道防线》,载《民主与法制》2007年第15期。
③ 浙江省高级人民法院联合课题组:《关于人民调解协议司法确认的调研》,载《人民司法》2010年第23期。
④ 范愉:《有关调解法制定的若干问题》(上),载《中国司法》2005年第10期。

国土局、城建局、工商局、稽征所、防疫站等五个行政机关设置了执行室。①最高人民法院在法发[1993]19号《关于纠正执法不严和乱收费等不正之风的通知》中就要求"不许乱设机构,有些法院在一些行政部门派驻法庭和执行机构,凡是违反规定的,要进行认真清理并予以纠正。"然而,在S省,这一现象直到1995年6月之后才逐步解决。与"全能主义"相匹配的另一个例证是法院系统试图深入国家权力末梢并进入社会的基层,实现"乡乡由法庭"的宏伟蓝图。人民法庭建设的高潮由此肇始,并有过度之嫌。②

可见,法院试图通过自身工作的开展,起到对社会生活各个领域的全面、积极和主动的干预。法院事实上由"社会纠纷的最后一道防线"转变为"社会纠纷的第一道防线"。

然而,熟人社会的逐渐解体以及政治权威的式微使得法院不太可能以前一阶段相同的方式来治理社会。任何"深度"治理的方式就可能使得原有治理模式下的隐性成本在这个阶段成为显性成本(单位制的辅助作用消失)。此种状况决定人民法院客观上无法再采用"精雕细琢"般"深度影响"的治理方式。因为法官深入基层不会再像陕甘宁时期或者新中国成立初期那样依赖法官的"两条腿"和一颗吃苦耐劳的"心"(人力),而是依赖汽车等各种现代化的交通工具,与之相伴的则是更为昂贵的车辆购置费、修燃修、差旅费等。可以看出,创收时期,法院差旅费和车辆燃修费占到法院总支出的14%,前一阶段仅为8%,总额更是由1955年的0.04万上升至1998年的29.3万,增加了732倍。同时,由于政治权威的相对式微,法院势必需要寻求新的权威寄托。在这个阶段,人民法院选择了诉诸法律符号,希望以符号化的司法来形成自身独有的权威。"仪式由一系列象征符号组成。符号是一种可被感知的简单形式,用于表现一种复杂的事物。符号的这种简单形式对复杂事物的表现,可以是基于它们之间的相似性、关联性,还可以是基于'规约性',即事物的意义转换能力。"③司法仪式首先由一系列的符号构成,这些符号包括法院的物理环境(法庭、办公大楼等)、法槌、法袍、特定的程序、法庭的装备(车)。通过此种仪式符号的建立,法院希望能够形塑其独特的地位。具体而言,通过这些符号的建立,法院首先试图摆脱其"行政部门"的属

---

① 1995年7月14日X法院的《法院信息》就对执行室的撤销作出了如下的记录:在会上,院长向与会同志传达了S省高级人民法院、Y中级人民法院关于撤销人民法院驻行政机关执行室的通知精神。(略)两年多来,共受理五个执行室所在单位申请执行案件102件,执行完毕101件,收回行政罚款及拖欠的应缴款11.3万元。(略)参加会议的各行政机关领导表示最好不要撤销。(略)

② 明显的例子是在20世纪90年代末,由于面临着资金运转的困难,法院系统开始了撤并人民法庭的努力,典型的做法就是将若干人民法庭合并成一个大的人民法庭。

③ 巢志雄:《司法仪式的结构与功能》,载《司法》2008年辑。

性,从而具备特殊的司法属性;此外,通过符号的建立,法院制造了一定的神秘感,并试图塑造一种司法权威,从而取得了相对于当事人的支配地位。"权威是一种社会关系,这种社会关系保障人们的活动服从于社会确定的目标和规范,并在一定的社会形态中发挥作用。权威对象的服从是一种自觉状态下的服从,而不是出于外在压力所迫的被迫服从或盲目服从,是在对权威主体的品质、行为、自身利益和所处客观环境做出权衡后的结果。"① 法院希望通过特定的符号,诸如严格的审判程序、标准的审判法庭、统一的法袍、准确的法律言语来形成特定的权力载体,从而唤起社会公众对司法的自觉遵从。然而,司法符号的建立是高成本的。在创收时期,司法系统在基建方面投入了巨大的成本;而在公共财政时期,司法系统又在设备方面投入了巨大的成本。它们在拉动法院公用类经费迅猛增长的同时也埋下了一系列的隐患。有学者就曾批评这一时期法院支出的重大弊端时就指出,整个司法系统"不顾实际搞达标建设"。比如中央司法主管部门制定的审判庭、法庭建设标准,检察院办案用房和技术用房建设标准,法院和检察院审判、审讯尖端技术手段的装备标准等,远远超过我国当前的国情。② 本书第三章在"基础设施大跃进"的部分也为读者描绘了一个自身财力有限,却又无限投入到基础设施建设中的法院的身影。

很不幸的是,法院的此种"符号"建设并没有创造司法权威。相反,却造成了法院治理程度的浅层化与表面化。具体而言,消极与被动、法律至上、程序正义、举证责任、注重审判等一系列伦理符号和司法职业化的改革的强调使得法官审理案件不再像改革开放之前需要积极调查、积极调解,超越个案去梳理社会关系,而是演变为坐堂办案,由当事人举证,法官居中审判,强调程序正义,仅处理案件本身,而不过问也不允许过问案件之后的社会关系,这是一种十分明显的"浅层影响"的治理模式。能够介入纠纷之后社会关系的调解方式越来越被忽视,中国的法院日益由"调解型"转为"判决型"。③ 这种调解率的不断下降直到2007年前后重提调解之后才得以遏制。有学者就观察到"在实践中,调解结案的比率呈现出"V"字形的变化过程:1989年民事、经济案件调解结案率分别为69% 和76%,此后逐年下滑;到2002年,民事案件(此时民事经济案件已不再进行区分,即所谓"大民事")的调解率为

---

① 巢志雄:《司法仪式的结构与功能》,载《司法》2008年辑。
② 贾新怡、唐虎梅:《以效益为核心提高司法经费管理水平》,载《中国财政》2006年第4期。
③ 黄秀丽、任楚翘:《调解越来越主流》,载《南方周末》2011年4月28日。

31.9%;而到 2008 年,民事案件的调解结案率已回升至 58.86%。"① "重判轻调"司法理念的结果使法官的裁判具有了形式合法性。但是,只重裁判不重说服的司法方式只能是"裁判纠纷"而非"解决纠纷"甚或"平息纠纷",从而导致司法裁判的"合理性"出现了危机,公众对司法权威的不信任日渐加深。司法的"形式"权威得到了加强而"实质"权威则有所下降,直接的表现之一就是信访申诉的大量发生。② 最高人民法院常务副院长沈德咏也承认:"部分群众对司法的不信任感正在逐步泛化成普遍社会心理。"

更加令人遗憾的是,在由重视调解转向重视判决的同时,中国法院的调解和判决也与前一阶段有了明显的差异,调解和判决均日益"浅层化"。首先,当中国社会步入"诉讼爆炸"的时代后,法院有限的资源自然无法承受案件增长与诉讼技术化、专业化带来的二元负担增长,唯一的出路是以"当事人主义诉讼模式"之名将诉讼的主要负担转移到当事人身上,由当事人负责主张权利、确定审理的对象、收集并提交证据、在法庭上进行对抗式的辩论,而法官仅仅是"坐堂断案",最后以"法律真实"之名认定案件事实并作出裁判。这是将法院"不能承受之重"不负责又无奈地转嫁给民众,也是当前司法公信力产生丧失的主要原因。③ 由于在民事诉讼中法官没有进行调查取证,因此法官对于案件的判断就只能依照庭审的证据,因此"法庭真实"和"实质真实"被人为地区分开,并且日益强调"法庭真实"的合理性,也就是认为法庭的审理只能依据法庭真实来运作,不能苛求依靠只有"上帝才知道"的实质真实。这种导向进一步导致了法院治理社会方式急速地程序化和形式化。这一点深刻影响了法院的庭审和调解,其直接结果就是庭审的程序化,强调举证责任,强调权利保护,强调区分对错;同时,传统调解重视调查取证的核心被剥离,调解日益形式化。具体而言就是废弃了原来的调查和劝解工作,所做的只是形式上的、没有实质内容的"调解"。

总而言之,这个时期中国的法院改革陷入了波斯纳所言的对于"僧侣式的舞台技艺——高高的审判席、法官袍、法庭誓言、法律术语和辞章"④的过分追求。学者黄宗智就曾评价道,从审判员在人民心目中的威信来说,今天

---

① 张晓冰:《"大调解"背景下法院调解制度重构之思考》,载《海南师范大学学报(社会科学版)》2011 年第 3 期。
② 蔡维力、张爱军:《走出移植西法困境回归人民司法传统——对我国司法改革的实证评析》,载《法学评论》2009 年第 4 期。
③ 《让大众接近司法》,载《人民法院报》2012 年 5 月 14 日。
④ 〔美〕波斯纳:《法理学问题》,苏力译,中国政府大学出版社 2002 年版,第 8 页。

其实要逊于改革前的毛泽东时代。①

(2) 资本密集型

在治理方式上,受制于政治动员自身的缺陷和不足,本阶段的法院日益开始诉诸资本替代人力的方式来实现纠纷治理的增量。政治动员的缺陷主要表现在两个方面:一方面,它在一定程度上是对法院正常工作程序的破坏,长期的政治动员,将不仅削减自身的效用,同时也对法院正常工作体系的破坏;另一方面,长期的政治动员,也势必会使得法官对于这种动员日渐麻木,使得动员的功效递减。因此,改革开放之后,随着政治动员的阶段的远去,法院的案件增量日益走向资本替代人力的类型。法院纠纷的治理和业务的增加越发依赖资本的密集投入。那种依靠激发干警思想热情,运用人多的优势和坚强的意志力来完成工作任务的作业方式已经不再强调。此前通过人力来完成的工作越来越多的通过现代化的物质装备来替代。当基层法院的各项工作与改革前由群众运动或群众路线激发的政治热情和价值观越行越远时,而代之以新的、更为理性的以"利益"为基础的激励和约束机制,同时在意识形态上不再抵制转而强调技术的权威时,通过物质装备建设实现对传统人力工作的替代必然成为基层法院支出转型的重要诉求,我们将其称为"资本替代人力"。换言之,这种运作模式表现为政治的激励已经成为一种辅助的作用,物质的激励已经成为一种常态。此外,法院在通过物质激励的方式同时,还通过现代化的办公设施和审理方式的引入来实现法院业务的增量。因此,这里就会引出"资本替代人力"运作模式的两大特征:其一,通过提升福利奖励待遇的方式,以资本的投入来调动人力资源效率的提升;其二,在提升待遇的同时,着力改善法院的硬件设施(办公楼、计算机、网络等)和外出办公条件(乘车下乡),以资本的投入来换取法院治理纠纷的增量。实证数据也证实了我们的上述论断。短缺时期,用以维持最低人员成本的工资成本占到法院总支出的57%;创收时期,法院工资成本占法院总支出的比例骤降至22%(表6-3)。可见,最低限度的工资标准此时在改革开放之后的法院支出中的权重已经大不如前,与之形成鲜明对比的是福利奖励类支出在法院总支出中的比重由短缺时期的1%上升至创收时期的15%。通过提升工资待遇来激励法官的趋势已经日趋明朗。在改善法官工资待遇的同时,改善法官工作环境的支出也在提升,创收时期,投入在基建和设备改善的支出就占到法院总支出的29%,较之短缺时期的5.4%也有了明显的飞跃。其实,正是

---

① 〔美〕黄宗智:《过去与现在:中国民事法律实践的探索》,法律出版社2009年版,第126—143页。

在创收时期基础设施"大跃进"的背景之下,C县人民法院法官的办公场所相较于短缺时期才会显得那么"富丽堂皇"和"绰绰有余"。如果将创收时期基础设施建设剔除考虑因素,我们还能看到改革开放之后法院设备购置的投入也有了明显的提升,从短缺时期设备购置成本占总支出的0.4%,到创收时期设备购置投入的3%(表6-5)。尽管本阶段法院实行的是"浅度治理"和"坐堂办案",但法官外出办案的支出仍然占到法院总支出的12%,这也从侧面进一步验证了短缺时期外部办案经费(8%)实际上是被大大压缩了。总的来说,创收时期被投入到改善法官福利待遇、办公设施和办公条件的经费大大增加,达到法院总支出的44%(15%+29%)和21%(9%+12%)。

上述数据验证了我们所作出法院的治理模式已经逐渐由改革开放前的"人力替代资本"日益朝着"资本替代人力"的方向转变的论断。法院治理纠纷越来越依靠资本的投入,而不是人力资源的最低配置和最大动员。法官日益依赖外部力量来协助完成案件的处断,如交通工具由自行车到摩托车再到现在的汽车,审判设施由最初的"残破状态"到20世纪90年代初的"能够使用十年"的审判法庭,再到20世纪90年代末的综合审判大楼,所有的这些变化虽然对于提高法院审理效率,实现业务增量大有裨益,但却也不可避免地带来了成本的提升。"资本替代人力"模式的出现使得法院支出急速攀升,法官原有"吃苦耐劳"的强调被人员类经费福利化所取代,法院原有极低的公用类经费标准被长达20年的法院基建和随后持续的物质装备升级取代。与之对应的则是个案处断成本的飞速提升。表6-6的数据显示,在剔除CPI的影响之后,1978年(短缺时期)C县人民法院案均成本为209.6元/件,到了1998年,案均成本则飞升至584元/件。到由于资本要素的投入在当前阶段主要表现为物质装备建设,而对物质装备建设的持续投入除了具有为长期被忽视的物质装备建设"补课"之意外,也反映了在当前经济、社会转型期,面临"案多人少"的尖锐矛盾,在干警编制不可能急速扩张的背景下,法院管理者试图通过资本对人力的替代来提高基层法院干警单位产出也是相对合理的政策选择,同时也反映了改革开放以来基层法院支出结构转型的一个基本线索。

可见,"粗放式的资本密集型"治理模式不仅极大地增加了法院受理纠纷的数量,同时也极大提高了法院治理个案的成本,它们共同拉动了法院支出的飞速发展。此种模式虽然对于法治建设具有不可磨灭的作用,但这一时期法院治理社会纠纷最大的问题就在于治理程度浅层化的弊端——法院诉诸的符号建设并未被当事人"买账"。全能法院的治理模式的实效令人失望。郭星华等人在2002年做的调查中就揭示,在农村的纠纷解决机制中,受访者对政府部门解纷结果的满意度达到62.9%,对法院的满意度仅为37.1%。① 对于司法实际效果的失望会导致民众在纠纷解决机制选择时降低对司法的选择比率。郭星华等人的调查揭示,农村民众选择司法来解决纠纷的比例仅为14.9%,而愿意选择村干部的比例达到35.8%。美国学者麦宜生在北京市的调查也揭示了城市地区的类似现象。麦宜生在对中国城市地区纠纷和法律需求的实证研究中就指出当遇到不满时,律师和法律是人民求助的最后选择。只有15%的要求/纠纷进入正式的法律渠道,其中包括律师和法院,而且这种推测可能偏高。②

3. 2000年至今:回归亦或是改革?

进入新千年,法院"粗放式"治理模式的弊病被日益反思。2002年7月,最高人民法院副院长刘家深在全国法院思想宣传工作会议上就强调:"目前在社会上出现了滥用诉讼手段的倾向。为一点小事,寸步不让,动不动就进入诉讼程序。其结果常常是事与愿违,不仅是一场官司下来结了怨,增加了更多潜在的社会矛盾,而且增加了诉讼成本,浪费了大量的诉讼资源。因为诉讼活动从一开始便需要投入成本、支出各种费用。"③

同时,司法与诉讼的限度被日益强调。比如学者董保华就指出:"普通诉讼制度与劳动争议要求及时、柔性处理的特征相冲突,并不适合作为劳动争议的主要解决渠道。"④"司法在实践中存在一定的限度,现实中的司法既可能偏离立法者对司法的要求和期盼,也可能与当事人理想中的司法万能形象发生偏差。"⑤与之对应的是,学界开始重新解读"司法是社会正义的最后一道防线"。比较有代表性的观点是:"法院本来应该是'社会正义的最后一道防线',但现在却不得不成为直面矛盾冲突的'前沿'和解决社会纠纷的排头兵。由于纠纷解决方式较为单一,诉讼目前在我国已成为多数人解决纠纷普遍的甚至是第一的选择,大量纠纷未经任何'过滤'直接起诉到法院,导致法院受理案件数量持续上升,有限的司法资源已难以承受案件之重。"⑥

在新的制度环境中,法院对于社会纠纷的治理方式也发生了新的变化。在2007年前后开始逐步推进的"大调解"工作中,法院系统将一部分原本属

---

① 郭星华、王平:《中国农村的纠纷与解决途径——关于中国农村法律意识与法律行为的实证研究》,载《江苏社会科学》2004年第2期。
② 〔美〕麦宜生:《纠纷与法律需求——以北京的调查为例》,载《江苏社会科学》2003年第1期。
③ 倪寿明:《为法官职业化提供舆论支持》,《人民法院报》2002年7月12日。
④ 董保华:《论我国劳动争议处理立法的基本定位》,载《法律科学(西北政法大学学报)》2008年第2期。
⑤ 夏锦文、徐英荣:《现实与理想的偏差:论司法的限度》,载《中外法学》2004年第1期。
⑥ 李斌:《论和谐社会视角下的纠纷解决机制》,载《行政与法》2008年第10期。

于法院解决的纠纷通过"大调解"等平台转给其他纠纷解决主体解决。2009年3月,最高人民法院首先在"法院三五改革纲要"中强调打造"党委领导、政府支持、多方参与、司法推动"的多元化纠纷解决机制。法院为了增加人民调解委员会受理纠纷的数量,还通过一系列文件的出台确立了"司法确认"的制度,从而极大地提升了人民调解协议的效力。2007年出台的《最高人民法院、司法部关于进一步加强新形势下人民调解工作的意见》首次提出了司法确认的概念,此后2010年出台的《人民调解法》也将司法确认纳入法律调整范畴。随后2011年出台的《最高人民法院关于人民调解协议司法确认程序的若干规定》对司法确认作出了详细的规定。可以看到,司法部通过与最高人民法院的沟通与协作不断提升人民调解协议的法律地位并强化其执行力。上述转变是至关重要的,它标示着法院对纠纷的治理方面全能主义的调整。此种转变的潜台词是法院并不能够适合任何纠纷的解决,不同的纠纷应该由不同的主体解决。当然,关于大调解的主导地位,各地展开了不同的实践,人民法院和司法行政部门展开了或明或暗的角力,其结果就是各地法院主导的大调解模式或者是人民调解主导的大调解模式。此种现象正是因为法院由全能主义过渡到相对有限主义的一个必经阶段。事实证明,法院实际上无法主导大调解的整体运作。① 对全能主义摒弃的直接后果就是法院一审受理纠纷开始呈现出下降的趋势,各地法官的工作压力得到了一定的缓解。②

由于摒弃了全能主义的治理模式,人民法院客观上需要诉诸新的司法意识形态来获取在前一阶段损失殆尽的权威。于是,形式主义的法律至上、程序正义、片面判决、司法独立、法官职业化的理念被逐渐淡化,取而代之的是"三个至上""能动司法""五个统筹兼顾""十个始终坚持"。具体而言,片面强调法律至上的理念被强调平衡"人民利益、党的利益和宪法法律"的理念所取代,司法的政治性和人民性被重新强调,并被视为治愈司法职业化顽疾的有效手段③;司法被动的属性被摒弃而代之以"积极主动""能动司法"逐步推行;强调判决的形式主义被强调调解的实质主义所取代。"调解越来越主流"。④ 此后,最高人民法院相继出台文件,逐步确立了"调解优先、调判结

---

① 王禄生:《地位与策略:大调解中的人民法院》,载《法制与社会发展》2011年第6期。
② 需要指出的是,2006年《诉讼费用交纳办法》的出台也在客观上推动了法院由"全能主义"向"相对有限主义"的转变,因为诉讼费收入的迅速降低,法院的创收热情被严重挫伤,因此也愿意将更多的案件转交给其他主体解决。
③ 黄秀丽、任楚翘:《调解越来越主流》,载《南方周末》2011年4月28日。
④ 同上。

合"的政策。比如,《最高人民法院关于适用简易程序审理民事案件的若干规定》中要求,涉及家庭关系、身份关系的案件,比如婚姻、邻里纠纷,交通事故、合伙协议等,应该先行调解。调解工作逐步开始贯穿到各级人民法院的全部工作之中。此外,"坐堂办案"的正当性开始受到挑战,巡回法庭的形式受到日益追捧。总的来说,在2000年之后,法院系统更加强调"纠纷解决"(实际解决)而非"解决纠纷"(重"量"不重"质"),强调法官积极发挥主观能动性去切实地解决纠纷,这种模式在很大程度上是实体理性而非程序理性,是强调个案而非原则。于是,"案结事了"被奉为最高准则,"送法下乡"具有了很强的制度合法性,"马锡五审判方式"在现代得到了重生,"先调后审"重新受到重视。由于马锡五审判模式的回归,"调查研究"和"就地解决"两项原则比此前受到更多的重视。客观而言,此种强调纠纷解决的司法治理模式还是取得了一定的成效。司法的质量确实呈现出明显的上升趋势,"案结事了"的比例在明显提升。这一点可以从两个指标中得出:其一,一审上诉率呈现出明显的下降趋势;其二,涉法信访也有了一定的下降。正如苏力指出的那样:"在中国广大的基层社会和农村社会,针对某些特定种类的纠纷,能动司法可能比消极的当事人主义的司法更为有效,其结果从社会的道德共识而不是法条主义的视角看也更为公平"。① 然而,必须指出的是,此种治理纠纷的模式仍是一种高成本的模式。在第一阶段有限司法的模式中,法院治理纠纷的个案成本相对是很低的,这主要基于两个方面的原因:(1)人力替代资本的运作方式能够吸纳大量的成本;(2)全社会一盘棋的治理模式客观上为法院解决纠纷提供了极大的便利,并直接降低了司法的成本。同时,有限司法的模式还只需面对十分有限的案件,因此在第一阶段中,此种治理模式不仅取得了良好的治理效果,并且也没有给法院的经费带来过大的压力。然而,在资本替代人力的大背景之下,此种强调纠纷解决的深度治理模式(能动司法)无疑会给法院经费支出带来极大的压力。首先,资本密集型的工作模式没有转变,个案的治理成本还在不断提升;其次,强调"案结事了"的个案运作模式实际上会进一步提升成本。甚至,案件处断成本还会远远高于创收时期。这是因为在创收时期,通过程序性的设置,人民法院将大量原来需要法院承担的成本让渡给了当事人,如坐堂问案实际上将路费等费用转嫁给了当事人,强调审判则提升了个案处置的效率,强调举证责任实际上是将法院从繁重的居中事务中解脱出来,因此此种程序化的运作都在很大程度上降低了个案的治理成本。然而这些策略在新的治理模式下都失去了效用,在能

---

① 苏力:《关于能动司法与大调解》,载《中国法学》2010年第1期。

动司法的模式之下,强调发挥法官的主观能动性,强调深入基层、强调法官调查取证、强调调解,这些一系列的强调无疑是以成本的增加为代价的。因此,这个阶段中法院支出实际上也是显著增加的,并且差旅费、油料费等费用的比重进一步提升。表 6-6 的数据便是明证,在剔除 CPI 的影响之后,我们发现 1998 年 C 县人民法院个案处断成本是 584 元,而在 2006 年这个数字提升至 1459.4 元,增加幅度令人印象深刻。也正因如此,基于成本的考量,21 世纪的纠纷治理模式能否长期持续确实是一个有待观察和值得怀疑的问题。

五、问题的诊断

对我国当前基层司法财政运行现状的诊断可以分别从"收入"和"支出"两方面,前者关注法院经费保障机制的运行,而后者更关注法院支出管理上的困境。

(一)保障机制

1999 年以后中央和省级财政保障力度的强化,地方政府层面以"收支两条线"、部门预算、政府采购、国库集中收付、会计集中核算等为中心的公共财政改革,以及 2006 年《诉讼费用交纳办法》对基层法院成本转嫁政策的调整共同塑造了当前基层法院经费保障机制的基本面貌,这些改革相对有效地解决了基层法院经费管理中的一些痼疾,比如取消了容易被法院滥用的弹性收费项目,对诉讼收费建立了相对有效的外部控制机制,保障了实行成本转嫁政策后法院经费保障水平的基本平稳等。但是,为解决这些所谓痼疾的同时,新的经费保障体制也创生了一些新的问题。

1."按比例负担"与"分类保障"之间具有内在的矛盾

2009 年开始的政法经费保障体制改革寻求建立"明确责任、分类负担、收支脱钩、全额保障"的政法经费保障新体制,这一体制区别于此前体制的核心是从"分级保障"过渡到"分类保障",具体包括分项目、分区域、分部门保障三个层面。所谓分项目,就是将政法经费划分为不同支出项目,亦即"人员类经费、日常公用类经费、办案(业务)经费、业务装备经费和基础设施建设经费",明确各类项目的保障主体,落实保障责任。所谓分区域,就是充分考虑地区之间不同的经济发展水平和财力状况,实行有区别的经费分担政策。所谓分部门,就是在财政资金分配上,充分体现不同政法机关在工作职责、业务特点、工作量等方面的差异,切实保证政法机关履行职责的实际需要。在这三个维度中,分项目是基础,只有通过"分项目"明确该项目的保障主体后,才有可能进一步讨论相应的保障资金如何在不同地域和政法口不同部门之间划分。表6-7列示了S省政法经费保障体制中基层法院经费保障责任的项目划分方案,结合前文对C县经费保障体制历史发展与运行现状的分析,不难看出,新的分类保障方案与既有的经费保障体制之间呈现出高度的一致性,中央财政和省级财政给予保障的项目正是此前已经通过中央政法补助专款和中央补助人民法院办案专款给予保障的支出项目。不过,由于"分类"成为新的经费保障体制的核心内涵,相对于此前的"分级负担"体制,上级补助也具有了全新的内涵,亦即从保障金额不确定的、保障期间也不确定的"补助"逐步向保障金额确定、保障期间永续的"责任"过渡。从此,某一事先确定比例的办案(业务)经费和业务装备经费不再是中央和省级财政部门的"恩赐",而属于后者支出责任的当然范围。在功能上可以预期,实行分项目保障明确了现行分税体制下的事权划分,有助于解决由于保障责任不明晰产生的政法经费投入不足或重复投入等问题。

表6-7　2009年S省政法经费保障体制改革对基层法院的"分项目"方案

支出项目	人员类经费	日常公用类经费	办案(业务)经费	业务装备经费
保障主体	同级财政负担,其中:中西部困难地区可通过中央财政转移支付解决。	同级财政负担	中央、省级和同级财政按比例负担,其中:中央和省级加大对民族县、经济困难县及维稳任务重的县的保障力度。	中央、省级和同级财政按比例负担,其中:中央和省级加大对民族县、经济困难的县及维稳任务重的县的保障力度。

表格说明:2009年11月6日S省财政厅党组书记、厅长《在全省政法经费保障体制改革工作电视电话会议上的讲话》。

那么,这一按比例负担的分类保障方案的预期功能能否实现呢?结合C县经费保障体制的运行实态,2009年经费保障体制改革以后,中央和省级财政负担的经费保障"份额"仍然是通过既存的转移支付管道提供的,亦即通过中央政法转移支付资金(与中央政府补助专款的管理方式相同)和中央补助人民法院办案专款投放,除了保障力度上有了较大的增加外,在经费的管理方式上并未显示出与此前体制的实质差异,其实质仍然呈现出"同级负担,上级补助"的特点,真正意义上的分类保障体制未能建立。这一点反映了按比例负担与分类保障之间内在的矛盾:按比例负担要求中央、省级和同级财政共享一个相同的"基数",并按照该"基数"的既定比例承担保障责任;而在分类保障体制中,不同保障主体对不同的支出项目承担责任,亦即就其应予保障支出项目的全部"基数"承担保障责任,不存在基数的共享问题。现行的经费保障体制试图将这两种性质迥异的经费保障方案融化在一起,不免发生逻辑上的抵牾与实践中的困难。由于新的分类保障方案与既有的经费保障体制之间具有高度的一致性,现行体制事实上舍弃了分类保障的要素,而倾向于按比例负担的方法。在这里之所以特别强调"倾向于"这样的表述,是因为从 C 县人民法院经费保障的实际运行状态看,由于上级转移支付的金额是根据上级政府的财力状况及其对基层法院经费保障困难程度的判断自行确定的,虽然保障力度有了较大的增加,但其体制层面的运作仍然是此前的"同级负担,上级补助",因而在严格意义上,即使是"按比例负担"也未能实现。

2. 人员类经费的分配渐趋对一线干警不利

根据前文对 C 县经费保障体制变迁与现状的考察,在 2007 年《诉讼费用交纳办法》实施以前,一线干警的福利待遇直接与其办案绩效(以质检合格的案件数量为准)挂钩,并在法院的增收节支经费或者诉讼收费返还中解决,这种"挂钩"固然可能激励法院干警创收的动机进而抑制当事人的诉讼权利,但在法院内部的利益分配格局中,由于模拟了一种类似于企业的竞争环境,并且奖金直接以结案超额数量为依据,案件任务相对繁重的一线办案干警较综合部门在分配中处于更加有利的地位。不过,在当前的法院经费保障体制中,两个制度性因素的调整改变了这一分配格局:第一个因素是《诉讼费用交纳办法》的实施,由于诉讼收费的急速下降,基层财政直接或间接的返还不再具有现实的基础,相应的,诉讼收费不再能够为法院创造额外的收入,以奖励那些案件任务相对繁重的一线干警。第二个因素是"阳光"工资制度改革。C 县从 2007 年开始施行公务员阳光津补贴,改革之后,名目繁多的津贴、补贴被整合,发放标准被明确,出于平衡不同部门人员类经费保障水平的考虑,行政级别成为奖金和津补贴发放的主要依据,任务经费等则多被取消,法院的人员支出水平整体下降。这一点对法院一线办案的干警尤其不利,人员类经费的分配格局在法院内部也开始倒转。一方面,和综合部门相比,法院一线负责办案的干警因审判工作的业务性较强,人员相对固定,流动性小,行政级别普遍较低,"阳光"的结果是收入的减少;另一方面,在津贴、补贴与办案绩效之间的关联弱化后,法院的案件量却在增加,办案任务更加繁重。

对基层法院而言,诉讼费减收使法院丧失了可支配的激励资金,"阳光"工资又使法院进一步丧失了可选择的激励理由。其结果是,两项与法院干警待遇挂钩的"身份"比原来更加受到重视,一是干警的职级;二是县上的先进。由于阳光工资制度改革后,公务员的奖金和补贴收入主要围着"级别"这一维度定额,级别上差一个档次,收入上就会差一截①,级别除了荣誉、排名外,还直接意味着物质上的利益,法院干警对职级的要求愈加强烈,干警的职级问题也愈成为法院队伍建设中的突出问题。在 C 县人民法院,职级矛盾比较突出,2007 年大约 30 名干部联名信访向上反映,要求解决其职级问题(总数 94 人)。从该院"科员"和"副科"一级干警的职级构成看(参见图 6-4 与图 6-5),科级干部配备比例尚低于 1∶1.3,正副科之比也未达到 1∶1,有的科员长达 30 年工龄未能晋升到副科,部分副科长达 15 年甚至有的长达 21 年未能晋升到正科。②

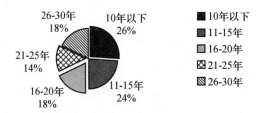

图 6-4　2007 年 C 县人民法院"科员"干警工龄构成情况(N = 50 人)

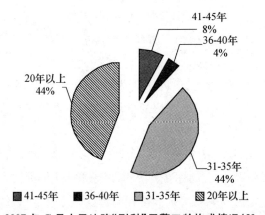

图 6-5　2007 年 C 县人民法院"副科"干警工龄构成情况(N = 25 人)

"阳光"工资改革后,为了进一步调动各级各部门工作积极性,C 县人民政府在年终目标考核奖励上实行完成目标基础奖励与先进单位奖励相结合的激励机制,由县财政预算专项资金 200 万元对完成全年目标任务的责任单位进行表彰奖励。对全面完成目标任务,考核得分在 100 分以上的目标责任

---

① 祈光华、孙竹君:《北京市"阳光工资"实施效果的调查与分析》,载《国家行政学院学报》2006 年第 5 期。
② 中共 C 县人民法院党组关于干警职级问题的情况报告(C 法党[2007]25 号)。

单位由县党委、县人民政府分别给予完成目标任务奖5000元。以组为单位（法院归口"政法组"），根据综合目标考核得分从高到低评出40%的单位给予综合目标先进奖。其中一等奖占10%，各奖2万元；二等奖占20%，各奖现金1.5万元；三等奖占10%，各奖现金1万元。综合目标奖金主要奖励班子成员，其中党政主要领导分别不低于奖金总额的20%。同时，实行目标考核结果与领导干部和公务员评优挂钩奖惩。凡获得一等奖的责任单位，单位优秀公务员考核等次按20%的比例评定；凡未全面完成目标任务、综合目标考核得分100分以下且位居改组后三位的责任单位，取消领导班子成员评选优秀领导干部和优秀公务员资格，该单位年度优秀公务员考核等次比例下调至10%。① 奖金数额的增大与替代渠道的减少使得法院干警更加看重这些由县上掌控的与工资待遇直接挂钩的奖金评定，于是县上评定的"先进"成为第二项受到重视的身份，C县人民政府主导的目标管理责任制无障碍地被导入基层法院的管理之中。

3. 公用类经费保障标准上的"两难"困境

公用类经费保障标准使得基层法院的经费保障方式逐步从包干制过渡到法定支出，比如在C县，从2007年开始，财政部门开始对县法院按照省定人均公用类经费1.8万/年的标准全额编列年初预算，对于这一部分经费，基层法院得以从经常性的谈判中解脱出来。② 但是，由于1.8万元的省定标准包括了日常公用类经费和业务经费两个部分，对基层法院而言，业务经费的实际发生额与法院干警人数之间并不存在必然的关联，而与法院每年实际处理的案件数量紧密相关，这种依据干警人数测算的理想的业务经费大约只是当年法院实际发生的业务经费的1/3，因此在预算执行的过程中，专项追加非常频繁。在这种情况下，即使将省定标准的因素考虑在内，围绕追加公用类经费展开的政治磋商对基层法院尤其是对基层法院的院长而言仍然是一门必修课，1.8万元/人·年的省定标准并不足以确保法院从"争取"经费的讨价还价中解放出来，制定公用类经费保障标准的目的并未真正实现。用C县人民法院院长的话说，"法院要经费的时候，县上也不是不给，只是要讨，不要说县长，在财政局长，甚至一个股长面前地位都低。"在C县，这一定额标准的不合理性在法院与检察院的对比中表现得尤为明显（表6-8）。相对于

---

① 参见2008年3月15日C县县委副书记《在全县目标管理暨经济工作会议上的讲话》。
② 对于这种解脱，在现行体制下似不能仅从司法独立的意义上加以解释，因为早在法院公用经费保障标准制定出台的2004年，县财政已经开始对公安部门按人均公用经费21750元/年的标准全额纳入年初预算，同时司法和消防部门的保障标准也在测算之中，这是一项适用于政法口各部门的保障政策。

法院、检察院的工作量更加稳定,由于公安机关的前端作业,业务费用的消耗也大大减少,但从2007年的情况看,法院和检察院执行相同的省定标准,从年终财政拨款到位率看,检察院公用类经费保障的执行情况甚至略好于法院,公用类经费定额上的不合理是显然的。仅就此而言,尤其是结合法院在国家架构中应有的独立性命题,似乎有充分的理由来提高公用类经费保障标准,将法院运转所必要的公用类经费全额编入到"标准"之中皆可。

表6-8　2007年C县人民法院、检察院公用类经费保障标准执行情况对比

(单位:万元)

机关	年初预算人数	年终决算人数	省定公用类经费最低保障标准	小计	年初预算拨款	执行中追加或追减	年初预算到位率	年终财政拨款到位率
	1	2	3	4	5	6	7	8
法院	165	141	1.8	308	298	10	100.30%	121.30%
检察院	128	107	1.8	236	231	5	100.2%	122.5%

表格说明:C县财政局关于2007年政法部门公用类经费保障标准落实情况统计报表的编制说明。$4=5+6;7=5\div(1\times3)\times100\%;8=4\div(2\times3)\times100\%$。

但是,提高法院公用类经费保障标准的主张在相反的方向也会遇到同样充分的抵制理由。其一,公用类经费保障标准一般由省级财政部门与省高级人民法院制定,作为一项在全省范围内普遍适用的定额标准,它必须放弃对每一个县域具体特征的考量,选择"就低不就高"的定额原则以兼顾差异极大的县域经济社会发展水平,制定保障标准时对区域的划分虽然可以缓解却不能从根本上解决这一问题。其二,从成本形成的机制看,由于不存在市场化的竞争机制,法院并无降低成本的动力,法院为降低成本所作的努力也不能精确的测量,这使得法院运转所形成的所谓"成本"可能是虚假的,它可以反映法院运转过程中实际支出水平,却不能反映法院在既定服务水平上降低成本所具有的潜力。因此,对法院运转的所谓成本通常都存在一个外部权力当局剔除不合理支出的问题[①],以法院的实际支出水平为准设定公用类经费保障标准使得这些不合理支出的剔除变得困难。其三,由于上级主管部门"只给政策不给钱",在制定经费标准的时并不会同步下达相应的补偿资金,公用类经费标准的提高将进一步增加地方财政的法定支出金额,限制地方政府的财政自主权,裁量空间缩减的代价是分配意愿的降低,与此同时,在公用

[①] 从美国各州法院经费保障实践看,司法部门内负责预算工作的官员能够担当的角色通常只是辅助者和管理者,而不是控制者或计划者,对法院支出的控制机制通常来自于司法体系外部。参见 Baar, C. Separate but Subservient: Court Budgeting in the American States[M]. New York: Lexington Books, 1975, pp.22—23.

类经费的执行上还必须考虑政法部门的省定标准与其他机关的县定标准之间横向的平衡,由于省定标准已经远较县定标准为高①,地方财政对省定标准的进一步提高将对县定标准的执行构成某种冲击,其结果是,地方财政对公用类经费省定标准的提高多持反对态度。这样,在公用类经费定额标准的确定上,现行体制呈现出一种"既不能进,也不能退"的两难困境。

4."两庭"建设形成的债务缺乏清偿资金

正如 C 县人民法院基建实践所显示的,我国基层法院的"两庭"建设长期延续"财政解决一点、法院自筹一点"的模式,即使是中央国债资金保障的人民法庭建设项目,国债资金以外的基建款通常也由法院自筹解决。② 对基层法院而言,这些自筹资金的清偿或者直接来自于诉讼收费,比如 1998 年 C 县人民法院共收取诉讼费 110 万元,除 26 万元存入财政专户外,其余都是通过预算收入账户直接作了基建投资支出;或者间接来自于诉讼收费,比如,以未来诉讼收费为偿债资金的工程欠款和银行贷款。从 1993—2003 年十年间,C 县基础设施建设投资额累计 1506.9 万元,但县财政只拨付了 65 万元,其余皆由法院自筹,除已偿付工程款和设备款外,到 2003 年 C 县人民法院负债 923.8 万元,其中银行贷款 266.2 万元,欠干警个人应报费用 28.8 万,工程及设备欠款 628.8 万元。③ 经过两年的消化,到 2005 年,C 县人民法院累计负债额降到了 790.36 万元(表 6-9),虽然此时诉讼收费已经纳入预算内管理,但通过行政事业性收费任务的下达和实际完成情况的考核,基层法院的诉讼收费对于县上偿债资金的核拨仍然具有重要影响。但 2007 年《诉讼费用交纳办法》实施后,国家对司法成本转嫁政策的调整使得基层法院和债权人通过诉讼收费偿债的共同"预期"失去了现实的基础;与此同时,C 县人民

---

① 在 C 县,每年初会对单位前三年的收支情况、人员经费支出标准及公用经费支出水平进行检查核实,为预算安排提供真实可靠的依据。安排预算时,根据单位性质分为四个类别:公安局、检察院、法院为特类,公用类经费按省定标准执行;县委、县人大、政府、县政协和县纪委为第一类,县财政、畜牧、农业等县级综合部门为第二类,县支付核算中心、计生局等为三类,县工商联、政务中心等为第四类,其公用类经费标准区别工作职能、业务量及政策制定,分类别确定。

② 由于中央国债资金并未全额保障人民法庭的建设成本,一个建设项目的"上马"可能会给地方增添额外的负担。但是,中央国债资金并不是一项稳定的基建资金来源,是否提供取决于上级的裁量性的安排,一旦错过这次机会即可能不会再有下次机会,因此对地方政府而言,即使短期内没有修建或改扩建的内在需求,或者地方尚不能足额提供配套条件,仍然会首先选择把项目"拿"下来,交给法院自筹解决。法院自筹的结果,往往是形成新的留待地方政府以后解决的基建债务。国债项目与法庭建设规划结合后导入的"统筹"因素虽然可以提高上级政府行为的可预见性,但它本质上仍然是运动式的治理,不会因为某地基层法院具有真正的需求而个别的给予补助,在此意义上,它可以缓解却不能从根本上消除地方政府不顾代价争取项目,最终因为自筹经费形成债务的问题。

③ 参见 C 县人民法院致县委、政府《关于债务情况的报告》(C 法发[2003]05 号)。

法院又清理出大量尚未纳入账目的隐性基建债务。① 如果财政不在收支彻底脱钩的基础上解决基层法院"两庭"建设的负债问题,基层法院事实上已经没有能力偿还债务。

表6-9　C县人民法院2005年的基建负债情况　　　（单位:万元）

基建项目	已支付工程款	待付工程款	欠银行贷款	债务合计	有关部门未确认和未承诺安排的资金
院机关审判办公综合楼	490.44	500.56	279.8	780.36	780.36
人民法庭审判办公楼			10		10

表格说明:S省C县人民法院《2006年法院系统年度财务决算统计报表》。

5. 上下级之间的信息沟通机制不够畅通

中央和省级财政的保障力度增大后,客观上要求上下级财政部门、人民法院之间建立更加畅通的信息沟通机制,以为相关的经费管理决策提供信息支持。但从C县当前的经费管理实践看,无论是自下而上的信息传递还是自上而下的信息搜集都不够畅通。这对基层法院的经费保障工作带来了两个方面的不利后果:

其一,自下而上的信息传递机制不够有效,导致中央和省级财政提供的保障结构与保障方式与基层法院的实际需求之间不相一致。比如,就当前基层法院的经费保障水平看,装备物质基本能够满足需求,而维修专款和办案专款则明显不足,但上级政法专款在配置结构上长期以物质装备和设备购置为主。又如,装备专项原则上由省级或者市级财政部门根据批准的装备项目统一组织政府采购,再以实物方式配发到各项目单位,基层法院在申报项目时必须严格按照省市确定范围、顺序和重点进行编制。由于地方化的经费管理信息不能有效的"自致于上",导致省、市确定的范围与基层法院的实际需求不相一致,比如,C县地处山区,办案用车适宜选用底盘高的越野型警车,但上级确定的范围只有重庆长安等可选用,为了按上级规定完成装备专项申报,基层法院不得不被动地填报一些不实用的装备。

其二,自上而下的信息搜集机制同样缺乏效率,导致上级专款支出的绩

---

① 2006年,C县人民法院又清理出大量尚未纳入账目的隐性基建债务,法院大楼建设前后,1998—2003年单位应缴的公积金15.5万元尚未缴纳;干警房改缴纳的售房收入22万元全部用于建修,应缴的补充住房公积金60万元无力筹措。此外,2000年大楼建好后每名干警个人垫支4000元,共计20余万元,用于购置办公用品;DQ法庭在改、扩建期间欠下13.7万元债务尚未清偿。参见S省C县人民法院关于进一步加强法院工作的报告(C发[2007]05号)。

效考评体系不够有效。2007年中央补助人民法院办案专款设立后,财政部和最高人民法院也针对各省建立了法院办案专款使用情况的绩效考评制度,并试图以绩效考评结果引导中央专款的分配:考评成绩优秀者,予以通报表彰并增加下一年度专款数额;不合格者,予以通报批评并整改;考评成绩为0分者,除通报批评外,大幅度调减下一年度专款数额。各省又进一步将类似的考评和分配机制应用于市、县部门。但在办案专款的实际使用中,由于缺乏有效的信息搜集机制,尤其是无法将办案专款的绩效与地方财政经费保障的绩效有效的分离开来,资金补助下达后,上级主管部门很少关注项目实施过程中的追踪问题。

(二) 管理困境

近十年来,随着我国法院经费保障水平的提高和法院职能履行方式的转变,公用类经费在基层法院总支出中的占据了主导地位,物质装备建设成为近十余年间法院支出的重点。与人员类经费各个支出项目的经费通常可以在年初确定不同,当前我国公用类经费管理的规范化程度较低:具体的支出项目和标准通常都不能通过年初预算加以确定,经费支出的可预期性差,无形中导致了经费支出中频繁的"讨价还价"。虽然在基层法院的经费管理实践中,相应的支出控制机制也在同步的发展和完善,但与当前已经转型的经费支出结构之间的不匹配性问题仍然比较突出,并由此滋生了许多现实的弊端。此外,由于传统的人员类经费管理并未随着司法理念的更新和配套制度的调整而作相应的革新,当前的人员类经费管理也面临一些结构性的问题。兹分述如下:

1. 一体化的人员类经费管理与分类的干部人事管理相冲突

传统上,我国主要依照行政机关公务员的管理模式对法官进行管理,因而在法院体系内部,法官与其他具有行政编制的工作人员之间在管理方式上并无差异,故统称为法院干警。与之相适应,法官与法院其他工作人员在人员类经费上也完全相同,适用统一的公务员薪俸制度,可称之为一体化的人员类经费管理模式。但在人民法院的三个《五年改革纲要》中,都将推进人民法院工作人员的分类管理作为法院干部人事管理制度改革的重点①,法官、法官助理、书记员、执行员、司法警察、司法行政人员、司法技术人员等工

---

① 参见《人民法院五年改革纲要(1999—2003)》(法发[1999]28号)第33条、第37条,《人民法院第二个五年改革纲要(2004—2008)》(法发[2005]18号)第34条,《人民法院第三个五年改革纲要(2009—2013)》(法发[2009]14号)第18条等。

作人员的工作性质和职业特点在干部人事管理中越来越受重视。① 随着书记员单独序列管理的实施和法官助理制度的试点,人员分类管理开始在实践层面成为法院干部人事制度改革的主要切入点,但一体化的人员类经费管理模式却未随之调整,因此当前正在实践中展开的分类导向的法院干部人事制度改革并未在人员类经费管理领域发挥实际影响,法院各类工作人员在工资和福利等待遇领域仍然统一执行公务员的标准。当然,实行单独序列管理的书记员或许是个例外②,不过这种例外所针对的主要还是书记员的"聘用制"身份,而非书记员的工作性质和职业特点。亦即,针对这些已不再具有传统"公务员"身份的聘用制工作人员引入更为灵活的人事关系(更多续聘或解聘的自由)和更加社会化的养老保险机制等,而在这种聘用制身份之外、传统的公务员身份之内,所有的干警接受的人员类经费管理仍然是统一的。在这样一个一体化的人员类经费管理模式中,法官与法院的其他干警(聘用制的书记员除外)是无差异的,法官的身份保障问题——比如法官的薪酬在任职期间不得削减等——无关紧要,一个符合审判工作规律和法官职业特点的法官职务序列自然也就无法建立,即使建立,这个所谓的法官职务序列在人员类经费管理上也缺乏区分的功能。由于近十年来人员类经费中福利奖励类经费和社保类经费的增长速度快于工资类经费和人员类经费总支出的增长速度,从长期的趋势看,它将导致在支出标准和支付时机上更具确定性的工资类经费比重的进一步下降,而在工资类经费内部,"基本工资比重太小、津贴、补贴比重过大"的现象仍然比较突出,法院人员类经费支出的灵活性正在进一步上升,这样的长期趋势——亦即不断增长的灵活性——正在进一步偏离法官薪俸固定所要求的稳定性,如果人员类经费的管理要契合审判工作的规律和法官职业的特点,将法官经费管理从一体化的人员类经费管理模式中析出总是必要的。

2. 公用类经费支出的会计核算与分类保障的体制不相匹配

2009年开始的政法经费保障体制改革寻求建立"明确责任、分类负担、收支脱钩、全额保障"的政法经费保障新体制,这一体制区别于此前体制的

---

① 参见詹建红:《法官编制的确定与司法辅助人员的设置——以基层法院的改革为中心》,载《法商研究》2006年第1期;李立新:《法院人员分类管理改革探析——以新一轮司法体制改革为背景》,载《法律适用》2010年第5期。

② 根据《人民法院书记员管理办法(试行)》(法发[2003]18号)第6条,人民法院聘任制书记员的工资、保险和福利制度由国家另行规定。虽然在国家有关规定出台之前,人民法院聘任制书记员的基本工资可按国家公务员的规定执行,其他工资和福利等待遇,可暂由各地根据本地区实际情况进行处理。但国家有关规定出台后,人民法院聘任制书记员的工资、保险和福利待遇将改按国家统一规定执行。

核心是从"分级保障"过渡到"分类保障",亦即将人民法院的经费划分为人员类经费、日常公用类经费、办案(业务)经费、业务装备经费和基础设施建设经费,进而明确各类支出项目的保障主体。具体而言,人员类经费和日常公用类经费仍由同级财政保障,而办案(业务)经费和业务装备经费则由中央、省级和同级财政按比例负担。在这种体制中,由于经费保障渠道将根据支出的类别划分加以确定,法院必须建立一套将各种耗费归集到特定领域的成本核算制度,亦即基层法院在会计核算时必须对日常公用类经费、办案(业务)经费、业务装备经费和基础设施建设经费进行有效的区隔,而这一点在当前的基层法院经费管理实践中通常无法做到。① 样本6-1显示了C县人民法院2007—2008年核算"拨入经费"和"经费支出"的会计科目体系。第一,从中不难看出,无论是办案(业务)经费还是业务装备经费都缺乏直接对应的会计科目,只有通过相关会计科目的合并或者拆分才能获得相应的财务数据,而如何对这些相关的会计科目进行合并或者拆分并无统一的标准,这很大程度上影响了会计核算的统一性与准确性。第二,从C县人民法院会计核算所使用的科目看,办案(业务)经费主要(如果不是全部)作为"专项业务费"在项目支出下核算,但根据财政部和最高人民法院2001年联合下发的《人民法院财务管理暂行办法》(财行〔2001〕276号)第17条,机关经费(包括人员类经费和日常公用类经费)支出、外事经费支出和业务费支出都属于基本支出,业务费属于定员定额管理的范围,而基层法院公用类经费保障标准也将其纳入定额的范围,因而至少办案(业务)经费的主体部分不应纳入项目支出管理。② 第三,由于会计核算时强调依照支出的功能进行分类,虽然可以明确"拨入经费"在"行政运行""案件审判""案件执行"或者"两庭"建设等功能领域的分布,却无法判断每一个领域中同级财政与上级财政的经费分担比例。比如,在C县人民法院的会计账簿中,"案件审判"科目下的摘要主要包括"付办公费""付邮寄费""付交通费""付维修费""付社保购置费""直接支付支费用""付临工工资"等,并未摘记案件审判经费的资金来源渠道。最后,即使可以通过合并或者拆分相关会计科目确定办案(业务)经费和业务装备经费的支出总额,但由于会计核算时只按照办案(业务)

---

① 事实上,即使在美国,包括法院在内的许多公共组织都不曾拥有一套可以很容易地将各种耗费归集到特定功能或计划领域的成本核算制度。参见张洪松:《论美国州初审法院经费保障体制及其借鉴意义》,载《四川大学学报(哲学社会科学版)》2010年第4期。

② 如果折中处理,将办案(业务)经费的一部分计入基本支出的定额中,而将另一部分纳入项目支出中进行管理,如何从商品服务支出中分离出办案(业务)经费进而确定基层法院的办案(业务)经费支出总额又成为问题。

功能——案件审判和案件执行——归集各项费用,而未区分不同的专项资金来源,因此只能确定案件审判或案件执行总额在各个经济分类中的分布,而不能分别核算同级财政安排的经费和上级财政补助的经费各自在经济分类中的分布。比如,在 C 县人民法院,从会计账簿中仅可根据"案件审判"或"案件执行"等科目的"摘要"——比如,付办公费、付退费、付差旅费、付维修费、付印刷费、支诉讼费用退费、支××法庭费用等——识别出相应科目"总额"的经费分布状态。但在围绕专项转移支付展开的经费管理实践中,上级财政部门却要求基层法院和同级财政提供这些没有进行会计核算的数据,而基层法院与同级财政又确实提供了相应的统计数据,比如法院办案专款的使用情况①,其统计口径的统一性与准确性甚为可疑。

样本 6-1　2007—2008 年 C 县人民法院核算"拨入经费"和"经费支出"的会计科目体系

拨入经费（401）	基本支出（401.01）	公共安全（401.01.01）	法院（401.01.01.01）	行政运行（401.01.01.01.01）
	项目支出（401.02）	公共安全（401.02.01）	法院（401.02.01.01）	案件审判（401.02.01.01.01）
				案件执行（401.02.01.01.02）
				两庭建设（401.02.01.01.03）
经费支出（501）	基本支出（501.01）	工资福利支出（501.01.01）		
		商品服务支出（501.01.02）		
		对个人补助支出（501.01.02）		
	项目支出（501.02）	案件审判（501.02.01）		
		案件执行（501.02.02）		
		两庭建设（501.02.03）		

表格说明:C 县人民法院 2007—2008 年度《机关经费、兑现款总账及明细账》。

3. 对业务费、招待费等支出项目缺乏有效的控制策略

对基层法院而言,虽然采取了一系列的支出控制策略,但控制效果较好

---

① 参见在收入部分论及的 2007 年度 C 县人民法院办案专款使用情况。

的主要还是水、电、气等常规支出项目,业务方面的开支很难控制。① 这些困难主要来自于两个方面:其一,剔除不合理开支所必须解决的信息问题。比如在 C 县,虽然在报账制下,各业务部门的报账过程颇为严格,基层法院办公室审核、院长审签之后还要由财政支付核算中心审核,但由于基层法院与各业务部门、财政部门与基层法院之间固有的信息不对称,而基层法院和支付核算中心都没有足够的人员和时间来核实每一笔支出②,一些不合理的支出项目很难剔除。其二,由法律规定和司法政策导出的支出刚性。在现代社会,司法是公民的基本权利,不管经费保障水平如何,法院都必须向公众开放,不能以经费不足为由拒绝裁判,因此法院在司法服务的供求管理上缺乏灵活性,这是法律规定导出的支出刚性。比如,在 C 县人民法院,由于近几年来案件数量的逐年增多,办案成本逐年增大,加之 C 县人民法院地处山区,派出法庭多,分布广,就地公开审理案件经费开支大,导致该县法院业务经费支出逐年增大。支出刚性的第二个来源是当前重新获得肯定的"马锡五审判模式"和调解优先、严控信访的司法政策。

(1)马锡五审判模式是群众路线在司法领域的体现,其办案特点在于法官深入基层,通过发动群众并依靠群众调查案情,解决民事甚至刑事案件。比如,在 C 县,凡是涉及农业土地承包合同纠纷的案件,基层法院都要求法官到实地查看现场、就地公开审判。2006 年,该基层法院共审结涉及三农的纠纷案件 174 件,就地公开审判 135 件,既方便了农民诉讼又达到了宣传法制和维护农村稳定的社会效果。③ 而在刑事领域,未成年犯罪审判过程中的"基层走访"则是近年来一个难以控制的支出领域。C 县人民法院刑庭的庭长讲述了其间的原委:

> 未成年人犯罪要求走访所在村组,我们每年未成年犯罪的人数都在 30 人左右,考察的内容是未成年被告的家庭、村组(居委会)、学校,一般一个未成年人要走访 3—4 人,有些可能还不够,我们这里比较突出的就是父母在外打工,孩子在家管理跟不上,未成年人犯罪率高。……这些基本上都是不能取消的,对未成年犯罪的走访确实有意义,比如我们单纯看案卷无法判断这个孩子的具体情况,需要走访邻居、村组考察,否则对孩子是不负责任的。走访的结果相当影响判决的结果,如果

---

① 对院长的访谈。

② 在 C 县,财政部门下设的支付核算中心的一个核算会计要同时负责多套账,通常没有时间和精力来逐项监督基层法院的支出。

③ 参见 C 县人民法院关于印发《2006 年度工作总结》的通知(C 发[2007]01 号)。

反应好,一般就可以判缓刑。

显然,这种马锡五审判模式的回归与新中国立国的政治哲学传统一脉相承,但在当代中国,法官深入基层已经不再像陕甘宁或者新中国成立初期那样依赖法官的"两条腿"和人力资本,而是依赖汽车等各种现代化的交通工具,在现代社会回归马锡五审判模式必然同时伴随着办案成本的急速攀升,包括深入基层或现场的交通费、差旅费、餐饮费,甚至基层的接待费用等。

(2) 调解优先、严控信访的司法政策。调解结案的政策化可能增加而非减少审判成本,前文在讨论支出控制时已作分析,不再赘述,在此主要讨论严控信访的司法政策带来的影响。涉诉信访本身并不必然导致成本的大幅攀升,因为常规的信访接待工作通常就是"拆拆信,再听听当事人抱怨",但在严控信访的司法政策下,一旦当事人缠信缠访,尤其是出现越级上访时,法院处理涉诉信访的成本就会迅速增加。对此,不妨摘要C县人民法院一个典型的信访案件的处理流程:

> C县某镇村民康某2007年底上访到最高人民法院和国家信访局……2008年6月4日,S省高级人民法院刑三庭两位法官在C县副院长陪同下来到康某家,……6月16日,康某所在镇人民法庭的法官再次会同当地镇、村干部来到康某家,……6月25日,S省高级人民法院刑三庭庭长与G市中院法官、C县人民法院刑庭庭长一道再次来到康某家……最后,康某同意能给4万元的补偿不再上访。①

这个案例之所以典型,是因为它和访谈中该院法官讲述的多数缠信缠访案件的处理流程大体一致,从中亦可窥知,缠信缠访案件处理的成本主要发生在两个领域:一是信访案件处理过程中的耗费,主要是法院干警多次到基层(上访户或其亲属住处,或者上访户所在村组、社区)做当事人工作而发生的交通、差费费用。二是为了实现罢诉息访、案结事了而向家庭困难的上访户支付的"补偿"费用,后者被基层法院戏称为"人民的问题,用人民币解决"。虽然这一做法可能助长当事人"小闹小有理,大闹大有理"的机会主义行为,但从C县人民法院设立"执行救助基金"看,这一做法至少已经成为解决特困上访户缠信缠访问题的常规策略之一。

招待费是业务经费之外另一个难以控制的支出领域。比如,根据C县审计局对C县人民法院2006—2007年度预算执行和其他财政收支的审计结

---

① 参见《三级法院联合下访十年上访终被化解》,载C县人民法院编2008年7月14日《法院工作简报》。

果,C 县人民法院 2006—2007 年业务招待费共超标准列支 80.33 万元,其中 2006 年超标列支 38.37 万元,2007 年超标列支 41.97 万元,实际支出额分别是法定标准的 5.18 倍和 5.67 倍。① 虽然这一数据的畸高有这两年来基层法院列支口径不同于常规之故,亦即由于"人民陪审员培训费"(2006 年列支 4.85 万元,2007 年列支 4.25 万元)"专项审判经费"(2007 年列支 5 万元)"新建 QP 法庭前期工作经费"(2006 年列支 2.14 万元)、"法官培训费"(2006 年列支 4.21 万元,2007 年列支 3.08 万元)、"接进京到省上访人员开支生活费"(2006 年列支 1.72 万元,2007 年列支 2.15 万元)、"半年全年工作总结会议费"(2006 年列支 2.05 万元,2007 年列支 2.16 万元)等费用未单独列会计科目,因而全部计入 2006—2007 年的业务招待费中。② 但是,即使将这些费用从招待费中扣除,业务招待费的超标问题仍然非常严重,其中 2006 年实际支出 32.57 万元、超标列支 23.40 万元,2007 年实际支出 34.31 万元,超标列支 25.33 万元。不过,对于这些严重的支出超标,不能仅从道义的角度加以谴责,还必须通过制度分析探查其所以发生的逻辑。对基层法院而言,接待费的超标与一般行政机关的接待费超标原因既"同"又"异"。相同之处在于,基层法院与一般行政机关一样嵌入在"条""块"交错的权力结构之网中,不仅基层法院审判、执行工作的顺利开展依赖于网络之中关联机关的配合,基层法院审判、执行工作的绩效如何也主要由网络之中的上级关联机关来评定。于是,接待"条""块"关系上的上级领导的常规检查、考核和验收等均为日常工作所必须,接待费用自然必须予以保证。而且,在这张权力的结构之网中,决定接待费标准的并不是财政部门的规定,而是"对等"的原则。用法院干警的话说,即"如果人家招待我们上了标准,我们也不好意思标准太低,自己垫钱也要补上"。

不同之处在于,基层法院业务招待费的超标很大程度上也由审判工作的特点所决定。在司法实践中,为便利当事人的诉讼,许多二审案件都会选择到基层法院所在地开庭审理。虽然在正式的权力配置中,这些二审法院只是基层法院"条条"关系上的业务指导者和监督者,但在实际的权力格局中,这种监督者显然是不容忽视的,而且近十年的司法改革进一步强化了上级法院对下级法院的管理权力,包括上级法院党组对基层法院党组成员人事任免的协管权等③,在这样的权力结构中,二审法院选择在基层法院开庭通常都会

---

① 参见 C 县审计局《审计报告征求意见书》(C 审征[2008]1 号)。
② 参见 C 县人民法院《关于审计报告(征求意见稿)的意见》(C 法[2008]05 号)。
③ 基层法院院长任用的相关内容可参见左卫民:《中国法官任用机制:基于理念的初步评析》,载《现代法学》2010 年第 5 期。

伴随基层法院对中、高级法院的接待工作。由于上诉是当事人不可剥夺的程序权利,而开庭审理又基于言词辩论原则在近十年来的司法改革中受到了越来越多的强调,从而大大增加了二审法院在基层法院开庭的概率,进而推高了基层法院的接待费开支数额。从C县人民法院看,在基层法院的主要业务部门中,业务招待费支出的排序通常是:民二庭＜民一庭＜刑庭。在基层法院,民二庭的案件数量通常较民一庭较少,又由于受理的多为商事案件,故案件上诉后中级法院在所在地开庭的比例较高,因而接待较少:"中院对口部门是民二庭、民三庭,这两年下来不多,前几年比较多。以前高峰时期,来的很多,前一拨刚走,后一拨就来了,一个月来三四次,一般来两三天。现在一个月来一次,有时候调研会下来,一般要几天。"①而在民一庭,由于案件数量更多,案件类型更具"地方性",案件上诉后中级法院到基层法院所在地开庭的比例也较高:"中院对口民一庭,这两年二审案件下来审判的情况比较多,大约有50%—60%的都会下来审,这里主要考虑到要给当事人做工作。今年二审调解的比例比较高,效果还是比较好的。"虽然刑庭的案件数量在基层法院的三个主要业务部门中最少,但刑庭每年的接待费支出却在三个业务部门中排序第一,该院刑庭的庭长解释了其间的缘由:"我们刑庭的接待费是民一、民二庭的两倍多。民事上诉案件可以书面审,刑事上诉案件就不行,刑事上诉案件的开庭都要在当地审理,最少三天,一天开支就是1100—1200元。我们刑庭每年上诉的案件有20件左右,这里算下来就要8万的招待费。县上原来出台了一个招待标准,那个标准根本无法操作。"既然基层法院刑庭所面临的接待问题有其程序法的原因,自然不会是个案。比如,在S省的南部的G县(C县位于S省北部),死刑案件实行开庭审理后,平均一个案件基层法院也要负责接待市中院、省高院的庭审法官2—3次。②

六、省级统管法院经费改革的原则与方案

根据帕特里克·邓利维和布伦登·奥利里的见解,讨论社会问题的全新科学基础不能仅建立在艰辛的经验研究与微观理论基础之上,它还应当告诉人们有关如何组织自身事务以及当代社会应该如何发展的不同意见③,那

---

① 对民二庭庭长的访谈。
② 参见《G县法院反映诉讼费用下调基层法院面临诸多问题》,载S省高级人民法院法院编:《情况反映》,2007年2月28日。
③ 〔英〕帕特里克·邓利维、布伦登·奥利里:《国家理论:自由民主的政治学》,欧阳景根等译,浙江人民出版社2007年版,第196页。

么,我们这项关于基层司法财政的研究能够为中国司法财政的未来图景贡献出怎样的前瞻性思考呢?鉴于本项研究对基层法院的收支作了明确的区分,下面我们仍将坚持这样一种区分收支、分别考察的进路,尝试作出一些初步的回答。此前的研究主要立足于实然的视角描述并解释了基层法院司法财政的变迁,同时解释了生成这种变迁的结构性或行动性要素在实践中面临的一些问题。但是,仅仅从此实然的视角中尚不能得出破解实践困境的可行建议,因为一个妥当的建议除了必须遵从那些可借由实证研究发现的因果脉络中的客观规律外,还必须同时结合"规范"的视角,尤其是必须考察法院财政管理与现代法治社会对司法部门的功能期待之间的适配性。不过,当我们尝试着将这两种视角有机地结合起来时,中国司法财政的未来途径却愈发模糊,不仅因为司法财政所嵌入的党政运行逻辑本身拒绝对司法部门的职能特性作更多的考虑,即使在建构理想图景的学界,对司法财政之特性的耕耘也相当有限。一个例证是,经过十余年司法改革的讨论之后,对于独立于一般行政之法院行政(Court Administration)的应然立场,学术界并无一致之见解。因此,在可预见的一段时间里,中国司法财政的未来仍然为一种改革的话语所主导,不管这些改革话语的方向是指向"拥护"还是"拒绝"。尤其在十八届三中全会确立了由省级统管基层和中级法院人、财、物的方针之后,司法财政体制改革已在所难免。

(一)省级统管法院经费保障领域的改革

从司法改革的角度看,一个完善的经费保障体制不仅要关注法院体系实际获得的资源总额,还必须同时关照置身于司法场域之法院行政区别于一般行政的特性,关注法院经费的管理是否可以在司法部门的独立性与外部的可问责性之间求得妥当之平衡。[①] 在此意义上,一个完整的法院经费保障体制改革应当包括"资金投入的增加"和"体制机制的变革"两个要素,对于当前中央和省级财政加大资金投入量的改革举措应予肯定,但根据我们结合 C 县经费保障实践所作的思考,在财政问题上,"资金"可以便利体制、机制问题的解决,却不能直接解决这些问题,如果不对体制、机制作相应的调整,资金投入带来的效应很快又会耗散在基层法院的日常运转中。在此意义上,当前"资金吸纳体制"的改革实态是需要予以检讨的,当中央和省级财政提高

---

① Hudzik, J. K., *Court Budgeting: Judicial Branch Independence and Accountability*. J. Rabin and T. A. Wachhaus. *Encyclopedia of Public Administration and Public Policy*. (CRC Press/Taylor & Francis,2008), pp.435—441.

保障力度逐步缓解基层法院的经费困难后,应当同步将体制、机制的完善问题提上日程。下面,我们将在省级统管法院人、财、物的大背景下,结合前文对C县经费保障体制变迁、运行与问题的分析,就经费保障体制的未来发展给出几个具体的建议。

1. 省级统管法院财政应施行渐进的改革

在当前中央和省级政法转移支付体系中,由于中央和省级确定转移支付金额的依据并不是基层法院由其审核的基层法院支出预算,上级只是根据自身的财力,并基于自身对基层法院经费保障困难程度的判断,从外部给予一定数额的支持。因此,虽然改革后中央和省级财政支持的力度有所增加,但对基层法院的经费保障责任法律上归属于同级财政,只是"分级负担"基础上的"分类补助"。这使得基层法院从中央和省级财政获得的政法转移支付依然缺乏永续性的特征,围绕基层法院的事权(支出责任)划分并未出现实质性的变革;相应的第二个后果是,中央和省级财政虽然提供了更多的资金,由于性质上只是"补助",除了通过绩效考核等有限机制外,上级财政依然缺乏直接介入基层法院经费管理领域的有效渠道。基于社会主义法制统一所要求的司法独立性,应当通过深化改革,针对基层法院建立真正的分类保障体制,真正在事权划分层面确立中央或省级财政对特定经费支出项目的保障责任,为法院系统导入更多的纵向一体性要素。①

由于业务类经费所保障的支出目的具有跨越局部地域的意义,而且不容易通过定额方式予以精确测定,并且中央已经明确承诺对这一部分经费给予更多的保障,在下一阶段的改革中应当以业务类经费为重点建构分类保障体制,其具体方式可以是较弱意义上的"按比例负担",也可以是更强意义上的"按项目分担"。从技术上看,要建立真正的按比例分类负担体制,必须解决中央和省级如何确定的问题。根据确定基数的依据是年初的预算还是年终的决算,确定基数由基层法院径自确定还是由基层与省级法院共同确定,按比例负担分类保障体制可以有四种不同的建构方向。但不管采纳何种方式,由于保障责任分属中央与省级财政固有的事权范畴,基数的确定都必须建立在对基层法院支出预算的审核之上。由于中央或省级财政部门不可能对基层法院的预算或决算进行常规性的审核,这一责任只能交由省级法院的司

---

① 中央提出的分类保障体制是针对包括公安、检察院、法院在内的整个政府部门提出的,但本调研报告只针对基层法院。对于其他政法部门,尤其是公安部门,现行的转移支付体系是否合适,可能会有不同的答案,因而统一的分类保障体制可能需要不同政法部门职能上的差异作更进一步的区分。

行政装备管理部门完成,并将相应部分的经费纳入同级法院的部门预算中,这就为基层法院的经费管理导入了垂直管理的要素。在此意义上,按比例负担的分类保障方案在经费保障方法上最终必须也完成从"转移支付"到"直接拨款"的变革。①

既然按比例分担最终必然向"直接拨款"过渡,而中央和省级财政对基数的共享只是人为的增加了计算上的困难,在中期内应当考虑从分类基础上的按比例负担过渡到完全依据分类划分中央与省级财政的经费保障责任,将基层法院的人员类经费和日常公用类经费(公务、业务和设备)经费全额纳省级财政给予保障的范围,并由省级法院管理;在更长的时期内,则需要跳出业务类经费的范围,根据司法(人民法院)在现代社会中的职能,从功能适配的角度仔细甄别哪些开支项目的保障责任应当"上移",从而在中国建构一个更加多元的,与各地环境更为契合的,更具回应性的,同时也更有效率的法院经费保障体制。

在上述分析中,我们都沿袭现行政法转移支付的管理模式,将中央财政和省级财政作为一个整体来处理。当基层法院的经费保障体制真正开始向省级统管体制体制过渡后,这种一体看待的做法即不再具有合理性,中央和省级财政在功能上应当进一步分化,由省级财政承担对基层法院支出责任上移项目的保障责任,而中央财政则可以继续通过中央专项转移支付补助省级财政的政法支出。通过这种制度设计,可以相对有效的对接全国各个区域特殊的经济和政治环境,体现了权变的观点在司法改革领域的应用,同时有助于增强法院体系行政管理能力以回应公众需求。此外,它还具有以下优点:其一,中央部门可以居于相对超然的地位,通过专项检查、绩效考评等方式监督各个省份的法院经费管理状况;其二,中央部门可以通过配套要求、以奖代补等方式引导省级政府合理配置司法经费水平,推动支出结构向公共财政转型②;其三,通过公式化的补助,尤其是通过反比例设定的配套率,中央政府可以较好地处理并减少各个省份在法院经费保障水平上的显著差异。当然,无论是短期、中期还是长期的分类保障体制方案都以各项支出在财务上可以分别核算为前提,从而对基层法院财务核算的合规性与有效性提出了更高的要求,基层法院财务基础设施的建设成就将直接影响分类保障体制的成败。

---

① 参见张洪松:《论美国州初审法院经费保障体制及其借鉴意义》,载《四川大学学报(哲学社会科学版)》2010年第4期。

② 参见周美多、颜学勇:《专项转移支付的政治意蕴——基于中部某县的个案研究》,载《武汉大学学报(哲学社会科学版)》2009年第11期。

2. 省级统管法院财政时还应逐步消化基层法院的巨额债务

针对全国法院系统累积的"两庭"建设债务,要采取切实措施,逐步消化基层法院的巨额债务。由于诉讼收费的急速下降,及基层法院财政环境的变化,通过将基层法院基础设施建设负债纳入政府债务予以解决应当成为构建基层法院债务化解长效机制的主要方式。不过,对基层政府而言,通过财政清偿基层法院的"两庭"建设债务,除了要考虑财政上的承受能力外,还需要权衡两项特别的因素:其一,由于"两庭"债务中有较大的比例属于超标准建设形成的债务,财政必须考虑对这部分负债的偿还是否会助长其他机关后续基建中的机会主义行为。以C县人民法院1998—2000年新建审判办公综合楼为例,根据计委下达的立项通知,总建筑面积6700平方米(改建1000平方米),项目总投资442万元,其中:单位自筹342万元。但法院最终完成的实际建设面积却是8467.5平方米(超计划1765.5平方米),实际投资额则高达997.9万元(超计划555.9万元)。如果将立项文件批准的自筹资金规模作为法院合法负债的限度,则当前有关部门尚未确认或承诺安排的资金中有很大一部分都属于违规支出。如果财政部门轻易认可上述负债,则以后其他机关都可能诉诸相同的方法,通过造成既定事实来"倒逼"财政解决基建资金问题,从而助长机会主义,这一点也是财政不愿全额安排偿债资金的重要原因。其二,财政如果对"两庭"建设形成的债务不予安排,它是否会造成惩戒效果的外溢,亦即外部性问题,这一点相应的限制了财政对控制机会主义的考量。以C县为例,从2000年县法院审判综合楼竣工到2006年以后法院债务清偿矛盾的激化,已经跨越了两任院长的任期,因此,当2006年以后债权人频繁到法院催收欠款,进而给法院办公秩序造成某种困难时①,真正受到影响并需要出面解决问题的却是现任院长,如果县财政拒绝解决建修债务,它所惩戒的并不是当初决定扩大建修规模的决策者,而是现任的法院领导以及负责为法院建修垫资的承包商(自然人)和贷款银行(信用社)。在此意义上,基层法院"两庭"建设债务的化解是一个相当复杂的问题,只有在综合评估、统筹计划的基础上安排专项资金逐步消化,才有可能建立"两庭"建设债务化解的长效机制。

3. 省级统管法院人员类经费改革的具体方案

《诉讼费用交纳办法》和"阳光"工资制度改革实施后,基层法院一线办

---

① 参见C县人民法院致县人民政府《历史债务的消化:C县人民法院关于解决法院建修债务的请示》(C法[2008]9号)。

案干警的福利待遇受到较大的影响,在新的制度环境下如何激励一线办案干警,成为基层法院必须解决的问题。由于"阳光"工资制度改革后,行政职级成为影响福利待遇的关键性因素,福利待遇虽然表面上是个经费保障问题,实质上却是个人事安排问题。在现有透露的相关改革中,法官与行政职级脱钩似乎已经成为共识。因此,除了按照法官级别而不是行政级别确认薪酬标准之外,省级统管法院人员类经费改革还应从以下几个方面展开:

第一,差别化的法官薪酬标准。法官薪酬保障主体上移到省级政府后,决策主体可以超越各地不尽平衡的经济社会发展变量,更为公平的配置法官薪酬水平;与此同时,由于经费保障主体仍由各省负责,亦可适度兼顾中国范围内巨大的经济社会发展差异。因此,可行的方案是按照现阶段法院公用类经费保障的方法,在根据省域内各地经济发展水平的差异,将法官薪酬标准划分为三至五个档次,从而在保障统一性的前提之下尽可能地照顾到差异性。

第二,提高法官的薪酬待遇。鉴于司法官员在现代社会中的基础性作用,"隆其地位""厚其俸禄"本是司法改革的应有之义,但在提高法官薪酬待遇之前应当首先通过审判人员的分流实现法官的精英化。亦即,在科学确定法官员额之后,通过对现有审判人员的分流,将少数业务素质优秀、政治素质过硬的审判人员任命为法官,而其他审判人员则分流到各种司法辅助职位上,从而实现法官队伍的精英化,此时提高法官的薪酬待遇方才具有正当性基础,同时大大削减之后的法官人员数量亦可避免提高法官薪酬待遇对财政造成过大的压力。

第三,固定法官的薪酬待遇。前文已经叙及,基于现代社会法官"维护法"的基本功能和"无偏私"的裁判者地位,"法官薪俸在其任期内不受削减"已经成为法官人员类经费管理中面临的一个基本制约,法官序列单列后在人员类经费的管理上应当吸纳这些经验,通过《法官法》乃至《宪法》的修订来实现法官薪酬的固定,以排除各种政治力量通过控制法官的薪俸待遇等法外手段干扰法官公正裁判。

第四,缩小上下级法官薪酬差距。当前法官个体的薪酬调整与一般行政机关工作人员相同,主要根据法官的行政职级确定,基层法院法官与最高法院法官的薪俸差距过大;而基于功能适配的视角,在理想的上下级法院关系中,法官履行的职能是分化的,初审法官与上诉法官更多的只是工作分工上的不同,而非行政级别上的高低,两者的薪俸差异不应太大。因此在评定法官级别和确定薪酬标准时应当适当倾向于基层一线的办案法官。

第五,改革法官的薪酬调整机制。当法官薪酬固定之后,政治部门一旦提高法官的薪俸即将在相同的金额范围内丧失再分配的可能性,这一点可能使得政治部门更愿意提高普通公务员的薪俸水平,从而降低法官薪酬调整的机会。在长期的通货膨胀走势中,政治部门在法官薪酬调整上的"冷淡"可能造成法官薪酬实际水平的大幅下降,因此在法官薪酬固定之后,改革法官的薪酬调整机制也应当同时提上日程。理论上,法官的薪酬可以通过三种方式调整:一是每年按生活指数调整,二是根据一个委员会定期检讨薪酬并建议的增幅调整,三是由政治部门通过特别立法授权加薪。① 从平衡司法独立与政治问责两大价值之间的比例关系出发,第二种方式或者第二种与第三种方式的结合,亦即根据政治部门和司法部门选任的代表共同组成的薪酬委员会的决策或者建议调整法官薪酬应当是较为妥当的选择。比如,截至 2004 年,美国已经有 23 个州建立了这样的机构。②

4. 省级统管法院日常公用类经费改革的具体方案

现行的公用类经费保障范围包括日常公用类经费和业务经费两个部分, S 省在制定标准时将两者合一的确定,统一按照"人头"计算(1.8 万元/人·年),这种计算方法对于支出数额与干警人数之间具有合理联系的日常公用类经费并无问题,但在业务经费上则遇到了特殊的困难,后者的实际发生额与基层法院的干警人数之间的联系相对松散,据此制定的业务经费定额(保障标准)通常低于合理的实际开支水平。未来应当考虑改进公用类经费保障标准的计算方法,参照前文已述 S 省 M 市的做法,将日常公用类经费保障标准与业务经费保障标准分离开来,分别选择与之存在合理关联的因素作为计算依据:其一,对日常公用类经费,仍然可以沿用现行办法,按"人头"计算;对于业务经费,则应考虑联系更为紧密的变量,按"案件"计算。其二,在确定业务经费的保障标准时,应当与 2009 年以后办案(业务)经费按比例分担的体制变革联系起来考虑,比如,将按"件"计算的公用类经费标准作为中央、省级财政与基层财政分担业务经费的"基数",以适应新时期基层法院经费管理体制的变迁。此外,在实践中,基层法院常会有一些合理的"非公用类经费"在公用类经费中列支,比如那些依法向社会公开招聘的无编制人员的工资、保险和各项补贴等,在 C 县人民法院,2007 年末共拥有在职人员 93 人、临时工 10 人,挤占公用类经费的人员占全院职工的 9.7%。对于这一部

---

① 林洁仪:《海外司法机构的财政预算安排》,香港立法会秘书处资料研究及图书馆服务部 2003 年研究报告,第 13 页。
② B. Rottman, D. and S. M. Strickland. State Court Organization, 2004. (Washington, D.C, U. S. Department of Justice, Bureau of Justice Statistics, 2006), pp. 80—82.

分人员类经费,财政应当将其从公用类经费中剥离并给予适当的保障,以避免公用类经费的挤占。

(二) 省级统管法院支出管理领域的改革

正如前文已经指出的,仅凭"实然"的观察视角并不能得出破解困境的可行建议,这一点在我国当前高度行政机关化的支出管理领域尤为显著,因为法院支出的管理只有兼容于现代法治社会对司法部门的功能期待,才能获取正当性。这应当是怎样的一种期待呢?根据康拉德·黑塞对功能适配理论的权威解释,司法在现代社会承担着不同于立法、执行的功能,亦即"当发生法律争端或者当法受到伤害时,以一种特殊的程序做成一个权威性的并因此具有拘束力的、独立的判决;其宗旨是维护法,并且在维护法的同时也致力于法的具体化与续造"。为了确保这一任务可以得到与其特性相适配的恰当圆满地完成,司法部门的结构、组成与人员需要更多的满足相应的功能属性的要求。① 下面,我们将结合这样一种规范上的视角,根据前文对 C 县财政支出管理的运行状态的分析,就基层法院的支出管理提出几个具体的建议。

1. 建立符合法院工作规律的会计核算体系

围绕预算展开的资金运用过程可以分为三个步骤:预算的编制是岁计,预算执行依赖会计,预算的考核则非有统计不可。三者有如连环,相互关联:由会计核算产生实际数据,再根据统计得来的实际趋势,增减修订得到便可获得合理的数据作为编制预算(岁计)的基础,预算的执行又产生会计数据。在这样一个资金运用过程中,预算欲发挥拘束支出的效果,必定有赖于一套健全的会计核算方法,尤其是会计科目体系的完备,如此方能达到预算控制的目标。② 而在当前基层法院的经费管理实践中,会计科目的设置既与部门预算的编制口径不一致,也与分类保障体制中各支出类别的统计口径不一致,这在很大程度上限制了基层法院经费管理的规范化和科学化发展。未来应当以 2007 年财政收支分类改革的成果为基础,同时参酌法院审判、执行活动规律对法院支出的影响,将部门预算编制中的科目设置、分类保障体制中的支出类别划分与法院会计核算的科目体系有机地统一起来,建立一套相对独立的符合法院工作特点的会计核算体系。比如,如果继续坚持人员类经

---

① 参见〔德〕康拉德·黑塞:《联邦德国宪法纲要》,李辉译,商务印书馆 2007 年版,第 424—425 页、第 382—383 页。

② 马寅初:《财政学与中国财政——理论与现实》,商务印书馆 2001 年版,第 26 页、第 78 页。

费、日常公用类经费、业务经费、业务装备经费和基础设施建设经费这一"五分法"在分类保障保障体制中的核心地位，那么在会计科目的设置上就应当以此为基础，虽然不一定直接据此设置会计科目（比如，人员类经费被细分为工资福利支出、对个人和家庭的补助支出），但各个会计科目与上述分类体系之间的勾稽关系则必须加以明确。在此基础上，再根据各个会计科目所核算支出类别的特点确定相应的资金管理方式及其明细科目的设置。比如，如果基于法院的职能特点将"业务费"作为一个相对独立的支出类别，则可根据《人民法院财务管理暂行办法》（财行［2001］276 号）第 17 条列举办案费、劳务费、交通费等 14 个开支项目设置明细科目，并应进一步明确各个明细科目的经费管理方法，包括哪些支出项目实行定员定额管理、哪些支出项目实行专项管理等，至于上述 14 个开支项目下的 41 个细项则宜通过相应明细科目的"摘要"来反映。显然，相对于当前的核算方式，这一会计科目体系可以更加统一、细化的反映基层法院的业务经费支出。对于项目支出的会计核算，则可参照收支单列的"基金"处理。由于当前所谓的分类保障体制主要还是依托转移支付体系运作，而中央在提供专项转移支付资金时通常也要求基层法院和同级财政部门提供补助资金的具体开支范围，为了满足中央财政部门的这一要求，可以考虑将各个补助项目纳入项目支出下的会计科目核算，一个补助项目对应一个会计科目。事实上，2005—2006 年 C 县人民法院的会计账簿即采纳了此项方案，其拨入经费（401）的会计核算体系包括经常性收入（401.01）与专项收入（401.02），并在专项收入下设：

"中央补助业务费"（402.02.01）、"刑庭购车补助专款"（402.02.02）、"两庭建设补助专款"（402.02.03）、"政法办案补助专款"（402.02.04）、"执行救助基金"（402.02.05）、"中央补助装备专项资金"（402.02.06）。

其经费支出（501）的会计核算体系依次为：

"基本支出—人员支出（501.01.01.01）、公用支出（501.01.01.02）、对个人和家庭的补助支出（501.01.01.03）；项目支出—陪审员专项支出（501.01.02.01）、接上访人员专项支出（501.01.02.02）、办案支出（501.01.02.03）、专项业务费（501.01.02.04）、上级补助业务费（501.01.02.05）、刑庭购车专款（501.01.02.06）、两庭建设及维修专款（501.01.02.07）、政法办案补助专款（501.01.02.08）、执行救助支出（501.01.02.09）、上级补助维修费（501.01.02.10）、上级补助装备专项支出（501.01.02.11）。"

在这里,每一项专项转移支付资金——比如,中央补助业务费、政法办案补助专款等——都作为一个"基金"由专门的会计科目在进行核算。不过,在核算上述各个专项转移支付的会计科目下,C 县人民法院未再进一步建立明细科目,而主要通过"摘要"方式反映支出的去向,会计信息的提供并不完整。比如在"上级补助业务费"(501.01.02.05)下摘记"付交通费""付办公费"等,在"政法办案补助专款"(501.01.02.08)下摘记"付交通费""付办案支出"等。为实现会计核算的完整性与统一性,在核算各个专项转移支付资金的会计科目下可根据同级财政相同的用途资金的明细科目进一步建账核算上级转移支付资金的具体开支范围。比如,对于中央补助业务费,包括政法办案补助专款、人民法院补助办案专款等,可根据《人民法院财务管理暂行办法》(财行[2001]276 号)第 17 条列举办案费、劳务费、交通费等 14 个开支项目设置明细科目,再通过相应科目的"摘要"反映 41 个支出细项。

2. 以制度建设为重点治理业务费、招待费等支出项目超标

在基层法院的经费管理实践中,业务费、招待费等支出项目超标的原因是复杂的,既有支出控制上的不足,同时也是既定权力结构和制度实践"挤压"的结果。因此,对业务费、招待费等项目上的支出超标问题,不仅仅着眼于支出控制指标的层层加码,还必须同时考虑生成这些问题的制度环境,从"治理"的角度综合处理。相对于单纯的控制,治理代表了一个广袤而系统的观察视角,它强调支出控制的整体路径而非局部技术,大体上涵盖了能够对不合理支出产生制约效果的各种制度因素和具体的方法、技术和策略等。比如,对业务经费超支的控制,更为严格的报账审核以至指标管理的引入虽然可以部分解决报账过程中的机会主义行为,但如果对那些更为深层的,决定了支出需求之刚性的司法政策不予调整,对业务经费的控制效果必然不彰。

首先,在新的历史情势下,对"马锡五审判"模式要做与时俱进的理解,不能仅仅局限在"深入基层"的形式上,而应当立足于"马锡五审判"模式中群众路线的精神实质,将其定位在反对司法官僚主义,树立服务群众的司法理念上。在今日的司法实践中,法官深入基层断案已经不再像陕甘宁或者新中国成立初期那样依赖法官的"两条腿"和人力资本,而是依赖汽车等各种现代化的交通工具,在此种司法语境中强调"马锡五审判"模式的全面回归必然给基层法院带来不可想象的成本压力,包括深入基层或现场的交通费、差旅费、餐饮费,以至各种接待费用等。表面上该项成本由财政提供,似乎法院、当事人乃至公众都是赢家,但在最终意义上财政资金并不是免费的,包括

当事人在内的每一个纳税人都是财政支出成本的真实负担者,因此其使用必须考虑财政支出的效果与成本之间的比例关系是否在纳税人可以接受的范围内。对"马锡五审判"模式而言,当其仅仅作为针对个别疑难案件的权变之策时,它的成本与收益关系或可通过比例原则的审查;而一旦超越此一范围,在政策上要求在司法实践中普遍适用时,这种平衡关系可能迅速丧失,徒增成本,收效却甚微。值得注意的是,这里所增加的成本并不仅限于法院,由于法官深入基层的伙食等费用并不全由基层法院负担,它还可能增加当事人的成本。由于群众运动已经式微,自下而上的监控机制弱化,因而在极端的情况下,深入基层的马锡五模式可能异化为扰民之举。事实上,"深入基层"在"马锡五审判"模式中只是一个贴近人民群众的手段,是"末"而非"本",其实质乃是反对司法官僚主义,要求每一个裁判者都树立为人民群众服务——在此表现为当事人提供公正的服务——的理念。如果不能真正树立司法为民的理念而片面强调"深入基层",无异于舍本逐末,并不能真正解决问题,用访谈中一位群众的话说,即"车是下去了,心却没下去"。如果能够真正树立司法为民的理念,认真在倾听人民群众在司法程序内的声音并在法律的范围积极寻求解决之道,虽然形式上"车"没下基层,但实质上法官的"心"已经深入基层了。因此,斟酌新的历史形势下"马锡五审判"模式的成本意义,"马锡五审判"模式应当定位于反对司法官僚主义的精神实质上,重点强调法官与当事人之间沟通渠道的畅通,而不应简单的强调法官深入基层去开庭。

其次,调整"调解优先、严控信访"的司法政策,尤其是取消针对调解的指标管理和针对信访的一票否决。当调解只是法官办案工具箱中提供的选择之一时,调解有助于简化程序,可以减少审判中的成本耗费,而一旦超越此范围将调解结案政策化,尤其是引入严格的指标进行管理后,调解即丧失了节支必需的灵活性要素,不仅可能助长违背当事人意愿的强制调解现象,而且在效率意义上会逆转为审判成本的增项。因此,如果将"调解优先"等同于每年审执结案件中调解结案的比例优势,那么这一结果应当是当事人与法官互动的一个自然结果,而非规范上的要求,应当摒弃针对调解结案的指标管理。在严控信访的司法政策下,涉诉信访逐步进入了一票否决的事项范围,缠信缠访案件的处理成为基层法院最具优先权的事项,耗费了基层法院的大量人力、物力和财力资源。重要的是,由于财政并未同步拨付处理信访案件的专项资金,耗费在缠信缠访案件中的这些资源耗费挤占了基层法院本已紧张的审判、执行资源,这又在一定程度上增加了基层法院错案发生的可能性,可能在未来引发更多的信访案件,形成"越重视信访、信访案件越多"

的恶性循环。因此,对"严控涉诉信访"的司法政策应当加以调整,一方面要改变信访"一票否决"的政策定位,恢复信访制度密切干群关系的原初功能,亦即将信访定位于法院与人民群众之间通过来信来访建立的常规性的信息沟通渠道,减少其权利救济色彩;另一方面要畅通当事人在制度内的救济渠道,比如通过制度内的再审申请等消化大量信访案件,对于这些已经纳入制度内解决的案件原则上不再纳入信访的统计范围。

对招待费超支的治理同样必须超越单纯的控制,而必须同时深入生成招待费超标列支的制度性挤压因素和更为深层的政治权力结构,以求妥当的解决之策。在短期内,应当结合基层法院的工作特点调整业务招待费列支标准。与一般行政机关不同,我国法院实行两审终审制,基层法院下达裁判文书本身并不意味着案件处理过程的终结,一旦当事人提起上诉,法院将转由上一级法院审理,而在当前的司法实践中,为便利当事人的诉讼,许多二审案件都会选择到基层法院所在地开庭审理,这不可避免的增加了基层法院的业务招待费用。但在经费管理层面,基层法院的业务招待费列支却与一般行政机关执行相同的标准,按当年单位预算中"公务费"的 2% 执行[1],未能兼顾基层法院的工作特点,与实际支出额相差甚远。比如,在 C 县人民法院,2006 年单位预算安排公务费 458.71 万元,按 2% 计算可列支业务招待费 9.17 万元,仅为当年实际列支费用的 19.31%;2007 年单位预算安排公务费 449.25 万元,按 2% 计算可列支业务招待费 8.99 万元,仅为当年实际列支费用的 17.63%。虽然基层法院可以通过设立内部食堂等方式控制接待费用,但在庞大的案件数量下,这一方式所能发生的节支效果实在有限,仅为治标之策,应当考虑基层法院审判工作不同于一般行政机关的特点,适当提供基层法院业务招待费的列支标准,以收标本兼治之效。

在长期内,要降低法院的招待费支出,必须将基层法院从"条""块"交错的权力结构之网中适当解脱出来。这种"解脱"符合我国《宪法》第 126 条"人民法院依照法律规定独立行使审判权,不受行政机关、社会团体和个人的干涉"的要求,因为交错的权力结构之网中,法外的干预可能不期而遇。但是,它也可能同时使法院丧失来自于权力网络中的支撑配合,以及同样不容忽视的监督制约,因此,当法院从"条""块"交错的权力之网中解脱后,如果不能建立相应的替代支撑机制和替代制衡机制,这种"解脱"本身可能造

---

[1] 根据财政部《关于印发〈行政事业单位业务招待费列支管理规定〉的通知》(财预字[1998]159 号)第三项(一)之规定,"地方各级行政事业单位的业务招待费的开支标准,由各地人民政府根据当地实际情况确定,但不得超过当年单位预算中"公务费"的 2%"。

成更为糟糕的结果。而这些替代机制的构建注定是一个异常艰难的综合作业过程,它不仅需要知识的储备、变革的诚意,还需要一种包容性的试错心态,能够容忍改革中出现的困境并逐一加以解决。比如,当上级领导的常规检查、考核和验收等从基层法院的监督制衡机制中消失后,围绕"裁判过程——程序保障"和"裁判结果——裁判说理"构建的监督机制必须同步建立起来,而要建立这样一种机制,一个彼此尊重的法律职业共同体又是不可或缺的一环。

3. 确立公正优先、兼顾效率的原则,严格控制事权的转嫁

当前基层法院采行的支出控制策略更多地强调当事人程序保障的弱化与审判成本在事权层面向当事人的转嫁,支出控制虽然对法院而言是真实的,但其代价却是当事人程序权利的贬损或者当事人诉讼成本的上升,司法制度运转的社会总成本未必降低。更重要的是,这样的司法资源配置方案偏离了当前司法制度运行中面临的主要矛盾,因为从总体上看,司法效率并非我国法院制度运行中面临的首要问题,如果通过提升审判的品质来最大限度地实现实体公正与程序公正才是当前我国法院需要真正面对和解决的问题。① 因此,应当转变司法观念,确立公正优先、兼顾效率的司法理念,坚持程序法定原则,严格控制法院向当事人任意转嫁事权。首先,起诉要件应由法律加以设定,逐步限制直至最终排除法院通过司法政策将那些依法应当受理的案件排除在法院主管范围之外的权力;其次,程序简化的基础是案件的繁简分流,程序分化的条件也应当由法律加以明确规定,以防止程序简化策略的过度适用;最后,对于当事人与法院各自负责的程序事项应当由法律直接规定,严格限制法院通过内部规定、文件等司法政策性规范转嫁事权,同时法院应当积极通过依职权或者依申请调查取证等方式辅助当事人及其律师解决实践中较为普遍的查证能力不足问题。

---

① 在程序已经高速运转的今天,诉讼迟延并非是民事司法面临的问题。适当放慢程序的运转速度能够为当事人提供更充分的程序保障,有利于提高当事人对程序的满意度,同时可以实现审判的精细化作业进而提升审判的质量,也使法官可以更为从容的从事调解等工作,还有助于缓解法官压力。参见李浩:《宁可慢些,但要好些——中国民事司法改革的宏观思考》,载《中外法学》2010年第6期。

主要参考文献

著作类

1. 苏力:《送法下乡——中国基层司法制度研究》,中国政法大学出版社 2000 年版。
2. 王亚新:《社会变革中的民事诉讼》,中国法制出版社 2001 年版。
3. 贺卫方:《超越比利牛斯山》,法律出版社 2003 年版。
4. 马寅初:《财政学与中国财政——理论与现实》,商务印书馆 2001 年版。
5. 胡书东:《经济发展中的中央与地方关系——中国财政制度变迁研究》,上海三联书店、上海人民出版社 2001 年版。
6. 黄光国:《儒家关系主义:文化反思与典范重建》,北京大学出版社 2006 年版。
7. 高其才等著:《政治司法——1949—1961 年的华县人民法院》,法律出版社 2009 年版。
8. 李侃如:《治理中国:从革命到改革》,胡国成、赵梅译,中国社会科学出版社 2010 年版。
9. 王金秀、陈志勇:《国家预算管理》(第二版),中国人民大学出版社 2007 年版。
10. 於莉:《省会城市预算过程的政治:基于中国三个省会城市的研究》,中央编译出版社 2010 年版。
11. 杨光斌:《中国政府与政治导论》,中国人民大学出版社 2003 年版。
12. 廖永安等:《诉讼费用研究——以当事人诉权保护为视角》,中国政法大学出版社 2006 年版。
13. 朱秋霞:《中国财政制度——以国际比较为角度》,立信会计出版社 2007 年版。
14. 李一花:《中国县乡财政运行及解困研究》,社会科学文献出版社 2008 年版。
15. 韩大元:《1954 年宪法与中国宪政》,武汉大学出版社 2008 年版。
16. 刘守刚:《国家成长的财政逻辑:近现代中国财政转型与政治发展》,天津人民出版社 2009 年版。
17. 秦春华:《经济体制变迁中的财政职能研究:一个财政压力视角的分析框架》,北京大学出版社 2009 年版。
18. 陈共:《财政学》,中国人民大学出版社 2009 年版。
19. 〔美〕爱伦·斯密德:《财产、权力和公共选择——对法和经济学的进一步思考》,黄祖辉、蒋文华、郭红东、宝贡敏译,上海三联书店、上海人民出版社 2006 年版。
20. 〔英〕阿德里安·A.S.朱克曼:《危机中的民事司法》,傅郁林等译,中国政法大学出版社 2005 年版。

21. 〔美〕史蒂芬·霍尔姆斯、凯斯·R.桑斯坦:《权利的成本:为什么自由依赖于税》,毕竞悦译,北京大学出版社 2004 年版。

22. 〔美〕爱伦·鲁宾:《公共预算中的政治:收入与支出,借贷与平衡》,叶娟丽、马俊等译,中国人民大学出版社 2001 年版。

23. 霍夫曼、诺伯格编:《财政危机、自由和代议制政府》,格致出版社、上海人民出版社 2008 年版。

24. 〔美〕史蒂文·科恩、威廉.埃米克:《新有效公共管理者:在变革的政府中追求成功》,王巧玲、潘娜、王冬芳、张春娜译,中国人民大学出版社 2001 年版。

25. 〔美〕斯蒂芬·范埃弗拉:《政治学研究方法指南》,陈琪译,北京大学出版社 2006 年版。

26. 〔美〕罗伯特·K.殷:《案例研究:设计与方法》,周海涛主译,重庆大学出版社 2004 年版。

27. 〔英〕凯西·卡麦兹:《建构扎根理论:质性研究实践指南》,边国英译,重庆大学出版社 2009 年版。

28. 〔日〕棚濑孝雄:《纠纷的解决与审判制度》,中国政法大学出版社 2004 年版。

29. Anselm Strauss,Juliet Corbin:《质性研究入门:扎根理论研究方法》,吴芝仪、廖梅花译,涛石文化事业有限公司 2001 年版。

30. 〔美〕阿伦·威尔达夫斯基:《预算:比较理论》,苟燕楠译,上海财经大学出版社 2009 年版。

31. 〔美〕沃尔特·W.鲍威尔、保罗.J.迪马吉奥主编:《组织分析的新制度主义》,姚伟译,上海人民出版社 2008 年版。

32. 〔美〕黄宗智:《过去与现在:中国民事法律实践的探索》,法律出版社 2009 年版。

33. 〔美〕波斯纳:《法理学问题》,苏力译,中国政府大学出版社 2002 年版。

34. 〔英〕帕特里克·邓利维、布伦登·奥利里:《国家理论:自由民主的政治学》,欧阳景根等译,浙江人民出版社 2007 年版。

35. 〔德〕康拉德·黑塞:《联邦德国宪法纲要》,李辉译,商务印书馆 2007 年版。

36. 〔美〕汉密尔顿、杰伊等:《联邦党人文集》,程逢如、在汉、舒逊译,商务印书馆 1980 年版。

期刊类

1. 苏力:《关于能动司法与大调解》,载《中国法学》2010 年第 1 期。

2. 苏力:《农村基层法院的纠纷解决与规则之治》,载《北大法律评论》1999 年第 1 卷。

3. 王亚新:《围绕审判的资源获取与分配》,载《北大法律评论》第 2 卷第 1 辑。

4. 王亚新:《诉讼费用与司法改革:〈诉讼费用交纳办法〉施行后的一个"中期"考察》,载《法律适用》2008 年第 6 期。

5. 王亚新:《论民事、经济审判方式的改革》,载《中国社会科学》1994年第1期。

6. 左卫民:《十字路口的中国司法改革:反思与前瞻》,载《现代法学》2008年第11期。

7. 左卫民、朱桐辉:《公民诉讼权:宪法与司法保障研究》,载《法学》2001年第4期。

8. 左卫民、周长军:《司法独立新论》,载《四川大学学报(哲学社会科学版)》2003年第5期。

9. 左卫民:《刑事诉讼的经济分析》,载《法学研究》2005年第4期。

10. 陈瑞华:《司法权的性质——以刑事司法为范例的分析》,载《法学研究》2000年第5期。

11. 贺卫方:《中国司法管理制度的两个问题》,载《中国社会科学》1997年版第6期。

12. 滕彪:《"司法"的变迁》,载《中外法学》2002年第6期。

13. 刘卓珺、于长革:《中国财政分权演进轨迹及其创新路径》,载《改革》2010年第6期。

14. 廖永安、李胜刚:《我国民事诉讼费用制度运行现状之考察——以一个贫困地区基层法院为分析个案》,载《中外法学》2005年第3期。

15. 廖永安、刘方勇:《潜在的冲突与对立:诉讼费用制度与周边制度关系考》,载《中国法学》2006年第2期。

16. 廖永安:《论民事诉讼费用的性质与征收依据》,载《政法论坛》2003年第5期。

17. 廖永安、赵晓薇:《中日民事诉讼费用制度比较研究》,载《北京科技大学学报(社会科学版)》,2004年第2期。

18. 廖永安:《〈诉讼费用交纳办法〉之检讨》,载《法商研究》2008年第2期;

19. 方流芳:《民事诉讼收费考》,载《中国社会科学》1999年第3期。

20. 徐昕:《英国民事诉讼费用制度》,载《司法改革论评》2002年第2期;

21. 王美琼、王建源:《英国民事诉讼费用制度改革及其绩效》,载《厦门大学法律评论》2004年第2期;

22. 周成泓:《美国民事诉讼费用制度及其对我国的启示》,载《法律适用》2006年第3期;

23. 张晓薇、牛振宇:《德国诉讼费用制度研究》,载《当代法学》2003年第11期;

24. 林剑锋:《日本民事诉讼费用的制度与理论》,载《司法改革论评》2002年第2期;

25. 韩波:《论我国诉讼费用管理制度的变迁与改革》,载《司法改革论评》2002年第2期

26. 闫海:《论司法预算制度的学理构造》,载《当代法学》2006年第5期。

27. 傅郁林:《诉讼费用的性质与诉讼成本的承担》,载《北大法律评论》第4卷第1辑。

28. 孙孝福、兰军:《民事诉讼费用的可诉性与诉的设置》,载《时代法学》2004年第

5期。

29. 张榕:《民事诉讼收费制度改革的理念及路径》,载《法律科学》2006年第1期。

30. 李瑞霞:《对〈诉讼费用交纳办法〉实施问题的思考》,载《法治论丛》2008年第3期;

31. 浙江省余姚市人民法院课题组:《关于〈诉讼费用交纳办法〉实施运行的调查与问题探索——立足于基层人民法院的思考》,载《法律适用》2008年第6期;

32. 赵钢:《讼费规则制定权的再次旁落》,载《法学》2007年第3期。

33. 薛江武、张勇玲:《法院经费保障问题的分析与思考——江西法院经费保障情况调查报告》,载《人民司法》2001年第8期。

34. 顾培东:《中国司法改革的宏观思考》,载《法学研究》2000年第3期。

35. 刘会生:《人民法院管理体制改革的几点思考》,载《法学研究》2002年第3期;

36. 谭世贵、梁三利:《构建自治型司法管理体制的思考——我国地方化司法管理的问题与出路》,载《北方法学》2009年第3期。

37. 陈永生:《司法经费与司法公正》,载《中外法学》2009年第3期。

38. 章武生、吴泽勇:《司法独立与法院组织结构的调整(下)》,载《中国法学》2000年第3期;

39. 湖北省高级人民法院课题组:《改革与完善人民法院经费保障体制的调研报告》,载《人民司法.应用》2009年第9期。

40. 詹建红:《法官编制的确定与司法辅助人员的设置——以基层法院的改革为中心》,载《法商研究》2006年第1期。

41. 游劝荣:《司法成本及其节约与控制》,载《福州大学学报(哲学社会科学版)》2006年第3期。

42. 瓮怡洁:《论我国司法预算制度的改革与完善》,载《时代法学》2005年第3期。

43. 熊先觉:《1959年司法部被撤销真相》,载《炎黄春秋》2003年第12期。

44. 舒国滢:《从司法的广场化到司法的剧场化——一个符号学的视角》,《政法论坛》1999年第3期。

45. 郭纪胜:《由湖北省的"两庭"建设所想到的》,载《人民司法》1987年第2期。

46. 高思正:《实干创出两庭建设的春天》,载《人民司法》1991年第8期。

47. 特约评论员:《两庭建设刻不容缓》,载《人民司法》1988年第8期。

48. 刘嵘:《全国两庭建设工作会议在太原召开》,载《人民司法》1991年第12期。

49. 邹阳:《法院基建外债沉重应引起高度重视》,载《审计现场》2005年第11期。

50. 李敏、杨魏:《"两庭"建设行陇原——甘肃省人民法庭和审判庭建设见闻》,载《人民审判》2007年第8期。

51. 刘久江、阎杰:《贫穷地区也能搞好"两庭"建设》,载《人民司法》1992年第10期。

52. 李丽霞、辛华:《试论公务员工资制度的功能结构》,载《学习与探索》1990年第6期。

53. 陈庆基:《国家公务员工资制度探讨》,载《财经研究》1990年第8期。

54. 龚平:《深化公务员工资制度改革的政策建议》,载《中国财政》2001年第11期。

55. 丁燕娣:《关于公费医疗制度改革的思考——对中国社会科学院公费医疗现况的调查分析》,载《社会学研究》1994年第3期。

56. 王志远:《差旅费实行总额包干应注意的几个问题》,载《财务与会计》1990年第5期。

57. 李文新:《地方政府公用类经费过快增长的原因与控制》,载《经济论坛》2007年第4期。

58. 周美多、颜学勇:《专项转移支付的政治意蕴——基于中部某县的个案研究》,载《武汉大学学报(哲学社会科学版)》2009年第11期。

59. 唐虎梅、郭丰:《2009年度全国法院经费分析报告》,载《人民司法·应用》2010年第17期。

60. 孙增芹、燕华然:《中国法院经费保障体制改革研究》,载《中国石油大学学报(社会科学版)》2010年第6期。

61. 陈端洪:《论宪法作为国家的根本法与高级法》,载《中外法学》2008年第4期;

62. 强世功:《中国宪法中的不成文宪法——理解中国宪法的新视角》,载《开放时代》2009年第12期。

63. 曹正汉、史晋川:《中国地方政府应对市场化改革的策略:抓住经济发展的主动权——理论假说与案例研究》,载《社会学研究》2009年第4期。

64. 杨宜音:《"自己人":信任建构过程的个案研究》,载《社会学研究》1999年第2期。

65. 崔建才:《经费包干应"五防"》,载《四川会计》2001年第11期。

66. 车家顺:《控制社会集团购买力改革势在必行》,载《四川财政》1995年第10期。

67. 王国强:《控制社会集团购买力的必要性及对策》,载《财会研究》1996年第2期。

68. 潘长林:《略论严格控制社会集团购买力问题》,载《财政》1989年第5期。

69. 张大年:《有关改革控制社会集团购买力管理办法的几个问题》,载《上海会计》1984年第12期。

70. 张卫平:《起诉条件与实体判决要件》,载《法学研究》2004年第5期。

71. 张卫平:《起诉难:一个中国问题的思索》,载《法学研究》2009年第6期。

72. 赵钢、占善刚:《诉讼成本控制论》,载《法学评论》1997年第1期。

73. 姚莉、尹世康:《我国刑事诉讼简易程序中存在的若干问题》,载《法学》1999年第3期。

74. 崔四星、张辅军:《当前民事简易程序存在的问题及其完善》,载《法律适用》2009年第9期。

75. 屈国华、李胜刚、廖红辉:《民事简易程序适用的实证研究》,载《人民司法》2006年第10期。

76. 潘度文：《我国诉讼调解制度的反思与完善》，载《法商研究》1998 年第 6 期。

77. 黄秀丽、任楚翘：《调解越来越主流》，载《南方周末》2011 年 4 月 28 日。

78. 王禄生：《人民调解的十年复兴——新制度主义视角》，载《时代法学》2012 年第 1 期。

79. 王禄生：《地位与策略：大调解中的人民法院》，载《法制与社会发展》2011 年第 6 期。

80. 黄秀丽：《司法：调解复兴》，载《南方周末》2010 年 3 月日。

81. 张仁善：《略论南京国民政府时期司法经费的筹划管理对司法改革的影响》，载《法学评论》2003 年第 5 期。

82. 彭成洪：《公共财政要成为社会保障的坚强后盾》，载《财政研究》2003 年第 5 期。

83. 徐新：《国家与社会：当代中国法院地位变迁的法哲学思考》，载《江苏社会科学》2011 年第 1 期。

84. 李建方、张容：《城市治理方式的转变与城市社会政治稳定》，载《南京政治学院学报》2003 年第 2 期。

85. 蒋飞：《论当代中国司法的基本功能：解决纠纷》，载《法律使用》2010 年第 10 期。

86. 高默波：《书写历史：〈高家村〉》，载《读书》，2001 年第 1 期。

87. 麻宝斌：《任晓春从社会管理到社会治理：挑战与变革》，载《学习与探索》2011 年第 3 期。

88. 辽宁省高级人民法院：《人民法院要在治理经济环境整顿经济秩序中充乡全发挥职能作用》，载《人民司法》1989 年第 8 期。

89. 沈开举：《法院只是最后一道防线》，载《民主与法制》2007 年第 15 期。

90. 郭星华、王平：《中国农村的纠纷与解决途径——关于中国农村法律意识与法律行为的实证研究》，载《江苏社会科学》2004 年第 2 期。

91. 祈光华、孙竹君：《北京市"阳光工资"实施效果的调查与分析》，载《国家行政学院学报》2006 年第 5 期。

92. 张洪松：《论美国州初审法院经费保障体制及其借鉴意义》，载《四川大学学报（哲学社会科学版）》2010 年第 4 期。

93. 李浩：《宁可慢些，但要好些——中国民事司法改革的宏观思考》，载《中外法学》2010 年第 6 期。

94. 〔美〕麦宜生：《纠纷与法律需求——以北京的调查为例》，载《江苏社会科学》2003 年第 1 期。

外文文献

1. Dakolias, M. (1996) The Judicial Sector in Latin America and the Caribbean. Washington, D. C.: The World Bank.

2. Tobin, R. W. Creating the Judicial Branch: The Unfinished Reform. Authors Choice Press, 2004.

3. Baar, C., Separate but Subservient: Court Budgeting in the American State. (New York: Lexington Books, 1975).

4. John W. Meyer, Brian Rowan: "Institutionalized Organizations: Formal Structure as Myth and Ceremony", American Journal of Sociology, 1977, (2).

5. Hudzik, J. K., Court Budgeting: Judicial Branch Independence and Accountability. J. Rabin and T. A. Wachhaus. Encyclopedia of Public Administration and Public Policy. (CRC Press/Taylor & Francis, 2008).

6. B. Rottman, D. and S. M. Strickland. State Court Organization, 2004. (Washington, D. C, U. S. Department of Justice, Bureau of Justice Statistics, 2006).